U0506088

权威·前沿·原创

皮书系列为
"十二五""十三五"国家重点图书出版规划项目

中国社会科学院创新工程学术出版资助项目

世界经济黄皮书
YELLOW BOOK OF
WORLD ECONOMY

2019 年
世界经济形势分析与预测

WORLD ECONOMY ANALYSIS AND FORECAST
(2019)

中国社会科学院世界经济与政治研究所

主 编／张宇燕

副主编／孙 杰 姚枝仲

社会科学文献出版社
SOCIAL SCIENCES ACADEMIC PRESS（CHINA）

图书在版编目（CIP）数据

2019 年世界经济形势分析与预测 / 张宇燕主编. ——
北京：社会科学文献出版社，2019.1
（世界经济黄皮书）
ISBN 978 - 7 - 5097 - 6113 - 7

Ⅰ. ①2… Ⅱ. ①张… Ⅲ. ①世界经济形势 - 经济分
析 - 2019 ②世界经济形势 - 经济预测 - 2019 Ⅳ.
①F113.4

中国版本图书馆 CIP 数据核字（2018）第 280051 号

世界经济黄皮书
2019 年世界经济形势分析与预测

主　　编／张宇燕
副 主 编／孙　杰　姚枝仲

出 版 人／谢寿光
项目统筹／邓泳红　郑庆寰
责任编辑／郑庆寰　柯　宓

出　　版／社会科学文献出版社·皮书出版分社（010）59367127
　　　　　地址：北京市北三环中路甲 29 号院华龙大厦　邮编：100029
　　　　　网址：www. ssap. com. cn
发　　行／市场营销中心（010）59367081　59367083
印　　装／三河市东方印刷有限公司

规　　格／开　本：787mm×1092mm　1/16
　　　　　印　张：25.75　字　数：387 千字
版　　次／2019 年 1 月第 1 版　2019 年 1 月第 1 次印刷
书　　号／ISBN 978 - 7 - 5097 - 6113 - 7
定　　价／99.00 元

本书如有印装质量问题，请与读者服务中心（010 - 59367028）联系

世界经济黄皮书编委会

主要编撰者简介

张宇燕　中国社会科学院世界经济与政治研究所所长、研究员，中国社会科学院学部委员，中国世界经济学会会长，新兴经济体研究会会长。曾先后就读于北京大学和中国社会科学院研究生院。主要研究领域为国际政治经济学、制度经济学等。著有《经济发展与制度选择》（1992）、《国际经济政治学》（2008）、《美国行为的根源》（2015）、《中国和平发展道路》（2017）等。

孙　杰　中国社会科学院世界经济与政治研究所研究员，中国世界经济学会常务理事。主要研究领域为国际金融、公司融资和货币经济学。著有《汇率与国际收支》（1999）、《资本结构、治理结构和代理成本：理论、经验和启示》（2006）、《合作与不对称合作：理解国际经济与国际关系》（2016）等。

姚枝仲　经济学博士，研究员，中国社会科学院世界经济与政治研究所副所长，中国世界经济学会副会长，新兴经济体研究会副会长兼秘书长，商务部经济外交专家组成员，中国社会科学院研究生院教授，博士生导师。主要研究领域为宏观经济学和国际经济学。

摘　要

　　2018 年世界经济整体增速与上一年持平，但是大多数国家出现了经济增速回落。全球失业率仍然保持低位，充分就业状况和大宗商品价格上涨促使各国通货膨胀率有所提高。同时，世界经济还表现出国际贸易增速放缓、国际直接投资活动低迷、全球债务水平持续提高和金融市场出现动荡等特征。

　　未来世界经济面临诸多挑战，这些挑战包括：美国经济下行的可能性较大，金融市场可能进一步出现剧烈动荡，各主要国家应对下一轮经济衰退的政策空间受到限制，全球贸易摩擦可能带来较大负面影响，逆全球化措施将阻碍国际贸易和投资的发展。地缘政治风险、民粹主义和民族主义扩张等问题也将影响世界经济的稳定与发展。

　　预计 2019 年按 PPP 计算的世界 GDP 增长率约为 3.5%，按市场汇率计算的增长率约为 2.9%。这一预测低于国际货币基金组织和其他国际组织预测。较低的预测主要反映了对于美国经济下行风险、金融市场动荡风险、应对衰退的政策空间受限、贸易摩擦影响以及逆全球化趋势等问题的担忧。

　　另外，预计 2019 年大宗商品价格将比 2018 年略有下降，原油价格将处于 65 美元/桶左右。

关键词： 世界经济　国际贸易　国际投资　国际金融　宏观经济

目　录

Ⅳ　热点篇

Ⅴ　世界经济统计与预测

皮书数据库阅读 **使用指南**

总　　论

Overview

Y.1

2018～2019年世界经济
形势分析与展望

姚枝仲[*]

摘　要： 2018年世界经济整体增速与上一年持平，但是大多数国家出现了经济增速回落的情况。全球失业率仍然保持低位，充分就业状况和大宗商品价格上涨促使各国通货膨胀率有所提高。同时，世界经济还表现出国际贸易增速放缓、国际直接投资活动低迷、全球债务水平持续提高和金融市场出现动荡等特征。未来世界经济面临诸多挑战，这些挑战包括：美国经济下行的可能性较大，金融市场可能进一步出现剧烈动荡，各主要国家应对下一轮经济衰退的政策空间受到限制，全球贸

---

* 姚枝仲，经济学博士，中国社会科学院世界经济与政治研究所研究员、副所长，博士生导师，主要研究领域为宏观经济学、国际经济学。

易摩擦可能带来较大负面影响，逆全球化措施将阻碍国际贸易和投资的发展。地缘政治风险、民粹主义和民族主义的扩张等问题也将影响世界经济的稳定与发展。预计 2019 年按 PPP 计算的世界 GDP 增长率约为 3.5%。

关键词： 世界经济　国际贸易　国际投资　国际金融

一　概述

2018 年世界 GDP 增长率按购买力平价（PPP）计算约为 3.7%、按市场汇率计算约为 3.2%。[①] 增速与上一年持平。2017 年世界 GDP 增长率从 2016 年的 3.3% 快速上升到了 3.7%，提高了 0.4 个百分点。2018 年 GDP 增长率并没有保持快速提高趋势。

在 2017 年度报告中，我们预计 2018 年世界 GDP 按 PPP 计算的增长率为 3.5%，稍低于 2017 年增长率。国际货币基金组织 2017 年 10 月在预估世界 GDP 当年增长 3.6% 的情况下，预计 2018 年世界 GDP 增长率将上升到 3.7%；2018 年 1 月又在预估 2017 年世界 GDP 增长率为 3.7% 的情况下，将 2018 年世界 GDP 增长率预测提升到 3.9%，并在 2018 年 4 月和 7 月继续维持 2018 年世界 GDP 增长 3.9% 的预测。也就是说，从 2017 年 10 月到 2018 年 7 月，国际货币基金组织均对 2018 年世界经济形势持乐观预期，认为 2018 年世界 GDP 增长率将高于 2017 年。显然，这一估计过于乐观了。从 2018 年前三个季度的情况来看，除美国和印度等少数经济体继续保持 GDP 增速上升趋势之外，欧盟、日本和中国等其他主要经济体均出现了 GDP 增速回落的现象，世界经济增速总体上出现回落的可能性较大。2018 年 10

[①]　如无特别说明，本文引用的年度 GDP 数据来自国际货币基金组织，其中 2018 年全年的数据为预测数，其他数据均来自 Wind。数据发布截止日期为 2018 年 11 月 22 日。

月，国际货币基金组织已将 2018 年世界 GDP 增长率预估值调低至 3.7%。从这个意义上看，2017 年度报告中对世界经济下行风险的提示是恰当的。

另外，2017 年度报告预测 2018 年"原油价格将在 60 美元/桶上下波动"。从目前情况来看，我们对 2018 年原油价格的预测稍微偏低，但大体是正确的。2018 年英国布伦特原油现货价格和美国西得克萨斯州原油（WTI）现货价格曾经一路上涨至 87.3 美元/桶和 76.4 美元/桶，此后快速回落，截至 2018 年 11 月 16 日，布伦特原油现货价格回落至 64.9 美元/桶，西得州原油现货价格回落至 56.5 美元/桶。

二　世界经济总体形势

（一）经济增速出现下行迹象

2018 年世界经济增长并没有持续 2017 年各国同步强劲回升的势头，除美国等少数经济体增速继续上升之外，其他大部分经济体经济增速出现回落。国际货币基金组织预测数据显示，2018 年世界 GDP 增长率与 2017 年基本持平。其中，2018 年发达经济体 GDP 增速为 2.4%，比 2017 年上升 0.1个百分点；新兴市场与发展中经济体 GDP 增速为 4.7%，与 2017 年一致。①国际货币基金组织总量数据掩盖了大部分经济体增速回落的事实，且可能高估了 2018 年世界 GDP 实际增长率。

在主要发达经济体中，只有美国经济增速表现出上升趋势，欧元区和日本等其他经济体均出现增速回落现象。2018 年美国 GDP 增长率为 2.9%，比 2017 年提高 0.7 个百分点。欧元区 GDP 增长率为 2.0%，比 2017 年下降0.4 个百分点。日本 GDP 增长率为 1.7%，比 2017 年下降 0.6 个百分点。英国和加拿大的 GDP 增长率比 2017 年分别下降 0.3 个和 0.9 个百分点。

新兴市场与发展中经济体 2017 年经济增速普遍回升，但 2018 年出现明

---

① 如无特别说明，世界 GDP 增长率和各地区 GDP 增长率均为按购买力平价（PPP）计算的数据。

显分化。亚洲新兴经济体仍然保持了世界上最高的增长率，2018年GDP增长6.5%。但除印度等极少数国家之外，其他主要亚洲新兴经济体均有一定程度的经济增速回落。印度GDP增长率从2017年的6.7%上升到2018年的7.3%，而中国GDP增长率从6.9%下降到6.6%左右，印尼、马来西亚、菲律宾、新加坡和泰国等东盟五国的整体GDP增长率从5.4%下降到5.3%。新兴与发展中欧洲地区经济增速在2018年出现大幅度下降，GDP增长率从2017年的6.0%下降至2018年的3.8%。其中土耳其因受经济制裁和货币危机影响，经济形势明显恶化，其GDP增长率从2017年的7.4%大幅下降至2018年的3.5%。拉美和加勒比地区多个国家出现经济动荡，该地区整体GDP增长率从2017年的1.3%下降到2018年的1.2%。其中阿根廷从2.9%下降到-2.6%，委内瑞拉从-14.0%进一步下降至-18.0%。在拉美地区，巴西经济进一步好转，其GDP增长率从2017年的1.0%提高到2018年的1.4%。受石油价格回升影响，中东北非地区和俄罗斯经济出现了一定程度的回升。中东北非地区的GDP增长率从2017年的2.2%上升到2018年的2.4%；俄罗斯GDP增长率从2017年的1.5%轻微回升到2018年的1.7%。但是伊朗重新受到美国制裁，经济形势再一次恶化，其GDP增长率从2017年的3.7%下降至2018年的-1.5%。

（二）失业率保持低位运行

尽管世界经济出现增速下行迹象，但是除少数经济形势严重恶化的新兴市场国家外，全球总体上处于失业率相对较低的时期。这种状况表明世界经济处于从繁荣顶峰刚刚出现回落迹象的阶段。

美国失业率持续下降。2018年9月美国失业率为3.7%，相比2017年9月，下降了0.5个百分点，为金融危机以来的最低点。美国失业人数有所减少。2018年9月美国失业人数为577.1万，相比2017年9月减少了78.5万。与此同时，美国就业人数进一步增加。2018年9月美国就业人数为1.562亿，相比2017年9月增加了170万。美国劳动市场的积极变化也体现在工资变化上。美国私营企业全部员工平均时薪从2017年9月的26.51美元提高到 2018 年 9 月的 27.25 美元，平均周薪从 909.29 美元提高到了937.40 美元，涨幅分别为 2.8% 和 3.1%。但是，美国的劳动参与率并没有随着失业率下降和工资上升而上升，2018 年一直在 62.7%~63% 区间波动。

欧洲劳动力市场也处在持续改善过程之中，但改善速度趋缓。欧盟整体失业率已经从 2017 年 9 月的 7.5% 下降到了 2018 年 9 月的 6.7%，欧元区失业率从 2017 年 9 月的 8.5% 下降到了 2018 年 9 月的 8.1%。欧洲失业人数减少幅度和失业率下降速度有所减缓。从 2016 年 9 月到 2017 年 9 月，欧盟失业人数减少 220.4 万人，失业率下降 0.9 个百分点，欧元区失业人数减少了 154.7 万人，失业率下降了 1.0 个百分点；而从 2017 年 9 月到 2018 年9 月，欧盟失业人数仅减少 179.3 万人，失业率仅下降 0.8 个百分点，欧元区失业人数仅减少了 130.9 万人，失业率也仅下降了 0.4 个百分点。

日本属于发达经济体中失业率最低的国家。2018 年 9 月，其季调后的失业率下降到了 2.3%，再创 21 世纪以来最低值。加拿大和澳大利亚的劳动力市场也有所改善，其失业率分别从 2017 年 9 月的 5.6% 和 5.5%，下降至 2018 年 9 月的 5.4% 和 5.0%。

新兴经济体的劳动力市场表现差异较大。中国的城镇登记失业率从2017 年 9 月的 3.95% 下降到了 2018 年 9 月的 3.82%，城镇调查失业率从2018 年 1 月的 5.0% 下降至 9 月的 4.9%。俄罗斯的失业率从 2017 年 9 月的5.0% 下降到了 2018 年 9 月的 4.5%。阿根廷的失业率则从 2017 年 6 月的8.7% 上升到了 2018 年 6 月的 9.6%。南非的失业率仍然保持在 27% 以上的水平。土耳其结束了失业率下降的趋势，从 2018 年 4 月 9.6% 的低点上升到 2018 年 8 月 11.1% 的水平。

（三）通货膨胀率稍有提升

美国季调后的消费价格指数（CPI）同比增长率从 2017 年 6 月 1.6% 的近期低点逐月上升至 2018 年 7 月的 2.9%，此后稍有回落，至 2018 年 10月，CPI 同比增长 2.5%。美国季调后的核心 CPI 也出现了同样的变化。其同比增长率从 2017 年 6 月的 1.7% 上升到了 2018 年 7 月的 2.3%，此后回

落至 2018 年 10 月的 2.2%。美联储用于设定通货膨胀目标的个人消费支出（PCE）价格指数，从 2017 年 7 月的同比增长 1.5%，上升到 2018 年 7 月的 2.4%，此后也有所回调，至 2018 年 9 月，美国 PCE 价格指数和核心 PCE 价格指数同比增长率均为 2.0%。

欧洲总体物价水平稍有上升，但主要由能源和食品价格上升引起，其核心通胀率相对稳定且略有下降。欧盟的消费价格调和指数（HICP）2018 年 10 月同比增长率为 2.2%，比上年同期提高 0.5 个百分点。欧元区消费价格调和指数 2018 年 10 月同比增长率也是 2.2%，比上年同期提高 0.8 个百分点。但是扣除能源和季节性食品的核心 HICP 没有表现出同样的趋势。欧盟核心 HICP 月度同比增长率曾在 2017 年 8 月达到 1.4%，但此后 14 个月均在 1.1% ~ 1.3% 区间波动，2018 年 10 月同比增长 1.2%。欧元区核心 HICP 月度同比增长率曾在 2017 年 8 月达到 1.2%，此后 14 个月均在 0.9% ~ 1.1% 区间波动，2018 年 10 月同比增长 1.1%。

日本物价水平继续回升。日本 CPI 增长率从 2016 年 - 0.1% 上升到了 2017 年的 0.5%，2018 年 1 ~ 9 月，各月同比增长率均保持在 0.5% 以上。其中 2018 年 2 月曾达到 1.5%，此后有所回调，并在 1.0% 左右波动。至 2018 年 9 月，其 CPI 同比增长率为 1.2%，比上年同期上升 0.5 个百分点。

主要新兴市场国家通货膨胀率均有小幅上升，个别国家存在严重通胀。俄罗斯的 CPI 同比增长率从 2017 年 9 月的 3.0% 上升到 2018 年 9 月的 3.5%，巴西全国 CPI 增长率从 2017 年 9 月的 1.6% 上升到 2018 年 9 月的 4.0%，印度产业工人 CPI 同比增长率从 2017 年 9 月的 2.9% 上升到 2018 年 9 月的 5.6%，南非 CPI 同比增长率曾从 2017 年 9 月的 4.9% 下降到 2018 年 3 月的 3.7%，此后有所回升，2018 年 9 月同比增长 4.8%。中国的通胀率也稍有提高，CPI 同比增长率从 2017 年 9 月的 1.6% 上升到 2018 年 9 月的 2.5%。新兴市场中也有个别通货膨胀较为严重的国家。阿根廷受货币大幅度贬值影响，其 CPI 同比增长率从 2017 年 9 月的 24.2% 大幅度提高到 2018 年 9 月的 45.1%；土耳其也受到货币大幅度贬值的影响，其 CPI 同比增长率从 2017 年 9 月的 11.2% 大幅度提高到 2018 年 9 月的 25.2%。

（四）国际贸易增速放缓

2018 年国际贸易表现出价格涨幅扩大、实物量增速下降特点。① 2018 年第一季度和第二季度，世界货物出口额同比增长率分别为 14.3% 和 12.4%。其中价格涨幅分别为 10.5% 和 9.2%，分别比上年同期增加 3.6 个和 5.3 个百分点；排除价格因素后的实际世界货物出口总量同比增长率分别为 3.8% 和 3.2%，比上年同期分别下降 0.5 个和 1.3 个百分点。

分地区看，亚洲地区国际贸易量增速回落幅度最大。2018 年第一季度和第二季度，亚洲货物出口总量季调后同比增长率分别为 4.7% 和 3.8%，比上年同期增速分别下降 3.6 个和 2.9 个百分点。其中中国、日本和马来西亚的货物出口量增长速度下降最为明显。欧洲整体国际贸易量的增速也有一定回落。2018 年第一季度和第二季度，欧洲货物出口总量季调后同比增长率均为 2.8%，比上年同期增速分别下降 0.2 个和 0.3 个百分点。欧盟由于内部贸易加速增长，其整体贸易量的增速稍有提升。2018 年第一季度和第二季度，欧盟内部货物出口总量季调后同比增长率分别为 2.8% 和 3.0%，比上年同期增速均上升 0.6 个百分点，欧盟对区外的货物出口总量季调后同比增长率比上年同期分别下降 0.4 个和 0.6 个百分点，欧盟整体出口量增长率比上年同期分别提高 0.2 个和 0.1 个百分点。中南美洲出口总额增速快速回落。2018 年第一季度和第二季度，中南美洲货物出口总额同比增长率分别为 10.1% 和 8.0%，比上年同期分别下降 9.5 个和 3.1 个百分点。中南美洲实际出口量在 2018 年第二季度还出现了 1.8% 的负增长。

美国对外贸易形势相对较好。2018 年第一季度和第二季度，美国货物出口总量同比增长率分别为 4.5% 和 7.1%，比上年同期分别提高 0.1 个和 2.8 个百分点；出口额更是分别增长了 8.0% 和 11.2%，比上年同期分别提高 0.5 个和 5.4 个百分点。

---

① 本文关于国际贸易的数据均来自 WTO。

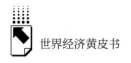

（五）国际直接投资活动低迷

2017 年全球外商直接投资（FDI）流入额为 1.43 万亿美元，比上年下降 23%。① FDI 流入额下降主要是由于发达经济体吸引的外商直接投资大幅下降引起的。2017 年发达经济体 FDI 流入额仅为 7120 亿美元，相比上年下降 37%。流入发展中经济体的外商直接投资相对稳定。2017 年发展中经济体 FDI 流入额约 6707 亿美元，相比上年增长 5 亿美元。发展中经济体 FDI 流入额占全球比重达到 47%，比上年提高了 11 个百分点。

2017 年流入美国的 FDI 下降到 2750 亿美元，比 2016 年下降 40%，但美国仍然保持第一大外商直接投资目的国的地位。欧盟的 FDI 流入额为 3040 亿美元，比上年下降 43%。其中英国的 FDI 流入额从 2016 年的 1960 亿美元大幅下降到 2017 年的 106 亿美元，从第二大外商直接投资目的国下降到第 22 位。日本吸引的外商直接投资也从 2016 年的 114 亿美元下降到了 2017 年的 104 亿美元。

亚洲发展中经济体吸引的 FDI 流入额从 2016 年的 4753 亿美元上升到 2017 年的 4758 亿美元。中国从 1337 亿美元上升到 1363 亿美元，再次成为第二大吸引外商直接投资的国家。印度从 441 亿美元略微下降到了 399 亿美元。拉美和加勒比地区吸引的 FDI 流入额从 2016 年的 1397 亿美元上升到了 2017 年的 1513 亿美元。非洲地区吸引的 FDI 流入额从 2016 年的 532 亿美元下降到了 2017 年的 418 亿美元。

转型经济体整体的 FDI 流入额出现了较大下降，2017 年吸引的 FDI 流入额为 458 亿美元，相比 2016 年下降了 27%。其中俄罗斯的 FDI 流入额从 372 亿美元下降到了 253 亿美元。

发达经济体总体 FDI 流出额也出现下降，2017 年 FDI 流出总额为 1.0 万亿美元，比上年减少了 3%。其中欧盟约占全球 FDI 流出总额的 43%，2017 年对外直接投资 4357 亿美元，比上年下降了 3.8%。但是，日本和美

---

① 本文关于国际直接投资的数据均来自 UNCTAD。

国对外直接投资出现了一定的增长。日本 2017 年对外直接投资比上年增长
10.5%，达到 1604 亿美元。美国仍然是全球对外直接投资第一大国，2017
年对外直接投资额上升了 21.7%，约为 3423 亿美元。发展中和转型经济体
在 2017 年也减少了对外直接投资。其中亚洲发展中经济体在 2017 年对外直
接投资只有 3501 亿美元，比上年减少了 9%。受外部制约和国内管制的影
响，中国在 2017 年大幅度减少了对外直接投资，对外直接投资从 2016 年的
1961 亿美元下降至 2017 年的 1246 亿美元，下降幅度高达 36%，中国从第
二大对外直接投资国变为了第三大对外直接投资国。

2017 年全球各经济体共出台 126 项投资政策，其中 93 项涉及投资自由
化和投资促进措施政策，18 项施加了新的投资限制和监管的政策，另外 15
项为中性政策。在不包括中性政策的 111 项政策变化中，投资自由化和投资
促进措施政策的占比为 84%，比上年有所提高，但仍然显著低于 21 世纪初
期 90% 以上的比例；限制性和监管政策占比有所上升，在 2017 年达到
16%。另外，2017 年至少有 9 笔外资并购交易在东道国政府的反对声中被
迫终止，其中有 5 笔是来自中国的投资。2017 年全球投资政策中表现出发
展中国家更倾向于促进投资，而发达国家更倾向于限制投资的特点。

2017 年，国际投资协定（IIA）谈判进展有限。2017 年全球共签订 18 个
国际投资协定，其中有 9 个双边投资协定（BIT），9 个其他协定。这是自 1983
年以来，达成国际投资协定最少的年份。同时，2017 年至少有 22 个国际投资
协定终止生效。这也使得终止的国际投资协定首次超过新达成的国际投资协定。

2018 年世界经济增长率并没有继续上升，国际直接投资活动也没有大
幅度增长迹象。联合国贸发会议预计全球 FDI 流入额在 2018 年的增幅不会
超过 10%。考虑到 2019 年世界经济的下行趋势和国际贸易投资体系变动所
产生的不确定性，2019 年国际直接投资额有可能再一次下降。

（六）全球债务水平继续上升

2018 年全球政府债务仍处于较高水平。发达经济体政府总债务占 GDP
的比例从 2017 年的 104.5% 轻微下降至 2018 的 103.8%，政府净债务占

GDP 的比例从 2017 年的 75.1% 下降至 2018 年的 74.4%。新兴市场与中等收入经济体总债务占 GDP 的比例从 2017 年的 48.7% 上升到 2018 年的 50.7%。低收入发展中国家的政府总债务占 GDP 的比例从 2017 年的 42.8% 上升到 2018 年的 44.1%。

美国政府总债务占 GDP 的比例继续提升，2017 年为 105.2%，2018 年约为 106.1%。日本政府债务状况继续恶化，政府总债务占 GDP 的比例从 2017 年的 237.6% 上升到了 2018 年的 238.2%。欧元区政府总债务占 GDP 的比例于 2014 年达到最高点 91.7%，此后一直回落，2018 年继续回落至 84.4%。欧元区大部分国家的政府债务水平有所回落，但仍有个别重债国的政府债务水平在继续上升。希腊政府债务占 GDP 的比例在 2018 年达到 188.1%，比上年增加 6.3 个百分点。英国和法国政府债务状况没有明显好转。英国政府债务占 GDP 的比例从 2017 年的 87.5% 轻微下降到 2018 年的 87.4%，法国从 2017 年的 96.8% 轻微下降到 2018 年的 96.7%。欧元区仍然存在主权债务风险。

新兴市场与中等收入经济体中政府总债务占 GDP 的比例超过 60% 国际警戒线且比例继续上升的有安哥拉（80.5%）、阿根廷（62.7%）、巴西（88.4%）、巴基斯坦（72.5%）和乌拉圭（68.1%）等。① 低收入国家政府总债务占 GDP 的比例超过 60% 且继续上升的国家包括老挝（66.7%）、莫桑比克（112.9%）、苏丹（167.5%）和赞比亚（70.9%）等。② 这九个国家的政府债务水平都是在快速上升，隐藏的债务风险比较大。

各国居民和企业债务也不断累积，导致全球非金融部门债务总额占 GDP 的比例不断攀升。国际清算银行估计，2016～2017 年，全球非金融部门的债务总额占 GDP 的比例从 234.4% 上升到了 244.5%，2018 年第一季度进一步上升到了 246.1%。发达经济体非金融部门的债务总额占 GDP 的比例从 2016 年的 264.4% 上升到了 2017 年的 276.0%，2018 年第一季度又上升

① 括号中的数据为各国的政府总债务占 GDP 的比例，下同。
② 以上政府债务与财政赤字数据均引自 IMF Fiscal Monitor，October 2018，https：//www. imf. org/external/mmedia/view. aspx？vid = 5846650160001。

到了 276.2%。新兴市场经济体非金融部门的债务总额占 GDP 的比例从 2016 年的 183.3% 上升到了 2017 年的 193.8%，2018 年第一季度又上升到了 198.2%。全球债务总水平的持续攀升，正在威胁全球经济稳定。

（七）金融市场出现动荡

2018 年国际金融市场呈现两大主要特征：一是全球股市震荡，二是美元持续升值和其他货币不同程度贬值。

截至 2018 年 11 月 20 日，以摩根士丹利资本国际公司编制的明晟指数（MSCI 指数）衡量，全球股指从年初以来下跌 5.71%，其中新兴市场股市指数下跌 14.69%，发达市场股市指数下跌 4.46%。在 23 个新兴市场国家指数中，只有卡塔尔股指有明显上升，另有 3 个国家的股指有轻微上升，其余 7 个国家的股指跌幅在 10% 以内，12 个国家的股指跌幅在 10% 以上。土耳其股指跌幅最大，达 41.8%。在 23 个发达市场的国家指数中，只有以色列出现了明显的上涨。美国股指高位震荡，没有明显上涨，也没有明显回落。另外 21 个国家的股指均出现一定程度的下跌。7 个国家的股指跌幅在 10% 以内，14 个国家的股指跌幅在 10% 以上。其中比利时股指跌幅最大，达 19.4%。全球股票价格震荡与世界经济中隐含的风险有密切关联。

2018 年美联储已经数次加息，欧洲中央银行和日本银行仍然维持负利率环境，美元明显升值。2018 年 10 月相对于 2017 年 12 月，名义美元指数升值 5.8%，实际美元指数升值 3.3%。美元升值导致世界其他主要货币相对于美元均有不同程度贬值。从 2018 年年初到 11 月 16 日，欧元兑美元汇率贬值了 4.9%，英镑贬值了 5.4%，日元贬值了 0.1%。新兴经济体货币出现了更大幅度的贬值，其中人民币兑美元贬值了 6.2%，巴西雷亚尔贬值了 12.8%，印度卢比贬值了 11.8%，南非兰特贬值了 11.3%，俄罗斯卢布贬值了 13.4%。另外，土耳其里拉和阿根廷比索分别贬值了 29.7% 和 47.8%。

（八）大宗商品价格冲高回落

2017 年 10 月到 2018 年 9 月，国际大宗商品价格出现较大涨幅。在此期

间，以美元计价的全球大宗商品综合价格指数上涨19.9%。大宗商品价格上涨主要由燃料价格上涨所引起。2017年10月至2018年9月期间，全球燃料价格指数上涨了38.2%，燃料以外的大宗商品价格指数反而下降了7.6%。其中食物类大宗商品价格指数从2018年4月开始回落，至2018年9月，价格指数同比下降了9.1%；农业原料价格指数从2018年2月开始下降，至2018年9月，价格指数同比下降了0.5%；矿物与金属类大宗商品价格指数从2018年3月开始下降，至2018年9月，价格指数同比下降了7.9%。

原油价格于2018年10月初达到近期高点，此后有明显下降。布伦特原油现货价格于2018年10月4日达到87.28美元/桶，迪拜原油现货价格曾于2018年10月3日达到83.13美元/桶，美国西得克萨斯州轻质原油现货价格于2018年10月3日达到76.41美元/桶，此后原油价格快速下降，至2018年11月16日，布伦特、迪拜和西得州原油现货价格分别下降至64.85美元/桶、65.75美元/桶和56.46美元/桶。①

三 影响世界经济的几个关键问题

（一）美国经济下行的可能性

2018年世界经济中除美国等少数国家还在强劲增长之外，大多数经济体的经济增长率均开始下行。如果美国经济持续强劲增长，有可能再一次带动世界经济增长率回升；如果美国经济近期内出现增速下行，则世界经济有可能陷入新一轮衰退。因此，美国经济走势对2019年世界经济具有重大影响。

美国GDP季度同比增长率已经连续9个季度不断上升。2016年第二季度的增长率为1.3%，至2018年第三季度已达3.0%。从采购经理指数

---

① 大宗商品月度平均价格数据来自UNCTAD，日频数据来自Wind。

（PMI）等景气指标来看，美国经济增长在短期内仍然非常强劲。但是，美国也已经出现繁荣到顶迹象。首先，美国失业率已经处于最低水平，劳动力已经被充分利用，工资已经开始上涨，且工资上涨幅度超过物价上涨幅度，企业盈利空间下降。其次，对美国经济状况高度敏感且具有一定先导性的私人投资实际增长率，从2018年第一季度的6.2%下降到了第二季度的4.6%。最后，美国股市泡沫破裂风险加大。美国股票市场价格开始出现高位回落迹象。2018年9月，美国三大股指均创新高，但在10月初均同步连续下挫。一般来说，微调型的货币政策能够延长繁荣时间，防止经济出现快速过热和过热后的硬着陆。美国历史上最长的加息周期是3年，即连续加息3年后经济会出现回落。这一轮加息周期是从2015年12月开始的，到2018年12月就是3年。加息周期的结束将伴随着经济增长再一次明显下行。美联储预测联邦基金利率的长期值应该为3.0%，离目前2.25%的政策利率还有0.75个百分点的差距。再有2~3次加息就能达到长期值。可见，从加息节奏上看，美国经济增长出现下行的时间不会太远。[①]

国际组织纷纷预测美国经济增速在2019年会出现下行。国际货币基金组织预计美国GDP增长率将从2018年的2.9%下降至2019年的2.5%；世界银行预计美国GDP增长率将从2018年的2.7%下降至2019年的2.5%；经合组织预计美国GDP增长率将从2018年的2.9%下降至2019年的2.8%。美联储也预计美国GDP增长率将从2018年的3.1%下降至2019年的2.5%。[②]

（二）金融市场动荡影响程度

当前的世界经济面临三大金融危机的诱发因素，一是美联储加息缩表引起其他国家尤其是新兴市场国家的货币贬值和货币危机，二是高债务国家出现债务违约风险甚至债务危机，三是美国实体经济增速下行或者进入衰退期

---

① 当然，如果经济出现过热，美联储需要将政策利率提高到长期值以上。
② 本文使用的世界银行和经合组织的预测数据来自Wind；美联储的预测数据来自2018年9月美联储官网公布的预测材料。

引起其资产价格暴跌并向其他国家传染。这三类危机可能以个案的方式发生，但也有可能在一系列国家引起连锁反应造成较大影响，甚至可能三类风险叠加造成大面积深度危机，对世界经济造成重大负面冲击。

美联储加息缩表引起的资本回流和美元升值，已经使土耳其和阿根廷等国发生了货币危机。土耳其经济在 2018 年年初本来处于高速增长状态，第一季度 GDP 同比增长 7.3%。土耳其货币里拉从 3 月开始持续贬值，并在 5 月和 8 月出现两次大幅度贬值。货币大幅度贬值破坏了土耳其国内的经济秩序，其生产活跃程度大幅度降低，第二季度 GDP 同比增长率回落至 5.2%。同时，其物价水平迅速攀升。土耳其央行从 6 月开始采取大幅度加息的办法来应对货币贬值和通货膨胀。2018 年 6 月 1 日，土耳其央行将隔夜借款利率从 7.25% 一次性提高到 15%，6 月 8 日再次提高到 16.25%，9 月 14 日进一步提高到 22.5%。过高的利率引起土耳其经济发生过度收缩。阿根廷也出现了货币危机引起经济严重收缩的情况，2018 年第二季度其 GDP 季度同比甚至出现 4.2% 的负增长。2018 年土耳其和阿根廷的货币危机和经济恶化并没有传染到其他国家。未来美联储进一步加息和缩表的可能性很大，这将引起资本进一步回流美国和美元进一步升值，新兴市场国家进一步爆发货币危机的可能性在加大。对于那些具有经常账户逆差现象的国家，在资本流入减少而资本流出增加的情况下，很容易出现一个国家货币大幅度贬值引发类似国家同样发生货币大幅度贬值的现象，这种传染效应可能导致大面积的货币危机和经济衰退。

全球债务水平持续上升已经困扰世界经济多年，再一次爆发债务危机的可能性增大。这一方面是因为一些重债的新兴市场国家和低收入国家政府债务激增，容易引发主权债务的违约风险和债务危机；另一方面是美联储和英格兰银行加息可能引起的全球利率水平上行，导致各国债务负担加重，以及发达经济体经济增速下降引起的偿债能力下降，有可能导致发达经济体出现债务危机。发达经济体的债务危机会对世界经济造成较大的冲击。

美国股市也是一个重要的金融危机引爆点。美国股市从 2009 年以来持续牛市，股票市值从 2008 年的 11 万亿美元上升到 2018 年的 40 万亿美元。

美国金融危机以前股市最繁荣的 2007 年，其市值最高也没有超过 19 万亿美元。纳斯达克指数在 2000 年股市最繁荣的时候达到 5000 点左右，在 2007 年股市又一个繁荣顶点时仅达到 2800 点左右，而在 2018 年已经超过 8000 点。美国股市泡沫风险开始显现，2018 年 10 月以来，美国三大股指均明显下跌。美联储进一步加息和缩表，以及美国实体经济下行产生的预期恶化，使美国股市未来仍将有较大下跌风险。如果美国股市价格暴跌并引发其他国家股价同步暴跌，则世界经济将再一次面临较严重的金融危机冲击。

（三）应对下一轮衰退的政策空间

如果世界经济进入下一轮衰退，各主要国家尤其是发达国家刺激经济的政策空间不如 10 年前。这在货币政策、财政政策和国际宏观政策协调方面都有体现。

金融危机以前美国联邦基金利率是 5.25%，2007 年 9 月开始，美联储在 15 个月的时间内将利率降至 0.25%，其降息空间高达 5 个百分点。而当前的联邦基金利率仅有 2.25%，即使再有两三次加息之后美国经济才开始下行，估计也只有 3 个百分点左右的降息空间。英格兰银行目前的政策利率仅有 0.75%，降息空间不足 1 个百分点。而欧洲中央银行、日本央行目前还是实行负利率的货币政策。如果近期出现经济衰退，则意味着这两个经济体还没有退出宽松货币政策，又需要实行新一轮宽松政策。此时，欧洲中央银行和日本央行完全没有降息空间。

当然，在基准利率降息空间有限或者没有降息空间的情况下，各央行还是可以继续使用量化宽松政策。量化宽松政策产生效果的一个重要机制是通过降低长期利率来刺激消费和投资。然而，当前美国和日本的 10 年期国债收益率分别为 3.06% 和 0.11%，欧元区 10 年期公债收益率为 0.41%[①]，长期利率进一步降息的空间也有限。另外，新一轮量化宽松政策会再一次导致央行资产负债膨胀，使央行成为政府或者重要金融机构的资金提供者，从而

---

① 收益率为 2018 年 11 月 16 日的数据。

扭曲金融资源的配置，降低金融体系在资金融通和金融中介方面的作用。欧洲已经明确规定欧央行持有的债券余额不能超过债券发行者债务余额的33%。量化宽松的空间也是受到限制的。

美国金融危机以来，各国政府债务没有明显下降，大部分国家的政府债务均比危机以前高。其中，发达经济体的平均政府债务余额占GDP的比例从2007年的74.5%上升到了2018年的103.8%，新兴市场国家的平均政府债务余额占GDP的比例也从2007年的35.5%上升到了2018年的48.7%。各国财政扩张的能力受到高债务规模的制约，尤其是欧盟国家。欧盟国家普遍面临降低政府债务规模的压力，很难再通过扩大财政赤字来刺激经济。日本似乎有点例外。日本的政府债务余额占GDP的比例是世界上最高的，但日本还在继续提高政府债务水平。日本政府的债务依然可持续，主要原因在于两点，一是其政府债券的持有人主要是国内主体，因而不容易发生外债危机以及引发货币危机；二是日本央行持有大量的政府债券。日本央行持有的国债资产占日本政府债务余额的40%以上，这也导致日本央行资产总额已经超过日本GDP的100%。这种由央行直接向政府透支的融资方式是否可持续以及会带来什么后果，已经引起疑问。

另外，在国际政策协调方面，当前的国际格局也不如10年以前那么有利。世界上最大的经济体美国宣称要实行"美国优先"的政策，国际政策协调不是其优先政策选项。危机催生的G20首脑会议机制，目前也难以发挥其在全球宏观政策协调上的作用。如果下一轮衰退来了，各国政策缺乏协调和约束，则以邻为壑的政策很可能成为个别国家的选项，并逐渐蔓延到多个国家。

（四）全球贸易摩擦的演变

贸易摩擦对世界经济的负面影响逐渐显现。美国从2018年3月开始对进口钢铝加征关税；7月挑起对中国的贸易冲突，9月进一步升级，未来还将继续升级；2019年年初还可能会在汽车行业发生贸易冲突。美国受影响的进口商品价值将达到8000亿美元左右，约占其进口总额的1/3；受贸易报复影响的出口商品价值将达到 3500 亿美元左右，约占其出口总额的 1/5。如果贸易摩擦进一步升级，受影响的国际贸易还会更多。中国、欧盟和日本等主要经济体均已出现出口增速回落迹象。世贸组织已于 2018 年 9 月 27 日将 2018 年全球货物贸易实际预期增速由 4.4% 调低至 3.9%，同时也将 2019 年预期增速进一步调低至 3.7%。

贸易摩擦打破了世贸组织营造的安全和可预期的贸易环境，给国际商业活动带来不稳定因素，降低了投资信心。美国发起的这一次贸易冲突还通过提高关税和原产地标准，阻碍中间品贸易发展，从而阻碍国际分工扩展和全球生产率的提升，这将对世界经济造成长期不利影响。

贸易摩擦可能演变为全球经济规则的重新设定，也可能演变为金融冲突、政治与军事冲突等，如果是后者，世界经济将受到灾难性的影响。

当然，美国也可能和中国达成停止贸易冲突的协议，并和主要贸易伙伴达成钢铝和汽车关税方面的协议，这将对国际贸易和世界经济产生正面影响。但是，不管中美之间，还是美国和其他主要贸易伙伴之间，达成终止增加关税的协议都需要经过艰难的谈判和妥协，未来的演变充满了不确定性。

（五）逆全球化的发展趋势

当前逆全球化的发展不仅表现在美国单边主义贸易措施上，而且表现在一系列的制度安排上。制度安排具有长期性，因此其对全球化的影响将更为深远。

一个重要的逆全球化的制度安排是美国在 2018 年 8 月通过的《外国投资风险审查现代化法》。该法以维护美国国家安全的名义，赋予了美国的外国投资审查委员会更大的权力去阻止外国对美国的投资，以及美国对国外的技术出口。该法一方面扩大了受管制技术的范围，将新兴技术与基础技术纳入技术管制清单；另一方面要求相关投资者向外国投资审查委员会强制申报接受审查。这一制度将阻碍外国企业对美国的投资和国际技术交流合作。如果欧洲和日本模仿美国建立类似的技术管制和投资审查制度，企业的跨国投资和技术合作活动将受到较大的限制。

另一个重要的逆全球化的制度安排是 2018 年 9 月 30 日达成的美墨加协议。美墨加协议包含不利于跨国配置价值链的规定。该协议用提高原产地标准的办法来限制生产外包和跨国组织生产活动。协议第 4 章关于原产地规则的内容中，提高了众多制造业产品的本地增加值比例。比如，以净成本法计算，认定原产于美墨加区域内的乘用车与轻型卡车，要求区域内价值含量达到 66%，且以后逐年提高，到 2023 年要达到 75%。该协议还规定，乘用车、轻型卡车和重型卡车的生产必须使用 70% 以上原产于美墨加的钢和铝，这些汽车才能被认定为原产于美墨加地区。过高的原产地标准不利于跨国公司在全球配置价值链。协议生效后，美墨加区域外企业将更难以在区域内任何一个国家组装进口中间品再出口到另外两个国家。如果高标准的原产地要求推广到其他贸易协定中，全球价值链的发展将受到制约。美墨加协议中还出现了针对非市场经济国家的排他性规定。一个自贸协定阻止协议方与第三方签订协议的条款也是不利于全球化的。这种排他性条款的蔓延将导致全球体系的分裂和世界经济的动荡。

四 2019年世界经济展望

2018 年 10 月国际货币基金组织预测，2019 年按 PPP 计算的世界 GDP 增长率为 3.7%。其中发达经济体 GDP 整体增长 2.1%，美国增长 2.5%，欧元区增长 1.9%，日本增长 0.9%，其他发达经济体增长 2.5%；新兴市场与发展中经济体 GDP 整体增长 4.7%，中国增长 6.2%，印度增长 7.4%，俄罗斯增长 1.8%，巴西增长 2.4%，南非增长 1.4%。新兴与发展中亚洲经济体仍然是世界上增长最快的地区，GDP 增长率为 6.3%。国际货币基金组织还预测，按市场汇率计算，2018 年世界 GDP 增长率为 3.1%。总体来说，国际货币基金组织认为 2019 年的世界经济增长率与 2018 年持平。其他国际组织预测 2019 年世界经济形势与 2018 年基本一致。世界银行预测 2019 年按 PPP 计算的世界 GDP 增长率为 3.8%，与 2018 年持平；按市场汇率计算的世界 GDP 增长率为 3.0%，比 2018 年下降 0.1 个百分点。经合组织预测

2019 年按 PPP 计算的世界 GDP 增长率为 3.93% ，比 2018 年提高 0.11 个百分点。

我们预计，2019 年世界经济按 PPP 计算的增长率约为 3.5% ，按市场汇率计算的增长率约为 2.9% 。我们的预测低于国际货币基金组织和其他国际组织的预测。较低的预测主要反映了我们对美国经济下行风险、金融市场动荡风险、应对衰退的政策空间受限、贸易摩擦的影响以及逆全球化趋势等问题的担忧。

另外，我们预计 2019 年大宗商品价格将比 2018 年略有下降，原油价格将处于 65 美元/桶左右。

国别与地区

Country/Region Study

Y.2
美国经济：加速冲顶

孙 杰*

摘　要：　美国经济各项基本面指标的持续改善促使美联储在开始缩表的同时加息逐渐提速。货币政策的变化对金融市场和公司融资成本的影响逐渐显现，政府债务负担也越来越沉重。在这种情况下，特朗普执政后出台的一系列政策又给美国经济带来了不确定性。财政整顿和税制改革虽然有助于美国经济的长期增长，但是在短期内赤字上升。贸易保护政策虽然在短期内还没有明显影响，但是对长期经济增长的影响不容乐观，美国经济处于冲顶阶段。预计2018年的美国经济增长比较乐观，但2019年将出现回调。

关键词：　美国经济　宏观经济政策　潜在增长率

* 孙杰，中国社会科学院世界经济与政治研究所研究员，博士生导师，主要研究领域为金融学。

2017 年美国按照现价计算的 GDP 达到了 19.8 万亿美元，按照 2012 年不变价计算的 GDP 则为 18.2 万亿美元，实际经济增长率为 2.2%，比 2016 年上升了 0.6 个百分点，显示出强劲增长的势头，符合我们在 2017 年做出的趋势判断，但是达到了我们预测的上限水平。①

一 宏观经济增长呈现出持续的微弱下降趋势

从 2017 年第三季度到 2018 年第二季度，美国经济呈现出持续的较高速增长，四个季度经过季节调整后的年化环比季度实际增长率（以下简称环比增长率）分别为 2.8%、2.3%、2.2% 和 4.2%，与前几年年初和年末出现比较明显的增长放缓的走势显著不同。从同比经济增长率来看，四个季度的同比增长率分别为 2.3%、2.5%、2.6% 和 2.9%，延续了 7 个季度的平稳上升趋势。不过，支撑经济增长的因素却出现一定的变化，但恰恰是由于各因素之间波动的差异，才维持了美国经济增长的相对稳定。结合潜在增长率、就业和通货膨胀情况看，加之美联储不断收紧的货币政策，美国经济可能即将见顶。

1. 季度增长提速背后的潜在隐忧

在 2017 年下半年，经济增长步伐比较稳健，劳动市场状况持续向好，失业率从 4.3% 进一步下降到 4.1%，明显低于美联储认定的长期水平；核心通货膨胀（核心 PCE）在 1.5% 上下徘徊，也低于 2% 的门槛。在这种情况下，美联储在 2017 年 9 月启动了缩表进程，并于 12 月 14 日进行了危机后的第五次加息。

分季度看，在 2017 年第三季度，环比增长率从上个季度的 3.0% 微降到了 2.8%。其中，支撑经济增长最主要的因素个人消费支出的拉动作用从 1.95 个百分点下降到 1.52 个百分点，但是私人国内投资的拉动则从 0.95

---

① 事实上，在 2018 年 6 月 28 日美国经济分析局发布的数据中，2017 年的实际经济增长率更高达 2.3%，但是到了 8 月，这个数据下调到了 2.2%。

个百分点上升到 1.47 个百分点，且主要是由非住宅投资和存货增长拉动，暗示着波动性和不可持续性（见表 1）。净出口和政府支出对经济增长的拉动作用不显著。

表 1　总需求中各部分对 GDP 增长率的贡献

单位：%，个百分点

季度	2017 年第一季度	2017 年第二季度	2017 年第三季度	2017 年第四季度	2018 年第一季度	2018 年第二季度
GDP 增长率	1.8	3	2.8	2.3	2.2	4.2
个人消费支出	1.22	1.95	1.52	2.64	0.36	2.57
货物	0.4	1.17	0.86	1.42	-0.13	1.16
耐用品	0.13	0.6	0.54	0.87	-0.15	0.60
非耐用品	0.27	0.56	0.32	0.55	0.02	0.56
服务	0.82	0.79	0.65	1.22	0.49	1.42
私人国内投资	0.8	0.95	1.47	0.14	1.61	-0.07
固定投资	1.6	0.72	0.44	1.04	1.34	1.10
非住宅	1.2	0.94	0.45	0.63	1.47	1.15
住宅	0.41	-0.22	-0.02	0.41	-0.14	-0.05
存货变化	-0.8	0.23	1.04	-0.91	0.27	-1.17
净出口	-0.1	0.08	0.01	-0.89	-0.02	1.22
出口	0.59	0.44	0.42	0.79	0.43	1.12
进口	-0.69	-0.36	-0.41	-1.68	-0.45	0.10
政府消费和投资	-0.13	0.01	-0.18	0.41	0.27	0.43
联邦政府	0	0.16	-0.08	0.26	0.17	0.24
国防	-0.01	0.21	-0.11	0.11	0.11	0.22
非国防	0.01	-0.05	0.03	0.15	0.06	0.01
州和地方政府	-0.13	-0.15	-0.1	0.15	0.10	0.20

注：GDP 增长率单位为"%"，其他各单项对 GDP 增长的贡献，单位为"个百分点"。
资料来源：美国经济研究局，经过季节调整的年化环比季度数据，2018 年 9 月 27 日修正值。

2017 年第四季度，受到美联储缩表的影响，增长率下降到了 2.3%。私人国内投资未能延续上个季度的增速，对增长的拉动作用下降明显，从 1.47 个百分点大幅下降到 0.14 个百分点，但主要是存货投资大幅下降造成的。庆幸的是，受到年末节日因素的影响，个人消费对经济增长的拉动出现了大幅度的跃升，从 1.52 个百分点提高到了 2.64 个百分点，抵消了投资下降造成的不利影响，成为支撑美国第四季度经济增长的最主要因素。净出口和政府支出对增长正负影响的变化大体上相互抵消了。

到 2018 年上半年，经济增长有所提速，劳动市场继续改善，失业率甚至一度低至 3.8%，与 2000 年 4 月新经济高峰时的低失业率纪录持平，而且劳动参与率甚至在徘徊中出现了回升迹象。受到劳动市场趋紧和国际市场初级产品价格缓慢上升的影响，通货膨胀压力也开始增加，核心 PCE 接近 2%，核心 CPI 也达到了 2.3%，标题 CPI 更达到了 2.9%。在这种情况下，美联储于 3 月和 6 月连续加息。联邦基金利率达到了 2% 的水平。

2018 年第一季度，美国经济增长的季节性减速并不明显，达到了 2.2%。投资的拉动作用表现出明显的季节波动特征，甚至超过了 2017 年第三季度的高点水平。政府支出和净出口对增长的影响依然不明显。真正值得注意的是个人消费支出这个以往拉动增长的主要因素对经济增长的贡献从上个季度的 2.64 个百分点大幅下降到 0.36 个百分点，是过去 4 年来从未出现的现象。[①]如果不是正好赶上投资波动的高点，美国经济会不出意料地出现明显减速。

2018 年第二季度美国经济环比增长率达到了 4.2%，同比年化增长率也达到了 2.9%，一度提振了市场信心。平心而论，这个数据相当不错，但也没有达到亮眼的水平。事实上，2014 年第二季度和第三季度，环比增长率就分别达到了 5.1% 和 4.9%，同比增长率在 2015 年第一季度和第二季度更高达 3.8% 和 3.4%。从拉动经济增长的几个因素看，依然表现出在此起彼伏中维持总体稳定的特征。其中，个人消费支出对经济增长的拉动大幅提高而国内私人投资的拉动却出现明显下降。另外，受贸易政策不确定性和关税提高预期的影响，出口上升明显，成为拉动经济增长的第二个主要因素。显然，这并不是美国经济长期向好的信号，反而透露出面临的风险，经贸摩擦还使得美国通胀压力增大。

---

① 2013 年第二季度，美国国内私人消费对经济增长的拉动只有 0.2 个百分点。

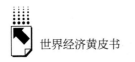

2. 对当前美国经济走势的判断

从经济基本面指标来看，美国经济的形势全面向好，其中失业率在2018年5月一度下降到3.8%，与2000年新经济繁荣时期以来的低失业率纪录持平，之后虽然有所反弹，但是依然维持在历史的低水平上。与此同时，劳动参与率在徘徊中出现的回升迹象更表明就业状况的实质性改进。而且相比危机时的数据看，失业持续时间平均数和失业持续时间中位数也出现了大幅下降，接近了危机前的水平，反映出劳动市场的活力。

但是，这些指标接近历史最好水平的状况也意味着当前美国经济增长可能即将达到顶点。第一，从2018年4月开始，美国劳动市场上的职位空缺数开始超过了失业人数，这是2000年开始有此统计以来首次出现的情况。到2018年7月，职位空缺数已经超过失业人数58万之多。即使不考虑结构性失业的影响，劳动供给已经成为制约美国经济增长的重要因素。第二，应该说目前存在的失业已经不再是周期性因素造成的，而是一种结构性失业。当前美国现代服务业的职位空缺数远远高于传统行业的职位空缺数的现象，更直接地显示出在老龄化不断严重、出生率和劳动参与率不断下降的情况下，劳动力供需结构差异对经济增长的制约作用。第三，目前美国实际经济增长率和失业率都明显好于公开市场委员会认定的潜在增长率和自然失业率，只是实际GDP水平还略低于国会预算办公室认定的潜在GDP水平。但是从过去几十年的历史数据看，实际GDP水平很少超过潜在GDP水平。第四，劳动市场的紧张最终会推高工资水平和通货膨胀水平。2018年3月以后，核心PCE接近甚至一度超过2%的目标水平，5年期的通货膨胀预期也稳定在2%的水平上下，已经达到了美联储的上限。从这个角度看，我们也不难理解美联储在2018年的加息节奏。第五，消费者信心和劳动市场表现是最主要的支撑因素，但是自2014年以来，消费者信心预期指数就持续低于现状指数。

按照常规的分析框架，2018年第一季度，作为美国经济增长最主要支柱的个人消费支出出乎寻常的下降是一个值得关注的现象。毕竟个人消费支出对增长的拉动下滑到1个百分点以下还是6年以前的事情，那是因为在经济刚刚复苏后就遭到了欧债危机的冲击。而这一次则发生在美国经济连续稳定增长之后。如果不是非住宅投资带动起来的私人国内投资正好出现了增长提速，季度经济指标就会出现比较大的波动。由于投资对经济增长的影响波动明显，所以美国经济能否维持稳定的增长就是一个问题了。

从 2017 年第三季度到 2018 年第二季度，消费者信心指数一直处于窄幅徘徊状态，而从以不变价格计算的个人消费支出的绝对金额看，在 2018 年 1~2 月甚至出现了下降，虽然这是一种周期性的波动，但收缩幅度达到了 478 亿美元，且持续了两个月，也是不太常见的现象。

所有这些现象都显示出美国经济增长即将达到周期性顶点。

最后，一个值得我们关注的现象是美债收益率息差缩窄，并有出现倒挂的趋势。而长短期收益率倒挂常被看作经济衰退的领先指标。2014 年以来，在市场对经济基本面预期不乐观导致长期债券收益率持平或下降的同时，短期债券收益率由于受加息影响不断走高而与长期债券收益率差距缩小。历史上多次倒挂均发生在美联储加息的后半段，经济处于过热到衰退之间，并且一般在倒挂开始 3 个月之后是产能利用率的顶峰，倒挂结束 3~6 个月之后经济步入衰退期。如果在 2018 年底美联储再加息，则 2 年期国债收益率大致和 10 年期国债收益率基本持平在 3% 上下的水平上。[①] 这样，按照历史经验，在倒挂开始后一年左右，也就是在 2019 年底至 2020 年初，美国经济可能进入 NBER 所定义的衰退期。

美国联邦公开市场委员会成员在 2018 年 7 月给出的长期经济增长中值为 1.8%，对 2018 年的预测值是 2.8%，比 2018 年 4 月略有调高。尽管鲍威尔在 2018 年 10 月 2 日的讲演中预计 2% 的通货膨胀率和 4% 的失业率将维持到 2019 年全年，9 月 26 日 FOMC 对 2018 年的预测也调高到 3.1%，但是对 2019 年的预测则下降到 2.5%，并且认为到 2021 年会回归到 1.8% 的长期趋势值。据此，不管美联储的官员怎么说，美联储对经济形势的基本判

---

① 2018 年 9 月 26 日美联储加息前后，美国 10 年期国债收益率出现微弱上升，从而在加息后大体维持了与 2 年期国债的息差。这也使得一些机构对美国此次周期顶点的估计不断推后，但是毫无疑问，当前长短期利差相对历史均值依然相差很远。

断应该是已经过热。美国大企业联合会的研究也认为，美国经济增长将维持强劲并在 2018 年底达到顶点。CBO 在 2018 年 8 月 13 日发布的经济展望中，将 2018 年的 GDP 增长率预期由 3.3% 下调至 3.1%，2019 年将进一步下降到 2.4%，但过度需求依然会推动经济增长率高于自然增长率，使得价格、工资和利率承受向上的压力并认为年内通胀率将高于 2%，同时认为美联储的加息节奏可能会放慢。IMF 在 2018 年 10 月对 2018 年美国经济增长率的预测为 2.9%，2019 年也是 2.5%；世界银行在 2018 年 6 月的预测略显悲观一些，为 2.7%，2019 年为 2.5%。我们认为，2018 年美国的经济增长率可能处于 2.8%~3.0% 的区间内，2019 年则可能会有所下降，但仍高于 2017 年的水平，呈现出顶部特征。

二　小步快跑的渐进加息节奏

对美国货币政策走向的关注主要集中在加息的节奏，特别是缩表开始以后会不会对加息节奏产生影响？这又引出了如下几个问题：美国货币政策的决策是遵循规则还是相机抉择？如何看待美国当前的利率水平，换言之，如何判断美国当前的自然利率水平？美国货币政策操作面临什么技术问题和困难？更重要的是，如果美国经济增长即将达到周期性顶点，那么美联储将会采取什么样的加息策略？

1. 美联储对经济形势的判断和决策

从 2017 年 7 月开始，美联储的货币政策报告连续两次对货币政策规则进行了重点说明，2018 年 7 月发布的货币政策报告也不例外，但是重点变成了强调货币政策规则的复杂性。显然这比鲍威尔在 2017 年 7 月的讲话更有学理性。当然，不论是规则决策还是相机抉择，也不论是看指标的预期值还是趋势变化，货币政策决策都离不开对经济形势的判断。

从 2018 年 7 月 17 日鲍威尔在参议院听证会的讲话看，他们对经济指标的关注依然集中在就业和通货膨胀，基本判断是只要货币政策恰当，劳动市场依然强劲而通货膨胀率在未来几年将维持在 2% 附近。尽管强劲的劳动市场造成了薪资增长相比过去几年有微弱的提速，但仍然低于危机前的水平，也就是说，通货膨胀的压力还不大。做出这种判断的依据主要是：利率和金融状况能够一直有利于经济增长；金融系统比危机前更强劲，且能够满足家庭和企业融资的需求；联邦税收和支出政策将继续支持经济扩张；尽管在国际经济方面出现不确定性，但是海外经济增长的前景保持稳健。但是他也同时承认以往的经验证明实际情况会偏离他们的预测，特别是目前还很难预测有关贸易政策的最终结果以及财政政策变化对经济增长影响的强度和时点。但是，他认为经济增长意外弱化的风险与经济超预期增长的可能性是大体平衡的。他在问答环节强调长期关税抬升对经济有负面影响，同时认为财政刺激政策会在未来 2 ~ 3 年持续提振美国经济。这应该是对美联储议息会公告中有关"前景风险大体平衡"含义的一个解释，意味着美联储对未来经济形势的判断还是偏正面的。

正是基于这个基本判断，鲍威尔指出联邦公开市场委员会相信未来最好的货币政策就是保持渐进加息并按照既定的方案缩表，同时密切关注相关数据和经济展望。当前的货币政策是逐渐降低货币政策的宽松性（accommodation），渐进加息和缩表就是为了逐渐回到正常的利率水平而同时不给金融市场和经济增长造成扰动。

值得注意的是，当前美国的失业率已经低于 4%，而在通货膨胀率已经触及 2% 的目标水平情况下，美联储的加息是否会提速呢？鲍威尔承认当前的通货膨胀率接近了 2%，但是他不仅依然强调渐进加息，而且指出在影响通货膨胀的因素中有些是短期性的，有些则是长期性的。因此通货膨胀率有时会高于 2% 而有时会低于 2%，而美联储认为 2% 的目标是对称的，所以公开市场委员会关注的只是通货膨胀是持续地低于还是持续地高于他们的目标水平。显然，这至少传递出这样一种信息，即美联储可能容忍通货膨胀率暂时超过 2%。在 2018 年 7 月，核心 PCE 达到 2.03%，但随后又出现了微弱的下降，略低于 2%。不过从抗通胀国债（TIPS）收益率来看，目前市场对 5 年和 10 年的通货膨胀预期也仅仅是接近 2% 而没有持续超过这个水平。

2018 年 9 月 26 日的议息会宣布将联邦基金利率上调 25 个基点至 2% ~

2.25%，这是美联储开启货币政策正常化以来的第八次加息。但FOMC的声明在相关加息文字的后面删除了以往紧跟的"货币政策立场仍然宽松"的表述，引起了市场的关注。尽管鲍威尔在新闻发布会上自己就主动对删除"宽松"措辞的变化进行了说明，记者依然追问这个问题，鲍威尔则申辩说美联储的行动已经一再证明了宽松的判断，所以这个表述有些多余。但是，从目前的利率水平和美联储对自然利率的估计，加息后金融市场的动荡，对美国经济即将到顶的预期以及 FOMC 点阵图来看，美联储可能还会加息，但节奏有可能会放慢些。

2. 影响货币政策决策的诸多因素

通过预判经济形势来制定货币政策是一个战术问题，而战术决策总是有战略判断作为支撑的。从最近美联储货币政策报告强调的有关中长期问题看，战略问题主要是货币政策规则、如何判断自然利率水平和自然失业率水平以及如何应对菲利普斯曲线扁平化对货币政策的挑战，而战术问题则是货币政策工具。

（1）货币政策规则与货币政策沟通

在危机后的零利率时代，货币政策沟通已经被公认为是一种货币政策工具，但是在加息周期开始以后，政策沟通依然受到重视。鲍威尔在 2018 年 7 月 17 日讲话中一开始就指出，由于货币政策会影响到每个人，因此它不应该成为一个谜。需要明确和公开的政策沟通，说明美联储为了达到最大就业和价格稳定的目标，正在做什么以及为什么这样做。2018 年 5 月 8 日他在一次会议上谈到货币政策战略（Policy Strategy）时指出，更明确和透明度更高的沟通可以引导市场预期，避免给市场造成不必要的扰动。①

不过在 2018 年 7 月的货币政策报告中，对货币政策规则的专题说明的题目却变成了"货币政策规则的复杂性"，而此前两次的题目都是"货币政

---

① 美联储近期公布的工作论文研究了美国利率上升对全球五十个主要发达经济体和新兴经济体的经济活动的溢出效应，结果表明，各国经济对美国利率上升表现出了异质性：如果美国货币政策收紧，外国 GDP 将和美国 GDP 同等下降，但新兴经济体将比发达经济体下降更多。

策规则和它们在联储政策决策过程中的作用"。以前强调的是按照不同货币政策规则计算出来的利率水平各不相同，所以货币政策决策一般只是遵从规则给出的变动方向。但是2018年则指出公开市场委员会已意识到应该关注通过降低短期利率水平来应对经济下行的反应范围。事实上，美联储加息的节奏已经要比按照一些货币政策规则描述得更平缓，因为如果为了给未来经济下行期的降息预留空间而尽快加息，可能会产生相反的效果，即可能使得经济下行的概率变大。因此，鲍威尔在参议院听证会上指出，公开市场委员会还是会将货币政策规则视为一种参考工具。这些规则对于货币政策决策是有帮助的，但是对规则建议的政策进行评估。

（2）自然利率、自然失业率和菲利普斯曲线的扁平化

依据各种货币政策规则进行货币政策决策都不可避免要回答一个基础问题，即如何估计自然利率水平。在理论上，自然利率是长期内能够保证最大就业和价格稳定的联邦基金利率。但是在实践中，自然利率是无法观测到的，取决于经济中的一些结构特征，并且会随着生产率增长趋势、人口变化和经济中的其他一些结构性因素的波动而波动，当前对自然利率水平的估计可能完全不同于以前和以后的估计。学者只能通过建立宏观模型，考虑通货膨胀、利率、实际GDP、失业和其他一些指标，使用统计技术来估计自然利率水平。

尽管使用不同方法估计美国自然利率水平的差距很大，但都显示出进入21世纪以来自然利率水平呈现下降趋势。显然，在长期内，联邦基金利率水平应该等于自然利率水平，货币政策强度也应该通过政策利率对自然利率的偏离来评估。从美联储对2018年第一季度自然利率的估算看，上限接近2%，下限刚刚超过零①，而学者的估算区间上限则在1.6%~5.6%。在这种情况下，如何评估当前上限是否触及2%的政策利率水平就会出现截然不同的结论。这也成为渐进加息的一个重要理由。

货币政策决策中一个更深层次的问题是如何判断自然失业率水平和菲利

---

① 美联储在2018年7月的货币政策报告中对长期利率水平的估计值是2.9%。

普斯曲线的形状。货币政策的目标是价格稳定和最大就业，但是与自然利率相似，要判断是否达到了最大就业就要确定自然失业率水平。鲍威尔在2018年6月20日的讲演中指出，自然失业率从20世纪60年代末的5.75%下降到了当前的4.75%，一个原因是教育期限的延长使得在校人口比例不断上升，另一个原因是长期的低通货膨胀率。低自然失业率和低通货膨胀率造成了诸多问题：第一，通货膨胀率对失业率的反应变得迟缓，菲利普斯曲线变得更平坦，使得通过通货膨胀率来判断经济形势变得敏感而困难；第二，平坦的菲利普斯曲线意味着即使劳动市场已经非常紧张，通货膨胀水平也不会太高，且两者呈现非线性的关系；第三，强劲的增长可以通过资产负债表的改善和投资者信心使得金融体系更加稳定，但最近几次危机却是过度的信心造成了过度的借贷和风险，使得金融体系变得脆弱，因此，用资产价格取代通货膨胀率对监控经济形势的意义更大；第四，强劲的增长会带来通货膨胀和波及金融稳定的风险，如何权衡利弊也成了货币政策决策难点。

（3）货币政策工具

金融危机以后，量化宽松使得美联储的利率调控工具出现了新的变化。以前可以按照经典的货币经济学教科书通过公开市场债券的买卖来调控联邦基金利率，而量化宽松以后，银行流动性充足，已经不需要通过公开市场交易来获得流动性，公开市场操作也就失去了货币政策工具的作用。相反，商业银行在美联储的超额准备金利率（IOER）以及GSE（即Government-Sponsored Enterprises，这里主要是指房利美和房地美）与商业银行之间的隔夜逆回购协议利率（ON RRP）就成了美联储调整联邦基金利率的新工具并构成了联邦基金利率的上下限。①

值得注意的是，由于公开市场委员会总是公布一个联邦基金利率的目标区间，那么将市场上的联邦基金利率控制在这个区间的中心就能够显示出美

---

① 这是因为当联邦基金利率低于超额准备金利率时，商业银行就愿意将多余的流动性作为超额准备金存入美联储以获得超额准备金利率，因而构成了联邦基金利率区间的上限。而GSE通过出售ABS取得资金以后由于不能在美联储开设准备金账户只能转借给存款类金融机构，让他们存入自己在美联储的准备金账户套利，从而构成了联邦基金利率区间的下限。

联储的调控能力。从美联储加息以来，联邦基金利率一般比目标区间的中心略高 0.03 个百分点，但是这种情况在 2018 年 3 月加息以后就出现了微妙的变化，实际联邦基金利率对目标区间中心值的偏差达到了 0.07 个百分点，向目标区间的上限靠近。① 造成这种情况的原因可能是多方面的。随着缩表大量债券被美联储释放到本来已经饱和的市场上，推高了债券利率水平，进而引起联邦基金利率的上升。当然，随着美国经济的增长，贷款量也在上升，银行同业拆借利率水平也出现上升趋势。这种情况也可以从隔夜逆回购交易量的下降得到印证。

为了避免给市场造成美联储对市场利率控制能力下降的不利预期，联邦公开市场委员会在 2018 年 6 月做出加息决策的同时进行了一个小小的技术调整，将 IOER 提高到 1.95%（而不是预期的 2%），比联邦基金利率区间上限低了 5 个基点②，从而使实际联邦基金利率对目标区间中心值的偏差降回到相对正常的水平。

三　财政状况面临挑战

由于 2017 财年的大框架是在奥巴马任期确定并得到国会审定的，因而特朗普只能在一些收支项目上进行调整，那么 2018 财年的预算收支就比较明显地反映出特朗普政府的政策特点。2017 年底通过的税改方案虽然还没有完全体现其效果，但已经对 2018 财年的美国财政预算产生了明显的影响。

1. 2018年的美国财政状况持续恶化

2018 年 7 月 13 日，白宫预算管理办公室向国会提交了 2018 年财政预算执行情况的中期评估报告。如何评估税改对财政和经济的影响就成了绕不开

---

① 由于公开市场委员会设定的联邦基金利率区间一般为 0.25 个百分点，中心距离上下限各 0.125 个百分点，当实际联邦基金利率偏离中心位置达到 0.7 个百分点的时候，实际上就相当于偏离中心位置 65%，相当靠近上限而美联储必须加以关注了。

② 降低 IOER 也会减少美联储执行货币政策的成本。由于美联储持有债券的收益率超过联邦基金利率，所以美联储每年都会向财政部缴纳盈利，2017 年就超过了 800 亿美元。当然，随着缩表和加息同时进行，美联储的盈利不可避免会出现下降。

的核心问题。

由于税改不可避免将给美国财政状况造成冲击，所以中期评估报告开篇就强调政府将美国再次伟大经济学（MAGAnomics）政策放在优先位置，通过减税来刺激经济增长并创造就业取得的成就。然后使用基本面数据说明减税给美国经济带来的活力，以及减税使美国家庭年均收入平均增加 4000 美元，企业增加了额外的 2170 亿美元的资本投资，包括在 2018 年第一季度企业撤回到美国的资金就达到创纪录的 3000 亿美元等。因此不论是国会、美联储还是 IMF 都纷纷调高了对美国经济增长的预测值。然后历数了特朗普税改为中小企业松绑，就职以来实施了 67 项放松管制措施而只颁布了 3 项新的管制条例，在压缩政府开支的同时却增加了大量贸易调查工作，因此政府在培育经济增长云云。所以这份中期评估报告被冠以有效率的、有效果和可信赖的预算报告。

但不论怎样粉饰，美国财政状况的持续恶化还是无法争辩的事实。特朗普执政前，随着美国经济增长和平稳度过财政悬崖，加之奥巴马政府在国会强大压力下持续的减支努力，财政支出占 GDP 的比例从 2009 财年的 24.4%一度下降到 2014 财年的 20.3%，财政赤字占 GDP 的比例在 2015 财年下降到了 2.4%。特朗普执政以后，2017 财年的财政支出虽然略有下降，但是财政收入下降更快，导致财政赤字占 GDP 的比例上升到 3.5%。在特朗普政府提出的 2018 财年预算中，尽管经济复苏强劲，财政支出占 GDP 的比重也得到有效控制，但是随着税改逐渐落实，财政收入占 GDP 的比例从 2016 财年的 17.7%下降到 2018 财年的 16.7%，财政赤字占 GDP 的比重也从 2016 财年的 3.2%进一步上升到 2018 财年的 4.4%。①

应该承认，特朗普政府的预算执行情况相比 2017 财年有了较大程度的好

---

① 按照国会的看法，这个数据是被高估了的。在特朗普政府最初提交的预算草案中，赤字占 GDP 的比重为 4.2%。即使对于这个数字，共和党控制的国会还是给予了淡化。原因是 2017 年 10 月 1 日正好是一个周末，很多社保和老兵开支被顺延了 2018 财年，这使得 2017 财年的这类支出实际只有 11 个月而 2018 财年实际负担了 13 个月。如果剔除这个影响，则赤字占 GDP 的比重会降低 0.3 个百分点，即 3.9%。

转。中期评估报告显示，尽管因为执法原因使得财政赤字上升了1000亿美元之多，但是自主（discretionary）开支和法定（mandatory）开支都得到了有效的缩减。尽管随着加息，利息支出上升了110亿美元，但是财政总开支只上升了170亿美元，财政赤字从预算的873亿美元微弱上升到890亿美元，因此2018财年赤字占GDP的比例依然维持在4.4%。值得注意的是，按照这份中期评估报告的预测，在2019财年，由于预期执法支出居高不下，税改和加息效应显现，继续压缩自主开支和法定开支的空间有限，财政赤字可能上升到1010亿美元，财政赤字占GDP的比例也将从之前预计的4.7%上升到5.1%的峰值。

2. 白宫与国会的财政展望差距

毫无疑问，特朗普执政以后对财政政策影响最大的就是他提出的《减税和就业法案》（Tax Cuts and Jobs Act，TCJA）。在减税刺激经济增长问题上，争议不大，主要争议在于减税时机。这又涉及两个问题。其一，按照一般的思路，要减少当前沉重的政府债务负担，恰恰需要在经济稳健增长期来降低债务占GDP的比例，此时减税固然有助于经济增长，但是不利于降低债务水平。其二，为了给可能到来的危机预留足够的政策空间，抓紧目前尚好的经济形势降低债务水平也非常必要。如果未来发生危机的可能性不大，经济增长还将维持一段时间，那么通过减税来夯实未来增长就是可行的，否则就存在问题。

由于跨期平衡的原因，对财政状况的展望是决定当前财政政策和支出的重要依据，所以财政展望具有重要的现实意义，而这也是白宫与国会分歧最大的地方。在政府支出大体不变的情况下，这种分歧主要产生于对减税刺激增长的滞后期和刺激效应大小的预计。按照白宫的预测，在2019年财政赤字占GDP的比例达到峰值以后将稳步下降，到2028年只有1.1%；而按照国会的预测，财政赤字占GDP的比例于2019年达到4.5%之后会一直处于波动中，在2028年还将维持在3.6%的水平上。虽然白宫和国会对于未来十年的财政预测总有偏差，国会总是看到更多的压力，而白宫总是显得过于乐观，但出现如此巨大的趋势性差异却并不多见，而且这还是在共和党控制国会的情况下出现的（见表2）。

表2　白宫和国会对未来十年美国财政赤字占GDP比例的评估差异

单位：%

	2019年	2020年	2021年	2022年	2023年	2024年	2025年	2026年	2027年	2028年
白宫	4.7	4.5	3.9	3.5	3.0	2.5	2.1	1.7	1.4	1.1
国会1	4.5	3.9	4.1	4.4	3.9	3.4	3.4	3.2	3.4	3.6
国会2	4.6	4.6	4.9	5.4	5.2	4.9	5.1	4.8	4.6	5.1

注：国会1是国会对白宫预算数据的再评估数据，国会2是国会自身对财政收支的预测数。

资料来源：OMB，"An American Budget 2019"，Table S-1 Budget Total，p. 117. CBO，"An Analysis of the President's 2019 Budget"，Table 1 Projected Revenue，Outlays，and Deficits in CBO's Baseline and Under the President's Budget，p. 2. 国会对经济增长的预测数据来自CBO网站提供的数据文件。

　　总的来看，国会对减税能够带来的经济增长远没有白宫那么乐观，对减税带来财政收入提高的预期也就远没有白宫那么乐观，而对白宫控制财政开支增长的预期则略显悲观，因此国会和白宫对财政赤字金额的预测差距较大。这样，国会对未来10年美国财政赤字占GDP比例的预测明显比白宫的预测更严峻。如果全部按照国会自身对财政收支的预测，到2028年美国的财政赤字占GDP的比例更高达5.1%。

　　正是由于存在这样的预测差距，国会在审议白宫预算时总是将对债务问题的考虑放在首位。国会甚至预测到2048年财政赤字占GDP的比例将高达9.5%，联邦政府债务占GDP的比例更将高达152%[①]。这种极度悲观的预测会不可避免地影响对当前财政状况和财政政策的评估。国会给出的理由包括以下几个方面：一是随着婴儿潮人口步入老年以及人口预期寿命的提高，老年医疗保险的开支将大幅度上升；二是随着政府债务不断累积和加息进程推进，联邦政府债务的利息支出也会明显提高[②]；三是特朗普的减税法案要到2025年才到期，而在此前政府收入增长非常缓慢，而此后收入增长也依

---

①　联邦政府债务占GDP的比例在2018年仅为78%。

②　2018年9月美联储第三次加息以后，特朗普再次破例表达了对美联储的不满，除了对低利率和强美元的偏好之外，在税改导致赤字增加的情况下加息将增加政府的国债利息负担，会进一步恶化财政状况也是一个重要原因。

然落后于支出的增长；四是自主开支在经过特朗普几轮压缩以后进一步下降的空间已经不大，而不包括社保的法定开支（比如联邦雇员的养老金和各类收入保障计划）虽然可以得到压缩，但是程度也非常有限，远远不能补偿开支的上升。国会在《2018年长期预算展望》中特别指出，债务负担上升造成的负面影响包括降低国民储蓄和长期收入水平；增加政府利息负担，对其他开支造成压力；限制政府应对意外事件的能力；增加爆发财政危机的可能性。

反观白宫的预算方案，虽然也象征性地首先提出削减开支以降低债务，但随后提出的计划都需要开支的支持，例如增加国防开支、加强移民执法、重建基础设施、保护退伍兵权利、禁毒、鼓励教育以及通过财政支持美国工薪家庭，帮助美国人通过工作而自立（helping American move from welfare to work）等。所以，即使共和党依然控制国会，白宫与国会在预算和债务问题上的分歧和冲突也可能会逐渐显现。

四　公司部门形势依然不容乐观

2018年开始实施的减税计划尽管还远没有体现出全部效应，但还是对美国微观经济产生了一定的影响。从短期看，刺激了跨国企业的海外资金回流美国、增加了劳动者的现金收入以及扩大消费并刺激企业分红，有利于维持当前美国经济的强劲复苏势头。尽管Cline（2017）从理论模型和历史经验的研究显示降低公司税不会显著增加工资收入，但是白宫和国会的预测结果都显示在减税法案实施后的几年中，公司税的减免与个人所得税的交替上升暗示着企业扩张，以及由此带来的就业和工资上升。

1. 公司部门运营状况有所改善，但利润增长放慢

美国公司部门利润总额在2014年底至2015年初达到高点以后，一直维持在一个相对稳定的水平。但是，从2017年下半年开始，美国境内全部行业的利润水平出现了小幅下降，从2017年第三季度的17400亿美元下降到15502亿美元。其中制造业的下降最为明显，从3208亿美元下降到

2385 亿美元。从 2018 年减税法案生效以后看，金融行业和制造业的利润继续下降，但包括服务业和制造业在内的非金融行业的利润水平出现了微弱的上升。

尽管服务业在美国经济中占比很大，但服务业依然是为实体经济服务的，所以在分析美国经济时，制造业依然是一个重要的内容。从 2017 年第三季度开始，不论是从制造业的新增订单、未完成订单和出货量的同比增长情况看，都扭转了此前一年多的负增长局面，显示出美国经济基本面的实质性好转。值得注意的是，新增订单的同比增长超过了出货量和未完成订单的增长，而存货量的增长虽然一度也比较快，但是从 2018 年第二季度出现了比较明显的下降，意味着制造业的这种繁荣至少还可以维持一段时间。由于制造业的这种繁荣始于减税落地之前，因此我们还不能肯定两者之间的关系，但是减税肯定不会是一个制约因素，并且将在较长的一段时间内发挥影响作用。

经过季节调整的工业总体产出指数同比增长率自 2017 年第二季度以来一直保持了持续上升的势头，全部工业的产能利用率也在同期延续了上升趋势，从 2017 年 3 月的 75.08% 上升到 2018 年 6 月的 76.22%。与此相呼应的是，中小企业乐观指数，不论是增加就业计划、资本支出计划和经济向好预期等指标都呈现出好转的趋势。另外，Sentix 投资信心指数虽然仍处于波动中，但是低点在逐渐抬高。不过一些商业景气调查指数从 2018 年初以来出现了微弱的下降或徘徊，显示出美国贸易保护主义政策的不利影响。

2. 公司部门的运营环境

金融市场的状况直接影响到企业和居民的经济活动，进而影响经济增长。从目前的情况看，美联储加息给金融市场造成的冲击还不是很严重。

伴随着加息的提速，短期国债收益率上升明显，1 个月期国债收益率从 2017 年 6 月的 1% 调高到 2018 年 6 月的 2%，基本处于联邦基金利率的上限，而 1 年期和 3 年期国债收益率出现了同步上升，只是 5 年期国债收益率上升幅度较小，但已经接近 10 年期国债的收益率。因此，从利率的期限结构看，国债的息差开始缩窄①，显示出货币政策开始出现了实质性的收紧。在企业债券方面，Aaa 和 Baa 债券收益率分别上升了 25 个基点和 40 个基点，远远低于基准利率的上升水平，而且 Aaa 和 Baa 债券之间的利差以及长短期企业债券的利差基本没有发生变化。同期，商业银行的 4 年期汽车贷款利率和 2 年期个人贷款利率也分别只上升了 30 个基点和 20 个基点。因此，加息的提速并没有给企业和消费融资成本造成明显的压力。2018 年 6 月与 2017 年 6 月相比，在相对有利的金融市场环境中，伴随着美国经济的扩张，公司融资缓慢增长，企业新债券发行额从 1477 亿美元轻微上升到 1496 亿美元，全美商业银行工商贷款增速从 1.68% 上升到 6.17%，消费贷款增速也从 4.01% 上升到 6.74%。

尽管道琼斯、标准普尔和纳斯达克三大股指在 2017 年下半年持续增长，在特朗普税改造成资本回流和股票回购的效应下，2018 年继续上升。但是波动率指数（VIX）基本维持在低位。这常常是一种市场逆转的信号，在美联储不断加息的背景下更值得关注。2018 年 10 月初，美股出现了暴跌的行情。

一方面，从劳动市场的形势来看，劳动参与率基本稳定，失业率下降的势头也在减缓，意味着可能已经接近了自然失业率水平，劳动力供给也显示出紧张的局面。各行业的职位空缺数和空缺率也都出现了明显的上升，职位空缺数甚至超过了失业人数。这种情况在服务行业，特别是需要熟练工人的行业表现得更明显。但是另一方面，正如美联储主席在 2018 年 4 月的一次讲话中所指出的那样，工资却没有出现超常的增长。他把这归因为劳动生产率的缓慢增长。从战后直到 1973 年，以企业每小时产量计的劳动生产率的增速大约为 3.25%，从 1974 年到 1995 年就下降到 1.55%，在 1996～2004 年又回升到 3.35%，之后直到危机时又下降到 1.96%，而从 2011 年到现在则大幅下降到 0.74%。因此，按照美国国会预算办公室的估算，2010～

---

① 从 2017 年 7 月到 2018 年 6 月，1 个月期国债收益率上升了大约 100 个基点，1 年期国债收益率却上升了大约 120 个基点，3 年期国债收益率上升了 110 个基点，而 5 年期国债收益率则只上升了 65 个基点。

2018 年，美国的潜在增长率已经从战后的 3.42% 下降到 1.47%。

这可能是美国经济在未来一段时期内面临的真正挑战。

五　外部经济部门的形势和政策变化

在我们的分析期中，发达国家和新兴市场经济体的经济增长形势、股票市场和债券市场都相对稳定，尽管劳动市场也开始趋紧，但是通货膨胀压力并不大。在这种情况下，主要发达国家的中央银行依然维持相当宽松的货币政策。这些因素都为美国经济增长提供了一个相对有利的外部环境。但是，按照美国大企业联合会的分析，尽管全球经济仍维持增长，但是一些国家衰退的风险上升，几乎所有新兴市场的经济先导指标趋弱，增速放慢，2018年欧元区的增长将弱于 2017 年。当然最重要的是，特朗普政府在国际贸易政策方面不断出台的激进政策给未来美国经济和国际贸易形势带来了不确定性。

1. 对外经济部门

伴随着全球经济形势的好转，从 2016 年 8 月开始，美国出口扭转了2010 年复苏反弹以后持续的低迷和负增长状态，并且从 2017 年下半年呈现出加速增长的势头，但与此同时，伴随着美国经济的持续稳健增长，进口也出现加速增长，甚至略超过出口的增速，因而贸易差额在 2017 年底和 2018年初一度出现恶化。美国在服务贸易方面的优势并没有扭转经常项目下货物贸易逆差的增长。

随着美联储加息的提速，从 2017 年下半年开始，美元出现了一定程度的升值，但这并没有使得美国的贸易状况出现恶化。这种情况可能说明汇率因素对贸易差额的影响没有想象的那么明显。另外，2018 年以来石油价格的微弱上涨也没有造成美国的贸易收支明显恶化。因此，我们可以认为美国自身和海外市场需求增长对美国贸易差额的影响更为重要。

不过随着美联储加息和特朗普税改，国际资本不断流入美国，才使得美国的国际收支总体维持了微弱的净流入状态，从而支持了美元的升值。

2. 特朗普贸易政策及其影响

进入 2018 年以后，特朗普政府在贸易政策问题上频频出手，不仅给世界经济形势带来了不确定性，也使得市场对美国的未来走势产生疑惑。尽管在短期内，特朗普具有强烈贸易保护主义色彩的政策对美国国际收支，特别是贸易收支可能产生正面影响，但是从长期看却并不一定能够使得美国因此受益。因为世界主要经济体都已深深融入全球价值链的分工体系中，不仅各国之间的贸易利益变得更加复杂，而且提高关税的做法也不可避免会反过来伤害到自身的利益。

美国作为世界上的超级大国，没有哪个国家能够强迫美国与之进行贸易。美国的对外贸易协议都是自主签订的，因此不管是不是存在逆差，美国一定是可以获得收益的。由于贸易与投资，货物贸易与服务贸易之间具有高度互补性和相关性，因此单独看特朗普关注的货物贸易逆差本身并不能说明什么问题。即使是货物贸易逆差，也意味着获得了低价的商品，能够有效降低国内企业的生产成本和消费者的生活成本，也有利于美国抑制本国通货膨胀。更何况货物贸易逆差还会被服务贸易顺差和投资收益所抵消。另外，在全球价值链情况下，贸易顺差可能反映在外国，但利益顺差却在美国。

追求贸易利益、降低成本是进行国际贸易的一个主要动力，而贸易保护主义必然造成成本上升和国际竞争力下降。按这个逻辑，一个国家的贸易保护主义政策要能持续，就需要避免出现这种不利的局面，而这至少要满足两个条件：一是技术进步造成的成本下降可以抵消贸易保护主义造成的成本上升，从而维持产品的国际竞争力；二是在保护贸易的情况下其竞争性或替代性产品的生产也要同步转向贸易保护主义，才能使得受到贸易保护的产品不会在竞争中丧失优势。从当前的情况来看，这两个前提条件都很难成立，因而长期贸易保护是有难度的，不会持久。

特朗普政府 2018 年以来的贸易政策表现出了几个明显特点：首先是保护主义色彩，以美国的贸易逆差为抓手；其次是全方位挑起贸易摩擦；最后是出尔反尔的政策策略。这些不仅体现了特朗普一贯的行事作风，而且也反

映出一些更深层次的问题。从一开始,特朗普的贸易政策就反映出美国霸道蛮横、唯我独尊的心态。对中国实施 301 调查并加征关税既不遵守作为国际规则缔约方的履约义务,也不尊重作为经贸合作主体的企业的契约成果。同时,国际制约的弱化与国际合作的失效也是美国为所欲为、无所顾忌的原因。

毫无疑问,关税和非关税贸易壁垒的增加将破坏全球价值链,阻碍新技术扩散,导致全球生产率和投资下降。各国经济早已不同程度融入全球产业链而相互依存,立己达人方是正确抉择。贸易摩擦不仅会损害当事双方利益,也伤及全球产业链上的各方利益。事实上,不少机构就已经预测美国经济将最早在 2018 年底,最迟在 2020 年达到周期性的顶点。

六　结论和展望

美国经济各项基本面指标的持续改善促使美联储在开始缩表的同时加息逐渐提速。货币政策的变化对金融市场和公司融资成本的影响逐渐显现,政府债务负担也越来越沉重。在这种情况下,特朗普执政后出台的一系列政策又给美国经济带来了不确定性。财政整顿和税制改革虽然有助于美国经济的长期增长,但是在短期内赤字上升。贸易保护政策虽然在短期内还没有明显影响,但是对长期经济增长的影响不容乐观,美国经济处于冲顶阶段。预计2018 年的美国经济增长比较乐观,但 2019 年将出现回调。

参考文献

Board of Governors of the Federal Reserve System, "Monetary Policy Report to the Congress," July 13, 2018, https://www.federalreserve.gov/monetarypolicy/2018 – 07 – mpr – summary.htm.

Cline, William R., "Will Corporate Tax Cut Cause a Large Increase in Wages?" November 2017, https://piie.com/publications/policy – briefs/will – corporate – tax – cuts –

cause – large – increase – wages.

Congressional Budget Office, "An Analysis of the President's 2019 Budget," May 2018, https：//www. cbo. gov/system/files? file = 2018 – 08/53884 – apb2019. pdf.

Congressional Budget Office, "How Changes in Economic Conditions Might Affect the Federal Budget," June 2018, https：//www. cbo. gov/system/files? file = 2018 – 06/54052 – cbos – rules – thumb. pdf.

Congressional Budget Office, "The 2018 Long-Term Budget Outlook," June 2018, https：//www. cbo. gov/system/files? file = 2018 – 06/53919 – 2018ltbo. pdf.

Congressional Budget Office, "The Budget and Economic Outlook：2018 to 2028," April 2018, https：//www. cbo. gov/system/files? file = 115th – congress – 2017 – 2018/reports/ 53651 – outlook. pdf.

Office of Management and Budget, "Budget of the U. S. Government, Fiscal Year 2019," February 12, 2018, https：//www. whitehouse. gov/wp – content/uploads/2018/02/ Addendum – to – the – FY – 2019 – Budget. pdf.

Office of Management and Budget, "Budget of the U. S. Government, Fiscal Year 2019： Major Savings and Reforms," https：//www. govinfo. gov/content/pkg/BUDGET – 2019 – MSV/pdf/BUDGET – 2019 – MSV. pdf.

Office of Management and Budget, "Efficient, Effective, Accountable (Fiscal Year 2019)： An American Budget, Mid-Session Review," https：//www. whitehouse. gov/wp – content/ uploads/2018/07/19msr. pdf.

Powell, Jerome H. , "The Economic Outlook and Monetary Policy," February 22, 2017, https：//www. federalreserve. gov/newsevents/speech/powell20170222a. htm.

Powell, Jerome H. , "Monetary Policy and Risk Management at a Time of Low Inflation and Low Unemployment," October 2, 2018, https：//www. federalreserve. gov/newsevents/ speech/powell20181002a. htm.

Powell, Jerome H. , "Monetary Policy at a Time of Uncertainty and Tight Labor Markets," June 20, 2018, https：//www. federalreserve. gov/newsevents/speech/powell20180620a. htm.

Powell, Jerome H. , "Monetary Policy Influences on Global Financial Conditions and International Capital Flows," May 8, 2018, https：//www. federalreserve. gov/newsevents/ speech/powell20180508a. htm.

Powell, Jerome H. , Speech before the Committee on Banking, Housing, and Urban Affairs, U. S. Senate, July 17, 2018.

The Conference Board, Global & US Economic Update + US – China Trade War, Selected Slides for CASS Delegation, August 2018, By Brian Schaitkin & Ethan Cramer – Flood.

Y.3
欧洲经济：内生动力减弱，
外部风险增加

东　艳*

摘　要： 2017 年第三季度以来，由于私人消费增速放缓等因素影响，欧洲经济总体呈复苏减速的态势。特别是 2018 年以来，受贸易保护主义等因素的影响，欧洲的外贸受到明显冲击，由此造成的外需下降是影响欧洲经济表现的重要因素。政府支出和投资对欧洲经济增长提供了重要支撑。能源价格的上涨对价格水平产生了一定的冲击。展望 2019 年，欧洲经济将继续复苏。但是，全球贸易减速、英国脱欧、意大利潜在的债务危机、能源价格的上涨等均构成影响欧洲稳定增长的风险因素。

关键词： 欧洲经济　经济复苏　保护主义

　　2017 年下半年以来，欧洲经济增速放缓。2017 年欧盟和欧元区的经济增长率均为 2.4%，我们在 2018 年的"世界经济黄皮书"报告中认为："2018 年，欧洲经济将继续稳步复苏，但欧洲经济仍存在诸多风险因素。"欧洲经济复苏的总体趋势与我们的判断基本一致，同时，2018 年欧洲经济面临的增长内生动力减弱，外部风险增加的态势值得关注。

* 东艳，经济学博士，中国社会科学院世界经济与政治研究所研究员，博士生导师，主要研究领域为国际贸易。感谢黄蒙同学在数据整理方面所做的工作。

一　宏观经济增长形势

（一）经济增长：增速减弱

从 2017 年第三季度到 2018 年第二季度，欧洲经济总体呈现增速减缓的态势，2018 年以来，经济下行的风险增加。欧盟（含英国）四个季度经季节与工作日调整后①的实际 GDP 年化季度环比增长率分别为 2.50%、2.54%、1.61% 和 1.97%。欧元区增长放缓的态势与欧盟较为一致，但波动性略大，四个季度的实际 GDP 年化季度环比增长率分别为 2.67%、2.67%、1.57% 和 1.81%（见表 1）。消费需求对促进欧洲经济增长继续发挥了重要作用，是支撑经济增长的主要动力，但增速有明显放缓态势；在此背景下，固定资本形成对经济增长的贡献率逐步增加，而净出口对经济增长的作用由正转负。虽然全球经济整体保持稳步增长的趋势，但受贸易保护主义等因素的影响，全球经济增长的不确定性增加，外部需求放缓。2018 年以来外部需求下降导致的出口下降是拖累欧洲经济表现的重要因素。能源价格的上涨对价格水平稳定产生了一定的冲击。

2017 年第三季度，欧洲经济保持了较快的增长速度。欧盟和欧元区年化季度环比增长率分别达到 2.50% 和 2.67%。净出口对拉动经济增长发挥了积极的作用：欧盟净出口的环比增长率在 2017 年第三季度由负转正，贡献率为 1.33 个百分点，欧元区净出口的贡献率为 1.49 个百分点。消费者信心指数处于十多年来的最高水平，私人消费对经济增长依旧发挥了重要的作用，投资的贡献率则有所下降。

2017 年第四季度，欧洲经济的增速平稳，欧盟和欧元区年化季度环比增长率分别达到 2.54% 和 2.67%，增速比上一季度略有上升。受全球外部需求回暖等因素的影响，欧洲出口快速增加，使净出口贡献率超过消费贡献

---

① 本文数据均经过季节与工作日调整，为节省篇幅，下文不再注明。

表1　欧盟和欧元区实际GDP环比增长率及各组成部分贡献率

单位：%，个百分点

项目	2017年第一季度	2017年第二季度	2017年第三季度	2017年第四季度	2018年第一季度	2018年第二季度
欧盟(28国,含英国)						
GDP年化季度环比增长率	2.83	2.58	2.50	2.54	1.61	1.97
GDP季度环比增长率	0.70	0.64	0.62	0.63	0.40	0.49
消费	0.33	0.36	0.35	0.21	0.33	0.23
私人消费	0.31	0.28	0.27	0.17	0.31	0.17
政府消费	0.02	0.08	0.08	0.04	0.02	0.05
总资本形成	-0.04	0.31	-0.06	0.08	0.26	0.36
固定资本形成	-0.05	0.42	0.01	0.26	0.05	0.25
存货投资	0.00	-0.11	-0.08	-0.18	0.22	0.11
净出口	0.41	-0.03	0.33	0.34	-0.20	-0.10
出口	0.71	0.42	0.62	0.89	-0.26	0.35
进口	-0.30	-0.46	-0.28	-0.55	0.06	-0.44
欧元区(19国)						
GDP年化季度环比增长率	2.67	2.75	2.67	2.67	1.57	1.81
GDP季度环比增长率	0.66	0.68	0.66	0.66	0.39	0.45
消费	0.27	0.34	0.32	0.17	0.31	0.18
私人消费	0.23	0.26	0.23	0.13	0.29	0.11
政府消费	0.04	0.08	0.09	0.04	0.02	0.07
总资本形成	-0.24	0.33	-0.04	0.11	0.23	0.27
固定资本形成	-0.15	0.42	-0.06	0.31	0.02	0.30
存货投资	-0.09	-0.09	0.02	-0.21	0.21	-0.02
净出口	0.63	0.01	0.37	0.39	-0.15	-0.01
出口	0.80	0.48	0.60	1.00	-0.34	0.49
进口	-0.17	-0.47	-0.23	-0.62	0.19	-0.50

注：表中GDP增长率单位为"%"，其他各项单位为"个百分点"。

资料来源：Eurostat, October 31, 2018。

率，成为拉动2017年第四季度经济增长的首要因素。消费对经济增长的贡献率有所下滑，但从消费信心指数、零售销售指数等指标来看，消费支出仍处于较为平稳的状态。投资的贡献率有所上升，产能利用率等指标显示未来投资需求将进一步增加。

2018 年第一季度，欧洲经济的增长态势明显减弱。欧盟和欧元区年化季度环比增长率分别为 1.61% 和 1.57%，比上一季度分别下降了 0.93 个和 1.10 个百分点。其中，净出口特别是出口额绝对萎缩，外部需求的贡献率由正转负是经济增速下降的重要原因。美国单边贸易保护主义政策给全球贸易带来不确定性，欧美贸易争端引发的风险逐步形成。总投资虽有较大增加（欧盟和欧元区总投资贡献的年化季度环比增长率分别为 1.04% 和 0.92%），但主要是存货投资增加（欧盟和欧元区存货的年化季度环比增长率分别为 0.88% 和 0.84%，占总投资增量的比重分别为 85% 和 91%），反映了需求的恶化。居民的可支配收入保持增长态势，私人消费继续发挥积极的作用。

2018 年第二季度，欧洲经济增速比上季度有所改善，欧盟和欧元区的经济增速分别回升至 1.97% 和 1.81%。在上一季度的进出口双双萎缩和产品滞销后，2018 年第二季度（特别是欧元区）在外贸回暖后消化了库存，固定资产投资也大幅增加。观察分项的出口和进口，都有较大幅度的增加，净出口对经济增长的贡献虽继续为负，但对经济增长的拖累已有所减轻。较好的预期收益率、较为宽松的融资环境、产能扩张等因素促进固定资本形成的贡献逐步增大，成为引领经济增长的主要支柱。该季度欧盟和欧元区固定资本形成贡献的年化季度环比增长率分别为 1.00% 和 1.21%。在上一季度经济减速后，政府支出有所增加，帮助稳定了消费水平。但私人消费贡献率出现一年半以来的新低，值得警惕。

从 2017 年第三季度到 2018 年第二季度，国内需求，特别是国内私人消费需求对欧洲经济增长继续发挥了支撑性作用，但该动力明显走弱；总资本形成的贡献在 2018 年显著增加；净出口对经济的贡献由正转负，呈现了较大的波动性；政府消费对促进欧洲经济增长发挥了一定的作用。

欧盟和欧元区居民消费占 GDP 总额的比重分别为 55.43% 和 53.83%。[①] 居民消费需求的变动是影响欧洲经济形势的重要因素。在报告期的前半年，

---

① 2017 年第三季度至 2018 年第二季度数据。以下关于总资本形成、出口、进口、政府消费的比重数据均为 2017 年第三季度至 2018 年第二季度数据。

居民消费需求对经济的强劲增长发挥了引擎作用。2017年第三季度至2018年第二季度，欧盟和欧元区GDP季度环比平均增长率（未调整为年率）均为0.54%，其中居民消费需求平均分别贡献了0.23个和0.19个百分点。就业状况的改善促进了欧洲劳动力收入的稳定增长，居民可支配收入的增加为消费增加提供了基础。

总资本形成占欧盟和欧元区GDP总额的比重分别为20.73%和21.08%。2018年前两个季度，欧洲总资本形成增速显著提升。固定资本形成存在一定的波动性，预期利润的增加、宽松的金融市场环境等对商业投资的增长有较好的促进作用。但是，贸易摩擦带来的不确定性等因素对企业信心有一定的不利影响。

欧盟和欧元区的出口依存度分别为45.90%和47.45%，进口依存度分别为42.05%和42.60%。净出口对欧洲经济增长具有较强的影响。2018年以来，在外部需求平缓，全球贸易增速放缓，美欧贸易摩擦影响下，欧洲对北美的贸易呈现下降态势，同时，欧洲对亚洲地区的贸易也出现动力不足的态势。

政府消费占欧盟和欧元区GDP总额的比重分别为20.03%和20.25%。2017年第三季度至2018年第二季度，欧盟和欧元区政府消费需求在这四个季度对GDP环比平均增长率分别贡献了0.048个和0.055个百分点，政府消费变动对欧洲经济增长的影响趋向中性。

从2017年第三季度至2018年第二季度，欧洲各国经济增长整体呈现增速放缓的趋势，德国、法国、意大利、英国等主要经济体增速下降，但是各国的经济表现有所差异（见表2）。

表2 欧洲各国实际GDP年化季度环比增长率

单位：%

国家和地区	2017年第一季度	2017年第二季度	2017年第三季度	2017年第四季度	2018年第一季度	2018年第二季度
德国	4.51	2.22	2.35	2.16	1.47	1.82
法国	3.42	2.57	2.42	2.84	0.71	0.68
意大利	2.09	1.38	1.50	1.29	1.19	0.79

续表

国家和地区	2017 年 第一季度	2017 年 第二季度	2017 年 第三季度	2017 年 第四季度	2018 年 第一季度	2018 年 第二季度
西班牙	3.30	3.54	2.58	2.94	2.24	2.27
荷兰	2.30	3.74	2.42	3.77	2.42	3.32
比利时	2.64	1.57	0.61	2.76	1.11	1.32
奥地利	2.58	2.03	2.90	3.84	3.83	1.12
爱尔兰	-17.95	15.16	17.83	10.67	-1.68	10.59
芬兰	4.17	2.31	0.83	3.08	4.72	1.36
希腊	1.44	3.85	2.01	0.77	3.50	0.89
葡萄牙	2.99	1.54	2.31	3.24	1.63	2.42
卢森堡	2.05	0.66	2.74	5.85	3.79	0.08
斯洛文尼亚	7.19	5.55	4.16	8.12	1.85	3.31
立陶宛	4.46	3.05	2.48	5.15	3.96	3.71
拉脱维亚	6.05	5.57	4.90	3.00	5.64	4.20
塞浦路斯	2.27	3.90	4.46	3.87	4.26	3.10
爱沙尼亚	5.84	4.94	0.96	7.90	0.62	5.66
马耳他	7.46	3.66	10.94	0.61	3.79	7.72
斯洛伐克	3.15	3.48	3.52	4.53	4.26	4.84
欧元区 19 国	2.68	2.75	2.66	2.67	1.55	1.81
英国	1.76	1.04	1.41	1.48	0.37	1.62
波兰	4.25	3.74	5.74	3.95	6.61	3.87
瑞典	1.63	4.66	1.69	2.78	2.22	3.09
丹麦	10.12	-4.39	-3.40	3.59	1.53	0.97
捷克	5.48	9.74	2.15	2.75	1.93	2.93
罗马尼亚	10.03	6.13	9.28	1.37	0.58	5.86
匈牙利	5.70	4.57	4.35	5.33	5.00	4.16
克罗地亚	2.23	3.37	3.35	0.54	3.19	4.34
保加利亚	3.53	3.86	3.70	3.00	3.48	3.26
欧盟 28 国	2.82	2.57	2.49	2.54	1.59	1.96
瑞士	1.57	2.96	2.76	3.26	4.00	2.91
挪威	1.83	3.10	2.83	0.56	0.93	1.53
塞尔维亚	0.43	2.60	6.26	2.18	6.94	3.24

注：①欧盟 28 国含英国；②斯洛伐克的数据为经过季节调整但未经节假日调整的数据，其他数据均经过季节与工作日调整。

1. 欧元区的德、法、意等主要经济体经济增速下滑

德国、法国、意大利和西班牙四国 GDP 占欧元区 GDP 的比例分别为
28.24%、20.88%、15.35% 和 11.00%，合计为 75.47%①，这四个国家的
经济表现对欧元区的经济增长态势起着主导作用。

德国 2018 年的经济增长速度明显走弱，实际 GDP 年化季度环比增长率
由 2017 年第三季度和第四季度的 2.35%、2.16%，下降到 2018 年前两个季
度的 1.47% 和 1.82%。外部需求的下降和贸易摩擦等因素使德国出口增速
下滑，导致德国经济增速下降。同时，德国经济动能减弱，企业投资增速有
所减缓。随着欧盟实施新的 WLTP（全球统一轻型车辆排放测试规程）机动
车排放认证系统，德国的汽车行业将受到一定影响。

法国在 2018 年前两个季度的经济增速显著下降。实际 GDP 年化季度环
比增长率由 2017 年第三季度和第四季度的 2.42%、2.84%，下降到 2018 年
前两个季度的 0.71% 和 0.68%。物价上涨，居民消费信心下降，消费持续
低迷是法国经济增长乏力的重要原因。2018 年前两个季度，法国对外贸易
对经济增长的贡献下降，贸易摩擦影响了出口的增长，而估计能源价格的上
涨对进口有一定的影响。同时，法国政府推行的深层次结构性改革面临来自
各方的压力，法国的交通等部门的罢工影响了法国商业系统的运行。

意大利是过去一年欧元区内增速最慢的国家，从 2017 年第三季度到
2018 年第二季度，意大利实际 GDP 年化季度环比增长率四个季度的平均值
仅为 1.19%，比欧元区的平均水平低将近 1 个百分点。2018 年举行大选的
意大利政局不稳，加之官僚主义、人口老龄化、债务负担重等因素，共同影
响了经济发展，使意大利失业率处于较高水平。作为出口型国家，贸易冲突
对其出口和工业生产也带来不利影响。2018 年意大利的出口出现明显下滑，
对俄罗斯、中国的出口出现停滞，2018 年 7 月，意大利工业生产产值出现
下降。

相对于上述三国，西班牙经济增速处于较高水平。从 2017 年第三季度

---

① 2017 年第三季度至 2018 年第二季度数据。

到 2018 年第二季度，西班牙四个季度的实际 GDP 年化季度环比增长率平均值为 2.51%。西班牙具有开放的创新环境和良好的外商投资环境，年轻劳动力较多，具有人力资源优势，这些因素支撑了经济增长。

2. 欧元区的其他国家大部分经济增长稳中有降

欧元区的其他国家中，大部分国家的经济增长稳中有降。爱尔兰继续成为欧元区经济增速最高的国家。从 2017 年第三季度到 2018 年第二季度，爱尔兰的平均经济增速高达 9.35%。较高的市场开放程度、优越的营商环境、低企业税率的政策吸引了大量投资；同时，受英国脱欧的影响，一些高技术人才和高新技术企业进入爱尔兰，进一步促进了爱尔兰经济的持续快速增长。葡萄牙的经济增速在 2018 年有所放缓，投资和出口是促进葡萄牙经济增长的重要因素。比利时在 2018 年前两个季度经济增长速度有所下降。希腊经济逐步恢复，旅游业和航运业的发展促进了经济增长，中国的"一带一路"建设对促进希腊经济发展发挥了积极的作用。

3. 英国经济增速放缓

脱欧对英国经济发展的影响逐步显现。从 2017 年第三季度到 2018 年第二季度，英国实际 GDP 年化季度环比增长率平均值为 1.22%，四个季度的增长率分别为 1.41%、1.48%、0.37% 和 1.62%。英国采取了鼓励私人消费的措施，但是劳动力市场的走弱和较高的通货膨胀率导致实际工资下降，使私人消费增长放缓。英国与欧盟是否能达成脱欧协议具有不确定性，影响了投资信心，谈判不成功，将阻碍英国经济发展。在贸易摩擦和脱欧不确定性的影响下，外部需求下降和全球贸易低迷对英国经济产生了较为明显的冲击。

（二）就业态势：继续改善

欧洲国家劳动力市场状况继续好转，劳动参与率提升，失业率下降，一些部门出现劳动力供给短缺的现象。如图 1 所示，欧洲国家就业继续呈现向好趋势。从月度数据来看，欧盟和欧元区的失业率分别从 2017 年 8 月的 7.5% 和 9.0% 下降到 2018 年 8 月的 6.8% 和 8.1%，下降近 10%。欧盟和欧元区的青年①失业率也持续下降，从 2017 年 8 月的 16.6% 和 18.5% 下降到 2018 年 8 月的 14.8% 和 16.6%。欧洲的经济复苏支撑了就业岗位的持续增加。总体来看，欧洲的劳动力市场呈现改善的趋势，但各国的情况仍然有较为明显的差异。

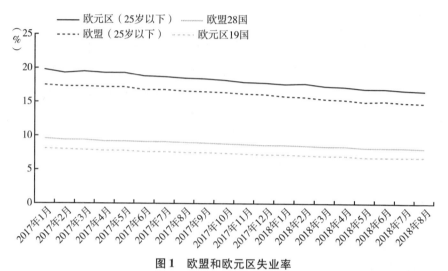

图 1 欧盟和欧元区失业率

资料来源：Eurostat。

分国别看，如图 2 所示，希腊、西班牙、意大利、法国的失业率处于较高水平。其中希腊和西班牙的失业率继续保持了稳步下降的趋势，2018 年 6 月两国的失业率分别为 19.1% 和 15.3%，比上年同期分别下降了 2.2 个百分点和 1.8 个百分点；青年失业率分别为 39.1% 和 34.2%，比上年同期分别下降了 4.3 个百分点和 4.1 个百分点。希腊成功退出救助计划，预计通过持续的改革，希腊经济将保持稳定增长，由此带动失业率下降。西班牙的结构性改革提高了产业竞争力，促进了就业增长。而意大利、法国受经济增长趋缓影响，就业状况改善速度不快，2018 年 6 月两国的失业率比上年同期分别下降了 0.4 个百分点和 0.5 个百分点，青年失业率分别下降了 2.5 个百分点和 2.8 个百分点。

---

① 25 岁以下。

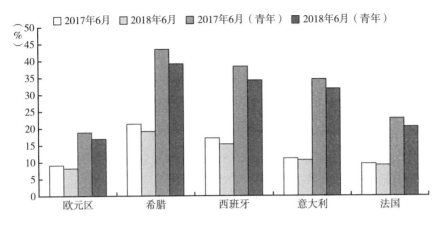

图 2　欧洲国家失业率

资料来源：Eurostat。

（三）物价水平：小幅上升

欧盟的消费价格调和指数（HICP）呈现小幅上升趋势。2018 年前八个月，欧盟 HICP 月度平均增长率为 1.8%。欧元区 HICP 月度平均增长率为 1.6%。2018 年 5 月以来能源价格快速上涨，推动 HICP 上涨。受委内瑞拉生产崩溃，加拿大和利比亚供给意外中断，以及美国制裁伊朗的影响，2018 年 6 月，油价上涨至每桶 76 美元以上，达到了 2014 年 11 月以来的最高水平。[①] 2018 年 5~8 月，能源价格指数分别冲高至 6.1%、8.2%、9.3% 和 8.9%。加之劳动力供给的紧张，一定程度上引发工资上行的压力。进口中间品价格的上涨引发制造业产品价格的上涨，食品价格，特别是谷物和奶制品价格的上涨也推动 HICP 上涨（见图 3）。

但是，欧盟和欧元区剔除能源和非加工食品的核心通货膨胀率（Core Inflation）在 2018 年前八个月的平均水平分别为 1.2% 和 1.0%，比去年同期还稍有下降。较低的核心通货膨胀率，加之保护主义加剧、新兴市场脆

---

① The World Bank, "Global Economic Prospects: The Turning of the Tide?" June 2018, http://www.worldbank.org/en/publication/global-economic-prospects.

弱、金融市场动荡造成的外部不确定性，预示欧洲央行仍将继续实施宽松的
货币政策。

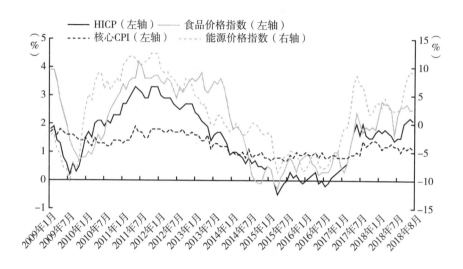

图3　欧盟消费价格调和指数及其组成部分相关数据

注：数据为欧盟数据，年变动率，月度数据，期限为 2009 年 1 月至 2018 年 8 月。
资料来源：根据 Eurostat 相关数据绘制。

二　货币与金融状况

（一）货币政策：保持宽松

在报告期内，欧元区通货膨胀率低于 2% 的水平，欧洲中央银行继续实
行宽松的货币政策，没有对利率水平进行调整，与美联储持续加息的政策形
成对比。欧洲中央银行宽松的货币政策对内部需求增长具有促进作用。欧洲
央行在报告期内维持了自 2016 年 3 月下调后的主导利率、隔夜贷款利率和
隔夜存款利率（分别为 0.00%、0.25% 和 -0.40%）的超低水平。同时，
欧洲央行继续采取非标准的货币政策措施——资产购买计划来增加市场的流
动性。2017 年 4 月，欧洲央行每个月的资产购买量由 800 亿欧元减少为 600

亿欧元。2018 年 1 月，缩减为每个月 300 亿欧元。从 2018 年 9 月起，将减至每月 150 亿欧元，预计于 2018 年底结束。

欧洲央行能否继续长时期维持较低利率水平和宽松货币政策将取决于欧元区经济前景。目前欧元区的通货膨胀率低于但趋近欧洲央行设定的核心 HICP 2% 的目标，预计欧洲央行将继续保持当前宽松的货币政策至 2019 年上半年后或有调整。

（二）货币供给：继续增加

在欧洲中央银行持续的量化宽松政策影响下，欧元区货币供应量（M3）保持增长，2018 年第一季度增速较低，2017 年第三季度至 2018 年第二季度，M3 增速分别为 5.2%、4.6%、3.7% 和 4.5%。从具体项目看，M3 的增长依旧主要源于流动性较高的 M1，特别是隔夜存款的增长，2017 年第三季度至 2018 年第二季度，M1 增速虽然逐季下降，但仍然保持较高的水平，分别为 9.9%、8.7%、7.6% 和 7.5%（见表 3）。支撑 M1 增速的因素包括低利率下较低的持有机会成本，经济依旧保持较为适度的增长前景等。

表 3 欧元区货币供给与信贷的同比增长率

单位：%

项目	2017 年	2017 年第三季度	2017 年第四季度	2018 年第一季度	2018 年第二季度
M1	8.7	9.9	8.7	7.6	7.5
其中：流通中现金	3.4	3.6	3.4	2.4	3.5
隔夜存款	9.7	11.0	9.7	8.5	8.2
M2－M1（其他短期存款）	－2.1	－3.2	－2.1	－2.1	－0.9
其中：2 年期以下定期存款	－8.5	－10.4	－8.5	－8.7	－5.3
通知期在 3 个月以下的可赎回存款	1.6	1.4	1.6	1.7	1.7
M2	5.1	5.4	5.1	4.4	4.8
M3－M2（可交易有价证券）	－3.8	1.3	－3.8	－7.0	－2.0
M3	4.6	5.2	4.6	3.7	4.5

续表

项目	2017 年	2017 年 第三季度	2017 年 第四季度	2018 年 第一季度	2018 年 第二季度
欧元区信贷规模					
对政府部门信贷	6.7	8.3	6.7	3.9	3.9
对私人部门信贷	2.8	2.8	2.8	2.6	2.8
其中:对非金融企业信贷	1.9	1.5	1.9	2.2	2.5
对家庭信贷	3.2	3.0	3.2	3.0	3.0

注：① 2017 年全年的货币供给与信贷余额数据取年末值，因此也是 2017 年第四季度的数据；②表中数据为年增长率，经过季度调整。

资料来源：European Central Bank, Economic Bulletin, Issue 6/2018, https：//www. ecb. europa. eu/pub/economic – bulletin/html/eb201806. en. html。

货币供给的增加最终表现为贷款的增加。欧元区公共采购计划的实施促进了欧元区政府部门信贷规模的快速增加，欧元区对政府部门信贷的增速比去年同期显著下降，特别是对私人部门贷款稳步增加，量化宽松政策的效果逐步显现，较低的利率水平刺激了居民的信贷需求，商业投资的增长也支撑了对非金融企业信贷的增加。

三 财政状况

(一)财政状况：有所好转

欧盟和欧元区国家的财政状况继续好转。2016 年欧盟和欧元区的财政赤字率分别为 1.6% 和 1.5%，2017 年下降至 1.0% 和 0.9%，比上一年均下降了 0.6 个百分点（见图 4）。在经济稳步增长、较低的利率水平造成利息负担减轻等因素影响下，财政状况正在好转。西班牙的财政赤字率由 2016 年的 4.5% 下降到 2017 年的 3.1%，但是葡萄牙的财政赤字率显著上升，由 2016 年的 2.0% 上升到 2017 年的 3.0%。法国的财政赤字率由 2016 年的 3.4% 下降到警戒线水平之内，2017 年为 2.6%。英国的财政赤字率由 2016 年的 3.0% 下降到 2017 年的 1.1%。

从政府债务负担占 GDP 比例的指标来看，欧洲国家政府的债务负担小幅下降，但仍处于较高的水平。2017 年欧盟和欧元区的政府债务负担率分别为 81.6% 和 86.7%，比上年分别下降了 1.7 个和 2.3 个百分点。希腊、意大利、葡萄牙、比利时、西班牙、塞浦路斯、法国等国的债务负担率依旧处于很高的水平，分别为 178.6%、131.8%、125.7%、103.1%、98.3%、97.5% 和 97%。2018 年 5 月，欧盟委员会发布了新一期对成员国"欧洲学期"（European Semester）的评估报告。"欧洲学期"是欧洲债务危机发生后，欧盟推出的对成员国财政状况进行监管的机制。新发布的报告认为欧盟整体的财政状况有所好转，但是各国的财政表现有较大的差异，仍需要对一些高债务国面临冲击时的潜在风险保持警惕。

财政政策和结构性改革对经济复苏发挥了一定的支持作用。政府债务负担率较高的国家在未来经济下行的情况下可能导致财政风险。欧元区各国的财政政策应该与货币政策配合，以提高长期增长潜力和减少脆弱性。欧元区国家应继续加强结构性改革，减少结构性失业，提高欧元区生产力和增长潜力，2018 年欧元区的财政政策偏向中性。

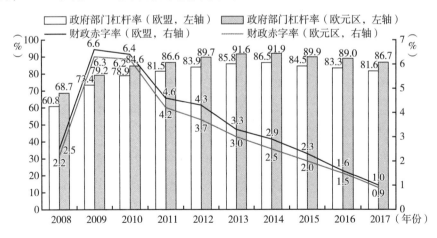

图4 2008～2017 年欧盟及欧元区财政赤字与政府债务余额情况

资料来源：根据 Eurostat 相关数据整理。

（二）财政联盟：前景不明

意大利债务危机和预算案被欧盟退回一定程度上反映了欧元区统一财政政策面临的困境。一方面，意大利较高的债务规模引发了欧洲及全球资本市场的震荡，对欧洲经济的稳定发展有所破坏。2017 年意大利的债务负担率高达 131.8%，高福利、高失业率、难民问题等交织在一起，引发民粹主义兴起，选举相伴的政治动荡对资本市场带来冲击。意大利 10 年期国债收益率从 2018 年 1 月 2 日的 2.099% 爬升到 10 月 30 日的 3.483%，累计上涨幅度已超过 60%。另一方面，欧盟力图对意大利突破常规的高赤字目标进行规制。意大利联合政府在 2018 年 10 月提出了增加支出和财政赤字，并允许其政府债务保持提升的计划。欧盟此前已多次警告意大利政府，其预算案将扩大财政赤字，这一做法违背了意大利上一届政府许下的减少赤字的承诺，严重违反欧盟关于其成员国制定财政预算的规定。这是欧盟自成立以来首次强制要求一个欧元区国家修改该国的财政预算。

欧盟财政和经济治理框架的透明性和连贯性对于加强欧元区经济的韧性具有重要意义。德国和法国继续推进欧元区建立紧密财政联盟，2018 年 6 月，德法发表《更新欧洲对安全繁荣的承诺》① 的联合声明，提出法国和德国对欧洲建设有着共同的雄心：希望将欧洲打造成一个民主、主权和统一的欧洲，一个有竞争力的欧洲，一个为繁荣奠定基础、捍卫其经济和社会模式及文化多样性的欧洲，一个促进自身发展的欧洲。为此双方同意将欧洲合作建立在强有力的双边合作框架基础上，法国和德国将在 2018 年底前敲定一项新的《爱丽舍宫条约》，其目标是促进其经济、社会和财政趋同，为其制定新的工具。在一系列合作中，建立欧元区统一的财政预算是其中的一项举措。表明双方同意进一步巩固"欧洲稳定机制"（ESM），促进该机制在制定和监督援助项目时发挥更大作用。双方提议从 2021 年开始在欧洲联盟框架内建立欧元区预算，以提升欧元区的竞争力、促进趋同和稳定发展，欧元

① https：//archiv. bundesregierung. de/archiv – de/meta/startseite/meseberg – declaration – 1140806.

区预算将在多年期基础上确定，关于欧元区预算的战略决定将由欧元区国家做出。关于支出的决定应由欧洲联盟委员会执行。但这一设想遭到荷兰等国的反对，德国内部也有不少反对意见。反对者认为，在这种制度安排下，统一预算将被用于帮助遭遇经济冲击的经济体，经济状况较好的国家不得不提供更多的资金来救助经济状况不佳的国家，以分担其他国家的财政风险。总体来看，欧元区财政联盟的建立还有很长的路要走。

四 国际因素对欧洲经济的影响

报告期内，欧洲经济复苏面临较为复杂的外部环境。全球经济整体保持稳定增长，但增速有所放缓，新兴经济体的市场波动性增加。贸易保护主义带来的风险和不确定性日益累积，全球贸易增长速度下滑，欧美贸易互相征收关税对相关产业发展带来不利影响，国际经贸体系和格局处于调整进程，市场不确定性增加。

（一）经常项目：顺差增加

欧盟和欧元区的经常项目余额有所增加。

2016年第三季度至2017年第二季度，欧盟累计四个季度的经常项目余额为2432.24亿欧元，占GDP的比重为1.56%，而上一报告期同期经常项目余额为1717.83亿欧元，占GDP的比重为1.14%。

欧元区累计四个季度的经常项目余额为4070.86亿欧元，占GDP的比重为3.57%，而上一报告期同期经常项目余额为3197.87亿欧元，占GDP的比重为2.90%。欧元区经常项目余额的增加主要源于服务贸易顺差的显著增加，其贡献率为89.34%，初次收入的增加则贡献了10.87%。

（二）欧元汇率：先升后降，小幅升值

自2017年第三季度至2018年第二季度，欧元汇率呈现先升后降、小幅升值的态势。相比2017年第二季度末，欧元对38个最主要贸易伙伴货币的

名义有效汇率（EER - 38）在 2018 年 4 月底上升了 5.82%，而后回调，至 2018 年第二季度末比上年同期累计上升 4.7%。从双边汇率来看，欧元对英镑累计升值 0.18%，对日元累计升值 3.17%，对美元累计升值 4.00%，均呈现先升后降的格局（见图 5）。

图 5　欧元名义有效汇率（EER - 38）

注：月度平均数据，1999 年第一季度为 100。
资料来源：ECB。

从长期价格视角来看，2017 年欧洲复苏强劲，欧元汇率一年多来的大幅上涨是对其长期趋势的某种回归；就中期货币因素而言，市场对于欧洲央行逐步退出宽松货币政策的预期提振了欧元汇率。但 2018 年美国经济的表现更加亮眼，欧洲经济则在外需冲击中减速，加之意大利和德国的政局不稳，使 2018 年第一季度之后欧元开始承压。

五　对欧洲经济增长的展望

各项指标显示，在内外双重阻力的作用下，欧洲经济增速有所放缓。内部私人消费的增长开始减速，外部则面临保护主义加剧、新兴市场脆弱、金融市场动荡等风险的逐步累积。负利率、资产购买计划等较为宽松政策的继续实施将在一定程度上增加经济增长的动力，欧元区国家财政状况也在持续好转。国内需求仍是支撑欧洲经济增长的重要动力，固定资本形成对经济增长的贡献率逐步增加。

展望2019年，欧洲经济持续增长的势头仍将持续，欧洲经济仍将继续复苏。支持欧洲经济增长的因素及其有利影响包括：劳动力供给的增加、劳动力市场的改善和工资的上涨将促进消费者支出；有利的融资条件将促进投资增加；投资及生产率的提升将对经济有促进作用，结构性改革的进一步深化有利于技术进步和产业升级。但与此同时，全球贸易减速、英国硬脱欧的可能、意大利潜在的债务危机、德国行动能力的下降、能源价格的上涨等则是影响欧洲稳定增长的重要风险。2019年欧盟和欧元区经济增长率预计均处于1.7%~1.9%的区间内。

参考文献

Projektgruppe Gemeinschaftsdiagnose, Aufschwung, "Verliert an Fahrt-Weltwirtschaftliches Klima Wird Rauer," October 2018, http：//www. cesifo - group. de/DocDL/sd - 2018 - 19 - gemeinschaftsdiagnose - 2018 - 10 - 11. pdf.

European Central Bank, Economic Bulletin, Issue 1/2017, https：//www. ecb. europa. eu/pub/economic - bulletin/html/eb201701. en. html.

European Central Bank, Economic Bulletin, Issue 2/2017, https：//www. ecb. europa. eu/pub/economic - bulletin/html/eb201702. en. html.

European Central Bank, Economic Bulletin, Issue 3/2017, https：//www. ecb. europa. eu/pub/economic - bulletin/html/eb201703. en. html.

European Central Bank, Economic Bulletin, Issue 4/2017, https：//www. ecb. europa. eu/pub/economic - bulletin/html/eb201704. en. html.

European Central Bank, Economic Bulletin, Issue 5/2017, https：//www. ecb. europa. eu/pub/economic - bulletin/html/eb201705. en. html.

European Central Bank, Economic Bulletin, Issue 6/2017, https：//www. ecb. europa. eu/pub/economic - bulletin/html/eb201706. en. html.

European Commission, "Interim Economic Forecast," July 2018, https://ec. europa. eu/info/sites/info/files/economy – finance/ip084_ en. pdf.

IMF, "World Economic Outlook: Challenges to Steady Growth," October 2018, https://www. imf. org/en/Publications/WEO/Issues/2018/09/24/world – economic – outlook – october – 2018.

IMF, "Fiscal Monitor: Managing Public Wealth," October 2018, https://www. imf. org/en/Publications/FM/Issues/2018/10/04/fiscal – monitor – october – 2018.

The World Bank, "Global Economic Prospects: The Turning of the Tide?" June 2018, http://www. worldbank. org/en/publication/global – economic – prospects.

Y.4
日本经济：低速复苏

关键词： 日本经济　负利率　财政巩固

一　2017~2018年总体经济情况

在《2018 年世界经济形势分析与预测》里，我们预测日本 2017 年实际 GDP 增长率在 1.6% 左右，[①] 日本内阁府发布的数据显示其 2017 年实际 GDP

① 冯维江：《日本经济：不够强劲的复苏》，载张宇燕主编《2018 年世界经济形势分析与预测》，社会科学文献出版社，2017。

增长率为 1.7%，[①] 与我们的预测大致相符。从各季度增长情况看，2017 年整体呈前高后低势头，前三个季度实际 GDP 增长折年率都不低于 2%，分别为 2.7%、2.0% 和 2.3%，第四季度则下滑至 0.9%（见表 1）。至此，日本经济实现了连续 8 个季度正增长，持续时长仅次于 1986 年第二季度开始的连续 12 个季度正增长，是泡沫经济破灭以来持续时间最长的一次。

2018 年第一季度，此轮持续正增长结束，实际 GDP 增长折年率进一步下滑至 -0.9%。这主要是受到私人部门去库存的拖累，私人部门库存对增长折年率的贡献率为 -0.8 个百分点，私人消费和住宅投资的疲弱也产生了负面影响，对该季度实际 GDP 增长折年率的贡献率分别为 -0.4 个和 -0.3 个百分点。私人部门设备投资和出口尚算活跃，分别贡献了 0.4 个和 0.5 个百分点，避免了实际 GDP 增长折年率降至更低水平。第二季度日本经济重拾涨势，实际 GDP 增长折年率终值为 3%，不仅较初值大幅提升，也高于市场预期。资本支出是经济再度回升的主要支撑，私人部门设备投资贡献了 2 个百分点。私人消费回暖也贡献了 1.6 个百分点。不过该季度净出口表现不佳，对 GDP 增长率的贡献为 -0.5 个百分点。

日本政府认为 2018 年将维持逐步复苏态势。日本内阁府每月在经济报告中公布对经济形势的总看法，[②] 2018 年 1 月由上月的"经济正处于逐步复苏的趋势"调整为更加笃定的"经济正在逐步复苏"的判断之后，一直将这一结论维持至 9 月。

2018 年下半年，由于西日本暴雨、北海道地震等自然灾害接连发生，第三季度生产消费等经济活动受到一定影响，制造业 PMI 环比回落至 52.4，服务业 PMI 环比回落至 51.0，消费者耐用品购买意愿指数由第二季度的 42.9 下降至 7~8 月的平均值 42.3。第四季度预计将温和反弹。预计 2018 年日本全年实际 GDP 增长 1.2% 左右。

---

① 日本内阁府经济社会综合研究所国民经济计算部：《2018 年 4~6 月期 GDP 速报（2 次速报值）》，2018 年 9 月 10 日，http：//www. esri. cao. go. jp/jp/sna/data/data_ list/sokuhou/gaiyou/pdf/main_ 1. pdf。

② http：//www5. cao. go. jp/keizai3/getsurei/getsurei - index. html。

表1　实际 GDP 增长率及其各组成部分贡献率

单位：%，个百分点

	2017 年第一季度	2017 年第二季度	2017 年第三季度	2017 年第四季度	2018 年第一季度	2018 年第二季度
GDP 增长率	2.7	2.0	2.3	0.9	-0.9	3.0
私人消费	1.2	1.7	-1.5	0.8	-0.4	1.6
私人住宅投资	0.1	0.2	-0.2	-0.4	-0.3	-0.3
私人企业设备投资	0.4	0.1	0.8	0.5	0.4	2.0
私人存货变化	0.3	-0.3	1.5	0.6	-0.8	0.0
政府消费	0.3	0.3	0.1	0.0	0.0	0.2
公共投资	-0.0	1.0	-0.6	-0.1	-0.1	0.0
公共存货变化	0.0	0.0	0.0	-0.0	-0.0	0.0
净出口	0.4	-1.1	2.3	-0.6	0.3	-0.5
出口	1.2	0.1	1.4	1.4	0.5	0.2
进口	-0.8	-1.2	0.9	-2.0	-0.1	-0.6

注：①表中为季调环比增长折年率；②表中 GDP 增长率单位为"%"，其他各项单位为"个百分点"。

资料来源：根据日本内阁府资料整理。

二　货币政策

2018 年，日本维持超宽松货币政策。这一政策主要内容包括，在短期政策利率上对金融机构在日本银行持有的政策利率余额（Policy-rate balance）① 实行 -0.1% 的负利率，在长期政策利率上日本银行继续购买日本国债以保证 10 年期国债收益率保持在零附近。为了达成长期政策利率指

---

① 日本央行对开设准备金账户的金融机构实施"三级利率体系"。其中，2016 年 1 月之前的既有超额准备金存量称为基本余额（Basic balance），适用 0.1% 的超额准备金利率；法定准备金以及此前日本央行提供给金融机构的一些贷款计划带来的准备金增加的部分称为宏观附加余额（Macro Add-on balance），适用零利率；超出上述两个部分之外的准备金称为政策利率余额。

引的目标，日本银行仍以每年 80 万亿日元余额的节奏为基准增持长期国债。但 2018 年 7 月的货币政策会议鉴于接近国债购买上限造成的市场功能减弱，首次提出允许长期利率更灵活地变动。货币政策会议后的记者会上，日本央行行长黑田东彦表示，将允许长期收益率的波动幅度扩大一倍，此前在 -0.1% ~0.1% 区间。相应地，长期国债之外的央行资产购买也增加了灵活性。虽然仍维持每年增加购买交易型开放式指数基金（ETF）和日本房地产投资信托基金（J-REIT）分别为 6 万亿日元和 900 亿日元的规模，但增加了"购买价格可根据市场情况上下波动"的表述。商业票据、公司债则分别维持 2.2 万亿日元和 3.2 万亿日元的规模不变。

2018 年日本银行资产负债表规模继续扩张但幅度进一步收窄。2018 年 9 月 10 日，日本银行资产负债表规模为 551.7 万亿日元，较年初扩大了 5.8%（见图 1）。2013~2017 年，同期扩大的幅度分别为 31.2%、21.2%、20.0%、18.2% 和 7.8%。目前的增幅，已经低于 2012 年超宽松货币政策实施之前的增幅。这意味着日本所谓质化和量化宽松货币政策的力度越来越小。

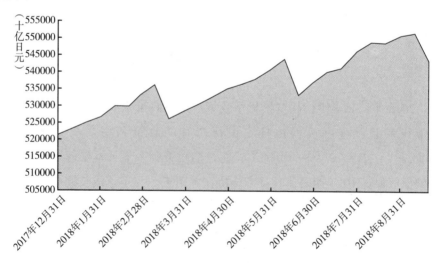

图 1　日本银行资产负债表规模走势

资料来源：Wind 数据库。

资产结构方面，2018 年日本银行资产负债表有以下特点。第一，购买政府债券仍是日本银行扩大资产规模的主要方式，但国债在货币宽松政策中的地位下降明显。截至 2018 年 9 月 10 日，日本银行总资产扩张了 30.3 万亿日元，其中的 93.3% 来自对政府债券的购买。这个比例虽然较上年同期的 73.5% 有所增加，但增加购买政府债券的规模变化不大，都在 28 万亿日元左右，与前几年同期增幅动辄 50 万亿日元以上甚至达到 70 多万亿日元的规模相比已经大为缩水。这反映了国债在货币扩张中地位下降的现实，日本银行面临"无债可买"的严重局面且这种情况还在延续。以这样的速度，难以完成每年购入 80 万亿日元政府债券的公开货币政策指引目标。第二，贷款余额规模出现下降。虽然有"负利率"的刺激，但 2018 年 9 月 10 日相对于 2017 年年底，日本银行资产负债表的贷款项下余额不增反降了 4.7%，与上年同期提升 13.9% 相比，刺激效果已经不再显著（见表 2）。

日本银行负债结构主要有以下特点。第一，政府存款规模下降明显。2018 年 1~9 月日本银行资产负债表中政府存款余额平均水平较上年同期缩小了 13.7%，下滑幅度比 2017 年同期下滑 6.6% 的幅度显著增加。这可能意味着 2018 年政府扩大财政支出提振经济的力度有所增强。第二，负债和净资产端的最大贡献项活期存款的规模有所增加，但增幅下降。2018 年 1~9 月活期存款余额平均水平较上年同期增长 32.5 万亿日元，占了同期负债和净资产扩张额的 80.2%，但增长率只有 9.3%，较 2017 年同期增长率 23.4% 相比，也大幅下降。活期存款的主要来源是日本银行留存的金融机构超额准备金。从 2017 年年末到 2018 年 8 月，金融机构超额准备金增长额占到了日本银行资产负债表活期存款增长额的 92.6%（见图 2）。活期存款规模增加而增幅下降，反映出日本金融机构商业贷款意愿仍然不足，但未来可能趋强。

日本附加收益率曲线控制的量化质化宽松货币政策（QQE with Yield Curve Control）主要通过股价、物价和汇率等三项价格渠道对经济产生影响。其中，货币政策对股票价格的影响在 2018 年中比较显著。2018 年第一季度至第三季度，日本东京日经 225 指数均值分别为 22334 点、22348 点和

单位：十亿日元

表 2　日本银行资产负债表变化情况

时间	2017年 12月31日	2018年 01月20日	2018年 02月10日	2018年 03月10日	2018年 04月10日	2018年 05月10日	2018年 06月10日	2018年 07月10日	2018年 08月10日	2018年 09月10日
黄金	441.25	441.25	441.25	441.25	441.25	441.25	441.25	441.25	441.25	441.25
现金	224.06	226.46	240.40	261.09	268.27	264.80	276.61	282.06	276.46	270.33
日本政府债券	440672.91	444645.26	449313.72	454440.78	449971.45	455341.63	462181.57	457929.36	466097.32	46943.79
商业票据	2180.91	2150.41	2106.41	2551.21	2199.93	2203.44	2431.63	2202.23	2263.12	2375.52
公司债券	3174.78	3174.78	3231.18	3265.03	3192.12	3216.95	3205.23	3178.64	3172.63	3174.91
财产信托 a	1057.52	1046.71	1046.69	1031.70	1020.63	1012.45	1000.48	984.58	966.75	956.54
财产信托 b	17235.33	17437.33	17805.89	18349.52	19164.59	19502.02	19855.80	20619.12	21074.11	21309.09
财产信托 c	447.59	447.59	456.07	465.39	470.06	472.40	481.84	485.52	490.44	491.54
贷款 d	48531.48	47966.28	47856.28	47957.62	46353.92	46507.32	46650.47	46539.67	46550.87	46264.07
外币资产	6746.01	6725.89	6702.87	6660.78	6654.09	6677.40	6657.82	6690.05	6695.12	6709.57
代理商存款	4.56	53.75	24.07	17.40	16.81	10.83	24.69	44.82	176.05	10.26
其他	699.76	698.96	706.34	717.51	728.62	734.28	741.53	728.29	736.73	755.99
资产总额	521416.18	525014.67	529931.17	536159.27	530481.75	536384.77	543948.92	540125.57	548940.84	551702.86
货币	106716.50	103601.85	103216.05	103680.84	103460.98	104071.02	103486.35	104398.16	104625.07	104468.65
活期存款	368489.38	366941.38	360496.56	364778.19	378021.46	383697.34	377326.46	388725.80	384336.30	383493.83
其他存款	20119.66	18867.61	19742.67	19243.68	19689.89	18839.91	19529.63	20557.77	20787.24	20992.54
政府存款	15474.52	25337.55	36072.15	38273.04	19846.76	19997.22	34838.90	17030.77	29599.08	32988.96
回购协议应收款项	389.31	28.24	225.69	34.43	6.10	19.69	40.95	0.21	188.01	0.61
其他	2181.28	2192.52	2132.54	2103.58	1411.05	1434.06	302.05	988.38	980.56	1333.70
备抵金	4860.98	4860.98	4860.98	4860.98	4860.98	4860.98	5201.80	5201.80	5201.80	5201.80
资本	0.10	0.10	0.10	0.10	0.10	0.10	0.10	0.10	0.10	0.10
法定准备金及特别准备金	3184.43	3184.43	3184.43	3184.43	3184.43	3184.43	3222.67	3222.67	3222.67	3222.67
负债与净资产总额	521416.18	525014.67	529931.17	536159.27	530481.75	536384.77	543948.92	540125.57	548940.84	551702.86

注：a 是作为信托财产持有的股票；b 是作为信托财产持有的交易型开放式指数基金；c 是作为信托财产持有的日本房地产投资信托基金；d 对存款保险公司的贷款除外。

资料来源：根据日本银行网站资料整理。

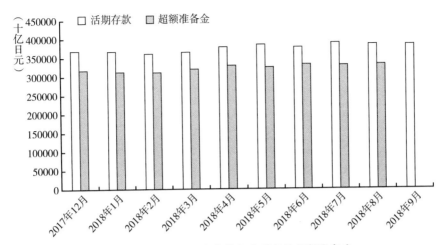

图2 日本银行的活期存款与金融机构超额准备金

资料来源：Wind 数据库。

22625 点，较上年同期分别增长了 16.1%、13.7% 和 14.3%（见图3）。进入 10 月后日本东京日经 225 指数延续上升势头。10 月 2 日达到 24271 点，为 20 世纪 90 年代初泡沫破灭后，具体说是自 1991 年 11 月 14 日以来的最高值。

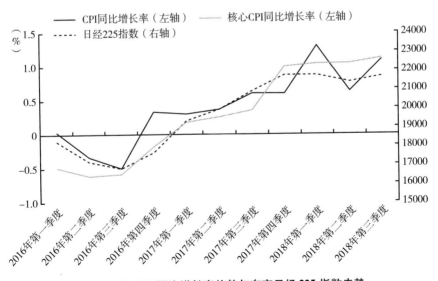

图3 日本 CPI 同比增长率趋势与东京日经 225 指数走势

资料来源：Wind 数据库，中国社会科学院世界经济与政治研究所世界经济预测与政策模拟实验室。

从物价来看，消费物价指数（CPI）同比增长率和剔除生鲜食品的核心CPI 同比增长率虽然有所上升，但与经济扩张和劳动力市场趋紧的状况相比则十分滞后，距离货币当局早先设定的 2% 的物价稳定增长目标差距还很大。2018 年 7 ~ 8 月 CPI 和核心 CPI 均值同比增长率分别为 1.10% 和 0.85%，虽然较第二季度的 0.63% 和 0.77% 有所提升，但与第一季度的 1.30% 和 0.87% 相比，还有所下降（见图 3）。由于长期的低速增长和通货紧缩让日本人形成了工资和价格不会轻易增加的思维定式，由此企业在工资和产品定价上以及家庭对于价格上涨都持谨慎态度，加之一些地方竞争比较激烈以及近年企业生产率提升和技术进步等因素的影响，都带来了价格下行的压力。[①] 这些因素和条件短时间内难以改变，所以日本的 CPI 增长率上升只能在中长期缓慢实现。

美元强势升值背景下，2018 年第一季度至第三季度日元对美元出现贬值，但日元实际有效汇率升值且已超过上年平均水平。2018 年第三季度，日元对美元相对上季度贬值 2.1% 至 1 美元兑 111.41 日元，与上年同期相比则贬值了 0.4%。从日元实际有效汇率指数看，2018 年 7 ~ 8 月均值为 75.75，较第二季度均值 74.72 和第一季度的 74.49 都有所上升，延续了 2017 年第四季度以来的上升势头，并且超过了 2017 年全年均值（见图 4）。当然，货币政策以外的因素，如中美贸易摩擦带来的日元避险效应，也会对日元汇率造成显著影响。

三　财政政策

2018 财年是"2015 年经济和财政管理改革基本方针"确立的集中改革期最后一年，日本政府稳步推进预算支出改革，强调将增长导向的财政政策与货币政策结合起来，在加紧推进财政整顿的同时，也着力推行"人力资

---

① Bank of Japan, "Outlook for Economic Activity and Prices," July 2018, http：//www. boj. or. jp/en/mopo/outlook/gor1807b. pdf.

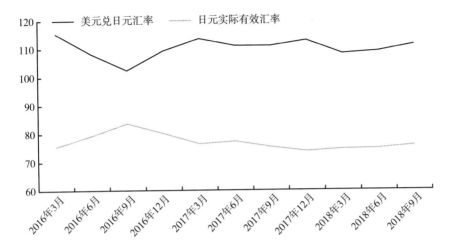

图 4　日元兑美元汇率及实际有效汇率

资料来源：Wind 数据库，中国社会科学院世界经济与政治研究所世界经济预测与政策模拟实验室。

源开发革命"和"生产效率革命"等举措，推动经济再生（Economic Revitalization）。但无论是扩大托儿所招生规模并减轻幼儿教育和高等教育的费用负担以应对少子化趋势，还是为地区核心企业等的设备投资和人才确保提供支援，都让财政支出大为增加。为此，安倍政府在 6 月宣布的《促进经济和财政振兴的新计划》中决定把 2019 年消费税提升后税收增加部分的用途从还债转变为教育免费化等项目，并放弃了此前力争 2020 年实现的盈余目标，把实现盈余的时期推迟 5 年至 2025 年实现。[①] 具体来看，2018 财年日本一般预算财政收支总额再次创纪录，达到 97.7 万亿日元，相对于上一财年增长了 0.3%。2018 财年收入预算的税收项增加了 13670 日元，增长了 2.4%；其他收入项较之上一财年下降 4313 亿日元，减少了 8%；国债发

---

① 国际货币基金组织（IMF）认为该计划在加强财政框架方面只取得了有限的进展，并且是基于相对乐观的 GDP 和生产率增长假定，且缺乏解决社会保障支出增加和确保债务可持续性的长期计划，对 2019 年 10 月消费税率提高两个百分点的相关减缓措施也未能明确；参见 IMF，"Japan：Staff Concluding Statement of the 2018 Article IV Mission，" October 4，2018，https：//www.imf.org/en/News/Articles/2018/09/28/ms100418 – japan – article – iv – mission – concluding – statement。

行收入（包括建设公债和赤字公债）减少了 6776 亿日元，下降了 2.0%（见表 3）。

表 3　日本 2017~2018 财年的财政收支预算

单位：亿日元，%

	2017 财年预算	2018 财年预算	变化值	同比增长率
税收	577120	590790	13670	2.4
其他收入	53729	49416	-4313	-8.0
国债发行收入	343698	336922	-6776	-2.0
收入合计	974547	977128	2581	0.3
偿还国债支出	235285	233020	-2265	-1.0
基础财政支出	739262	744108	4846	0.7
社会保障支出	324735	329732	4997	1.5
地方转移支付	155671	155150	-521	-0.3
支出合计	974547	977128	2581	0.3

资料来源：根据日本财务省资料整理。

2018 年财政预算支出的优先领域集中在"人力资源开发革命"和"生产效率革命"等方面。①

第一，人力资源开发革命主要包括四个方面的内容。一是扩大儿童保育设施能力。为实现儿童抚育计划目标，要为 11 万儿童提供保育设施。2017 年补充预算 808 亿日元，2018 年预算 888 亿日元，用于儿童保育设施的设立和维护。二是提升保育人员和长期护工的工资。从 2019 年 4 月起，保育人员工资提升 1%（每月约 3000 日元）。还要投入约 1000 亿日元的公共经费来提高长期护工工资。三是分阶段提供免费学前教育。这部分投入大约 330 亿日元。四是扩大面向低收入家庭的免费奖学金和免息奖学金发放范围，为此分别投入 105 亿日元和 958 亿日元。

第二，生产效率革命也有四个重点投入方向。一是支持中小企业，包括

---

① Ministry of Finance Japan, "Highlights of the Draft FY2018 Japan Budget," http://www.mof.go.jp/english/budget/budget/fy2018/01.pdf.

促进当地核心企业资本支出（投入 162 亿日元）和支持企业继承①（投入 21 亿日元）等。二是实行税制改革，为实现充分工资上涨和资本投资的企业提供税收抵免，拓展商业继承税制，为利用库存股票（treasury shares）开展并购提供便利等。三是通过产官学合作，支持高效和高速人工智能芯片研发（投入 100 亿日元）、量子计算机等光量子技术研发（投入 22 亿日元）、打造纳米及材料领域开放平台（投入 19 亿日元）等。四是优先推进提高生产效率的基础设施建设项目，如三大都会环城公路（投入 2283 亿日元），液化天然气燃料供应系统（投入 7 亿日元），以及通过财政投资贷款计划（1.5 万亿日元）加快大都会城际高速公路和东海高速公路建设等。

财政巩固方面的预算举措及成效主要有三个方面。一是实现财政巩固计划设定的一般和社会保障支出的三年基准。二是继续缩减公债发行额，由 2017 财年的 34.4 万亿日元下降至 2018 财年的 33.7 万亿日元，实现了安倍政府成立以来连续六年下降。三是基础财政收支赤字改善，由 2017 财年的 10.8 万亿日元收缩至 2018 财年的 10.4 万亿日元。

日本政府债务维持攀升趋势，财政支出扩张空间有限。2018 年 5 月，日本政府债务规模突破 1100 万亿日元，达到创纪录的 1101.6 万亿日元，到 7 月略有回落，仍维持在 1094.9 万亿日元的高位（见图 5）。债务的可持续性体现在负债能不能在未来形成持续的更高的收入，具体来说，体现在政府债务与 GDP 之比能否向较低水平回落。日本的政府债务占 GDP 的比例自 2012 年超过 200% 以来，一直维持在 200% 左右的高水平上。如果不是低利率环境缓解了债务压力，日本经济或将遭到更严重的冲击。税收的增加将有助于削减债务。在经过两次推迟之后，日本政府决定将在 2019 年 10 月提升消费税率至 10%，但如前所述，多征收的税金已被预定用于育儿设施支出，还无暇顾及日本高企的政府债务。为降低债务可持续性风险，IMF 建议日本

---

① 在日本中小企业、小规模业者中，因无人继承而导致企业虽然盈利却不得不停业的例子越来越多。日本政府为此推出"事业继承网络"机构，旨在以日本各都道府县为单位，向因无人继承而导致经营困难的地方中小企业与小规模业者提供帮助。

进一步提升消费税率至 15% 甚至更高。① 但增税对经济的紧缩效应如果得不到有效控制，本来不高的增长率一旦继续回落，税基可能受到侵蚀，则债务可持续性问题可能更加严重。

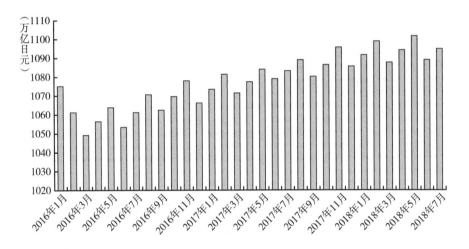

图 5　日本政府债务情况

资料来源：Wind 数据库，中国社科院世界经济与政治研究所世界经济预测与模拟实验室。

四　企业与就业

2018 年日本大中型企业经营相对较好，小型企业经营状况不佳。日本银行短期经济观测调查指数显示，2018 年第一季度至第三季度，日本企业信心指数分别为 17、16 和 15，这意味着认为经营形势好的受调查企业数量比认为经营形势差的受调查企业数量更多，高于或等于上年同期的 10、12 和 15。其中，大型和中型企业相对来说更加乐观，大型企业信心指数分别

---

① IMF，"Japan：Staff Concluding Statement of the 2018 Article IV Mission，"October 4，2018，https：//www.imf.org/en/News/Articles/2018/09/28/ms100418 - japan - article - iv - mission - concluding - statement.

为 23、22 和 21，中型企业分别为 20、20 和 17，小型企业仅分别为 11、11
和 12。但是从趋势看，小型企业年初以来趋于乐观，大中型企业则相反。

与日本银行短期经济观测调查指数显示的企业对经营状况主观判断可以
相互印证的是，日本制造业和服务业采购经理指数（PMI）2018 年也出现
下降势头，但仍在荣枯线上方。2018 年第一季度至第三季度，制造业 PMI
分别为 54.0、53.2 和 52.4，服务业 PMI 分别为 51.5、51.6 和 51.0（见图
6）。

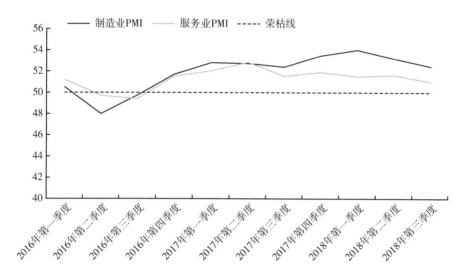

图 6　日本制造业和服务业 PMI 与荣枯线的关系

资料来源：中国社科院世界经济与政治研究所世界经济预测与模拟实验室，Wind 数据库。

企业利润数据显示，2018 年第一季度日本企业盈利不佳，但第二季度
有所改善。从上半年来看，规模较小企业获利较差。第一季度，全部企业经
常利润①同比增长率只有 0.17%，其中资本规模大于等于 10 亿日元的大型
企业经常利润同比增长率为 1.65%，资本规模介于 1 亿日元和 10 亿日元的
中型企业经常利润同比增长 0.61%，资本规模介于 1000 万日元和 1 亿日元

---

① 日本企业的经常利润，指每个会计期间经常反复产生的利润，不包括临时取得的收益或发
生的损失。

的小型企业经常利润同比下降了2.17%。第二季度，全部企业经常利润同比增长率为17.91%，其中资本规模大于等于10亿日元的大型企业经常利润同比增长率为24.98%，资本规模介于1亿日元和10亿日元的中型企业经常利润同比增长12.71%，资本规模介于1000万日元和1亿日元的小型企业经常利润同比增长了2.15%。汇总来看，2018年上半年大型企业经常利润同比增长了15.45%，中型企业同比增长了5.86%，小型企业则同比下降了0.25%。

从就业来看，2018年日本失业率维持在较低水平，第一季度经季节性调整后的失业率为2.47%，第二季度为2.37%，进入第三季度略有回升，7月、8月份均为2.45%，与2017年全年平均水平2.83%相比都要更低一些。季调就业人数同比增长率有所回落，第一季度和第二季度同比增长率分别为2.23%和2.18%。进入第三季度，季调就业人数同比增长率进一步回落，7月、8月合计同比增长率为1.54%，尽管如此，与上年相比仍在较高水平（见图7）。

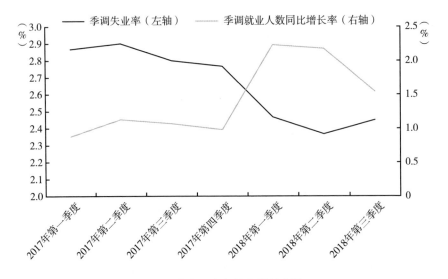

图7　日本失业率与就业增长率情况

资料来源：Wind数据库。

劳动者收入有小幅提升，且较上年幅度更大。日本劳动调查显示，2018年第一季度和第二季度月均劳动合同现金收入分别为26.2万日元和26.5万日元，同比增长了0.98%和1.19%，虽然不高，但与上年的0.16%和0.46%相比，还是有所上升。进入2018年第三季度仍有所增长，7~8月月均劳动合同现金收入为26.4万日元，同比增长1.20%。

五　国际收支与对华经贸投资关系

2018年日本经常项目顺差较上年萎缩。2018年1~8月经常项目累计顺差14.7万亿日元，比上年同期下降了4.3%。具体来看，货物贸易项下2018年1~8月累计顺差1.6万亿日元，比上年同期大幅下降了46.7%；服务贸易项累计逆差5796亿日元，较上年同期扩大了23.0%。

日本国内负利率导致向海外配置资产的效应在2018年有所减弱，2018年1~8月证券投资项累计顺差9.3万亿日元，比上年同期接近5000亿日元的逆差有所改观。2018年1~8月直接投资项累计顺差9.6万亿日元，规模较上年同期缩小了16.0%。其他投资项累计逆差7.2万亿日元，较上年同期逆差规模扩大了344.5%（见图8）。

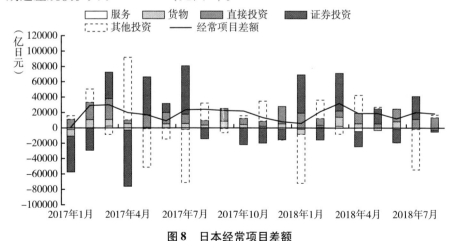

图8　日本经常项目差额

资料来源：Wind数据库。

日本与中国的贸易关系在2018年继续回暖。2018年第一季度至第三季度，日本对中国出口同比增速和自中国进口同比增速双双回升，其中进口回升更加明显。2018年7~8月合计同比增长率分别为12.0%和6.4%，较第二季度的11.9%和3.7%都有所上升，且对中国出口同比增速比同期日本对全世界出口同比增速高7个百分点。自2017年第一季度以来，日本对华出口和自华进口同比均维持正增长的局面已经持续了7个季度（见图9）。

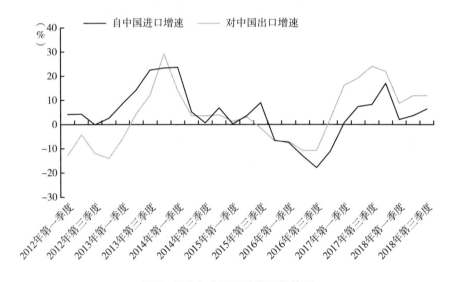

图9　日本与中国双边贸易额情况

注：2018年第三季度值为7~8月合计值。
资料来源：Wind数据库。

2018年日本对中国直接投资出现回升势头。2018年第二季度，日本对外直接投资走出上季度的同比负增长，对世界直接投资同比增长了10.5%，对中国直接投资同比增长率更是高达37.7%。实际上，自2017年第三季度起，日本对中国直接投资同比增长率就一直高于对全世界直接投资同比增长率（见图10）。中日经贸投资关系的回暖与2018年5月李克强总理访日期间"要同日方共同推动中日关系重回正常轨道，并希望双方相向而行，努力保持中日关系长期健康稳定发展"的期待是一致的。

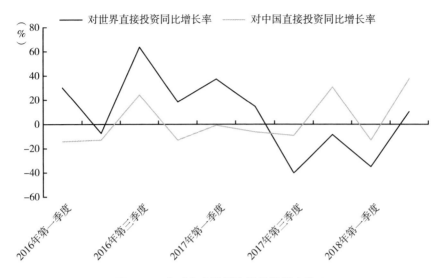

图 10　日本对华直接投资同比增长率情况

资料来源：JETRO 数据库。

六　2019年日本经济形势展望

世界主要机构对 2019 年日本经济增长率的预测差异比较大，最高的联合国的预测值 1.5%，最低的世界银行的预测值仅为 0.8%。预测 2019 年经济增长率比 2018 年更高的机构有日本经济研究中心（JCER）、经济合作与发展组织（OECD）、经济学人智库（EIU）和标准普尔，而国际货币基金组织（IMF）、世界银行、联合国、欧盟委员会和日本政府等机构认为 2019 年实际 GDP 增长率将低于 2018 年（见图 11）。

日本政府预定于 2019 年 10 月将消费税率由 8% 提升至 10%，此前的三个季度里提前消费效应可能对日本经济增长构成较强拉动。但美国特朗普政府的保护主义贸易政策给日本经济带来风险。尤其是，如果美国开始提升汽车关税，日本经济将遭受比较严重的冲击。而中美贸易摩擦可能引起的竞争性提高关税，对日本所在的全球供应链也会构成严峻挑战。世界避险情绪上升或将推高作为避险货币的日元汇率并冲击日本股市，从而进一步抑制日本

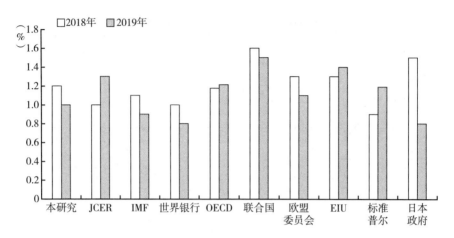

图 11　各机构对日本 2018～2019 年 GDP 增长率的预测

注：日本政府预测数据为财年，其他均为历年。

资料来源：除本研究估算数外，其他数据均来自各机构官方网站。

的出口、消费和投资。① 考虑到这些风险因素的潜在影响，本文赞同多数机构关于 2019 年增长率将会低于 2018 年的意见，预计日本 2019 年实际 GDP 增长率约为 1.0%。

参考文献

冯维江：《日本经济：不够强劲的复苏》，载张宇燕主编《2018 年世界经济形势分析与预测》，社会科学文献出版社，2017。

日本内阁府经济社会综合研究所国民经济计算部：《2018 年 4～6 月期 GDP 速报（2 次速报值）》，2018 年 9 月 10 日，http：//www. esri. cao. go. jp/jp/sna/data/data _ list/sokuhou/gaiyou/pdf/main_ 1. pdf。

Bank of Japan，"Outlook for Economic Activity and Prices，" July 2018，https：//www. boj. or. jp/en/mopo/outlook/gor1807b. pdf.

IMF，"Japan：Staff Concluding Statement of the 2018 Article IV Mission，" October 4，

① 日本综合研究所：《日本经济展望》，2018 年 9 月，https：//www. jri. co. jp/MediaLibrary/file/report/japan/pdf/10669. pdf。

2018, https：//www. imf. org/en/News/Articles/2018/09/28/ms100418 – japan – article – iv – mission – concluding – statement.

Ministry of Finance Japan, "Highlights of the Draft FY2018 Japan Budget," http：// www. mof. go. jp/english/budget/budget/fy2018/01. pdf.

Shinichi Nishioka, Economic Expansion amid Uncertainty, SA175 Short – Term Forecast（2018/7/9—2020/1/3）, August 22, 2018.

Y.5
亚太经济：经济趋于下行，
外部不确定性上升

杨盼盼*

摘　要： 亚太经济体 2018 年经济增速预计为 5.6%，与 2017 年的增速
持平。亚太地区 2017 年的经济回升在 2018 上半年得以延续，
但经济增长在 2018 年下半年开始放缓，经济的周期性高点已
过。区域内多数国家通货膨胀水平较上年进一步回升；所有
国家货币相对于美元贬值；经常账户余额整体下降。在区域
内的主要经济体中，印度和澳大利亚经济出现显著上行，印
度尼西亚经济呈现盘整态势，韩国和加拿大经济出现显著下
行。展望 2019 年，亚太经济的增长压力可能上升，其中外部
不确定性带来的影响较大，需通过深化国内改革和加强区域
合作提升增长动能。

关键词： 亚太地区　经济增长　外部不确定性　区域合作

在《2018 年世界经济形势分析与预测》中，我们预计亚太地区主要经
济体 2017 年的加权实际经济增速为 5.5%，与 2017 年亚太地区最终实现的
5.6% 的增速基本一致。亚太地区 2017 年的经济回升在 2018 上半年得以延
续，但经济增长在 2018 年下半年开始放缓，预计 2018 年的经济增速与 2017

* 杨盼盼，经济学博士，中国社会科学院世界经济与政治研究所副研究员，研究领域为国际金
融。感谢徐奇渊研究员和孙杰研究员对全文的修改建议，感谢唐雪坤的科研助理工作。

年持平，为 5.6%。亚太地区经济增长周期性高点已过，重回此前趋势性放缓的"新常态"。

一 亚太经济形势回顾：2017～2018年

亚太经济体在 2017～2018 年的经济增长局面是先周期性上升，之后缓和回调。① 2018 年，亚太地区 17 个国家的加权平均预期经济增速为 5.6%，与 2017 年总体增速持平，本轮结构性上升主要发生于 2017 年下半年和 2018 年上半年。本区域内的发达经济体在 2018 年的经济增速预计为 2.0%，相比上年下降 0.3 个百分点；新兴和发展中经济体在 2018 年的经济增速为 6.4%，基本与上年保持一致（见表 1）。

表1 亚太主要国家国别和加总经济增长率

单位：%

经济体	2014 年	2015 年	2016 年	2017 年	2018 年	2019 年	2000～2007 年	2008～2018 年
亚太 17 国								
中国	7.3	6.9	6.7	6.9	6.6	6.2	10.5	8.1
日本	0.0	0.5	1.0	1.7	1.2	0.9	1.5	0.5
韩国	3.3	2.6	2.9	3.1	2.8	2.6	5.4	3.1
文莱	-2.3	-0.6	-2.5	1.3	2.3	5.1	2.2	0.0
柬埔寨	7.1	7.0	7.0	6.9	7.0	6.8	9.6	6.3
印度尼西亚	5.0	4.8	5.0	5.1	5.1	5.1	5.1	5.6
老挝	7.5	7.6	7.0	6.9	6.8	7.0	6.8	7.6
马来西亚	6.0	5.0	4.2	5.9	5.0	4.6	5.5	4.8
缅甸	8.7	7.0	5.9	6.8	6.4	6.8	12.9	6.4
菲律宾	6.2	5.9	6.9	6.7	6.0	6.6	4.9	5.6
新加坡	3.3	2.0	2.4	3.6	3.4	2.5	6.5	4.2
泰国	0.8	2.8	3.3	3.9	4.4	3.9	5.3	3.1

---

① 本文的亚太经济体包含 17 个国家，分别是：中国、日本、韩国、东盟十国（文莱、柬埔寨、印度尼西亚、老挝、马来西亚、缅甸、菲律宾、新加坡、泰国、越南）、印度、澳大利亚、新西兰、加拿大。

续表

经济体	2014 年	2015 年	2016 年	2017 年	2018 年	2019 年	2000 ~ 2007 年	2008 ~ 2018 年
越南	6.0	6.7	6.2	6.8	6.6	6.5	7.2	6.1
印度	7.2	7.6	7.1	6.7	7.3	7.4	7.1	7.0
澳大利亚	2.7	2.4	2.6	2.2	3.2	2.8	3.4	2.6
新西兰	3.0	3.0	4.1	3.0	3.1	3.0	3.7	2.2
加拿大	2.5	1.1	1.4	3.0	2.1	2.0	2.8	1.7
区域及全球加总								
世界	3.6	3.5	3.3	3.7	3.7	3.7	4.5	3.4
亚太经济体	5.5	5.5	5.4	5.6	5.6	5.4	6.3	5.8
除中国外的亚太经济体	4.2	4.3	4.3	4.6	4.7	4.7	4.4	4.1
发达经济体	2.1	2.3	1.7	2.3	2.4	2.1	2.7	1.4
亚太发达经济体	1.5	1.3	1.7	2.3	2.0	1.7	2.7	1.5
新兴和发展中经济体	4.7	4.3	4.4	4.7	4.7	4.7	6.6	5.0
亚太新兴和发展中经济体	6.8	6.6	6.4	6.5	6.4	6.2	8.2	7.2
除中国外的亚太新兴和发展中经济体	3.5	3.7	3.7	3.7	3.9	4.0	3.0	3.5

注：亚太发达经济体包括：日本、韩国、新加坡、澳大利亚、新西兰、加拿大；亚太新兴和发展中经济体包括：中国、文莱、柬埔寨、印尼、老挝、马来西亚、缅甸、菲律宾、泰国、越南、印度。

资料来源：国际货币基金组织（IMF）：《世界经济展望》数据库（2018 年 10 月），笔者估计。

亚太经济的增速仍然显著高于全球经济增速。根据 IMF 2018 年秋季预测，2018 年全球经济增速预计为 3.7%，亚太经济的总体增速比全球增速高 1.8 个百分点。分国家组来看，亚太新兴和发展中经济体仍然是增长动力的主要贡献者，它们 2018 年的经济增速比全部新兴和发展中经济体的平均经济增速高出 1.8 个百分点，但区域内发达经济体 2018 年的经济增速比所有发达经济体的平均经济增速低 0.4 个百分点。2018 年是全球金融危机爆发十周年，总体来看，亚太地区的复苏情况好于全球总体水平，危机前后平均增速差异为 0.6 个百分点，低于世界的 1.1 个百分点的平均增速差异。

1. 经济增长保持稳定

图 1 中横坐标显示了 2017 年亚太地区 17 个国家的实际 GDP 增速，纵坐标显示了 2018 年这些国家的实际 GDP 增速预测值。从该图中可以看出：①柬埔寨、中国、老挝、越南、印度、缅甸、菲律宾 2018 年的经济增长率高于亚太经济体平均水平，可被视为亚太地区相对高速增长的国家，其中印度和柬埔寨两个国家的增长速度较上年进一步提升；②印度尼西亚、泰国、新加坡、韩国、新西兰、加拿大、澳大利亚、日本和文莱的经济增长率在均值以下，其中有五个国家 2018 年的经济增长相较于上年有所好转。

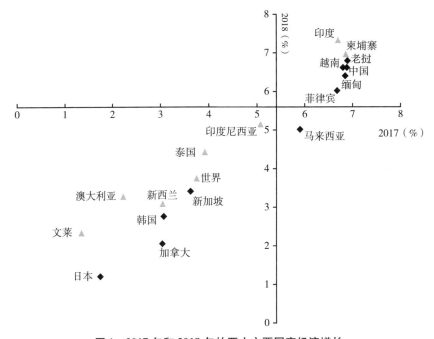

图 1　2017 年和 2018 年的亚太主要国家经济增长

注：横轴和纵轴分别代表了对应国家在 2017 年和 2018 年的情况，横轴的交叉点为 2017 年 17 国实际 GDP 增速的加权平均值（5.6%），纵轴的交叉点为 2018 年 17 国实际 GDP 增速的加权平均预测值（5.6%）。因此，第一象限（右上）的国家是 2017 年和 2018 年 GDP 增速均快于均值的国家；第二象限（右下）的国家是 2017 年 GDP 增速快于均值但 2018 年 GDP 增速慢于均值的国家；第三象限（左下）的国家是 2017 年和 2018 年 GDP 增速均慢于均值的国家；第四象限（左上）的国家是 2017 年 GDP 增速慢于均值但 2018 年 GDP 增速快于均值的国家。图中实心表示该国 2018 年的经济增速高于 2017 年，空心表示该国 2018 年的经济增速低于 2017 年，或与 2017 年持平。

资料来源：国际货币基金组织（IMF）：《世界经济展望》数据库（2018 年 10 月）。

亚太地区2018年有7个国家的经济状况同上年相比出现改善。改善的原因包括以下几点。①外需在2018年上半年进一步复苏，全球经济复苏给许多亚太国家带来正向溢出，出口成为带动这些国家增长的重要力量。例如成衣制造业的发展促进了柬埔寨出口的强劲，泰国经济的复苏也得益于出口的好转。大宗商品市场的回暖也带动了区内主要大宗商品出口国经济的复苏，澳大利亚、新西兰、文莱等国的经济上行就得益于此。②内需中私人部门的消费向好。因消费者信心提升、工资上升等因素促成的私人部门消费强劲成为许多国家（包括：澳大利亚、柬埔寨、印度、印尼等）经济增长的有力支撑。③私人部门和外商直接投资走强，例如文莱致力于多样化本国经济，避免过度集中于油气部门，促进了私人投资的提升；印度营商环境的改善带来私人投资好转；印尼的机器设备投资上升带来投资走强；来自中国和其他国家的外商直接投资带来东南亚中低收入国家的基础设施、油气管道、制造业等投资的走强。

亚太地区2018年有10个国家的经济增长与上年基本持平或出现恶化。主要原因包括以下几点。①外部需求高点已过并面临更大的政策不确定性。例如区内开放经济体新加坡、韩国和马来西亚的出口高点已过，电子类产品出口放缓，区内大型经济体以及深度嵌入价值链的经济体还面临着来自美国愈演愈烈的贸易保护主义所带来的贸易政策不确定性，例如中国与美国间的贸易争端以及美加墨贸易协定（USMCA）所带来的冲击。②私人消费增长的放缓。加拿大、中国的私人消费放缓主要与债务水平上升、货币信贷收紧和金融监管严格有关，日本的消费放缓则为结构性因素所致。③投资增长乏力。日本的投资增长乏力主要来源于房地产市场的低迷，马来西亚投资下降主要与企业信心有关，此外，马哈蒂尔当选总统之后主张进一步削减国内债务，并限制外国人在马居住，这将进一步收紧国内基建和房地产相关投资。

2. 通货膨胀略有回升

因大宗商品价格回升及需求回暖，亚太地区主要国家2018年的平均通货膨胀水平同2017年相比有所上升，从2.1%上升至2.4%。同世界通货膨胀变动规模相比（从2017年的3.2%上升至2018年的约3.8%），亚太地区通货膨胀的上升规模相对较小，且总体通胀水平仍低于世界平均水平。由于亚太地区的经济增长仍然显著快于世界经济增长，这意味着亚太国家总体承受的通胀压力较小。

大部分亚太地区国家 2018 年的通货膨胀规模均高于 2017 年，但是上升规模较为温和（见图2）。价格水平上升的原因包括以下几点。①大宗商品价格的上升。受到地缘政治风险和全球经济增长加速的影响，大宗商品特别是石油、天然气的价格上涨，在供给端直接带来原材料成本的上升，在需求端，还会传导至运输等行业，抬升通货膨胀。②农产品价格上升。从国际市场来看，全球农产品价格上升主要是受到美国玉米和小麦种植减少以及气候变化因素的影响。这给亚太地区带来输入性食品通货膨胀；从政策视角来看，中国在中美贸易争端中对从美国进口的农产品征收关税会加大国内食品通货膨胀压力；从国内农产品生产来看，自然灾害造成的粮食产量下降也是推高通货膨胀的原因。③内需的进一步回暖，从需求面提升了通货膨胀水平。

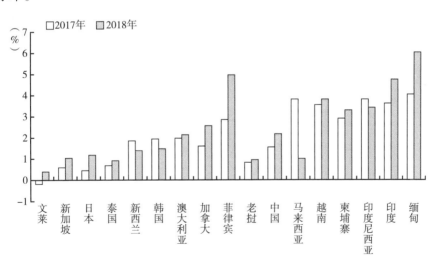

图2　2017 年和 2018 年亚太主要国家的通货膨胀率

注：通货膨胀率为年平均消费者价格指数的变动率。

资料来源：国际货币基金组织（IMF）：《世界经济展望》数据库（2018 年 10 月）。

3. 亚太地区的货币相对美元全部贬值

2018年以来，所有亚太地区国家货币对美元相对于年初呈现贬值态势，最高贬值幅度为7.3%，平均贬值4.1%（见图3）。对于区内的新兴市场国家而言，货币对美元出现贬值的共同因素包括以下几点。①美联储加息和美国经济上行带来美元走强，新兴市场资本外流加剧。②中美贸易争端带来的不确定性上升，通过预期渠道传导至新兴市场国家金融市场。③人民币对美元出现较大幅度贬值，央行为此重启逆周期调节因子。由于亚太新兴市场国家多为中国的主要贸易伙伴，货币走势与人民币关系紧密（徐奇渊、杨盼盼，2016），使得这一贬值具有传染效应。除此之外，包括经常账户赤字扩大或顺差缩窄、国内宽松的货币和财政政策、通货膨胀水平上升、金融市场流动性泛滥等基本面因素，也是导致亚太地区新兴市场国家贬值的原因。对于区内的发达国家，除受美元周期性走强这一共同因素影响，还各有其特殊性。澳大利亚和新西兰是中国经济的"晴雨表"，因而其货币走势也与中国经济的周期性下行有关；加拿大则受到美加贸易摩擦的影响以及与美国经济

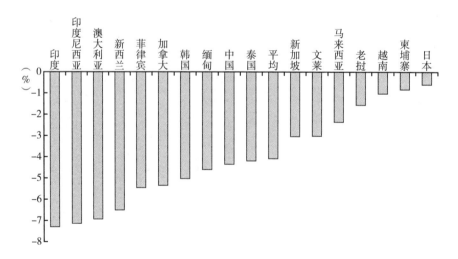

图3 2018年亚太主要国家汇率走势

注：①所有国家汇率走势均为2018年8月相对于2018年1月的变动；②负数表示本币相对于美元贬值。

资料来源：CEIC。

表现差距拉大的影响；日本较为特殊，作为套利货币，在 2018 年年初金融市场预期美联储加速加息进程时，日元曾受到追捧，因而大幅度升值，但是在第二季度日元相对于美元开始贬值。

4. 经常账户余额下降

2018 年，亚太地区全部顺差国的顺差规模出现下降，全部逆差国的逆差规模加剧。具体来看，2018 年的顺差国为 8 个，逆差国为 9 个（见图 4）。同 2017 年相比，各国的经常账户余额方向未发生改变。2018 年，经常账户顺差占 GDP 比重超过 4% 的国家有 4 个，分别是文莱、韩国、泰国和新加坡，越南和日本的经常账户顺差已从上年的超过 4% 缩窄至 4% 以下。总体而言，顺差国的内部再平衡持续进行。中国的经常账户顺差进一步缩窄，从上年的 1.4% 缩窄至 0.7%。亚太地区国家经常账户余额下降的原因主要包括：①国内消费和投资需求旺盛带来的进口增加；②油价上升带来的进口大宗商品价格上升；③因贸易摩擦加剧和外需放缓带来的出口规模下降；④因外债支付和跨国企业利润汇回带来的收益项逆差增大。

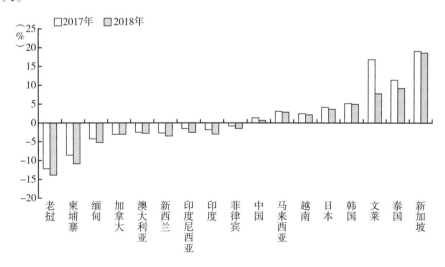

图 4　2017 年和 2018 年亚太主要国家经常账户余额占 GDP 比重走势

资料来源：国际货币基金组织（IMF）：《世界经济展望》数据库（2018 年 10 月）。

二　亚太主要国家经济形势回顾：2017年第三季度 至2018年第二季度

本部分回顾韩国、印度尼西亚、印度、澳大利亚和加拿大在 2017 年第三季度到 2018 年第二季度的经济形势。① 在这一时间区间内，印度和澳大利亚经济出现显著上行，印度尼西亚经济呈现盘整态势，韩国和加拿大经济出现显著下行。未来前景从乐观到悲观排序依次为：印度、印度尼西亚、加拿大、韩国、澳大利亚。

1. 韩国

作为亚太地区外需前沿经济体，韩国经济在 2017 年下半年强劲复苏。2017 年第三季度实际 GDP 同比增速为 3.8%，比上季度高 1.1 个百分点。从支出视角来看，外需的大幅好转带动了经济复苏，第三季度出口同比增速达到 5.0%，而第二季度出口则几乎为零增长。外需好转主要受到全球经济前景周期性向好、电子行业繁荣及中韩关系缓和的影响。内需中，消费者信心指数上升，消费支出也出现改善，第三季度同比增速为 3.0%，比第二季度高 0.5 个百分点。但是外需的高增长在第四季度终结，韩国 2017 年第四季度的实际 GDP 增速回落至 2.8%。主要是因为出口增速出现 -0.5% 的负增长。国内消费成为支撑经济增长的动力，最终消费支出同比增速为 3.6%，在上一季度高增长的基础上进一步上升。进入 2018 年，韩国经济总体处于景气下行态势，第一季度和第二季度的 GDP 增速均只有 2.8%。制造业 PMI 自 2018 年 3 月起跌落荣枯线，3 ~ 6 月均处于荣枯线之下。消费者信心指数持续下行，失业率上升。从支出法分解来看，由于收入预期下调和耐用品消费意愿下降，私人消费需求被抑制；投资方面，房地产市场不景气带来建筑投资增长缓慢；国际贸易方面，出口的放缓还在持续，且放缓在很大程度上来自韩国的优势部门半导体行业。

---

① 本地区中国和日本的经济形势请参见黄皮书其他章节。

　　总体而言，从 2017 年第三季度到 2018 年第二季度，韩国经济在因外需好转实现了一次短暂的经济强势上行之后再次回调。韩国经济在 2018 年下半年及 2019 年仍缺乏持续上行动能。从内需来看，消费者信心处于较低水平，PMI 也位于荣枯线之下，私人部门总体信心不足，这将影响内需对经济增长的提振。韩国出口近期表现不佳，包括半导体行业在内的 ICT 产业出口较难延续过去一段时间的强劲，随着中美贸易争端走向实施阶段，韩国出口将面临更大的不确定性。在经济政策方面，韩国侧重于再分配措施的施行，例如降低居民部门的债务压力、增加对于企业和富有人群的税收等，同时致力于产业多元化，特别是向人工智能、共享经济等高端制造业和服务业的转移。这些政策在中长期有助于提升韩国的潜在经济增长，但是对经济的短期影响力还有待观察。因此，总体而言，韩国经济在 2018 年下半年面临更大的挑战。预计韩国 2018 年经济增速为 2.8%，2019 年经济增速为 2.6%。

　　2. 印度尼西亚

　　2017 年下半年，印度尼西亚经济增长相较于上年有小幅提升，增长得益于内外需的共同提振。2017 年第三季度实际 GDP 同比增速为 5.1%，略高于 2017 年第一和第二季度的 5.0%。从内部支出来看，私人消费保持稳健，居民消费支出同比增速为 4.9%。政府消费较上季度有显著提升，从负增长上升至 3.5%。外需转暖给第三季度 GDP 以额外支撑，出口同比增速达到 17.3%，远高于上季度的 3.6%。第四季度 GDP 同比增速进一步上升至 5.2%，主要体现为内需强劲，居民消费支出、政府消费支出和资本形成总额的同比增速均高于上个季度，分别为 5.0%、3.8% 和 8.4%，而第三季度上述三项同比增速分别为 4.9%、3.5% 和 2.8%，政府主导的基础设施投资促进了投资强劲增长。外需方面，尽管出口同比增速达到 8.5%，但已大幅度低于上季度水平。进入 2018 年，印度尼西亚经济处于景气回升轨道，第一季度实际 GDP 同比增速为 5.1%，第二季度上升至 5.3%。2018 年上半年制造业 PMI 和消费者信心指数均处于持续回升状态，并在第二季度分别达到近四年来和有历史数据以来的高点。从内需贡献来看，消费继续稳健支持经济增长，消费者信心中现期收入指数 2018 年第二季度均值为 126.0，为

2014 年第三季度以来的高点，耐用品购买指数 2018 年第二季度均值为 118.5，创下历史新高，反映收入上升和耐用品购买强劲支撑私人消费的走强。

印度尼西亚经济在 2017 年下半年至 2018 年上半年经历了一次景气上行，预计 2018 年下半年将在高位回调。PMI 和消费者信心指数显示当前商业信心和消费者信心仍在高位，尽管央行大幅加息以应对资本外流，但是私人需求仍然较为强劲，这是经济总体稳健的基础。此前的增长与政府主导的基建部门投资大幅上升有关，政府取消部分 2019 年无法完工的基建项目投资可能导致投资增速出现下滑，但伴随着 2019 年大选年的临近，政府更可能采取扩张性财政政策。油价上升将同时利于出口及恶化进口，由于油价收入与政府财政收入相关，油价的上升将有助于支持印尼进一步开展结构性改革。受到美联储加息和新兴市场货币贬值的影响，印度尼西亚卢比出现较大幅度贬值，面临较大资本外流压力，这将恶化其发展的外部经济环境。预计印度尼西亚 2018 年经济增速为 5.1%，2019 年经济增速为 5.1%。

3. 印度

受到废钞令和税改影响，印度经济在 2016 年年中之后开始下滑，并于 2017 年第二季度触底。2017 年第三季度至 2018 年第二季度，印度经济开始逐季回升。2017 年第三季度，印度实际 GDP 同比增速为 6.3%。私人消费支出增长稳健，为 6.8%，成为稳住经济增长的中枢。固定资本形成总额增速有所回升，同比增速为 6.1%。政府消费支出大幅下降，同比增速为 3.8%。出口没有明显起色，同比增速为 6.8%，进口增速放缓，同比增速为 10.0%。2017 年第四季度，实际 GDP 同比增速进一步上升至 7.0%。增长的主要贡献从私人消费转向投资，固定资本形成总额同比增速上升至 9.1%，而私人消费的同比增速则下降至 5.9%，政府消费增速略有提升，同比增速为 6.8%。出口依旧没有显著好转。2018 年第一季度，印度 GDP 同比增速达到 7.7%。这一增速的取得体现了消费和投资的同时发力，内需仍然是带动经济增长的主要动力。这表明印度经济正逐步摆脱废钞令束缚，同时税收改革的正向作用也在逐步显现。私人消费同比增速上升至 6.7%，政府消费支出增速和固定资本形成总额的上升幅度更高，分别为16.9%和14.4%。出口依旧乏力，增速仅为3.6%。2018年第二季度，印度经济增速重新回到了2016年中以来的高点，突破8%，达到8.2%。这一增速的取得同时体现了内需和外需的动能。内需方面，政府消费和投资增速较上季度有所放慢，分别为7.6%和10.0%，但私人消费同比增速进一步上升，达到8.6%。外需动能也贡献了经济增长，出口同比增速上升至12.7%，是2014年中以来的高点。

印度经济在2017年第三季度至2018年第二季度经历了持续的回调，这一回调一方面与上年增长放缓的基期效应有关，另一方面也反映随着改革措施的不断消化，印度经济有望保持稳步增长。强劲的就业和工资上升成为私人部门消费增长的持续动力，政府致力于改善营商环境及银行业改革都有助于企业信心强劲，在大选前夕，政府开支也将助力经济增长。不过，随着增长有所起色，印度的通胀压力在2018年第二季度也开始显现。为此，2018年6月印度央行上调基准利率至6.25%，为印度央行自2014年1月以来的首次加息。通胀压力将导致货币政策趋于紧缩。同时，油价上升将进一步加剧通胀压力，并恶化经常账户和财政收支余额，对印度经济基本面产生不利影响。预计印度2018年经济增速为7.3%，2019年经济增速为7.4%。

4. 澳大利亚

澳大利亚经济增长在2017年上半年同比增速跌落到2%，但第三季度开始回调。2017年第三季度，实际GDP季调同比增速为2.7%。投资成为带动经济增长上行的主因，固定资本形成总额增速为6.7%，高于上季度的2.2%。出口保持稳定，增速为5.1%，基本与上季度持平。最终消费支出表现不佳，增速仅为2.6%。第四季度，GDP同比增速为2.4%，较上季度有所下滑，是内外需共同影响的结果。内需方面，尽管最终消费有所好转，增速达到3.6%，但投资增速不尽如人意，仅为3.0%，出口更是大幅下挫，接近零增长，因此经济增长总体有所下滑。进入2018年，澳大利亚经济增长进一步向好，上半年实现超预期增长。2018年第一季度，实际GDP同比

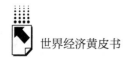

增速重新回升至3%以上，达到3.2%。这一回升的直接原因在于全球经济周期性回暖带来的出口增速上升，出口增速从零增长提升至4.9%。同时，受到商业前景向好和基础设施投资水平较高的影响，投资增速也有所提升，为3.7%。第二季度，实际GDP同比增速进一步上升至3.4%，最终消费、固定资本形成总额和出口均保持了较为稳健的增长。

2018年下半年至2019年，澳大利亚经济预计高位回调。由于家庭收入增长缓慢，杠杆率水平居高不下，油价上升，私人部门消费具有不确定性。同时，支持本轮复苏的出口增长可能放缓，全球贸易环境因全球经济周期性高点已过以及贸易摩擦等因素将出现恶化。澳大利亚经济的景气周期与中国密切相关，此前经济前景向好与中国加强环境保护等措施密切相关，中国经济放缓也将对澳大利亚的主要大宗商品出口产生不利影响，但是，中美贸易摩擦对于澳大利亚向中国出口液化天然气是较好机会。预计澳大利亚2018年经济增速为3.2%，2019年经济增速为2.8%。

5. 加拿大

加拿大经济在2017年下半年至2018年上半年放缓。2017年第三季度，加拿大的实际GDP同比增速为3.1%，低于上季度的峰值3.8%，但增速仍然较快。经济保持高增长的原因在于个人消费支出的增速稳健，为3.6%，基本与上季度持平。政府消费支出和投资的表现好于上季度，但是出口出现了大规模的下降，同比增速由上季度的4.7%，下跌至-0.2%。2017年第四季度，加拿大实际GDP同比增速为3.0%，经济增长进一步下行。经济增长的下行主要是受到私人消费支出放缓和出口疲软因素的影响。私人消费支出同比增速出现下降，同比增速为3.3%。出口继续疲软，同比增长仅为0.6%。政府部门的消费和投资增速则快于上季度，但无法抵消因私人消费和出口带来的增长放缓。2018年第一季度，加拿大经济同比增速进一步下降至2.3%，环比仅增1.3%，创下2016年第二季度经济萎缩以来的最低增速。个人消费支出同比增速延续放缓态势，为2.6%，同时支撑上季度的政府消费和投资也有所放缓。出口未见起色，增速与上季度持平。2018年第二季度，加拿大经济同比增速放缓至1.9%。这主要体现为私人消费的进一步放缓，同比增速降至2.2%。因房地产市场不确定性上升，投资也有所放缓，出口略有回升。由于2017年第二季度的GDP同比增速达到3.8%，所以这一放缓还有基期原因。总体来看，这一年观察期内，由于加息带来的利率上升、油价上升带来的成本上升等因素所导致的私人部门消费放缓是加拿大经济放缓的主要因素。

2018年下半年至2019年，加拿大经济增长预计平稳放缓。加拿大经济仍然面临着此前因私人部门过度消费和房地产投资繁荣带来的高债务负担，叠加利率上升和燃料价格上升带来的通胀压力，私人消费增速将放缓。尽管经济增长放缓，预计央行不会停止加息进程，央行还会关注美联储的加息动态，这将持续影响国内私人支出和投资支出。财政政策方面，政府实施扩张性的财政政策并加大基础设施投资，这将部分地支撑经济增长。总体来看，加拿大经济将稳中趋缓。预计加拿大2018年经济增速为2.1%，2019年经济增速为2.0%。

三 2019年亚太经济展望

亚太经济由2017～2018年上半年的扩张基调逐步转变为2018年下半年以来的平稳基调，本轮周期的顶部已经过去。亚太经济加权制造业PMI数据显示，本轮亚太地区经济扩张的高点在2017年末2018年初，包括中国、日本、韩国、印度、澳大利亚、新西兰在内的亚太经济体本轮周期性高点均出现在这个时段（见图5）。东盟和加拿大的周期性高点出现得相对较晚，比前述经济体约晚半年。但无论如何，当前亚太地区复苏高点已过。亚太经济在2019年的经济增速预计将比2018年有所下降，约为5.4%。经济一致性复苏的局面被打破，各国的增长动能有所削弱，增长分化显现，下行风险上升。

2019年，亚太经济面临的主要下行压力是来自外部的不确定性风险。国际贸易领域的不确定性预计对亚太地区价值链上下游国家都将产生较为显著的影响。美国对从中国进口的2000亿美元商品征收关税的措施及其

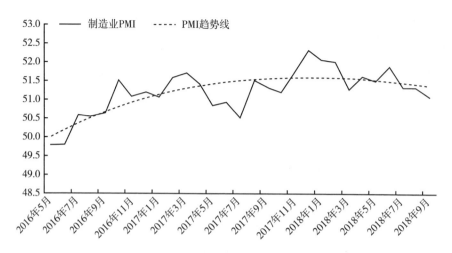

图 5　亚太地区加权 PMI（2016 年 5 月至 2018 年 9 月）

注：所有 PMI 均为 Markit 制造业 PMI，东盟使用的是整体 PMI，由于 Markit 未发布新西兰 PMI，故新西兰使用澳大利亚 PMI，权重以国际货币基金组织（IMF）《世界经济展望》数据库（2018 年 10 月）公布的 2017 年各国 GDP 占比计算。图中实线为 PMI 真实值，虚线为趋势线。

资料来源：CEIC。

他一些措施，将通过实体和信心渠道传导至亚太经济体，影响贸易、投资、就业和金融市场稳定继而抑制区域的增长势头。在东亚价值链上，无论是高收入的日本、韩国、新加坡等国家还是中等和中低收入的马来西亚、菲律宾等国家，都会显著地受到中美贸易摩擦的影响（杨盼盼，2018）。不仅如此，经由信心渠道传递的负面影响更大。根据 IMF（2018）的测算，贸易摩擦通过影响金融市场信心这一渠道引致的经济下行冲击甚至超过实体经济直接影响。货币政策不确定性的风险将进一步叠加贸易政策不确定性，从而使亚太地区金融市场承受更大的压力。美联储加息和其他发达经济体货币政策趋紧可能导致亚太地区国家金融市场收紧，资本外流和货币贬值压力上升。这对于基本面较脆弱的亚太地区新兴经济体尤为显著。

从亚太地区 PMI 的趋势（见图 5）来看，目前的亚太地区处于跨过高点但尚未触底的时期。预计亚太地区增长将逐步放缓。在此期间，亚太经济体仍有较大空间进一步深化国内改革和应对外部冲击。国内结构性改革的重点包括改革财税制度和强化财政缓冲、调整杠杆以强化资产负债表、出台措施保障贸易和投资可持续性增长。在外部不确定性上升的情况下，各国应加强合作，构建包容增长框架，避免保护主义措施进一步损害全球经济，为经济增长提供可持续的动能。

参考文献

徐奇渊、杨盼盼：《东亚货币转向钉住新的货币篮子?》，《金融研究》2016 年第 3 期。

杨盼盼：《谁在威胁东亚价值链?》，海外网，2018 年 7 月 23 日，https：//m. haiwainet. cn/mip/3542937/2018/0723/content_ 31359136_ 1. html。

中国社科院世界经济与政治研究所世界经济预测与政策模拟实验室：CEEM《全球宏观经济季度报告》2017 年第四季度，http：//www. iwep. org. cn/xscg/xscg_ lwybg/201801/t20180118_ 3820271. shtml。

中国社科院世界经济与政治研究所世界经济预测与政策模拟实验室：CEEM《全球宏观经济季度报告》2018 年第一季度，http：//www. iwep. org. cn/xscg/xscg_ lwybg/201804/t20180412_ 3999049. shtml。

中国社科院世界经济与政治研究所世界经济预测与政策模拟实验室：CEEM《全球宏观经济季度报告》2018 年第二季度（专题），http：//www. iwep. org. cn/xscg/xscg_ lwybg/201807/t20180728_ 4512765. shtml。

中国社科院世界经济与政治研究所世界经济预测与政策模拟实验室：CEEM《全球宏观经济季度报告》2018 年第三季度（总览），http：//www. iwep. org. cn/xscg/xscg_ lwybg/201810/t20181015_ 4704680. shtml。

Asian Development Bank, " Asian Development Outlook （ADO） 2018 Update： Maintaining Stability Amid Heightened Uncertainty," September 2018, https：//www. adb. org/publications/asian – development – outlook – 2018 – update.

IMF, " World Economic Outlook：Cyclical Upswing, Structural Change," April 2018, https：//www. imf. org/en/Publications/WEO/Issues/2018/03/20/world – economic – outlook – april – 2018.

IMF, " World Economic Outlook：Challenges to Steady Growth," October 2018, https：//www. imf. org/en/Publications/WEO/Issues/2018/09/24/world – economic – outlook – october – 2018.

IMF, "World Economic Outlook Database," October 2018, https：//www. imf. org/ external/pubs/ft/weo/2018/02/weodata/index. aspx.

The Economist Intelligence Unit, Country Report：Australia, Brunei, Cambodia, Canada, China, India, Indonesia, Japan, Laos, Malaysia, Myanmar, New Zealand, Philippines, Singapore, South Korea, Thailand, Viet Nam, https：//store. eiu. com/product/ country – report.

Y.6
俄罗斯经济：增长持续

张 琳　高凌云*

摘　要： 由于国际油价上涨和全球经济持续好转，加之国内经济政策稳定，从 2017 年开始俄罗斯私人消费和投资都有所增加，贸易、投资和国内制造业复苏也在持续，金融情况亦有所改善，整体经济企稳向好的态势日益稳固，并实现了温和增长。但是，西方国家对俄罗斯的一系列制裁，一定程度上对俄罗斯经济活力造成了负面影响。同时，美国发动的贸易冲突对俄罗斯经济的影响也会慢慢显现。综合而言，预计俄罗斯 2018 年将实现 1.7% 的增速，但 2019 年可能下降为 1.6%。

关键词： 俄罗斯　国际油价　"向东看"

　　2017 年俄罗斯实际国内生产总值为 1.51 万亿美元，同比上升 1.55%；比我们在上一年度"世界经济黄皮书"中的预测低了 0.25 个百分点，这源于低估了从 2017 年第三季度开始的俄罗斯矿产资源开采投资放缓的程度。根据俄罗斯经济发展部的统计，从 2016 年第四季度到 2018 年第二季度，俄罗斯国内生产总值已经连续 7 个季度实现正增长，增幅最快的领域包括汽车、制药、化学、食品工业和电气设备生产等，且经济增长质量有所改善。

---

　　* 张琳，经济学博士，中国社会科学院世界经济与政治研究所助理研究员，研究方向为国际贸易；高凌云，经济学博士，中国社会科学院世界经济与政治研究所研究员，研究方向为国际经济。

综合考虑，预计俄罗斯在2018年将实现1.7%的经济增速，但2019年可能
收窄为1.6%。

一 2017~2018年俄罗斯总体经济形势

2017~2018年，国际油价上涨，俄罗斯宏观经济政策稳定，加之全球经济
增长的外部环境，俄罗斯保持了复苏态势，实现了温和增长，私人消费和投资
都有所增加，贸易、投资和国内制造业生产复苏仍在持续，金融情况有所改善。
按照当前价格计算，2017年俄罗斯名义GDP为92.03万亿俄罗斯卢布（以下简
称卢布），同比增长6.83%；按照2016年不变价格计算，俄罗斯实际GDP为
87.48万亿卢布，同比增长1.55%。2018年，俄罗斯经济持续复苏增长，2018年
第一季度实际GDP为19.99万亿卢布，较上年同期增长1.33%，第二季度实际
GDP为21.68万亿卢布，较上年同期增长1.94%（见表1）。

表1 俄罗斯GDP及其各组成部分的变动

指标名称		2017年第一季度	2017年第二季度	2017年第三季度	2017年第四季度	2018年第一季度	2018年第二季度
GDP	不变价格（十亿俄罗斯卢布）	19727.78	21265.31	22763.88	23723.13	19992.48	21678.56
	增长率（%）	1.51	2.34	2.11	1.07	1.33	1.94
最终消费	不变价格（十亿俄罗斯卢布）	14875.80	15254.60	16014.40	16482.10	15196.20	15567.00
	GDP拉动率（个百分点）	1.00	1.66	2.24	2.24	1.62	1.47
居民消费	不变价格（十亿俄罗斯卢布）	10849.00	11218.90	11985.70	12420.80	11147.00	11505.40
	GDP拉动率（个百分点）	0.94	1.58	2.17	2.18	1.51	1.35
政府消费	不变价格（十亿俄罗斯卢布）	3941.10	3949.70	3942.20	3974.60	3959.10	3972.90
	GDP拉动率（个百分点）	0.06	0.08	0.07	0.06	0.09	0.11

指标名称		2017年第一季度	2017年第二季度	2017年第三季度	2017年第四季度	2018年第一季度	2018年第二季度
非营利机构消费	不变价格（十亿俄罗斯卢布）	85.70	86.00	86.50	86.70	90.90	89.80
	GDP拉动率（个百分点）	0.00	0.00	0.00	0.00	0.03	0.02
资本形成总额	不变价格（十亿俄罗斯卢布）	3069.20	5409.10	6379.10	6267.60	3052.30	5202.30
	GDP拉动率（个百分点）	0.21	4.28	2.24	0.11	-0.09	-0.97
固定资本形成	不变价格（十亿俄罗斯卢布）	3024.50	4215.00	4457.60	7490.40	3079.10	4257.20
	GDP拉动率（个百分点）	0.47	1.32	0.77	1.05	0.28	0.20
出口	不变价格（十亿俄罗斯卢布）	5495.80	5696.80	5736.30	6333.80	5867.90	6113.60
	GDP拉动率（个百分点）	1.89	0.88	1.15	1.33	1.89	1.96
进口	不变价格（十亿俄罗斯卢布）	4274.70	5180.90	5638.40	5660.20	4686.10	5324.60
	GDP拉动率（个百分点）	-2.84	-4.51	-3.70	-3.21	-2.09	-0.68
净出口	不变价格（十亿俄罗斯卢布）	1221.10	515.90	97.90	673.60	1181.80	789.00
	GDP拉动率（个百分点）	-0.95	-3.63	-2.55	-1.88	-0.20	1.28
统计误差	不变价格（十亿俄罗斯卢布）	561.70	85.70	272.50	299.80	532.00	106.20

注：以上数据均按照2016年不变价格计算。

资料来源：俄罗斯联邦统计局。

从各细项看，2017～2018年俄罗斯经济增长的特点主要体现在以下几个方面。

第一，最终消费，特别是居民消费对俄罗斯经济增长发挥了引擎的作用。2017年下半年，国内市场扩张对俄罗斯经济的积极影响日益显著。

2017年第三季度，居民消费占GDP总额的比重达52.35%，第四季度居民消费占比达55.75%，对俄罗斯GDP同比增长的拉动率分别为2.17个和2.18个百分点。俄罗斯联邦统计局数据显示，2017年俄罗斯消费信心指数持续回升，2017年四个季度这一指标分别为-15、-14、-11和-11，2018年第一、第二季度这一指标均为-8（0为荣枯临界值），下跌幅度不断收窄；2017年3月以来，俄罗斯零售业销售额每月同比增长率超过5%，2018年6月，零售业销售额同比增长率达6.29%；俄罗斯实际工资指数超过100，2018年1~8月保持7%~8%的月实际工资增长率，家庭可支配收入的持续增长有力地促进了居民消费支出。

第二，总资本形成对俄罗斯经济增长的贡献有所波动。2017年第三季度资本形成总额占俄罗斯GDP的比重为28%，与2017年上半年相比份额略有下降，对俄罗斯GDP同比增长率贡献了2.24个百分点，投资增长对宏观经济有较好的促进作用。2017年第四季度，固定资本形成增长显著，环比增长68.04%，对GDP同比增长的拉动率为1.05个百分点。2018年上半年，由于库存调整的波动性，资本形成总额增速下滑，2018年第一季度和第二季度同比下降0.55%和3.82%。固定资本形成对GDP同比增长的贡献率分别为0.28个百分点和0.2个百分点，对经济增长的影响有所减弱。俄罗斯联邦统计局数据显示，2018年第一季度和第二季度俄罗斯固定资产投资额分别为23020亿卢布和36594亿卢布，同比增长3.6%和2.8%，与2017年4.4%的增长率相比，增长也有所放缓。

第三，净进口对俄罗斯经济增长的拉动作用逐步恢复。2017年第三季度、第四季度，净进口对俄罗斯GDP同比增长分别贡献了-2.25个百分点和-1.88百分点，抑制了俄罗斯经济增长。2018年，由于国际石油价格的上涨，俄罗斯出口规模有所扩大，第一季度和第二季度出口额占GDP总额的比重分别为29.35%、28.20%，与上年同期相比份额均有所增加。2018年第二季度，净进口对俄罗斯经济增长的作用由负转正，对俄罗斯GDP同比增长贡献了1.28个百分点。

二 财政收支出现盈余

2017 年，俄罗斯经济复苏，国际原油价格上涨，俄罗斯财政收入增长显著，全年财政收支情况明显好转。俄罗斯财政收入为 15.09 万亿卢布，高于预算收入 11.9%，与上年同期相比增长 12.1%；财政支出为 16.42 万亿卢布，高于预算支出 1.1%，与上年同期相比增长 0.02%，财政赤字为 1.33 万亿卢布，显著低于联邦政府预算 2.753 万亿卢布的赤字水平，仅占当年 GDP 的 1.45%，与上年同期相比，赤字规模减少了一半。2018 年上半年，俄罗斯财政收入为 8.6 万亿卢布，财政支出为 7.7 万亿卢布，实现了自 2013 年以来的首次财政盈余（见表 2）。

表 2 2017~2018 年俄罗斯财政收支结构

单位：十亿俄罗斯卢布

	2017 年第一季度	2017 年第二季度	2017 年第三季度	2017 年第四季度	2018 年第一季度	2018 年第二季度
联邦政府收入	3633.30	7122.00	10971.50	15088.90	4076.30	8626.70
公司利润税	147.80	359.40	581.10	762.40	208.30	457.70
国内产品增值税	854.80	1570.50	2322.70	3069.90	954.70	1752.60
进口产品增值税	421.30	910.80	1466.20	2067.20	505.90	1105.50
国内商品消费税	273.00	436.30	675.30	909.60	158.70	415.90
进口商品消费税	14.20	31.90	53.90	78.20	16.80	41.60
自然资源税	1024.50	1971.20	2909.70	4090.30	1272.30	2699.50
对外经济活动	633.90	1226.60	1824.60	2602.80	712.90	1567.40
国家和市政财产使用税	33.00	150.60	376.80	485.40	51.90	125.10
自然资源使用税	85.70	169.10	256.30	341.00	71.50	146.50
无偿收入	15.00	26.30	38.70	41.50	8.70	39.50
联邦政府支出	3825.50	7529.90	11191.20	16420.30	3671.00	7679.00
一般政府支出	195.10	459.50	748.90	1162.50	243.30	530.60
政府债务支出	192.60	327.70	542.10	709.60	205.20	383.50
国防支出	729.20	1355.20	1798.50	2852.30	756.30	1434.50
国家安全与公共秩序支出	372.80	808.00	1264.60	1918.60	396.80	853.10
国民经济	341.60	863.70	1440.40	2460.10	356.40	823.60

续表

	2017 年第一季度	2017 年第二季度	2017 年第三季度	2017 年第四季度	2018 年第一季度	2018 年第二季度
燃料能源综合支出	6. 10	7. 70	13. 00	28. 50	3. 70	5. 10
农业和渔业部门支出	31. 30	89. 20	140. 40	214. 10	28. 20	87. 30
交通	26. 40	103. 50	149. 70	283. 40	22. 50	85. 10
道路基础设施	57. 70	173. 10	411. 00	684. 60	53. 80	201. 20
通信与信息科学支出	8. 80	14. 70	20. 90	35. 00	5. 40	12. 90
应用领域科学研究	32. 00	89. 50	115. 40	209. 50	32. 90	72. 80
其他问题	154. 20	328. 50	508. 00	825. 50	191. 80	307. 30
住房和公共事业	16. 80	61. 90	80. 00	119. 50	34. 70	77. 10
社会文化活动	1750. 60	3223. 80	4679. 40	6315. 80	1448. 30	3066. 50
政府间转移支付	192. 10	374. 30	563. 00	790. 70	202. 40	444. 00
余额	− 192. 20	− 407. 80	− 219. 80	− 1331. 40	405. 30	947. 70

资料来源：俄罗斯财政部。

　　俄罗斯经济高度依赖能源出口，大约一半的财政收入来自石油和能源产业的出口收入税收。近年来，俄罗斯大力进行经济结构调整，目前俄罗斯财政收入来自油气出口的比重约占 40%，来自非能源领域的收入约占 60%。2016 年 OPEC 达成 2008 年以来首个减产协议，并于 2017 年 5 月决定将减产协议延长 9 个月，加之国际市场需求反弹，国际油价进入上升通道。全球经济复苏，市场需求扩大，提高了俄罗斯非石油产品的出口收入，为财政收入的增加提供了支持。俄罗斯财政部数据显示，截至 2017 年年底，俄罗斯国内债务总额为 7.2 万亿卢布，占全年 GDP 的 7.8%，与 2016 年同期相比增长 18.8%。俄罗斯国家债务占 GDP 比重较低，财政状况稳健良好。

　　俄罗斯外债指俄罗斯政府欠外国自然人和法人的主要以欧元和美元标价的债务，包括联邦政府外债和地方政府外债。俄罗斯央行数据显示，2017 年俄罗斯外债总额为 5181.03 亿美元，与上年同期相比，增长 1.24%。这主要源于外国投资者收购以俄罗斯卢布标价的主权债券，以及俄罗斯公司涉外债务融资的增加。截至 2017 年 8 月，俄罗斯最终还清了前苏联时期遗留下来的全部债务。2018 年第二季度，俄罗斯外债总额为 4906.97 亿美元。

2017 年，俄罗斯国际储备为 4327.42 亿美元，与上年同期相比，增加 14.6%，与前三年相比，俄罗斯外部债务风险已显著降低。

2017 年 12 月，俄罗斯储备基金正式取消，合并到国家福利基金。① 为了减少国际石油价格波动对俄财政收入造成的风险，2004 年 1 月 1 日俄罗斯建立了自己的主权债务基金——稳定基金。2008 年 2 月 1 日起，稳定基金拆分为储备基金和国家福利基金，其中储备基金主要用于补贴财政开支不足和偿还国家外债。由于西方制裁，俄罗斯储备基金已经用尽，造成了俄罗斯融资限制。俄罗斯央行数据显示，2017 年俄罗斯储备基金和国家福利基金通过资产管理共带来预算收入 515 亿卢布。俄罗斯财政部数据显示，2018 年 1 月 1 日国家福利基金达 3.75 万亿卢布，占俄罗斯 GDP 的 3.9%。

三 货币和银行业运转顺畅

保证物价稳定、持续低通胀率是俄罗斯货币政策的首要目标，通货膨胀率的动态变化是俄罗斯货币政策的重要决定因素。在西方制裁、资本外流、通货膨胀压力较大的背景下，近两年俄罗斯央行一直实行偏紧的货币政策。确保俄罗斯通货膨胀率降至 4% 以下，并在中长期维持在此水平是 2017 年俄罗斯货币政策的基本目标。

2017 年度，俄罗斯通胀率处于创纪录的低位（见图 1）。2017 年 1~6 月，俄罗斯通胀率仍高于 4%，平均为 4.41%，从 2017 年 7 月开始，通胀率持续走低，低于 4%。2017 年平均通货膨胀率为 3.69%。2018 年上半年，通货膨胀率持续稳定，平均为 2.3%，保持在 4% 的目标以下。2018 年 7~8 月，通胀率小幅上涨至 3.06%。这主要得益于对食品价格控制得较好。2018 年上半年，俄罗斯食品类产品的通货膨胀率仅为 0.7%。非石油和非食品类的其他产品，包括房屋居住和公共交通等服务这几大类商品

---

① Federal Treasury, "Russia's Approval of Amendments to the Agreement Establishing the Common Fund for Commodities (CFC) of 27 June 1980," October 20, 2017, http://government. ru/en/docs/29767/.

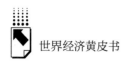

的通货膨胀率均处于较低水平。受国际市场影响，石油产品的通胀率最高，高于10%。

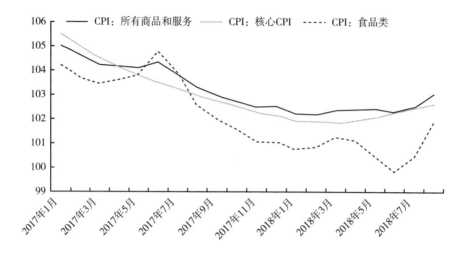

图1 2017~2018年俄罗斯CPI指数

资料来源：俄罗斯联邦统计局。

2017~2018年，俄罗斯较好地完成了控制通胀率的目标，为适度宽松的货币政策提供了空间。在通胀减缓和刺激经济的背景下，2017年俄罗斯央行连续六次下调基准利率，由2017年1月的10%下调至2017年12月的7.75%。2018年俄罗斯央行继续下调基准利率，3月将基准利率再次下调至7.25%。俄罗斯央行表示，近期将保持中性的货币政策，减少对信贷、需求和通货膨胀的限制性影响。

为刺激经济复苏，俄罗斯货币供应量保持温和增长趋势，2017年四个季度M0增速分别为6.53%、7.12%、8.41%和9.92%。同期，M2也保持了同步的增长。2017年上半年1~6月，M2月增速均高于10%，M2增速显著高于M0，说明宽松的货币政策有效地刺激了经济扩张。2018年第一季度，M0增长与2017年年末基本持平。从2018年3月起，M0月增速均高于10%，俄罗斯央行坚持实行扩张性的货币政策，但从2018年开始M2月增速持续低于M0，表明货币政策的刺激效果开始减弱。

俄罗斯银行业基本面较为稳定，2017 年商业银行银行业正在恢复。其中上半年，俄罗斯银行业盈利 7700 亿卢布，并且资产、贷款、抵押、居民存款均呈现增长态势。[①] 2018 年，俄罗斯银行业利润略有下滑，同比增速为 -0.5%。俄罗斯银行业面临的主要问题在于整顿和重组风险。2014 年起，俄罗斯央行加强银行监管，强化银行的独立性，着力清理不合规的金融机构。2017 年 8~9 月，俄罗斯最大私人银行 Otkritie FC Bank 和排名十二的民营银行 B&N 接受央行救助清算，收归国有化。因此，国有银行在俄罗斯银行系统总资产中的份额显著增长。俄罗斯央行报告指出 2017 年这一比重接近 70%，高于其他西方国家。

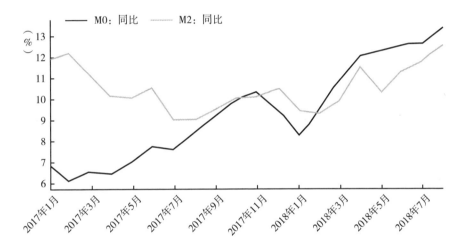

图 2 俄罗斯货币供应增长率

资料来源：俄罗斯央行。

四 国际收支明显改善

2017~2018 年，俄罗斯经济面临较为有利的外部环境。全球经济整体

---

① 《2017 年上半年俄银行盈利 7700 亿卢布》，驻俄罗斯联邦经商参处，2017 年 7 月 14 日，http://ru. mofcom. gov. cn/article/jmxw/201707/20170702613836. shtml。

向好，OPEC 减产协议的实施，均有助于实现俄罗斯国际收支稳定。报告期内，俄罗斯面临的外部挑战主要来源于美欧制裁措施、贸易摩擦等贸易保护主义的不利影响。

2017 年，俄罗斯经常账户余额为 136.98 亿美元，占 GDP 比重为 3.14%，上年同期经常账户余额为 102.86 亿美元，占 GDP 比重为 2.53%。2018 年第二季度，累计经常账户余额为 190.64 亿美元，预计 2018 年俄罗斯经常账户将持续盈余。石油价格上涨导致俄罗斯贸易顺差的增加，直接促成了经常账户的盈余增加。2017 年第四季度，服务逆差有所扩大，表明随着俄罗斯人均可支配收入的增加，购买外国专业和管理咨询服务、技术服务以及旅游支出的增加。此外，初次收入和投资收益的逆差减少也有助于经常账户余额的增加。

表3 2017～2018 年俄罗斯国际收支

单位：百万美元

	2017 年第一季度	2017 年第二季度	2017 年第三季度	2017 年第四季度	2018 年第一季度	2018 年第二季度
经常账户	22252.68	2209.78	−2987.20	13697.90	30304.71	19064.23
商品和服务	29292.36	17640.55	11070.54	25882.82	37508.96	37961.06
初次收入	−5184.53	−13892.65	−11086.83	−9355.03	−4622.84	−17184.69
雇员报酬	−588.09	−578.37	−455.03	−656.84	−463.64	−197.21
投资收益	−4610.41	−13325.24	−10641.45	−8709.52	−4192.62	−17010.38
租赁	13.97	10.95	9.65	11.32	33.43	22.91
二次收入	−1855.14	−1538.12	−2970.91	−2829.89	−2581.42	−1712.15
资本账户	43.29	−178.44	−56.93	−40.46	−237.14	−200.62
非生产非金融资产处置	24.32	−2.65	−49.14	−11.23	−2.69	−3.47
资本转移	18.97	−175.79	−7.79	−29.23	−234.45	−197.16
直接投资	3400.45	−5206.57	1768.33	10785.60	5750.71	2412.08
证券投资	2175.96	1523.24	−10250.36	−1520.97	−5800.91	8770.69
金融衍生品	426.60	184.87	100.06	−562.01	248.19	−707.44
其他投资	5696.81	1867.28	−1929.49	7650.95	12841.61	−604.43
储备资产	11302.02	7549.83	6513.59	−2729.57	19333.29	11301.23
净误差与遗漏	705.87	3887.32	−753.73	−33.45	2305.32	2308.52

资料来源：俄罗斯央行。

中俄贸易稳步发展，为俄罗斯经常账户改善做出了重大贡献。2017年第三、第四季度中国对俄罗斯出口额分别为121.6亿美元、116.4亿美元；自俄罗斯进口额分别为97.5亿美元、110.9亿美元。但进入2018年，前两个季度中国对俄罗斯出口额分别为103.1亿美元、122.4亿美元，同比增长率分别为22.1%、10.4%；自俄罗斯进口额则分别为127.4亿美元和136.9亿美元，同比增长率分别为31.9%、28.9%，分别帮助俄罗斯实现贸易顺差14.3亿美元和14.5亿美元（见图3）。这是落实中俄两国领导人达成的若干共识的成果之一。而且，随着两国发展战略和制度对接进一步加深，双边贸易结构进一步优化，在通关流程、认证互信、检验检疫等领域的合作进一步加强，我们有理由对2018年两国贸易额突破1000亿美元充满信心。不仅如此，2018年还是中俄两国地方合作交流年，两国还可以利用俄罗斯地方经济论坛、首届中国国际进口博览会等平台，为两国企业交流合作提供机会，从不同的层面为企业合作提供更广阔的空间，从而使中俄经贸合作的质和量得到根本性提升，为新时代中俄全面战略协作伙伴关系的全面发展添砖加瓦。

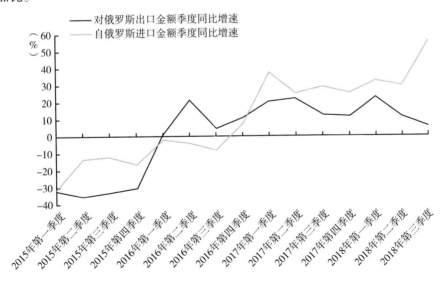

图3 中俄进出口贸易情况

俄罗斯卢布汇率稳定，并逐渐走强。2017年，由于国际油价逐步上升，加之俄罗斯经济持续复苏，美元兑卢布汇率保持稳定，小幅升值，彻底摆脱了经济危机的阴影（见图4）。2017年1月1日，美元兑卢布日平均汇率为61，与2016年7月的65卢布等于1美元相比，累计升值6.15%。卢布汇率的变化主要受国际油价、美元汇率浮动，以及美欧制裁措施等因素的影响。2018年国际油价稳中看涨，支撑了卢布汇率的稳定。美国进入加息周期，新一轮美欧制裁宣布实施，自2018年4月起，卢布汇率小幅贬值，2018年9月1日，美元兑卢布日平均汇率为68。

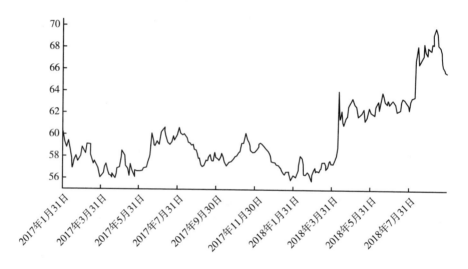

图4 美元兑卢布汇率

资料来源：俄罗斯央行。

五 对俄罗斯经济增长的预测

2018年5月，普京在宣誓就任总统后不久，签署并发布了新任期内国家发展目标和战略任务的总统令。该份总统令涉及经济和民生等多个方面，而且针对每一个方面还制订了详细的行动计划，包括落实步骤和时间表。其中，在经济增长方面，普京提出的目标是在2024年前俄罗斯要进入全球前五大经济体。在经济和社会领域加快引进数字技术，确保在 2024 年，俄罗斯的数字技术经济发展所占 GDP 份额要比 2017 年增长 3 倍。在民生方面，普京提出的目标是，未来六年保证居民收入稳定增长，退休金的增长幅度要高于通货膨胀率；每年新增或改造住房需满足 500 万户家庭的需要。在 2024 年以前，须将俄罗斯贫困人口减少 1/2。至 2024 年，将俄罗斯的人口平均寿命提高到 78 岁。该份总统令还设立了环境保护方面的目标。如在 2024 年前，将受污染最严重城市的污染排放量降低至少 20%，查处并关闭各地的非法垃圾填埋场，恢复伏尔加河生态，并将贝加尔湖及其沿岸垃圾清理干净等。但是，要实现这份总统令设定的任务，看来有不小的难度。

俄罗斯经济主管部门调低了 2018 年预测增速。俄罗斯经济发展部认为，2018 年俄罗斯经济增长存在众多不利因素。第一，美国 2018 年 8 月出台了一系列制裁俄罗斯的新措施，虽然之后也没有明显加大制裁力度，但还是在一定程度上对俄罗斯经济活力造成了负面影响。第二，金融市场波动加剧，资本外流加速，有价证券收益率上升等因素均对俄罗斯的经济增长构成了风险。第三，俄面临介入叙利亚之后的诸多困难，同时，美国针对俄罗斯部分产品制裁引起的美俄之间的贸易摩擦对俄罗斯经济的影响预计为负。① 第四，俄政府增值税率政策的变动，即准备将增值税提高 2 个百分点，一旦执行必然会影响俄罗斯居民的消费能力，而且，还有可能导致通胀率的上升。因此，俄罗斯经济发展部发布的《2018 年 8 月经济蓝图》将 2018 年俄罗斯国内生产总值（GDP）预期增速从 1.9% 下调至 1.8%，并将 2019 年俄 GDP 预期增速从 1.4% 下调至 1.3%。基于相同的原因，俄罗斯央行预计 2018 年经济增长处在 1.5% ~2% 区间，2019 年经济增长处在 1.2% ~1.7% 区间。不过，俄罗斯央行已上调油价预期，且不排除油价会在较长时间内保持目前的较高水平，因此俄罗斯央行同时将俄罗斯 2020 年 GDP 预期增速上调为 1.8% ~2.3%。

主要国际组织调低了俄罗斯 2018 年经济增速。首先，世界银行在 2018 年

---

① Rebecca M. Nelson, " U. S. Sactions and Russia's Economy," February 17, 2017, https：// fas. org/sgp/crs/row/R43895. pdf.

10月最新一期的《全球经济展望》中把2018年俄罗斯经济增长预期从1.7%下调至1.5%，维持2019年的1.8%不变。调低的原因是2017年下半年俄罗斯经济增长乏力，油价上涨和货币政策放松的影响被石油减产和围绕经济制裁的不确定性所抵消，以及西方对俄罗斯制裁的长期性。世界银行认为制裁虽不会短时间内拖垮俄罗斯经济，但对俄罗斯高新技术的转化和投资均造成了限制，对俄罗斯经济的长期发展依然有很大的负面影响。其次，经济合作与发展组织在2018年9月20日发布研究报告，预测俄罗斯2018年和2019年的增速分别为1.8%和1.5%。一方面，在制裁之后，投资继续缓慢复苏，实际收入增长和获得信贷机会的改善将继续提高家庭消费；但另一方面，欧佩克协议的潜在崩溃可能导致页岩气产量回升和石油价格下跌，同时收紧的国际制裁和预期的反制裁也会带来下行风险。最后，国际货币基金组织在最新一期的《世界经济展望》中提到，供需力量翻转导致石油价格的上涨，使俄罗斯和中东产油国受益。但是，美国发动的关税贸易保护行动已经激发来自中国、欧盟、俄罗斯等国家和地区的报复措施或威胁。整体来看，IMF认为2018年、2019年俄罗斯经济能实现稳步增长，维持1.7%、1.8%的预测增速不变。

俄罗斯2018年、2019年的经济增长也存在众多利好。一方面，俄罗斯"向东看"的步伐明显加快。举办东方经济论坛、召开中俄博览会、设立经济开发区和自由港、推出各类投资优惠措施、将欧亚经济联盟倡议和"一带一路"倡议对接等。另一方面，国际石油市场供需出现翻转。重要产油国委内瑞拉出现经济危机，美国退出伊核协议、制裁伊朗也引发了供应短缺担忧，再加上中美贸易摩擦可能导致的需求萎缩风险等，短期内都将在一定程度上促使国际原油价格震荡向上。因此，整体来看，我们预计俄罗斯2018年将实现1.7%的增速，但2019年可能下降为1.6%。

参考文献

程伟：《俄罗斯2017年宏观经济形势分析》，《俄罗斯学刊》2018年第1期。

关雪凌：《大国需要自己的经济学——〈普京政治经济学〉主要思想解析》，《政治经济学评论》2018 年第 4 期。

The Central Bank of the Russian Federation, "Monetary Policy Report," July 13, 2018, https：//www. federalreserve. gov/monetarypolicy/2018 – 07 – mpr – summary. htm.

OECD, "Russian Federation – Economic Forecast Summary," May 2018, http：//www. oecd. org/eco/outlook/russian – federation – economic – forecast – summary. htm.

The World Bank, "Russia Economic Report：Modest Growth Ahead," May 23, 2018, http：//pubdocs. worldbank. org/en/162681527086868170/RER – 39 – Eng. pdf.

Dirk – Jan Kraan, Daniel Bergvall, Ian Hawkesworth, Valentina Kostyleva and Matthias Witt, "Budgeting in Russia," *OECD Journal on Budgeting* 8 （2008）, http：//www. oecd. org/russia/42007227. pdf.

Liudmila Popova, Farkhondeh Jabalameli and Ehsan Rasoulinezhad, "Oil Price Shocks and Russia's Economic Growth：The Impacts and Policies for Overcoming Them," *Journal of World Sociopolitical Studies* 1 （2007）, https：//journal. ut. ac. ir/article _ 62277 _ 0cc422d8fe7d16871c6d7a40d4120a30. pdf.

Y.7
拉美经济：复苏进程中存有隐忧

熊爱宗*

摘　要： 在 2017 年恢复增长的基础上，2018 年拉美和加勒比地区经济有望继续维持复苏态势，经济增长率预计为 1.3%。从内部来看，投资活动不断走强带动地区内需求回升；从外部来看，大宗商品价格上涨将拉动拉美地区对外出口，改善拉美地区外部需求。不过，政治局势不确定性上升、金融市场持续动荡、贸易保护主义不断升级等为拉美地区经济复苏带来持续挑战。作为中国和美国的重要贸易伙伴，中美贸易摩擦不断升级虽然在短期内可能促进拉美地区对这两个国家的出口，但也会通过恶化全球经济环境、加剧大宗商品价格波动而给拉美经济带来负面冲击。

关键词： 拉美地区　经济形势　中美贸易摩擦　前景展望

2017 年拉美和加勒比地区扭转了此前的经济萎缩态势，经济增长率达到 1.2%，与我们在《2018 年世界经济形势分析与预测》中的预测方向基本一致，但比预测值高出 0.3 个百分点。投资活动好转带动国内需求走强是推动经济走出衰退的主要原因。2018 年，拉美和加勒比地区有望继续保持经济复苏态势，但地区各国仍面临不同挑战。国内政治局势不确定性妨碍经

* 熊爱宗，经济学博士，中国社会科学院世界经济与政治研究所全球治理研究室助理研究员，研究领域为国际金融、新兴市场。

济复苏进程，高通胀和高债务带来政策收紧趋势，金融动荡威胁宏观经济稳定，美国保护主义行为导致国际经济环境的恶化日益严重。此外，中美经贸摩擦不断升级虽然可能为拉美和加勒比地区国家带来一些机会，但也带来一些挑战，总体依然是弊大于利。预计2018年拉美和加勒比地区经济增长率为1.3%，2019年经济增长率进一步升至2.2%左右。

一 2017年与2018年上半年经济情况

1. 经济持续缓慢复苏

据联合国拉美和加勒比经济委员会（Economic Commission for Latin America and Caribbean，ECLAC）初步统计，2017年拉美和加勒比地区经济增长为1.2%，相比2016年的 -0.8%上升2个百分点，结束连续两年的负增长。投资活动好转推动国内需求上升是带动经济走出负增长的主要因素。2017年第三季度，拉美和加勒比地区固定资本形成结束连续13个季度的负增长，全年增长2.8%。消费仍是地区经济增长的重要推动力，2017年私人消费和公共部门消费分别增长2.2%和0.7%，对经济增长提供了有力支撑。对外贸易方面，受大宗商品价格上升影响，拉美和加勒比地区2017年商品和服务贸易出口增长12%，受国内需求走强影响，进口增长也达10%。在经历了2017年的初步反弹之后，2018年上半年拉美和加勒比地区经济依然保持增长态势，但增速有所放缓。2018年第一季度拉美和加勒比地区经济增长1.9%，国内需求增长达到2.5%，其中，私人消费同比增长2.8%，固定资本形成增速达到4.1%。不过，2018年第二季度拉美和加勒比地区经济增长放缓至1.5%，预示着拉美地区经济复苏依然任重道远。从国际经济环境看，虽然国际大宗商品价格将继续维持上涨，有利于改善拉美和加勒比地区的外部需求，但2018年全球经济复苏势头有所放缓，贸易紧张局势加剧也将导致全球投资和贸易增速减缓，从而为拉美和加勒比地区带来负面影响。预计2018年拉美和加勒比地区经济仍维持缓慢复苏态势，全年经济增长1.3%。

2. 通货膨胀压力依然存在

在经历 2016 年的高点之后，2017 年拉美和加勒比地区通货膨胀压力总体有所降低，但 2018 年通货膨胀率出现回升趋势。2017 年 6 月拉美和加勒比地区（未包括委内瑞拉）平均通货膨胀率降至 5.3%，相比 2016 年 12 月下降 2 个百分点。不过此后通货膨胀率又有回升，2017 年 12 月反弹至 5.7%。2018 年延续了波动态势，4 月通货膨胀率降至 4.9%，不过 6 月又回升至 5.9%。分国家来看，委内瑞拉、阿根廷、海地、苏里南等依然是拉美和加勒比地区通货膨胀率较高的国家。根据国际货币基金组织（IMF）的估计，2017 年底委内瑞拉的通货膨胀率为 2818.2%，相比 2016 年上升近 2516 个百分点。阿根廷通货膨胀率在 2017 年 6 月降至 21.9%，相比 2016 年 12 月的 38.5% 有较大幅度降低，不过 2018 年 6 月再次反弹至 29.5%。海地、苏里南尽管通货膨胀率仍处于高位，但通货膨胀压力总体均有所减轻。部分国家如巴拉圭、哥斯达黎加等通货膨胀率呈现进一步上升趋势。墨西哥通货膨胀压力在 2017 年有所增加，但 2018 年情况出现好转。古巴、圣卢西亚等国通货膨胀率逐步回升，并最终走出通货紧缩，而厄瓜多尔、伯利兹、圣基茨和尼维斯等国则滑入通货紧缩。食品价格下降仍是推动地区通货膨胀率下降的主要因素，不过，旺盛的国内需求以及大宗商品价格走高也可能会进一步推动部分国家通货膨胀率反弹。

就业状况仍在恶化。尽管经济情况出现好转，但 2017 年拉美和加勒比地区的城镇失业率依然从 2016 年的 8.9% 上升至 9.3%，不过，失业率上升的幅度相比 2016 年有所收窄。就业率则与 2016 年持平，均为 57.4%。在这种情况下，拉美和加勒比地区的劳动参与率出现上升，2017 年的劳动参与率相比 2016 年上升 0.3 个百分点至 63.3%。不过，观察过去近十年的数据，有研究报告指出，拉美和加勒比地区的失业率与经济增长率呈现负向相关关系，这预示着该地区新一轮扩张周期的开始。① 巴西仍是该地区失业率居于

---

① ECLAC/ILO, "Employment Situation in Latin America and the Caribbean. Labour Market Participation of Older Persons: Needs and Options," 2018, https://repositorio.cepal.org/handle/11362/43604.

高位且上升幅度最大的国家，2017 年其失业率达到 14.5%，相比 2016 年上升 1.5 个百分点，成为推动拉美和加勒比地区失业率上升的重要因素。其他失业率上升的国家还包括智利（相比 2016 年上升 1 个百分点）、特立尼达和多巴哥（相比 2016 年上升 0.9 个百分点）、巴巴多斯（相比 2016 年上升 0.6 个百分点）、巴拿马和巴拉圭（相比 2016 年均上升 0.5 个百分点）等。不过，牙买加（相比 2016 年下降 1.5 个百分点）、墨西哥（相比 2016 年下降 0.5 个百分点）、秘鲁（相比 2016 年下降 0.2 个百分点）、阿根廷（相比 2016 年下降 0.1 个百分点）失业率则出现不同程度下降。

3. 货币贬值压力加大

2017 年拉美和加勒比地区货币的汇率波动性总体有所降低，大部分国家货币对美元波动幅度要小于 2016 年。部分国家货币对美元出现升值。2017 年智利比索对美元升值 8.2%，墨西哥、海地、秘鲁、牙买加等国货币相对美元也均有不同程度升值。委内瑞拉玻利瓦尔仍是相对美元贬值幅度最大的货币。2017 年，由于强劲的外汇需求以及供给受限，委内瑞拉官方浮动汇率（Dicom）贬值达 396%。① 除委内瑞拉外，阿根廷比索在 2017 年贬值幅度也达到 17.3%，其次是尼加拉瓜科多巴（对美元贬值 5.0%）、多米尼加比索（对美元贬值 3.4%）等。2018 年上半年，拉美和加勒比地区货币汇率波动性有所上升，同时总体上各国货币贬值压力加大。2018 年 6 月相比 2017 年 12 月，只有哥伦比亚和哥斯达黎加货币保持对美元升值，其他多数货币都对美元出现贬值。除委内瑞拉外，贬值幅度较大的货币包括阿根廷比索（对美元贬值 45.0%）、巴西雷亚尔（对美元贬值 12.2%）、乌拉圭比索（对美元贬值 9.7%）、墨西哥比索（对美元贬值 5.3%）。

4. 经常项目逆差有所扩大

受能源、矿产品等大宗商品价格上涨影响，拉美和加勒比地区国家贸易

① 2016 年 3 月，委内瑞拉开始实行双重汇率制，其中，对于必需品的购买实行被称为"Dipro"的固定汇率，基本保持 10 玻利瓦尔兑换 1 美元；对于非必需品的购买则实行被称为"Dicom"的浮动汇率，按市场供求关系自由浮动。2018 年 2 月，两种汇率统一为新的"Dicom"汇率。

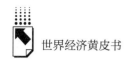

条件得到极大改善，推动经常账户逆差收窄。2017 年，拉美和加勒比地区出口相比 2016 年增长 12%，其中，烃类产品和矿产品出口国的出口分别增长 15% 和 17%。分国家来看，秘鲁和巴西出口同比增长率分别为 21% 和 18%，其他国家如智利、哥伦比亚、厄瓜多尔、玻利维亚、尼加拉瓜等出口同比增长率也在 10% 之上。然而阿根廷是个例外，出口同比增长率仅为 1%。2017 年，拉美和加勒比地区进口同比增长 10%，这主要是因为国内强劲需求所致。厄瓜多尔、阿根廷进口同比增长率均超过 20%，巴拉圭、巴西、墨西哥等国进口同比增长率也接近或超过 10%。在此情况下，2017 年拉美和加勒比地区贸易盈余达到地区 GDP 的 0.8%，经常账户逆差占 GDP 之比也从 2016 年的 1.9% 收窄至 2017 年的 1.4%。2018 年，拉美和加勒比地区对外贸易继续延续 2017 年趋势，前五个月地区出口和进口同比增速分别达到 10.8% 和 13%，预计全年出口和进口增长率分别为 9% 和 9.5%，经常账户逆差占 GDP 比例将扩大至 1.6% 左右。

5. 货币政策进入观察期

多数拉美和加勒比地区国家在 2017 年继续实施宽松性货币政策。2017 年 12 月，巴西通货膨胀率从 2016 年 12 月的 6.3% 下降至 2.9%，这推动巴西央行在 2017 年连续 8 次下调基准利率累计 675 个基点。哥伦比亚也是类似情况，2017 年其 9 次下调基准利率共计 275 个基点。其他下调利率的国家还包括智利、秘鲁、巴拉圭、危地马拉等。相反，在通货膨胀压力加大的情况下，墨西哥和哥斯达黎加不得不实施紧缩性货币政策，两国在 2017 年都加息 5 次，分别累计提升基准利率 300 个基点和 150 个基点。2017 年阿根廷通货膨胀尽管呈现下行趋势，但依然维持高位，这迫使阿根廷央行 4 次提高基准利率。进入 2018 年，部分国家如巴西、哥伦比亚、秘鲁等继续实施降息行动，但考虑到通货膨胀回升压力，这些国家的降息力度已有所降低，并进入观察状态；其他在 2017 年实施降息行动的国家则保持基准利率不变。墨西哥和哥斯达黎加在 2018 年仍然实施了 2 次和 1 次加息行动，加息力度也有所减弱。2018 年 1 月，阿根廷央行曾下调其基准利率 150 个基点，但随后由于阿根廷比索巨大的贬值压力，导致阿根廷央行在 4 月、5 月、8 月大幅上调基准利率，2018 年 8 月其基准利率已上升至 60%。

6. 财政状况继续保持稳定

2017 年拉美和加勒比地区（29 国）的平均财政赤字率为 2.6%，相比 2016 年下降 0.2 个百分点，2018 年有望继续保持在这一水平。分地区来看，中美洲地区以及墨西哥、加勒比地区财政状况出现明显好转，而南美地区财政赤字率则保持不变。伴随着经济状况的好转，拉美和加勒比地区中央政府债务保持稳定。2017 年该地区中央政府债务占 GDP 的比例为 51.3%，相比 2015 年上升 0.6 个百分点。其中，加勒比国家仍普遍维持较高的政府债务比例，2017 年牙买加中央政府债务占 GDP 的比例为 109.7%，相比 2016 年降低 12.6 个百分点。在中美和南美地区，巴西和阿根廷仍是政府债务最高的国家，2017 年两国公共债务占 GDP 之比分别为 74% 和 57.1%，相比 2016 年分别上升了 4 个百分点和 3.8 个百分点。2017 年墨西哥公共债务占 GDP 之比为 35.4%，相比 2016 年下降了 1.7 个百分点。随着经济情况的好转，拉美和加勒比地区财政状况有望继续保持稳定。

二　主要经济体的经济形势

拉丁美洲和加勒比地区主要国家包括巴西、墨西哥、阿根廷、委内瑞拉、智利和秘鲁等。本部分主要对巴西、墨西哥、阿根廷和委内瑞拉的经济形势进行简要分析。

1. 巴西

2017 年，巴西经济增长 1.0%，结束了此前连续两年的经济负增长。2017 年第一季度，巴西经济环比增长 1.3%，为连续八个季度环比下滑后的首次增长。2017 年第二季度巴西经济同比也实现正增长，并呈现逐季加速态势。巴西经济增长由负转正主要归因于农业的大幅增长，2017 年其增速达到 13%，创 1996 年以来最佳表现，推动了巴西经济的复苏。从需求侧来看，出口和私人消费是推动经济增长的主要力量。2017 年巴西出口增速为 5.2%，私人消费增长 1.0%。投资依然是经济增长拖累因素，2017 年同比

增长-1.8%，这也使得当年巴西投资率仅为15.6%，创历史新低。2018年上半年巴西经济继续延续缓慢复苏态势，第一季度经济同比增长1.2%，环比增长0.4%，第二季度经济同比增长1.0%，环比增长0.2%。投资萎缩状况得以缓解，前两个季度投资同比增速分别为3.5%和3.7%，投资率也在第二季度回升至16%。私人消费继续保持稳定，2018年前两个季度同比增速分别为2.8%和1.7%。对外贸易在2018年上半年继续保持较快增长，但出口增速有所下降，2018年1~6月，巴西出口和进口同比增速分别为5.6%和17.2%。

巴西经济政策空间仍相对有限。2017年，巴西公共支出有所降低，这虽然降低了巴西的财政赤字率，但也抑制了财政政策对于经济的拉动作用。2018年，经济复苏有利于政府收入上升，政府支出预计将有所增加，对经济拉动作用将有所加强。不过，货币政策进一步宽松空间有限。2018年5月，巴西爆发卡车司机罢工，造成燃料和食品严重短缺，推动通货膨胀率在6月份上升至4.4%，这打断了巴西央行自2016年10月开始实施的降息行动。至2018年9月，巴西央行将基准利率维持在6.5%，在5月、6月、8月、9月四次议息会议上均未调整利率水平。考虑到巴西雷亚尔货币贬值以及预计通货膨胀率上升压力，巴西央行进一步降低利率的空间有限。

巴西经济复苏依然十分脆弱。2018年5月份爆发的巴西卡车司机罢工不但推升了巴西通货膨胀，而且也对巴西经济增长造成负面影响。虽然罢工震荡正逐步消退，但依然可能从长期打击经济信心。2018年10月，巴西举行总统大选，巴西社会自由党总统候选人雅伊尔·博索纳罗赢得总统选举，并将于2019年1月正式就职巴西总统。赢得选举后，博索纳罗提出了一些施政目标，但能否振兴巴西经济仍有待观察。预计2018年巴西经济增长将恢复至1.3%，2019年有望提升到2.3%。

2. 墨西哥

2017年墨西哥经济增长2.0%，较2016年回落0.9个百分点。2017年第一季度墨西哥经济同比增速达到3.3%，与2016年第四季度持平，但随后经济同比增速渐次回落，2017年第二季度至第四季度分别为1.8%、

1.6%、1.5%。私人消费保持平稳增长，2017年增长3%，相比2016年回落0.7个百分点。固定资产投资增速则萎缩1.5%，成为拖累墨西哥经济增长的主要因素。2017年墨西哥对外贸易仍取得快速增长，其中出口增长9.5%，而进口增长8.6%，墨西哥经常账户赤字也从2016年的2.2%下降至2017年的1.7%。2018年第一季度，墨西哥经济同比增速进一步下降至1.3%，但第二季度回升至2.7%，上半年经济增长2.0%。

2017年12月，墨西哥通货膨胀率达到6.8%，创近年来新高。进入2018年后有所降低，5月下降至4.5%，但8月重新上升至4.9%，仍超出央行设定的通胀目标（3%±1%）范围。为此，在2017年加息五次的基础上，墨西哥央行又分别在2018年2月和6月两次加息累计50个基点。墨西哥比索贬值压力以及通货膨胀上行风险，仍对其货币政策构成收缩压力，但考虑到经济增长前景不佳，未来进一步加息的可能性比较低。

2018年7月，墨西哥国家复兴运动党候选人安德烈斯·曼努埃尔·洛佩斯·奥夫拉多尔以超过53%的支持率赢得大选，成为墨西哥新任总统，12月1日正式履新。在竞选中，洛佩斯提出打击腐败、消除社会不平等、刺激经济发展等主张，还提出在他任期结束时将经济增长率维持在6%，打破过去40年内年均增长2.5%的趋势。新总统产生后，墨西哥消费者信心指数在8月份出现高涨，不过新政府政策仍具有一定的不确定性。预计2018年经济增长2.2%，2019年增长2.5%。

3. 阿根廷

2017年阿根廷经济增长2.9%，扭转了2016年经济负增长态势，为2011年以来的最快增速。投资和私人消费是推动经济增长的主要动力，2017年阿根廷固定资产投资增长11%，私人消费增长3.5%，公共消费增长2.2%。对外贸易仍保持着较快增长，但由于经济活动反弹和实际有效汇率升值，其进口增速远远高于其出口增速，2017年其出口仅增长0.4%。从同比增速来看，2017年四个季度经济呈现渐次回升态势。2017年第一季度阿根廷经济同比增长0.6%，第二季度至第四季度经济同比增速均在3%以上，特别是第四季度达到3.9%。2018年第一季度阿根廷经济同比增速回落

至3.6%，其中，私人消费同比增长4.1%，固定资产投资同比增长18.3%，在政府控制公共财政的情况下，政府消费同比下降了1.4%。进口贸易继续保持快速增长态势，但出口增速也有所上升，2018年1～6月，阿根廷出口同比增长5.2%，而进口同比增长13%。

进入2018年，在美元走强的大趋势下，阿根廷比索一直承受着较大的贬值压力，从2018年4月底开始，阿根廷比索对美元的贬值幅度不断增大，特别是8月30日，阿根廷比索对美元贬值高达24%。阿根廷再次出现金融动荡。与此同时，阿根廷通货膨胀压力也在不断增大，2018年8月通货膨胀率达到34.4%，这进一步强化了市场对比索贬值的预期。在此情况下，阿根廷政府采取了多种措施进行应对。财政政策方面，阿根廷政府计划变更部分出口商品的税收条款，以提高财政收入，同时推行财政紧缩政策，削减部分开支，降低政府财政赤字率，减少举借外债。货币政策方面，阿根廷央行在贬值压力最大的4月、5月和8月连续大幅加息，将基准利率从4月中旬的27.25%提升至8月底的60%，阿根廷也成为全球利率水平最高的国家。阿根廷积极与国际货币基金组织进行谈判，寻求金融救助支持，2018年6月20日，IMF执董会批准向阿根廷提供为期三年的500亿美元备用安排。尽管采取了诸多措施，但阿根廷宏观经济不确定性不断上升。预计2018年阿根廷经济增长2.2%，2019年萎缩至0.9%。

4. 委内瑞拉

根据国际货币基金组织的估计，2017年委内瑞拉经济增长－14.0%，已经连续4年出现衰退，且衰退幅度不断增大。石油部门的崩溃是委内瑞拉经济陷入大幅衰退的重要原因。2017年，委内瑞拉石油产量仍在下降。根据石油输出国组织（OPEC）的统计，2017年委内瑞拉生产油井数量从2016年的13395口下降到11915口，减少1480口，平均每天原油产量203.5万桶，相比2016年下降14.2%，相比2013年下降27.1%。石油出口能力也随之下降，2017年委内瑞拉原油出口量为每天159.6万桶，相比2016年下滑13.0%，不过，在石油价格上涨的情况下，2017年委内瑞拉石油出口收入为314.5亿美元，相比2016年增长18.8%。进入2018年情况并未发生太大变化。2018 年 8 月，委内瑞拉石油产量进一步下降至每天 144.8 万桶，这预示着委内瑞拉经济情况可能会进一步恶化。

委内瑞拉经济正趋于全面恶化。据国际货币基金组织估计，2017 年 12 月委内瑞拉通货膨胀率达到 2818.2%，2018 年底可能达到 2500000%，成为现代历史上最严重的恶性通货膨胀危机之一。委内瑞拉货币仍在大幅贬值。2018 年 2 月，委内瑞拉政府将此前的双重汇率体系合并为单一汇率体系（新的 Dicom 汇率），但 2017 年 12 月至 2018 年 6 月，Dicom 汇率仍贬值 2320%，平行汇率贬值 2015%。委内瑞拉政府不断推出改革措施应对危急的经济形势。2018 年 8 月，委内瑞拉总统马杜罗推出了一揽子经济改革措施，包括启用新货币"主权玻利瓦尔"取代"强势玻利瓦尔"，兑换比例为 1 比 10 万；上调最低工资，将最低工资从原来的每月 500 万强势玻利瓦尔改为 1800 主权玻利瓦尔；放松外汇管制，允许部分交易所进行外汇买卖；提升增值税和企业税率等。然而这些改革措施能否挽救委内瑞拉经济仍有待观察。预计 2018 年委内瑞拉经济将继续维持萎缩态势，经济增长预计在 - 16%，2019 年经济增长 - 5%。

三　中美贸易摩擦对拉美经济的影响

从 2018 年 3 月份起，中美贸易摩擦不断升级。在全球经济一体化的今天，中美两大经济体的贸易摩擦不但对两国经济产生负面冲击，也给世界经济带来重要影响。作为中国和美国的重要贸易伙伴，拉美地区也难独善其身。

（一）中美贸易摩擦对拉美地区的直接影响

中美贸易摩擦将会阻碍中美两国的贸易流动，这会带来贸易转移效应。对拉美地区来说，原来中美之间的贸易可能会转移至中拉或美拉之间，从而有利于扩大拉美地区与中美两国的贸易规模。

第一，中美贸易摩擦可能会增加拉美地区对中国部分商品的出口。中国对美国部分进口商品加征关税，提升了美国商品在中国的销售成本，这使得包括拉美地区国家在内的第三方的商品在中国市场上更有竞争力，从而可以获得中国市场更多的份额。大豆贸易是最明显的例子。拉美地区和美国都是中国重要的大豆进口地区。中国海关总署统计数据显示，2017 年中国大豆进口 9556 万吨，其中来自巴西、美国、阿根廷的大豆进口量分别占到大豆进口总量的 53.3%、34.4% 和 6.9%。2018 年 4 月 4 日，在美国于 4 月 3 日宣布对原产于中国的进口商品加征 25% 关税的情况下，中国宣布将对原产于美国的大豆等农产品、汽车、化工品、飞机等进口商品对等采取加征关税措施，税率为 25%。这势必推动中国部分大豆进口从美国转向拉美地区。据媒体报道，中美贸易摩擦发生后，中储粮积极调整大豆采购来源地，主动构建更加多元的进口大豆供应体系，扩大从南美采购大豆的规模。① 但拉美地区能否增加对中国的出口也受到一些条件的制约，一是拉美地区能否进一步提升其出口能力。例如 2017 年巴西对中国出口大豆数量已经占到其大豆出口总量的 93.7%，因此，要增加对中国的出口规模，必须要进一步提升产量。二是中国的需求规模也在进行调整。2018 年 8 月 10 日，中国农业部发布中国大豆供需平衡表指出，因为中美贸易冲突持续，将 2018 ~ 2019 年度中国大豆进口量下调为 8365 万吨，低于 2017 ~ 2018 年度的 9390 万吨，中国大豆进口量将出现多年来的首次下降。

第二，中美贸易摩擦将会增加拉美地区对美国的出口。与在中国市场的情况类似，中美贸易摩擦使得拉美地区部分商品相比中国商品在美国市场的竞争力提高，从而增加拉美地区对美出口。但与中国市场不同的是，拉美地区出口增加将更多体现在制成品上。伴随着中国对外开放的不断深入，特别是 2001 年加入世界贸易组织后，中国制成品在美国市场保持了快速增长，而拉美地区对美国制成品的出口则受到一定的影响。Peters 研究发现，尽管中国面对的关税待遇要比墨西哥苛刻得多，但自 2001 年起，中国已经取代

---

① 王珂：《中储粮积极调整采购来源地，构建多元化进口大豆供应体系》，《人民日报》2018 年 8 月 11 日，02 版。

墨西哥和中美洲，成为美国在"原料－纺织－服装"链条上的主要进口国。美国是墨西哥最为重要的贸易伙伴，但在一些制成品上，近年来中国产品的市场份额要远远高于墨西哥产品，如 HS 编码第 85 章商品、第 84 章商品、第 94 章商品等（见表 1）。由于美国对中国征税范围主要集中在制成品领域，这在打击中国产品的同时，有利于提高拉美地区商品在美国市场的份额。

表 1　中国和墨西哥部分产品在美国市场的份额（2015～2017 年）

单位：%

HS 编码	产品	墨西哥			中国		
		2015 年	2016 年	2017 年	2015 年	2016 年	2017 年
85	电机、电气设备及其零件；录音机及放声机、电视图像、声音的录制和重放设备及其零件、附件	21.50	19.66	19.54	28.60	27.33	29.99
87	车辆及其零件、附件，但铁道及电车道车辆除外	26.59	25.98	28.04	4.66	4.90	5.14
84	核反应堆、锅炉、机器、机械器具及其零件	15.48	16.95	16.53	25.58	24.90	26.17
90	光学、照相、电影、计量、检验、医疗或外科用仪器及设备、精密仪器及设备；上述物品的零件、附件	17.61	18.20	18.52	12.65	12.06	11.25
94	家具；寝具、褥垫、弹簧床垫、软坐垫及类似的填充制品；未列名灯具及照明装置；发光标志、发光铭牌及类似品；活动房屋	15.12	15.33	14.97	47.58	43.35	43.84

资料来源：International Trade Centre。

（二）中美贸易摩擦对拉美地区的间接影响

尽管中美贸易摩擦带来的贸易转移效应可能会提升拉美地区的对外贸易，但从长期和全球层面来看，美国不断升级的贸易保护主义正在破坏全球市场稳定，贸易保护主义弊大于利。

第一，中美贸易摩擦导致全球经济环境恶化，进而给拉美地区带来负面

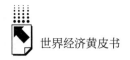

影响。中美之间的贸易紧张局势导致全球贸易增长放缓。2018 年 7 月 30 日，世界贸易组织在其发布的《世界贸易统计报告 2018》中指出，2017 年世界商品贸易量较上年增长 4.7%，创下 6 年来的最快纪录。不过，贸易关系持续紧张可能导致对贸易和全球经济增长的不利影响。国际货币基金组织在 2018 年 10 月的《世界经济展望》报告中预计，2018 年全球贸易量（货物和服务）将增长 4.2%，增速相比 2017 年下降 1 个百分点，2019 年增速进一步下降至 4.0%。报告指出贸易紧张局势加剧，基于规则的多边贸易体系可能被削弱，这是全球经济前景面临的主要威胁。这将导致拉美地区的外部经济环境恶化。

第二，中美贸易摩擦冲击全球大宗商品市场影响拉美地区经济。中美贸易摩擦通过多种方式对全球大宗商品市场产生影响。一是受贸易转移影响，中国对美国农产品需求降低，从而降低美国市场农产品价格，但是对其他地区的农产品需求上升，抬升相应地区的农产品价格。但由于美国农产品在国际市场的影响力，农产品价格总体呈现下行压力。二是中美贸易摩擦持续升级影响全球经济复苏进程，从而降低对大宗商品需求，导致大宗商品价格下跌。三是受中美贸易摩擦持续升级影响，市场恐慌加剧，避险情绪上升，将抬升黄金等避险资产价格。由于多数拉美地区国家为大宗商品出口国，大宗商品市场波动加剧将对拉美地区经济复苏构成障碍。

中美贸易摩擦虽会在短期内通过贸易转移效应提升拉美地区对中国和美国的出口，但作为世界最重要的两大经济体，中美贸易摩擦不断升级将导致全球经济环境恶化，并冲击大宗商品市场，从而对拉美经济产生冲击。从全球范围来看，贸易保护主义不断升级，市场不确定性增加，拉美地区将难以独善其身。

四 拉美地区经济形势展望

2018 年拉美和加勒比地区经济维持缓慢复苏态势。从内部来看，固定资产投资逐步回升，同时伴随私人消费增长，国内需求逐步走强。从外部环境看，大宗商品价格上涨有利于拉动该地区出口。但拉美和加勒比地区主要大国均面临不同挑战。巴西、墨西哥都面临着新一届政府政策不确定性的影响，阿根廷遭遇严重金融动荡，宏观经济不断恶化，委内瑞拉正在遭受严重的经济衰退。与此同时，中美贸易摩擦不断升级虽然在短期内可能为拉美和加勒比地区出口带来正面影响，但从长期来看仍然是弊大于利，为拉美和加勒比地区经济带来负面影响。

参考文献

Enrique Dussel Peters, "Economic Opportunities and Challenges Posed by China for Mexico and Central America," 2005, https：//www. die – gdi. de/uploads/media/Studies_ 8. pdf.

ECLAC, "Fiscal Panorama of Latin America and the Caribbean 2018：Public Policy Challenges in the Framework of the 2030 Agenda," 2018, https：//repositorio. cepal. org/ handle/11362/43406.

ECLAC, "Economic Survey of Latin America and the Caribbean：Evolution of Investment in Latin America and the Caribbean：Stylized Facts, Determinants and Policy Challenges," 2018, https：//repositorio. cepal. org/bitstream/handle/11362/43965/131/S1800836_ en. pdf.

ECLAC, "Fiscal Panorama of Latin America and the Caribbean 2017：Mobilizing Resources to Finance Sustainable Development," 2017, https：//repositorio. cepal. org/handle/ 11362/41047.

ECLAC/ILO, "Employment Situation in Latin America and the Caribbean. Labour Market Participation of Older Persons：Needs and Options," 2018, https：// repositorio. cepal. org/handle/11362/43604.

IMF, "Regional Economic Outlook：Seizing the Momentum," May 2018, https：// www. imf. org/en/Publications/REO/WH/Issues/2018/05/09/wreo0518.

IMF, "World Economic Outlook Update：Less Even Expansion, Rising Trade Tensions," July 2018, https：//www. imf. org/en/Publications/WEO/Issues/2018/07/02/world – economic – outlook – update – july – 2018.

OPEC, "Annual Statistical Bulletin 2018," https：//www. opec. org/opec_ web/en/ publications/202. htm.

Y.8
西亚非洲经济：不确定性加大

田　丰*

摘　要： 西亚北非地区 2017 年经济增长急剧放缓，主要原因是石油出
　　　　　口国经济状况不佳。预计 2018 年西亚北非地区经济增长相对
　　　　　于 2017 年加速，然而经济增长前景不确定性加大，下行压力
　　　　　主要来自地缘政治紧张局势升级和冲突加剧、石油价格波动
　　　　　加剧、财政整顿影响公共支出、改革进展缓慢等方面。撒哈
　　　　　拉以南非洲地区 2017 年经济增长率在 2016 年基础上翻了一
　　　　　番，增长提速幅度显著高于世界以及新兴市场与发展中经济
　　　　　体的平均水平。在全球增长放缓的大背景下，预计 2018 年撒
　　　　　哈拉以南非洲经济增长将进一步提速，但是提速的幅度将有
　　　　　所降低。该地区经济增长的下行风险主要来自全球经济增长
　　　　　形势不如预期、全球贸易紧张局势升级和金融环境收紧、结
　　　　　构性改革推进不畅、财政调整质量不佳。

关键词： 西亚北非地区　撒哈拉以南非洲地区　结构改革　大宗商品
　　　　　石油

正如我们在 2017 年"世界经济黄皮书"中所预测的那样：①2017 年西

---

* 田丰，博士，中国社会科学院世界经济与政治研究所研究员，主要研究领域为国际贸易、国
际投资与经济发展。

亚北非地区经济增长动力减弱，来自 IMF 的数据显示①，2017 年西亚北非地区全年的经济增长率为 2.2%，明显低于 2016 年经济增长 5.1%的水平；②撒哈拉以南非洲地区的经济增长 2017 年有所提升，全年的经济增长率为 2.75%，相对于 2016 年经济增长 1.4%的水平，经济增长明显加速。总体而言，我们在 2017 年"世界经济黄皮书"中较为准确地预测了西亚非洲地区经济发展态势。

一 西亚非洲经济形势回顾

西亚北非地区 2016 年经济增长 5.1%，2017 年急剧放缓至 2.2%，主要原因是石油出口国经济状况不佳（见图 1）。西亚北非地区石油出口国 2016 年经济增长 5.4%，2017 年仅增长 1.7%；海湾合作委员会成员②2016 年平均增长 2.1%，2017 年经济负增长 0.2%，而非海湾合作委员会石油出口国③（不包括利比亚和也门）2017 年经济增长 2.6%；沙特阿拉伯自 2009 年以来首次出现经济萎缩，2017 年经济负增长 0.9%。这种情况主要反映了石油输出国组织石油减产的影响。同时，西亚北非地区石油进口国④经济走势相对良好，2017 年经济增长 4.1%，高于 2016 年 3.7%的增长水平。在石油出口国，IMF 数据显示，非石油部门 2016 年经济增长 0.8%，2017 年增长 2.6%。这说明非石油部门增长形势好转，部分抵消了石油部门疲软对经济增长造成的负面影响。西亚北非地区石油进口国以及石油出口国非石油部门之所以发展势头良好，主要原因是西亚北非地区国家积极推动经济增长多

---

① 在没有特别说明的情况下本文数据均来自 IMF《世界经济展望》数据库（2018 年 10 月版）：IMF, "World Economic Outlook: Challenges to Steady Growth," October 2018, https://www.imf.org/en/Publications/WEO/Issues/2018/09/24/world – economic – outlook – october – 2018。
② 海湾合作委员会（海合会, Gulf Cooperation Council, GCC），具体包括阿拉伯联合酋长国、苏丹、巴林、卡塔尔、科威特、沙特阿拉伯等正式成员。
③ 非"GCC"石油出口国指阿尔及利亚、伊朗伊斯兰共和国和伊拉克。
④ 石油进口国指吉布提、埃及、约旦、黎巴嫩、摩洛哥、突尼斯。

样化、持续实施改革、改善国内营商环境以及放缓财政整顿的步伐以支持国内需求。另外，在受冲突影响较大的石油出口国中，利比亚由于石油产出逐渐恢复，2017 年经济增长 64%，在 2016 年经济负增长 7.4% 的基础上显著反弹；也门冲突有所激化，2017 年 12 月 4 日，前总统阿里·阿卜杜拉·萨利赫被胡塞武装组织打死，还于 2017 年 4 月暴发霍乱疫情，全国霍乱患者多达 90 多万人①，经济增长大受影响，2017 年负增长 6%。

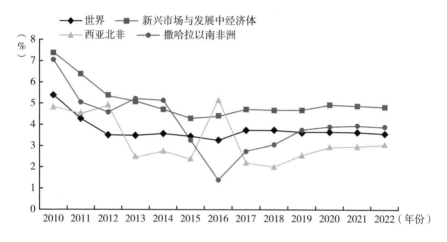

图 1　西亚非洲地区经济增长（2010～2022 年）

资料来源：笔者根据 IMF《世界经济展望》数据库（2018 年 10 月版）绘制。

2018 年西亚北非地区经济增长相对于 2017 年加速，然而经济增长前景不确定性加大。主要的积极因素来自：沙特阿拉伯财政整顿趋于温和（详见本报告第二部分），阿尔及利亚公共资本支出增加，伊拉克重建加速，阿拉伯联合酋长国积极筹备 2020 年世博会，OPEC 和俄罗斯 2018 年 6 月联合宣布增产。但是，美国重新对伊朗实施制裁、沙特因记者卡舒吉被谋杀而可能面临国际制裁等因素导致西亚北非石油出口国 2018 年经济增长加速的幅度有限。西亚北非地区石油进口国由于国内持续改革带来的收益、国内信心

---

① 《沙特空袭也门致多人死亡　联合国：尽快重开"救援生命线"》，央视网，2017 年 11 月 8 日，http：//news. cctv. com/2017/11/08/ARTIu4TRdgLMNgIrhktyghJh171108. shtml。

增强以及外部需求稳步增长等因素，2018 年增长势头进一步向好。从国别来看，埃及增长前景较好（详见本报告第二部分）；突尼斯因农业产出增加，经济增长率预计将从 2017 年的 2% 提升至 2018 年的 2.4%；约旦的经济增长率将从 2017 年的 2% 略微增加至 2018 年的 2.3%；毛里塔尼亚和摩洛哥由于干旱对农业的影响，2018 年的经济增长率将下降 1 个百分点左右，分别为 2.5% 和 3.2%（2017 年的经济增长率分别为 3.5% 和 4.1%）。

总体上，2018 年西亚北非经济增长加速基础相当脆弱，主要原因有以下几点。①地缘政治局势紧张和地区冲突加剧，国内安全条件进一步恶化，可能会破坏一些国家政策和改革的实施，削弱其经济活动，例如美国重启对伊朗的制裁（详见本报告第二部分）。②油价前景存在很大的不确定性。油价对于西亚北非经济的影响具有两面性。一方面，油价进一步上涨可能会削弱消费，增加财政压力，并加剧大多数国家的外部失衡。例如，相对于基线情况，石油价格每上涨 10 美元将导致 MENAP[①] 石油进口国的经常账户余额恶化 1 个百分点。另一方面，石油价格每降低 10 美元，MENAP 石油出口国（不包括利比亚和也门）的财政平衡状况将恶化，财政赤字占 GDP 的比例将提升 3 个百分点。[②] ③全球金融条件趋紧和波动可能会进一步增加西亚北非地区石油进口国的借贷成本，加重现有的财政可持续性问题，对银行资产负债表造成压力，并破坏私营部门的活动。考虑到 2018 年的总融资需求，利率相对于基线增加 200 个基点将使黎巴嫩、埃及和巴基斯坦的融资成本分别上升 0.9 个、0.8 个和 0.7 个百分点。[③] 全球金融环境的收紧还可能会导致该地区的资本外流，从而对外部头寸和汇率构成压力。

撒哈拉以南非洲地区经济增长形势向好。2017 年，撒哈拉以南非洲地

---

① 西亚北非国家、阿富汗以及巴基斯坦。

② IMF, "World Economic Outlook: Cyclical Upswing, Structural Change," April 2018, https://www.imf.org/en/Publications/WEO/Issues/2018/03/20/world – economic – outlook – april – 2018.

③ IMF, "World Economic Outlook: Cyclical Upswing, Structural Change," April 2018, https://www.imf.org/en/Publications/WEO/Issues/2018/03/20/world – economic – outlook – april – 2018.

区经济增长率为 2.75%，尽管从绝对值来看低于全球经济增长速度（3.74%），但是撒哈拉以南非洲地区 2016 年经济增速仅为 1.4%，这意味着 2017 年该地区经济增长速度翻了一番，增长提速幅度显著高于世界以及新兴市场与发展中经济体的平均水平（见图 1）。在全球增长放缓的大背景下，预计 2018 年撒哈拉以南非洲经济增长将进一步提速，但是提速的幅度将有所降低。撒哈拉以南非洲地区经济增长前景向好的主要原因在于大宗商品价格上涨（见图 2）、世界经济增长速度有所提升以及较为强劲的内需。在石油价格上涨的推动下，撒哈拉以南非洲地区石油出口国经济明显反弹，平均经济增长速度由 2016 年负增长 1.7% 反弹至 2017 增长 0.2%，预计 2018 年增长 1.6%。刚果民主共和国、赞比亚等金属出口国经济增长加速的主要动力来自金属价格上涨以及产量增加；冈比亚和肯尼亚等国受益于低通货膨胀和汇款增加及消费支出增长；安哥拉、南非和津巴布韦的改革提振了投资者信心；卢旺达、乌干达等国农业基础设施投资改善，经济活动回升；采购经理人指数表明加纳、肯尼亚，尼日利亚、赞比亚等国制造业正在回暖。

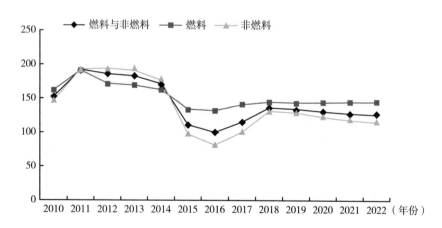

图 2　主要大宗商品价格（2010～2022 年）

注：数值为指数形式，2015 年为 100。

资料来源：笔者根据 IMF《世界经济展望》数据库（2018 年 10 月版）数据绘制。

撒哈拉以南非洲地区通货膨胀率持续降低（见图 3）。2017 年以年度平均消费者价格衡量的通货膨胀率由 2016 年的 11.2% 小幅下降至 11%，预计

2018 年显著下降至 8.6%，主要原因是石油出口国通货膨胀率降低。通货膨胀率降低为一些国家采取较为宽松的货币政策创造了条件。乌干达、赞比亚的中央银行进一步降息。肯尼亚央行 2018 年 3 月下调基准利率 0.5 个百分点，新利率为 9.5%，为实施贷款利率上限政策一年半以来首次下调。同时，南苏丹通货膨胀率仍然高达三位数，2017 年为 188%。安哥拉由于货币贬值，2017 年通胀率达 30%。

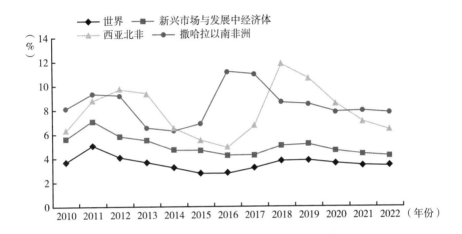

图 3　西亚非洲地区通货膨胀率（2010～2022 年）

注：通胀率以平均消费者价格衡量。
资料来源：笔者根据 IMF《世界经济展望》数据库（2018 年 10 月版）绘制。

撒哈拉以南非洲地区从整体看 2017 年财政平衡状况差于 2016 年，2017年财政余额占 GDP 的比例为 -4.8%，而 2016 年为 -4.5%。但如果排除尼日利亚和南非这两个次区域大国，撒哈拉以南非洲地区财政平衡状况呈现好转态势，2017 年财政余额占 GDP 的比例为 -4.7%，而 2016 年为 -5%。不管是否排除尼日利亚和南非，预计 2018 年撒哈拉以南非洲地区财政平衡状况都将好转。与其他宏观经济数据一样，撒哈拉以南非洲地区财政平衡状况好转的主要动力仍然来自石油出口国。如果排除尼日利亚①，该地区石油出

---

① 南非不是石油出口国。

口国 2016 年财政余额占 GDP 的比例为 - 6% ，2017 年为 - 5% ，2018 年预计为 0.1% 。石油出口国财政状况好转主要反映了两方面因素的影响，一是油价复苏，二是乍得、刚果民主共和国等中部非洲经济和货币共同体（CEMAC）成员国调整了支出。部分石油出口国债务负担很高，例如加纳，2017 年政府债务占 GDP 的比例高达 71% ，并且财政平衡状况在 2018 年有可能进一步恶化。虽然撒哈拉以南非洲地区低收入国家作为一个整体，财政赤字占 GDP 的比例在 2016 ~ 2018 年均维持在 3.7% 的水平，但在 2017 年，乍得、刚果民主共和国、厄立特里亚、莫桑比克、南苏丹和津巴布韦等国已深陷债务危机，另有布隆迪、喀麦隆、佛得角、中非共和国、埃塞俄比亚、冈比亚、加纳、圣多美和普林西比、赞比亚等 15 国面临爆发债务危机的较高风险。[1] 赞比亚政府因为 2017 年财政赤字水平为 7.8% ，超出 7% 的预算目标，不得不于 2018 年 6 月宣布停止借款，开源节流，以避免陷入债务危机。[2]

撒哈拉以南非洲地区经常账户平衡状况改善。2017 年，该地区经常账户赤字占 GDP 的比例仅为 2.8% ，而 2016 年为 3.9% ，2010 ~ 2015 年平均为 2.5% 。值得一提的是，2017 年撒哈拉以南非洲地区经常账户平衡状况改善体现在各种类型国家，即相对于 2016 年，石油出口国、石油进口国、中等收入国家、低收入国家经常账户平衡状况都有所好转。但是，预计 2018 年情况将出现逆转，不仅撒哈拉以南非洲地区经常账户赤字整体上升，而且除石油出口国基本维持 2017 年水平以外，其余类型国家相对于 2017 年经常账户平衡状况均有所恶化。这种情况反映了大宗商品价格上涨对进口商品价格传递的滞后影响以及大量公共投资带来的进口增加。

---

[1] IMF, "Regional Economic Outlook. Sub-Saharan Africa: Capital Flows and The Future of Work," October 2018, https：//www. elibrary. imf. org/doc/IMF086/25417 - 9781484375396/25417 - 9781484375396/Other_ formats/Source_ PDF/25417 - 9781484377765. pdf.

[2] 《赞财长宣布不再借款避免债务危机》，中华人民共和国驻赞比亚共和国大使馆经济商务参赞处，2018 年 6 月 18 日，http：//zm. mofcom. gov. cn/article/jmxw/201806/20180602759806. shtml。

二　西亚非洲主要国家经济形势回顾

（一）埃及：整体向好

在2017～2018财年（2017年7月至2018年6月）[1]，埃及GDP增速为5.3%，是近十年来最好成绩。同时埃及政府计划到2022年实现GDP 7.8%～8%的年度增长速度。[2] 埃及失业率持续下降，埃及中央公共动员和统计局公布，2018年第二季度埃及失业率为9.9%，环比下降0.7个百分点，同比下降2.1个百分点。[3] 截至2018年8月末，埃及外汇储备规模444.19亿美元，比7月末增加1.04亿美元，创历史最高水平，足以覆盖8个月的进口需求量。[4] 2017～2018财年埃赤字总额占比自2011年以来首次低于10%。[5]

埃及局势向好的主要原因表现在以下几个方面。①政治不确定性降低。现任总统塞西在2018年3月顺利赢得总统大选，开始第二个四年任期。塞西高票连任，既表明民众对于其政策措施的认可，也表明政府主导的经济改

① 《埃及政府批准新财年预算》，2018年3月20日，https：//baijiahao.baidu.com/s？id=1595464974155955379&wfr=spider&for=pc。
② 《埃计划部长：埃及目标在4年内实现GDP 8%增速》，中华人民共和国驻阿拉伯埃及共和国大使馆经济商务参赞处，2018年9月10日，http：//eg.mofcom.gov.cn/article/jmxw/201809/20180902785060.shtml。
③ 《埃2季度失业率降至9.9%，创近8年来新低》，中华人民共和国驻阿拉伯埃及共和国大使馆经济商务参赞处，2018年8月16日，http：//eg.mofcom.gov.cn/article/jmxw/201808/20180802777783.shtml。
④ 《埃及8月末外汇储备规模444.19亿美元，创历史新高》，中华人民共和国驻阿拉伯埃及共和国大使馆经济商务参赞处，2018年9月10日，http：//eg.mofcom.gov.cn/article/jmxw/201809/20180902785061.shtml。
⑤ 《埃及公报》7月26日报道：塞西总统近日签署第101/2018号法律，批准实施2018/2019财年经济和社会发展计划，该计划为埃中期发展规划（至2022年）的第一阶段计划。根据该计划，2018/2019财年埃政府收入将达65033亿埃镑，实现5.8%的经济增长（《塞西总统签署法律批准2018/2019财年经济和社会发展计划》，中华人民共和国驻阿拉伯埃及共和国大使馆经济商务参赞处，2018年7月27日，http：//eg.mofcom.gov.cn/article/jmxw/201807/20180702770164.shtml）。

革将持续。②国家经济发展计划初见成效。塞西的首个任期积极通过大型发展项目拉动国家经济发展，包括：新苏伊士运河及周边基础设施开发项目——"苏伊士运河走廊经济带"；埃及新农村项目——旨在建立综合性可持续发展社区；新行政首都建设及相关道路、桥梁、隧道、海陆口岸的基建项目（有望在 2020 年建成）；传统及可再生能源的相关项目。① 建筑和能源行业建设已经成为埃及经济增长的主要引擎。② ③积极寻求国际组织以及海湾阿拉伯国家的支持。2016 年 11 月，国际货币基金组织批准了一项为期 3年、规模 120 亿美元的扩大基金，目前已发放了三笔贷款，总额达 60 亿美元，以支持其政府改革项目。科威特、沙特阿拉伯和阿联酋也提供了超过300 亿美元的援助。2015～2019 年，世界银行集团对埃及的资金支持总计将达到创纪录的 80 亿美元。③ ④大力推进改革。自 2016 年年中以来，埃及出台了一系列严厉的改革措施，如引入增值税（2016 年 10 月）、采用更灵活的汇率政策（2016 年 11 月）、通过新投资法（2017 年 6 月）、实施一系列燃料补贴削减（2018 年 6 月）等。⑤安全形势有所好转。2018 年 2 月，埃及展开代号为"西奈 2018"的大规模反恐行动，涉及 6 万名士兵和 5.2 万名警察，沉重打击了西奈半岛等地的恐怖主义和极端主义势力。为清除恐怖主义滋长的土壤，塞西最近宣布总额达 2250 亿埃镑（合 128 亿美元）的西奈半岛基础设施发展规划，其中 1750 亿埃镑由沙特阿拉伯、阿联酋和科威特提供。尽管西亚北非地区整体相对动荡的局势不利于埃及根除恐怖主义，

---

① 《专访埃及总统塞西：与 G20 国家合作重塑阿拉伯强国地位》，2016 年 9 月 6 日，http：//news. 10jqka. com. cn/20160906/c593460023. shtml。

② 埃《每日新闻》8 月 8 日报道：埃计划监督和行政改革部长 Hala Al-Said 称，埃政府计划扩大对工业部门投资，预计在工业领域的投资比例将上升至 25%，推动工业部门增长率从目前的 7.5% 提高到 8.0%，使工业部门对经济增长贡献率从现在的 15% 提升到 20%（《2018/2019 财年埃工业部门对经济增长贡献率有望超过 20%》，中华人民共和国驻阿拉伯埃及共和国大使馆经济商务参赞处，2018 年 8 月 8 日，http：//eg. mofcom. gov. cn/article/jmxw/201808/20180802773921. shtml）。

③ 《世界银行向埃及增加 20 亿美元资金谈判进展顺利》，中华人民共和国驻阿拉伯埃及共和国大使馆经济商务参赞处，2018 年 8 月 13 日，http：//eg. mofcom. gov. cn/article/jmxw/201808/20180802775555. shtml。

但是军事行动与地区发展计划将改善埃及安全状况，促进埃及旅游业发展，吸引外来投资。

总体上，我们认为，埃及 2018～2019 年经济形势比较乐观。尤其是 2017 年 12 月埃及海岸的 Zohr 气田投产。该气田拥有超过 30 万亿立方英尺的天然气，是埃及和地中海有史以来最大的天然气发现地。[①] Zohr 气田现在每天产量 20 亿立方英尺，相当于约 36.5 万桶石油当量[②]，到 2019 年产量将达到 26.5 亿立方英尺/天。在天然气产量上升的帮助下，埃及经常项目压力将大大缓解，埃及有可能成为地区能源中心。经济增长的主要风险在于政府内部强大利益集团的影响导致改革进程放缓以及西亚北非地区紧张局势加剧拖累埃及发展。

（二）伊朗：有衰退风险

2018 年伊朗经济面临的主要问题是美国施加制裁导致的经济衰退风险。2018 年 5 月 8 日，美国总统特朗普宣布美国退出伊核协议，重启对伊制裁。8 月 7 日，美国重启对伊朗金融、金属、矿产、汽车等一系列非能源领域制裁，还将于 11 月 5 日全面恢复对伊朗的制裁。美国白宫官员称，特朗普政府将"把各国从伊朗进口的石油降至零"视为制裁目标。[③]

伊朗经济深受制裁冲击。作为伊朗原油三大买家之一的韩国（其余两家为中国和印度）于 2018 年 8 月已将从伊朗的原油进口降至零，而 2018 年 7 月韩国每天进口的伊朗原油达 19.4 万桶。[④] 伊朗通货膨胀率快速攀升。在美国重启制裁前，伊朗通胀率已从 2017 年的平均 10% 降至 2018 年 1～5 月

① 《Eni 在埃及又一天然气重大发现说明了什么？》，石油圈，2016 年 6 月 12 日，http：//www.oilsns.com/article/47458。
② 《意大利 ENI 在埃及庞大的 Zohr 天然气田增加产量》，能源界，2018 年 9 月 11 日，http：//www.nengyuanjie.net/article/18156.html。
③ 《分析｜美国重祭对伊朗制裁 如何影响全球油市与企业布局》，财新网，2018 年 8 月 8 日，http：//international.caixin.com/2018-08-08/101312756.html。
④ 《韩国 8 月自伊原油进口降为零》，中华人民共和国驻伊朗伊斯兰共和国大使馆经济商务参赞处，2018 年 9 月 13 日，http：//ir.mofcom.gov.cn/article/jmxw/201809/20180902786036.shtml。

的 9% 。然而伊朗央行最新报告显示，8 月的月度生产者价格指数（PPI）已同比增长 33.8% 。在截至 8 月 22 日（意味着伊历上半年结束）的 12 个月内，平均生产者价格指数（PPI）同比上涨了 15.2%[①]，通货膨胀率为 11.5%[②]。9 月 3 日，伊朗货币里亚尔兑主要货币汇率贬至新低。在货币兑换所和非官方市场，里亚尔兑美元汇率为 128500∶1。[③] 伊朗的财政账户将在 2018 ~ 2019 财年出现创纪录的赤字，原因在于政府推迟削减开支以稳定国内局势（例如 2018 年 3 月取消了在 2018 ~ 2019 财年削减补贴并将燃油价格提高 50% 的计划）以及搁置提高销售税等财政增收计划，同时石油产量下降限制了伊朗向海外借款为财政支出提供资金的能力。制裁还使得企业和消费者信心恶化，伊朗经济有陷入衰退的风险。

预计伊朗未来经济增长风险主要表现在以下几个方面。①制裁。预计伊朗有可能采取多种方式应对制裁，具体包括与美国重启对话、寻求欧洲支持、进行易货贸易和提高自给率等。考虑到美国的态度，即使恢复对话，2018 ~ 2019 年也难以产生实质性结果。欧盟 8 月 23 日宣布向伊朗拨款 1800 万欧元（约合 1.4 亿元人民币），以拓展双边经济关系。[④] 然而，欧洲企业不太可能通过投资来承担新的风险。由于美国制裁的目标是使用美元进行的交易和在伊朗从事贸易或投资的公司，伊朗比较可行的措施是采取易货贸易或选择非美元货币，可能的交易对手是与美国没有经济往来的公司。②经济改革进展受阻。如果伊朗希望提高国内自给率，那么在财政紧张情况下需要

---

① 《伊朗生产价格指数上涨趋势明显》，中华人民共和国驻伊朗伊斯兰共和国大使馆经济商务参赞处，2018 年 9 月 4 日，http：//ir. mofcom. gov. cn/article/jmxw/201809/20180902783042. shtml。

② 《伊朗央行公布其通货膨胀率为 11.5%》，中华人民共和国驻伊朗伊斯兰共和国大使馆经济商务参赞处，2018 年 8 月 29 日，http：//ir. mofcom. gov. cn/article/jmxw/201808/20180802781057. shtml。

③ 伊朗《金融论坛报》9 月 4 日报道，周一伊朗货币里亚尔兑主要货币汇率贬至新低。在货币兑换所和非官方市场，里亚尔兑美元汇率为 128500∶1；里亚尔兑欧元汇率为 149000∶1，较前一日上涨 7.3% 。（《伊朗里亚尔兑主要货币汇率再创新低》，中华人民共和国驻伊朗伊斯兰共和国大使馆经济商务参赞处，2018 年 9 月 5 日，http：//ir. mofcom. cn/article/jmxw/201809/20180902784611. shtml）。

④ 《欧盟向伊朗拨款 1800 万欧元 恢复伊因受美国制裁损失》，新浪网，2018 年 8 月 25 日，http：//mil. news. sina. com. cn/2018 - 08 - 24/doc - ihicsiaw5479747. shtml。

全面推进国内改革以及吸引外资。伊朗总统鲁哈尼此前积极推动经济自由化和社会改革，其主要外交政策成就是签署了《2015 年联合全面行动计划》（JCPOA，伊核协议），虽然鲁哈尼于 2017 年 5 月继续当选总统，但是美国退出伊核协议使得鲁哈尼地位岌岌可危，难以进一步推动经济社会改革。而且，即使本国营商环境有所改善，在美国严厉制裁下，伊朗对外资的吸引力仍然极为有限。③升息。伊朗为支持本国货币以及防止资金快速外流，未来很有可能升息。但是，伊朗央行在 2017 年实施了更具扩张性的货币政策以支持经济增长（银行存款准备金率从 13% 降至 10%），因此升息有可能加速伊朗的经济衰退。

（三）沙特阿拉伯：走势向好，风险提升

2018 年沙特 GDP 增速将达到 2.2%。2017 年受石油限产及地区局势不稳影响，沙特 GDP 增长 -0.9%。2018 年的增长则受益于油价上涨以及非石油部门的增长。尽管油价对沙特 2018 年经济增长有正面影响，但受"OPEC +"石油产量削减协议影响，2018 年沙特石油产量增长有限。

2015 年以来，国际油价持续低迷。沙特政府认为唯有摆脱石油依赖、探求新的经济发展模式才是实现沙特经济可持续发展的根本出路。从目前情况看，沙特的改革初见成效。沙特营商环境显著改善，2018 年国际营商指数排在全球最佳前 20 国，在高收入国家和二十国集团排名第二。2018 年沙特进一步出台了一系列改革措施，主要集中在保护小微投资者、增强合同执行力、鼓励创业、促进跨境交易、推行财产登记和解决破产问题六大方面。沙特政府还为企业经营创建名为"Maraas"的一站式服务平台，简化经营活动所需的审批流程和时间，免除了对企业注册要求事先获得监管机构许可的规定。①

沙特经济增长未来的风险主要表现在以下几个方面。①升息。由于沙特货币里亚尔盯住美元，政策利率必须大致跟随美国利率的变动（即使两国

---

① 国别贸易投资环境信息，http：//gpj. mofcom. gov. cn/article/d/dd/。

的经济周期不同步）。2018 年 6 月美联储加息后，沙特阿拉伯金融管理局
（the Saudi Arabian Monetary Authority，SAMA，中央银行）迅速将政策利率
提高了 25 个基点，以与美联储政策方向保持一致。从目前的市场预期来看，
美联储 2018 年可能加息 3~4 次，因此沙特货币政策的总体方向是加息，这
将增加企业的借贷成本，打击股价。②地区安全威胁。从军事冲突的高低强
度看，西亚北非地区仍然是全球火药味最浓的地方。作为地区大国，沙特支
持叙利亚反对派推翻巴沙尔政权，深度介入也门危机、打击也门胡塞武装，
力挺美国退出伊核协议，主导成立伊斯兰军事联盟打击恐怖主义，深陷地区
安全问题可能对经济增长造成不利影响。[①] ③制裁。2018 年 10 月，沙特记
者卡舒吉在土耳其失踪。美国总统特朗普声称，如果卡舒吉在沙特领事馆内
被杀害属实，将严惩沙特。

（四）尼日利亚：有所改善，后劲不足

尼日利亚 2017 年经济形势有所好转，增长 0.8%，而 2016 年为负增长
1.6%，预计 2018 年增长 1.9%。尽管尼日利亚经济已经走出衰退，但是
2017 年经济增长率不到 1%，仅为撒哈拉以南非洲地区平均经济增长率的
1/3，并且尼日利亚经济增长严重依赖石油部门，实现较快速度可持续增长
的动力不足。

政治不稳定、不安全因素增长以及持续的政策不确定性不利于尼日利亚
推动经济增长。2019 年 2 月尼日利亚将进行总统选举，现任总统穆罕默
杜·布哈里（Muhammadu Buhari）将参选，但其党内支持率正迅速下降，
这意味着本届政府至少在大选之前将放缓改革步伐以维持政治稳定。同时尼
日利亚安全形势堪忧，治理难度大。北部叛乱、主要产油区的激进民族主义
和海盗、比夫拉地区的分离主义、宗教间的紧张关系以及关于土地使用权的
暴力冲突相互交织，并且许多激进组织跨越陆地和海洋边界，需要开展国际

---

① 《专家视点｜沙特 2018：中东土豪艰难转身》，2018 年 1 月 5 日，https://baijiahao.baidu.com/s?
id = 1588711945670738350&wfr = spider&for = pc。

合作以解决跨境安全问题。此外，尼日利亚议会内部分歧持续存在，即使大选结束，政策稳定性也难以保证。就各部门而言，尽管尼日利亚政府致力于提高粮食产量，但基础设施薄弱和严重农牧冲突阻碍了农业发展。工业由于油价上涨和2017年的基数较低，预计2018年出现反弹，但受劳工运动、走私等因素影响，反弹可能有限。石油产量尽管在增长，但由于财政约束、基础设施不足以及商业环境不佳导致的投资不足，未来石油产量增长潜力有限。

此外，尼日利亚经济增长面临财政货币政策约束。尼日利亚债务管理办公室数据显示，尼日利亚债务总额在过去三年的时间里几乎翻了一番，由2015年底的12.6万亿奈拉增至2018年第一季度末的22.7万亿奈拉。仅2018年第一季度，债务总额就增加近1万亿奈拉。若照此速度，到年底债务总额占GDP的比例将升至24%，而2016年仅为13%。①尽管与其他新兴市场国家相比，尼日利亚中央政府债务占GDP的比例较低，但偿债支出已接近联邦政府1/4的开支。尼日利亚财政政策的核心是将收入来源从石油转向多元化，同时把更多的开支用于扶贫活动及基础设施投资。尼日利亚正努力通过扩大税收覆盖范围、征收滞纳金以及提高非石油收入等措施来改善政府财政收支。由于长期存在的产能问题、官僚主义导致的效率低下以及预算制定和执行的拖延，预计政府难以采取有效措施扩大税基，降低债务比例。尼日利亚2017年以消费者价格衡量的通胀率为16.5%，尼日利亚央行（CBN）一直采取紧缩性货币政策以控制物价上涨。尽管尼日利亚通胀率已经缓慢下降，尤其是从2017年初的高点回落，但仍然高于CBN 9%的上限目标，且美国升息可能会对奈拉施压，因此央行不太可能放松货币政策以刺激经济增长。

---

① 《尼日利亚不断上涨的债务未能有效推动经济增长》，中华人民共和国驻尼日利亚联邦共和国大使馆经济商务参赞处，2018年6月27日，http：//nigeria. mofcom. gov. cn/article/e/m/201806/20180602759512. shtml。

（五）南非：不稳定的温和复苏

南非经济 2017 年增长 1.3%，高于 2016 年 0.6% 的经济增长水平。但在 2018 年上半年，南非经济出现了"意料之外"的衰退，导致各大机构纷纷调低对南非经济增长的预测。① IMF 在 2018 年 10 月发布的数据认为，2018 年南非经济增长率预计仅为 0.8%。南非统计局数据显示，2018 年第一季度南非经济增长率环比下降 2.6%，第二季度经济增长率环比再度下降 0.7%，南非经济自 2008 年金融危机以来首次陷入技术性衰退。农业部门产出大幅下降是造成 2018 年第二季度经济衰退的主要原因，第二季度农业产出下降幅度高达 29.2%，对经济增长率的贡献为 -0.8%；矿业、服务业等部门均实现了不同程度的正增长。②

尽管被称为技术性衰退，但同时也暴露出南非当前经济增长中的一些不稳定因素。2018 年 7 月 31 日，南非总统拉马福萨（Cyril Ramaphosa）宣布将推动修宪，从而使政府拥有无偿征用土地的权力。③ 此举是为了解决种族隔离政策留下的后遗症，并在 2019 年大选中削弱具有民粹主义倾向的反对党经济自由斗士（Economic Freedom Fighters，EFF），维持非国大的执政地位。无偿征用土地将打击投资者信心，抑制私人投资，并且导致农业市场情

---

① 《高盛公司下调南非 2018 年经济增长率预测值》，中华人民共和国驻南非共和国大使馆经济商务参赞处，2018 年 9 月 5 日，http：//za. mofcom. gov. cn/article/jmxw/201809/20180902783382. shtml；《穆迪大幅下调南非 2018 年经济增长率预测值》，中华人民共和国驻南非共和国大使馆经济商务参赞处，2018 年 9 月 9 日，http：//za. mofcom. gov. cn/article/jmxw/201809/20180902789738. shtml；《经合组织下调南非 2018 年经济增长率至 0.9%》，中华人民共和国驻南非共和国大使馆经济商务参赞处，2018 年 9 月 21 日，http：//za. mofcom. gov. cn/article/jmxw/201809/20180902784554. shtml。

② 《南非经济自 2008 年金融危机以来首次陷入技术性衰退》，中华人民共和国驻南非共和国大使馆经济商务参赞处，2018 年 9 月 5 日，2018http：//za. mofcom. gov. cn/article/jmxw/201809/20180902783381. shtml。

③ 在种族隔离结束 25 年后，南非大部分土地依旧集中在白人手中，执政党非国大党多年以来一直推行土地赎买再分配政策，但到 2018 年 2 月，白人仍持有南非农业用地的 72%。为了解决种族隔离政策留下的后遗症，并在 2019 年大选中维持多数党地位，南非执政党非国大党宣布，将推动修改宪法，允许无偿征收土地，希望借此能够赢得穷人支持。这一政策将主要以白人持有的土地为首要征收对象。

绪低迷，南非 2018 年第三季度农业信心指数由第二季度的 54 跌至 48，为近两年来最低水平。① 此外，新版矿业宪章带来的政策不确定性导致采矿活动放缓，紧缩的财政政策（特别是 2018 年 4 月 1 日提高增值税）影响了总需求，美元走强、融资环境趋于恶化、新兴市场国家资本市场动荡以及全球贸易局势紧张升级等外部不利因素都将损害南非经济增长。

总体上，南非经济仍将维持温和复苏态势。2018 年 2 月，拉马福萨被任命为南非新总统，其主要政策目标是重建非国大的团结和促进经济发展，从而创造就业机会。9 月，拉马福萨公布了一揽子经济刺激计划的具体内容，重点聚焦签证政策便利化、发布新版"矿业宪章"、降低营商成本、扩展无线电频谱、重新规划 500 亿兰特预算支出和募集 4000 亿兰特基础设施建设资金等六大领域。② 另一个积极信号来自南非 2018～2019 财年（从 2018 年 4 月至 2019 年 3 月）的财政预算，新预算聚焦于财政整顿，预计赤字在 2018～2019 财年将下降到 GDP 的 3.6%（2017～2018 财年为 GDP 的 4.4%）。2018 年 6 月，公共部门工人达成了一项为期三年的工资协议，大体符合预算规定，限制了罢工风险，也标志着南非财政风险进一步下降。由于通胀率降低至南非储备银行（SARB）3%～6% 的目标范围，SARB 在 2018 年 3 月将基准利率下调了 25 个基点，达到 6.5%。降息将支持信贷需求和家庭消费。

三 西亚非洲地区经济展望

预计 2018 年西亚北非地区经济增长动力减弱，下行压力来自部分世界主要经济体经济增长不如预期、地缘政治局势紧张和冲突加剧、石油价格波动加剧、财政整顿影响公共支出、改革进展缓慢等方面。该地区主要经济

---

① 《南非 2018 年三季度农业信心指数跌至两年来最低点》，中华人民共和国驻南非共和国大使馆经济商务参赞处，2018 年 9 月 12 日，http://za.mofcom.gov.cn/article/jmxw/201809/20180902785790.shtml。

② 《拉马福萨经济刺激计划重点聚焦六大领域》，中华人民共和国驻南非共和国大使馆经济商务参赞处，2018 年 9 月 22 日，http://za.mofcom.gov.cn/article/jmxw/201809/20180902789845.shtml。

体，包括沙特阿拉伯（该地区最大的经济体）、伊朗（该地区的第二大经济体）等，都直接受到地缘政治紧张局势的影响，尤其伊朗在美国新制裁阴影下面临衰退风险。西亚北非地区经济体财政和外部账户调整步伐高度依赖石油价格水平。2018 年第四季度国际原油价格大幅回落，卡塔尔确认于2019 年 1 月退出 OPEC，OPEC 不仅与非 OPEC 国家减产协议难产，自身也处于风雨飘摇之中。2019 年世界原油价格可能面临大幅波动，西亚和北非地区经济体财政和外部账户调整因而具有高度不确定性。

预计撒哈拉以南非洲地区经济增长前景较为稳定，但是增速仍将显著低于新兴市场与发展中经济体的平均经济增长水平。这表明撒哈拉以南非洲地区要解决发展问题任重道远。该地区经济增长的下行风险主要来自以下几个方面：全球经济增长形势不如预期，大多数发达经济体经济增长已放缓；某些发达经济体政策不确定性进一步提高，贸易紧张局势升级，主要大国间的贸易冲突可能在 2018～2021 年对撒哈拉以南非洲地区国家造成的损失累计相当于 GDP 的 1.5%[①]；全球金融环境收紧不仅提高了撒哈拉以南非洲地区部分经济体从国际市场获得融资的难度与成本，还加大了外资从该地区大规模流出的风险，并且该地区许多国家并没有足够的外汇储备来应对这种局面；结构性改革推进不畅，难以创造足够的就业岗位和营造良好的营商环境，提高资源配置效率，促进经济增长；财政调整质量不佳，无法在国内税收动员方面取得更多进展以确保债务可持续性以及为急需的发展支出提供资金支持。

鉴于内外部因素，西亚非洲地区经济增长不确定性显著增长。展望未来，为推动经济增长，西亚非洲国家需要携手共进、推动地区与国际合作以降低地缘政治紧张局势以及贸易投资保护主义的负面影响，同时需要坚持推动改革和财政整顿以积极培育经济增长的内生动能。

---

① IMF, "External Risks Threaten Sub-Saharan Africa's Steady Recovery," October 11, 2018, https: //www. imf. org/en/News/Articles/2018/10/09/NA101118 – external – risks – threaten – sub – saharan – africas – steady – recovery.

参考文献

AfDB, OECD, and UNDP, "African Economic Outlook," May 2017, https：// www. oecd – ilibrary. org/development/african – economic – outlook_ 19991029.

IMF, "World Economic Outlook：Cyclical Upswing, Structural Change," April 2018, https：//www. imf. org/en/Publications/WEO/Issues/2018/03/20/world – economic – outlook – april – 2018.

IMF, "Regional Economic Outlook：Middle East and Central Asia," May 2018, https：//www. imf. org/en/Publications/REO/MECA/Issues/2018/04/24/mreo0518.

IMF, "Regional Economic Outlook. Sub-Saharan Africa：Capital Flows and The Future of Work," October 2018, https：//www. elibrary. imf. org/doc/IMF086/25417 – 9781484375396/25417 – 9781484375396/Other _ formats/Source _ PDF/25417 – 9781484377765. pdf.

IMF, "World Economic Outlook：Challenges to Steady Growth," October 2018, https：//www. imf. org/en/Publications/WEO/Issues/2018/09/24/world – economic – outlook – october – 2018.

The World Bank, "Global Economic Prospects：The Turning of the Tide？" June 2018, https：//openknowledge. worldbank. org/bitstream/handle/10986/29801/211257 – Ch01. pdf.

The World Bank, "Africa's Pulse：Boosting Access to Electricity in Africa through Innovation, Better Regulation," April 2018, http：//www. worldbank. org/en/region/afr/ publication/boosting – access – to – electricity – in – africa – through – innovation – better – regulation.

Y.9
中国宏观经济形势分析与展望：
基于工业企业结构分化的视角

徐奇渊[*]

摘　要：　在经济处于下行周期的背景下，工业企业利润数据面临两大悬疑：统计局发布的工业企业利润增速是否反映了工业企业的真实经营状况？在工业企业利润总体数据背后，国有企业和民营企业之间的分化到底有多大？分析表明，工业企业利润在2018年的整体增速较为稳定。但是国企、民企的经营状况确实出现较大分化，原因在于融资成本差异的进一步扩大。同时，中小企业的相对景气指数步入近10年来的次底谷，而且行业融资成本的分化还在加剧。这可能影响短期宏观经济稳定，还可能影响相关新兴产业的发展空间，进而影响中长期增长动能。面对这种结构分化，政策需要跳出短期宏观调控的框架，回到供给侧结构性改革的视角，通过构建有效的市场机制，保护和激发企业家精神，从而培育微观主体的活力、增强中国经济系统的韧性。

关键词：　中国经济　工业企业　国有企业　民营企业　结构分化

2017年第一季度中国宏观经济增速处于周期性顶部，之后温和放缓，

---

* 徐奇渊，经济学博士，中国社会科学院世界经济与政治研究所研究员，主要研究领域为国际金融学、中国宏观经济政策、世界经济。

延续至今。在增速放缓过程中，出口增速仍然维持在较高水平。截至 2018
年 9 月，中国出口同比增速仍高达 14.5%，中美贸易顺差还在扩大当中，
中美贸易冲突的负面冲击尚未显现，甚至提前抢单的行为还使得短期内的出
口更为活跃。因此，截至 2018 年第三季度，中国经济面临的周期性下行压
力，其主要动力来自内部因素，尤其是投资增速的放缓。

在此过程中，工业企业的利润增速仍然维持在高位，引发了一些观察者
的争论。不过，即使是在工业企业利润增速数据可信的背景下，工业企业经
营状况的分化也是当前不容忽视的重要矛盾。如何看待这种分化，如何理解
分化的原因及其可能产生的影响？以下将就这些问题尝试进行分析。

一 GDP 名义增速下行，工业企业利润数据
面临两大悬疑

2018 年上半年中国国内生产总值 41.9 万亿元，按可比价格计算，同比
增速为 6.8%。分季度来看，2018 年第一季度同比增速为 6.8%，第二季度
为 6.7%。实际 GDP 增速非常平稳，已经连续 12 个季度保持在 6.7% ~
6.9% 的区间。最高、最低增速仅相差 0.2 个百分点。

但是，同一时期的名义 GDP 增速经历了较大波动：2015 年第四季度，
名义 GDP 增速为 6.4%（上轮周期增速谷底），2017 年第一季度为 11.7%
（末轮周期增速峰值），2018 年第二季度则已经回落到 9.8%——这也是最
近 6 个季度以来，名义 GDP 首次回落到 10% 以下。在 2018 年第三季度，名
义 GDP 增速进一步回落至 9.6%。目前，名义增速的总体下行态势已经确
立，并且仍在探底过程中。根据经济周期的过往表现，中国 GDP 名义增速
或在 2019 年中后期见底。

为什么要关注名义 GDP 增速？其一，从观察经济周期角度来看，名义
增速更有意义。从图 1 的数据来看，名义 GDP 具有更强的波动性、更为显
著的周期性。如果对名义 GDP 增速进行分解，可以看到其由两部分构成，
即：名义 GDP 增速 = 实际 GDP 增速 + GDP 平减指数通胀率。图 1 显示的实

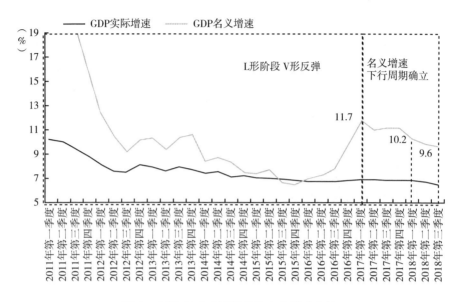

图1　中国 GDP 实际增速和名义增速走势

资料来源：国家统计局，Wind 金融数据终端，笔者计算。

际 GDP 增速相当平缓，而名义 GDP 波动性非常明显，两者之间的差异，正是由 GDP 平减指数衡量的通胀率。而 GDP 平减指数通胀率，通过一个滞后期对应于总供给与总需求力量构成的产出缺口。可见，在实际 GDP 增速比较平稳的情况下，名义 GDP 增速能够较好地反映产出缺口，从而反映经济波动成分。特别地，由于名义 GDP 增速的市场关注度低于实际 GDP 增速，因此该数据所受的干扰也更少。

其二，如果通胀不是一个大的问题，微观市场参与者一般更加关心名义变量。例如，居民会更关心名义收入的增长，企业更关心名义销售额和名义利润的增长，地方和中央财政也更关心名义财政收入的增长。而所有这些关注点，都与名义 GDP 密切相关。在通胀率较为稳定的情况下，不会有企业拿 PPI 来对利润增速进行平减，也不会有地方政府拿通胀率对财政收入进行平减。同样地，金融资产价格也同名义 GDP 增速更加相关。这方面的一个例子是，广受关注的杠杆率指标，即债务/GDP 指标，其计算也与名义 GDP 规模有关。2017 年以来去杠杆初见成效，其中相当大的贡献就来自名义

GDP 增速的上升。

其三，预测名义增速可能比实际增速更加重要。例如，2017 年末的时候，对中国经济的预期存在乐观派和悲观派，两种代表性观点对 2018 年 GDP 增速的预测，分别是 6.8%、6.5%，两者的差异仅为 0.3 个百分点，这种分歧并不具有实质性。事实上，2018 年 GDP 实际增速也在上述狭窄区间内运行，但是，不同观察者的巨大分歧已经蕴含在名义增速的预测值当中，两者差异可能达到 2~3 个百分点——对于生产者和投资者来说，两者含义将会完全不同。因此在 L 形阶段，我们要更多地关注名义 GDP 增速。

2018 年 GDP 名义增速下行态势确立，在此背景下，工业企业的利润增速也面临下行压力（见图 2）。工业企业利润这一指标，在 2018 年也受到了广泛关注。关注点主要围绕以下问题展开：

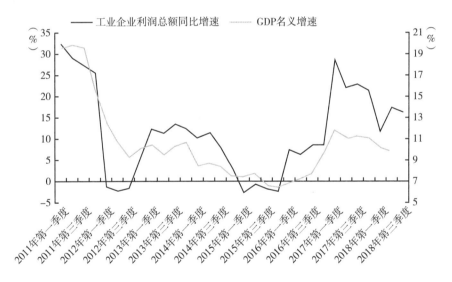

图 2 工业企业利润总额同比增速和 GDP 名义增速走势

资料来源：国家统计局，Wind 金融数据终端，笔者计算。

第一，统计局官方发布的工业企业利润增速，是否真实反映了工业企业的经营状况？为何官方发布的利润同比增速，与根据利润金额计算得到的同比增速，两者相去甚远？工业企业利润的变化情况到底如何？利润指标影响

到企业对未来投资、就业岗位等变量的选择。因此，对这些问题的回答关系到对经济形势能否做出正确的前瞻性判断。本报告第二部分，将关注这些问题。

第二，在工业企业利润总体数据背后，国有企业与民营企业的分化到底有多大？这种结构性分化背后的原因是什么？如果分化继续加剧，会产生何种后果？这方面的结构性分析也将有助于理解中国宏观经济的自发走势。本报告第三部分将对工业企业利润结构分化的现象本身进行分析，第四部分将尝试对结构分化背后的原因及其后果进行分析。

二 工业企业利润增速是否反映了真实情况？

2018 年 1~8 月规模以上工业企业利润为 44248 亿元，少于上年同期的 49213 亿元，按此计算增速应该是 −10.1%。为何官方公布增速为 16.2%？一个初步的回答是：由于统计范围发生变化，符合规模以上标准的企业名单、数量一直都在发生变化。因此，利润总额的统计样本是不可比的，而官方公布的增速 16.5% 属于可比口径，所以两者存在差异。具体地，2018 年 1~8 月，退出"规上"行列的企业净数量超过 6000 家。但是这种回答又产生了新的问题：退出规上的企业净数量超过了 6000 家，这本身不就是一种经济周期的体现吗？而且这种"幸存者偏差"是否高估了整体规上工业企业的利润增速？对这些问题的回答非常重要，关系到对经济形势能否做出正确判断。以下是对这些问题的主要分析。

首先，根据利润金额计算的同比增速，其口径确实不可比。

对于上述两个数据的矛盾，官方的解释认为：公布的同比增速和增量都是根据可比口径计算的，而这一结果与根据利润金额推算的增速存在差异，其主要原因是统计范围发生了重要变化。例如，因为每年有一些企业达到规模以上的标准而被纳入调查范围，也有一些企业因规模变小退出了被调查的范围。此外，规模以上企业的范围还会受到新建投产企业、破产、注（吊）销企业等的影响。因为规上工业企业数量净减少了 6000 多家，所以 2018 年的工业企业利润总金额确实低于上年同期。而按照存活企业的可比口径，其利润总额与上年同期相比则增长了16.5%。

这解释了两个数据的差异，但是仍然无法回答相关质疑。因为毕竟有净6000多家企业降级到了规模以下或者关闭。虽然和30多万家的总量相比，这并不算多，但也反映了经济周期的下行压力。在这种情况下，可比增速可能高估了规上企业的盈利状况，或者低估了经济下行压力。如果规上企业的数量净减少，是因为去产能当中的环保督察而关掉了大量企业，那么剩下企业的利润总额，也仍然低于原来的全行业利润规模，这当然也直接体现了下行压力。然而，即使剩下的企业利润总额大于原来的水平，也应该看到有（净）6000多家企业降级或关闭，那么可比增速可能受到幸存者偏差的影响，而这必然会高估整体工业的盈利能力。这是否会产生误导？

其次，可比增速的偏离，在理论上是逆周期的，但实际并不显著。

如果说上述偏差会导致增速高估，那么在相反条件下也会导致低估：在经济下行时期，规上企业的数量可能出现净减少，这时候存活下来的企业都比较健康，因此可比增速会高估整体利润状况。而在经济上行期，有新建企业会达到规上水平，或是原有企业经营状况较好而初次升级。此时，可比增速就可能会低估企业的盈利增速水平。因此，如果有偏离，那么结果并不是系统性的高估，而是逆周期的变化。

而从实际情况来看，可能存在的高估、低估程度都很小。除了个别情况，两个口径的利润增速[①]高度一致（见图3）。从2001年1月开始至今，两种利润增速的相关系数为98%，两种口径的增速实际上几乎完全重合。如果剔除掉图中标出的4个特殊时期，两个口径的利润增速几乎100%重合。根据过去20多年的历史数据来看，两个口径的差异大部分时候都在1个百分点范围内。因此，在大多数情况下，并不存在明显的高估或低估。这可能是由于以下这种情况，比如规下企业入规或者规上企业降级，这些

---

① 两个口径的利润增速指根据利润总额计算的同比增速和官方直接发布的可比的利润增速。

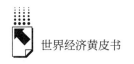

情况都有上期的可比基数，这类新入规、新降级的情况对增速影响并不大。

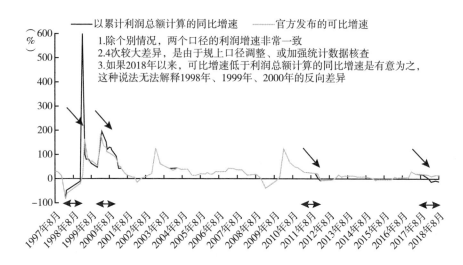

图3 以累计利润总额计算的同比增速和官方发布的可比增速情况

资料来源：国家统计局，Wind 金融数据终端，笔者计算。

再次，为何历史上两个口径的利润增速还是出现了 4 次较大差异？

为了理解这些差异，可以观察规上企业标准的历史调整情况①：①1998 年以前的工业统计范围包括了乡及乡以上独立核算的工业企业，在 1998 年及以后，工业统计范围被调整为规模以上的工业企业。②1998～2006 年，规上工业企业的标准是年主营业务收入在 500 万元以上的非国有企业以及全部国有企业。但实际上，1998 年的调整并非一次性到位。例如，一些省份的调整始于 1998 年（河南省②），另一些则从 2000 年才开始调整

---

① 《改革开放 30 年报告之九：工业经济在调整优化中实现了跨越式发展》，国家统计局网站，2008 年 11 月 6 日，http：//www. stats. gov. cn/ztjc/ztfx/jnggkf30n% 20/200811/t20081106_65695. html。

② "1998～2005 年，工业统计调查对象由按隶属关系划分，改变为按企业规模划分，分为全部国有及年主营业务收入在 500 万元及以上非国有工业企业（简称规模以上工业）和年主营业务收入在 500 万元以下非国有工业企业（简称规模以下工业）及个体工业三部分"，河南省统计网，http：//www. ha. stats. gov. cn/hntj/lib/tjnj/2010/html/j14. htm。

（北京市①）。③从 2007 年开始，按国家统计局规定，主营业务收入不足 500 万元的国有工业企业不再作为规上的统计范围。④2011 年起，规上工业统计起点标准，从年主营业务收入 500 万元提高到 2000 万元。

在此基础上，我们就可以理解前 3 次历史上的差异了。1998 年之后，以及 2007 年和 2011 年之后那段时间，两个口径的利润增速发生了较大差异。这是由于当时规上企业统计范围发生了一些变化，而且该变化过程持续了一段时间，不同省级单位采用新标准的时间也不尽一致（这里我们提到了河南、北京的例子）。

而且，由于 1998 年之前只统计乡及乡以上独立核算的工业企业，这就漏掉了乡以下的工业企业，例如村办规上企业（在当时的某些沿海地区，这类企业的存在相当普遍）。1998 年之后加入了原来漏统的村办的规模以上企业。由于没有基数，因此根据利润总额计算得到的同比增速，就大大高出了可比口径的增速。此外，2011 年的可比增速更高，是因为同年起规上企业统计的标准大幅提高，从 500 万元提升至 2000 万元，因此有一些影响。

最后需要解释的是，2018 年以来两个利润增速出现较大差异的原因。

一种代表性观点认为，大量企业的净退出导致了这种差异。具体数据是，2018 年 8 月与上年同期相比，规上企业数量确实减少了 6000 家以上。这个绝对数值看起来确实较大。不过可以看到，2017 年 4 月和上年同期相比，企业也净减少了 4262 家，这个数量也不小了（见图 4）。再如，2015 年 4 月和 2016 年 4 月，规上企业的同比净增量分别约为 1.3 万家、1.4 万家，这个数量远远超过了 6000 家的变化。而 2015 ~ 2017 年，上述变化相当或者变化更大的企业数量调整——并未带来两个增速的明显差异，相反两者仍然保持高度一致（在图 3 中这一时期的两条线几乎重合）。所以，

---

① "2000 ~ 2006 年，工业统计调查范围由按隶属关系划分，改变为按企业规模划分。2000 ~ 2006 年，分为全部国有及年主营业务收入在 500 万元及以上非国有工业企业（简称'规模以上'）和年主营业务收入在 500 万元以下非国有工业企业和全部个体经营工业单位（简称'规模以下'）两部分"，北京市统计局网站，http://www.bjstats.gov.cn/nj/main/2013_ch/content/sm11.htm。

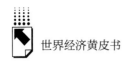

没有充分的证据表明,规上企业的数量变化可以解释 2018 年两个增速的显著差异。

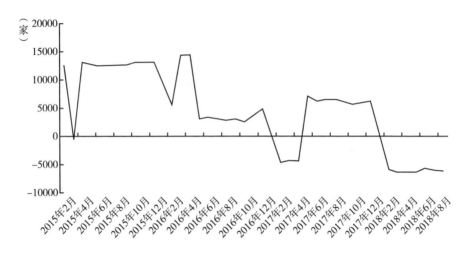

图 4　规模以上工业企业数量（同比增加数量）

资料来源：国家统计局，Wind 金融数据终端，笔者计算。

本报告试图提供的解释是：2017 年以来，国家统计局对规模以上工业企业统计数据进行了执法检查，特别是对规上企业数据进行了核查清理。2018 年 6 月 20 日，十三届全国人大常委会第三次会议上，全国人大常委会副委员长王东明做了报告，主题为"关于检查《中华人民共和国统计法》的实施情况的报告"。该报告特别指出，"2017 年以来，国家统计局根据举报线索核查数据异常的 2051 家企业和 2942 个固定资产投资项目，有 1195 家企业、2775 个投资单位的统计数据存在编造、虚报，一些企业、项目统计数据的编造、虚报倍数还很高。"

尤其是，"国家统计局执法检查规模以上工业企业统计数据发现，天津滨海新区临港经济区、内蒙古开鲁县、辽宁西丰县违法企业平均虚报率分别高达 56 倍、10 倍和 6.7 倍"。关于上述三个地区的统计数据问题，在 2018 年初已经出现过相关报道，当时统计局的初步核查工作就已经完成。同时，规上工业企业的统计数据也应当同步经历了核查和清理。因此，2018 年规上企业的一些财务数据、经营状况，如果仅用总额来进行比较，其可比性就存在很大问题，所以我们看到了两个增速的较大差异。

总之，目前还无法使用两个增速的差异来质疑16.5%的利润可比增速，相反，我们能够找到两个口径差异的正常解释。

三 工业企业利润增速稳定背后的国企、民企的分化及其原因

在2017年上半年之前，去产能导致了工业企业的第一轮分化，即行业分化。不可否认的是，去产能确实取得了重大进展。不过在相当大程度上，这是通过PPI的行业分化，实现行业间利益再分配的结果，并以抬高其他行业成本为代价，挤压了其他行业的利润空间和投资需求。这不但可能对资源配置产生扭曲影响，而且一旦外需扩张中断或出现逆转，去产能的可持续性将面临问题。[①] 从中长期角度来看，利益在不同行业间的再分配不但削弱了整体工业投资，也可能对潜在产出增速产生冲击。

进入2018年以来，工业企业的利润增速出现了第二轮分化，即国企与民企的分化。但是其分化原因与之前去产能的背景有较大差异。

首先，本轮周期中国有企业和民营企业的分化进一步加大。2018年初以来，国有企业与民营企业的分化成为广受关注的焦点。2018年2～8月，在盈利企业中：国有及国有控股企业的利润额累计同比增速为27%，远远高于民营企业的10%（见图5）。同期，在亏损企业中：国有及国有控股企业的亏损额累计同比增速为－11%，亏损状况持续大幅改善。而同期民营企业的增速为21%，亏损状况持续恶化（见图6）。

其次，2018年以来的工业企业利润出现分化，其原因不在于PPI分化，而在于融资成本分化。在去产能背景下的2017年，工业企业利润状况出现

---

① 徐奇渊：《去产能政策的进展及其影响》，《国际经济评论》2018年第2期。

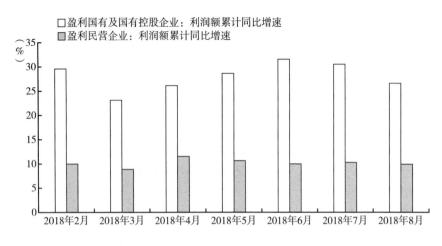

图5　盈利企业情况

资料来源：国家统计局，Wind金融数据终端，笔者计算。

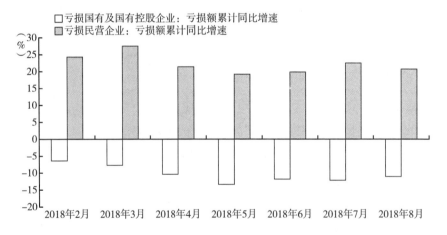

图6　亏损企业情况

资料来源：国家统计局，Wind金融数据终端，笔者计算。

大幅分化，其直接原因是分行业PPI的大幅分化。[①] 但是这一现象在2018年得到了很大的缓解，分行业的PPI差异有明显收敛。甚至2018年的PPI行

---

①　徐奇渊：《去产能政策的进展及其影响》，《国际经济评论》2018年第2期。

业分化达到 4 年来最低水平（见图 7）。因此，从出厂价格指数（PPI）角度并不能解释第二次分化，那我们就要从成本角度进行观察。

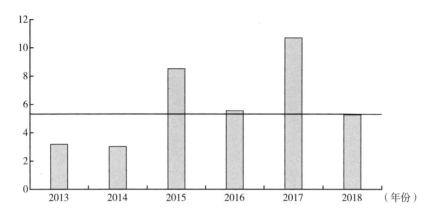

图 7　30 个工业细分行业 PPI（各年 1～8 月）累计同比增速的标准差

资料来源：国家统计局，Wind 金融数据终端，笔者计算。

最后，从整体工业企业的四大类成本来看，利息支出成本变化最大。2017 年至今，特别是 2018 年以来，其他三大类成本的累计同比增速较为稳定，甚至主营业务的成本增速还出现了一定程度的下降。只有利息支出的累计同比增速出现了大幅上升，并从 2018 年初以来稳定在高位。2017 年末，利息支出的累计同比增速仅为 4%，2018 年 8 月这一增速则超过了 10%（见图 8）。

而且我们看到，利息支出增速上升主要对民营企业造成了冲击。2017 年 7 月初，民营企业产业债和央企产业债两者的利差一度低于 120 个基点，到了 2018 年 7 月初和 9 月末，这一利差则两度超过 260 个基点（见图 9）。这种利差结构，不仅反映了债券市场上民营企业和央企之间相对融资成本的变化，而且和商业银行贷款等其他融资渠道的相对融资成本变化也是一致的。

国有企业（或央企）与民营企业的融资成本差异是否反映了企业规模的差异？因为国有企业往往规模更大，而民营企业往往规模偏小。因此，两者的融资成本差异，可能不完全是由所有制性质带来的，也可能和企业规模有关。不过，主流研究表明，在控制了企业规模等各种影响因素的前提下，

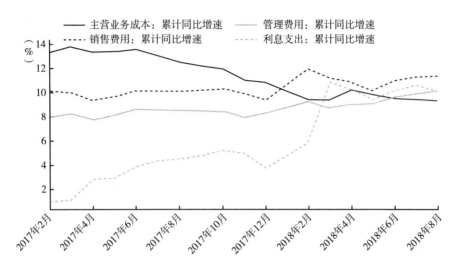

图8　工业企业的四类成本累计同比增速

资料来源：国家统计局，Wind 金融数据终端，笔者计算。

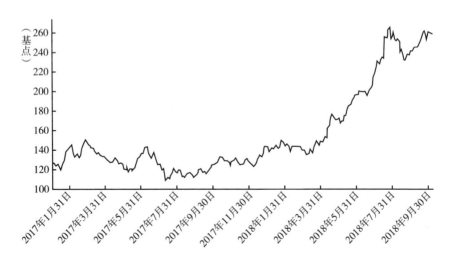

图9　民营企业和央企的信用利差

资料来源：兴业研究，Wind 金融数据终端，笔者计算。

国有企业和民营企业的融资成本仍然表现出现系统性的差异。但是这一点也并不是毫无争议，例如栾小华发现，企业的规模差异在信贷获取中是非常重要的因素，远比企业所有制性质重要；在控制了企业规模等其他相关因素之后，企业的国有属性并未有助于其获取信贷资源或降低信贷资源的获取成本，恰恰相反，国有企业获得银行信贷的可能性反而低于非国有企业。[①]

但是，李旭超、罗德明、金祥荣的研究表明，企业规模这个变量并不是一个外生变量：国有企业和非国有企业受到的扭曲都很严重，资源错置[②]更倾向于降低国有企业的要素成本，从而使国有企业规模超过其最优规模；与此同时，资源错置更倾向于提高非国有企业的要素成本，使非国有企业规模小于其最优规模。[③] 给定这样的规模格局，国企、民企的融资成本出现差异则是必然结果。更重要的是，国企、民企在规模上的差异是一直以来都存在的，而且在中短期这种差异较为稳定，这只能解释国企、民企融资成本一直以来的分化状态，但无法解释本报告所强调的两者相对融资成本在 2018 年以来的阶段性变化。

现阶段，二元的产权结构必然内生出利率双轨制的制度安排。这种利率的双轨制，从根本上说依然是产权问题，仅仅推行利率市场化改革而没有相配套的产权改革，利率双重双轨制问题将难以解决（黄少安、李睿，2016）。而在 2018 年以来，由于金融监管加码和经济周期面临下行压力，这种利率双轨制以更强的压力得以外化体现。

四 工业部门国企、民企分化带来的关切点

关切点之一：民营企业的发展空间。

以国有企业景气程度为基准，来观察中小企业的相对景气指数：目前这

---

① 栾小华：《中国商业银行信贷资源投放效果研究》，《世界经济文汇》2018 年第 2 期。

② 这里的资源错置是指，高效率的企业被"约束"而无法长大，低效率的企业被"补贴"而不合理膨胀，这种资源错置破坏了企业规模与生产率的对应关系。这不仅削弱了国家基于企业规模淘汰落后产能政策的有效性，还导致严重的副作用，使得部分先进产能被"误杀"（李旭超、罗德明、金祥荣，2017）。

③ 李旭超、罗德明、金祥荣：《资源错置与中国企业规模分布特征》，《中国社会科学》2017 年第 2 期。

个相对指数正处于过去 10 年以来的次底谷，而且尚未看到明显的反弹趋势（见图 10）。

在此背景下，国企、民企的分化引发了市场的担忧情绪。2018 年前 9 个月，已有 22 家上市公司通过股权转让协议将公司转让给国资，接盘总市值已经超过 1330 亿元；其中仅 9 月上半月，就有 6 家上市公司计划向国资转让股份、控制权。这一现象引起了广泛关注。以徐林为代表的观点认为，这种接盘行为本身是市场机制在起作用，有利于保护民企的有效生产力，不能简单理解为"国进民退"。

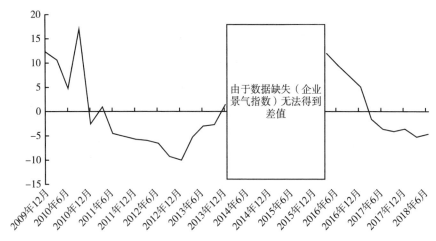

由于数据缺失（企业景气指数）无法得到差值

图 10　中小企业相对景气指数

注：相对景气指数由以下两个指数求差值得到：国有企业景气指数、中国中小企业发展指数（工业指数）。两者求差值后，以差值的历史均值为零基准，得到各期的具体数值。由于缺乏工业行业的国企景气指数，因此使用国有企业景气指数作为替代。

资料来源：国家统计局、中国中小企业协会、Wind 金融数据终端，笔者计算。

但是，本轮国企、民企出现的分化有其更为深刻的原因。为了坚持社会主义市场经济的改革方向，继续推动经济持续健康发展，我们需要继续深化供给侧结构性改革，通过构建有效的市场机制来保护和激发企业家精神，从而培育微观主体的活力、增强中国经济系统的韧性。

关切点之二：行业分化加剧可能阻碍固定资产投资和产业升级。

2017 年 7 月以来，国企、民企的融资成本出现了系统性分化，这种行业分化在很大程度上与工业企业的行业分化也是一致的。

图 11 给出了各个工业细分行业的信用利差变化情况。我们先看第一类行业，即 2017 年年中以来受融资成本变化冲击较小的行业有：航空运输、机械设备、水泥制造、建筑材料、专用设备、煤炭开采、公用事业、电力、有色金属、航运、铁路运输、汽车、采掘、国防军工、交通运输、钢铁等。2017 年 7 月 13 日以来，上述行业的信用利差变化均值下降了 7 个基点，其中航空运输业的信用利差下降了 46 个基点。分阶段来看，这些行业在 2017 年 7 月 13 日至 2018 年 7 月 19 日之间融资成本只有微小的上升、甚至下降，而在 2018 年 7 月 20 日至 2018 年 9 月 28 日之间融资成本还有下降。这些行业一般都是重工业、上游企业，尤其是国有企业较为集中的行业。

再看第二类行业，即 2017 年年中以来受融资成本变化冲击较大的行业有：轻工制造、通信、电子、医药生物、纺织服装、计算机、家用电器、电气设备、建筑装饰、农林牧渔。2017 年 7 月 13 日以来，上述行业的信用利差变化均值上升了 110 个基准点，其中轻工制造业的信用利差上升了 245 个基点。分阶段来看，这些行业在 2017 年 7 月 13 日至 2018 年 7 月 19 日之间融资成本上升更为明显，而在 2018 年 7 月 20 日至 2018 年 9 月 28 日之间融资成本下降却相对有限，甚至个别还有所上升。这些行业一般都是轻工业、下游的最终产品企业，尤其是民营企业更为集中的行业。

上述两类行业的融资成本出现了较大分化，其中后者不但是民企较为集中的行业，同时也包括了部分新兴和战略性产业。因此，上述行业的分化，不但可能在中短期影响到相关行业企业的固定资产投资需求，进而影响到短期宏观经济的稳定，而且还可能影响到相关新兴产业的发展，进而影响到中长期经济增长的动能。

五 结论与展望：需以结构政策应对工业企业分化

目前工业企业总体利润增速稳定，2018 年 1~8 月，全国规上工业企业利润总额同比增速仍然达到了 16.2%。但是与此同时，要充分重视背后的

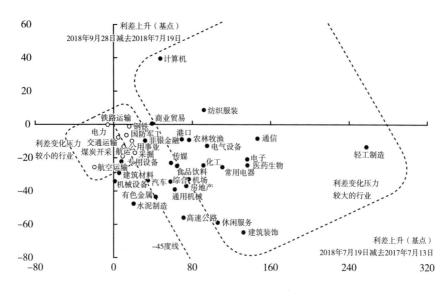

图 11　分行业信用利差的变化：2018 年 7 月 20 日前后两个阶段

资料来源：国家统计局，Wind 金融数据终端，笔者计算。

结构分化问题，即规上企业中国有企业占比提高的问题。目前，利润负增长的行业、亏损企业数量均有显著增加，行业之间和企业间分化正在扩大。

对于这种行业结构分化，PPI 的温和分化不具有解释力。实际上我们看到，财务成本的上升是目前工业企业利润大幅分化的重要原因。具体地，财务成本大幅上升体现为利息支出加速上升和应收账款周期的明显拉长。而且，财务成本的上升也表现出显著的分化特征，民营企业和央企的产业债利差显示了这种分化。

在去杠杆的过程当中，如果流动性趋紧，则民营企业和中小企业的融资成本将首当其冲地面临上行压力。此外，很多民营企业和中小企业的现金流通过供应链或金融关联而依附于地方城投公司或地方国有企业。因此，地方政府的融资条件收紧也会间接恶化民营企业和中小企业的融资状况。再加上股票质押等传导机制，一些大型民企也被卷入了困境之中，这也是本轮国企和民企经营状况出现分化的重要特征。

结构性去杠杆是供给侧改革的重要内容，也是防范系统性风险的重要一环。但是，从目前较为尴尬的结构分化局面来看，融资成本方面遭受最大冲击的仍是民营企业，其次是地方国有企业，而央企或大型国有企业几乎没有受到融资成本上升的冲击。这种行业间分化、企业间分化的蔓延趋势值得警惕。这一问题的加剧，可能会拖累，甚至改变现有的增长势头。

展望 2019 年，如果中美贸易冲突持续升级，则外部出口需求的透支效应将告结束，出口需求的下滑将进一步使国内经济承压。同时，工业企业的结构分化问题将使国内固定资产投资也面临相当的压力。因此，有效缓解、改变工业企业结构分化的局面，将成为化解外部冲击的重要配套政策。

在结构性去杠杆的背景下，如何解决目前的新引发的结构分化问题？一个对应的短期政策组合是"稳货币 + 结构性宽松的财政"组合。一方面，需要稳住货币政策，或者根据市场情况使其向宽松的方向微调。另一方面，则需要财政政策真正发挥作用，以应对目前的结构分化问题。目前，一系列政策已经陆续出台，或正在酝酿之中。这些政策能否在短期内缓解结构分化问题，还有待观察。不过，从长期视角来看，财政政策和货币政策都是总需求调控工具，两者都难以承担过多的结构性调整责任。我们确实需要跳出财政政策、货币政策的短期稳定框架，回到供给侧改革的视角，通过构建有效的市场机制，保护和激发企业家精神，从而培育微观主体的活力、增强中国经济系统的韧性。

参考文献

黄少安、李睿：《二元产权结构、父爱主义和利率双重双轨制》，《社会科学战线》2016 年第 1 期。

李旭超、罗德明、金祥荣：《资源错置与中国企业规模分布特征》，《中国社会科学》2017 年第 2 期。

栾小华：《中国商业银行信贷资源投放效果研究》，《世界经济文汇》2018 年第 2 期。

徐奇渊：《L 型增长下的 V 型反弹和行业分化》，《金融市场研究》2018 年第 1 期。

徐奇渊：《去产能政策的进展及其影响》，《国际经济评论》2018 年第 2 期。

专题篇

Special Reports

Y.10
国际贸易形势回顾与展望：
形势尚可，风险犹存

苏庆义 *

摘　要：　在周期性因素和结构性因素的共同推动下，2017 年世界货物
贸易强劲反弹，实际增速达到 4.7%，名义增速达到 11%，
均为近六年世界贸易增速的最高值。商品价格上升是世界贸
易名义增速较快的重要原因。2018 年上半年世界贸易实际增
速是 3.98%，主要由实际产出增长拉动。2018 年下半年世界
贸易形势可能会比上半年稍差。预计 2018 年全年贸易实际增
速将介于 3% ~4%。2019 年世界贸易增长相比 2018 年将进一
步微弱下降。美国总统特朗普上台以后发起的贸易摩擦会对世

* 苏庆义，经济学博士，中国社会科学院世界经济与政治研究所副研究员，国际贸易研究室副
主任，主要研究领域为国际贸易、世界经济。

界贸易造成较大负面影响，粗略估算表明，持续的贸易摩擦将会使世界贸易实际增速下降3.01个百分点。

关键词： 贸易形势　强劲反弹　贸易弹性　贸易摩擦

一　2017年国际贸易形势回顾

2017年世界货物贸易实际增速达4.7%，是2012年以来世界货物贸易增速的最高值（见图1）。① 本报告在上一年度对2017年世界货物贸易实际增速的预测是超过3.0%，和实际运行一致。2009年全球金融危机引发世界贸易大衰退，货物贸易额下降12.7%。虽然2010年世界货物贸易强劲反弹，实际增速达13.9%，2011年的增速也达到5.4%，但2012~2016年世界货物贸易实际增速均低于3%，平均增速仅为2.3%。在此背景下，2017年世界贸易增长强劲反弹，世界货物贸易名义增速也达到11%。

分区域来看，2017年亚洲的对外贸易增速最高，达8.1%；中东地区的最低，下降2.2%。独联体国家（CIS）的外贸增速仅次于亚洲，为7.8%。② 北美地区、中南美洲和加勒比地区、非洲、欧洲的外贸增速分别是4.1%、3.5%、3.1%、3.0%。

从细分经济体和区分进出口的角度来看，2017年墨西哥、中国、印度、日本、东亚经济体出口较为强劲，出口增速均高于5%（见表1）。美国和欧盟的出口增速较2016年也有明显改善，分别达到4.1%和3.4%。独联体国家、澳大利亚、中国、印度、东亚经济体的进口增速较高，均高于8%。挪威的进口增速也达到8%。其余经济体的进口增速低于世界进口增速。

---

① 限于服务贸易数据可得性问题，本文和历年报告一致，不分析服务贸易。
② 独联体国家包括亚美尼亚、阿塞拜疆、白俄罗斯、摩尔多瓦、哈萨克斯坦、吉尔吉斯斯坦、塔吉克斯坦、乌兹别克斯坦、俄罗斯。

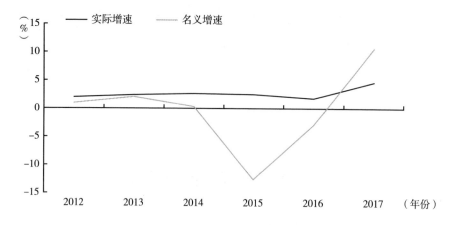

图1 世界货物贸易实际和名义增速

注：贸易增速是出口增速和进口增速的平均值，下同。

资料来源：World Trade Organization, "World Trade Statistical Review 2018," https://www.wto.org/english/res_ e/statis_ e/wts2018_ e/wts18_ toc_ e. htm。

表1 世界代表性地区和经济体外贸实际增速

单位：%

类目	出口			进口		
	2010~2017 年	2016 年	2017 年	2010~2017 年	2016 年	2017 年
世界	3.0	1.6	4.5	3.1	2.0	4.8
北美	3.3	0.6	4.2	3.2	0.1	4.0
加拿大	3.5	1.3	1.4	2.4	-0.4	4.5
墨西哥	5.4	3.1	7.4	3.4	-2.1	3.1
美国	2.8	-0.2	4.1	3.3	0.5	4.1
中南美和加勒比	1.8	1.9	2.9	0.8	-6.8	4.0
欧洲	2.4	1.1	3.5	1.9	3.1	2.5
欧盟	2.5	1.1	3.4	1.8	3.1	2.1
挪威	-0.1	-0.4	1.1	2.1	-2.2	8.0
瑞士	1.2	-1.1	1.9	0.7	2.0	3.4
独联体国家	0.2	-0.4	4.0	0.1	6.1	11.6
非洲	-1.3	1.7	4.4	3.5	-1.3	1.7
中东	4.4	4.5	0.5	2.6	-1.4	-4.8
亚洲	3.8	2.3	6.7	5.1	3.5	9.6
澳大利亚	4.2	6.7	0.0	3.7	-1.9	12.9

类目	出口			进口		
	2010~2017 年	2016 年	2017 年	2010~2017 年	2016 年	2017 年
中国	5.0	1.4	7.1	4.9	3.7	8.8
印度	4.4	2.7	6.4	5.7	-1.8	11.2
日本	0.4	2.3	5.9	2.3	0.8	2.8
东亚经济体	3.2	1.9	6.6	5.7	5.3	13.0

注：东亚经济体包括中国香港、韩国、马来西亚、新加坡、中国台湾、泰国。

资料来源：World Trade Organization，"World Trade Statistical Review 2018，" https：//www. wto. org/
english/res＿ e/statis＿ e/wts2018＿ e/wts18＿ toc＿ e. htm。

2017 年世界货物贸易增长反弹是周期性因素和结构性因素共同作用的结果。周期性因素即需求因素，指世界 GDP 增长对国际贸易的拉动，可以由 GDP 增速的变动来表示。结构性因素是指一单位经济增长拉动多少单位的国际贸易增长，即贸易的收入弹性，贸易收入弹性的变动代表了结构性因素对贸易增速的影响。结构性因素包括很多，比如贸易保护程度、地缘政治风险、自然灾害、经济活跃度、经济政策不确定性等，还有经常被忽视的基期效应。可以用如下公式探讨 2017 年贸易反弹的原因。假设贸易增速用 t 表示，经济增速用 g 表示，贸易的收入弹性用 e 表示。则：

$$
\begin{aligned}
t_{2017} - t_{2016} &= g_{2017} e_{2017} - g_{2016} e_{2016} \\
&= e_{2016}(g_{2017} - g_{2016}) + g_{2017}(e_{2017} - e_{2016}) \\
&= e_{2017}(g_{2017} - g_{2016}) + g_{2016}(e_{2017} - e_{2016}) \\
&= \underbrace{\frac{e_{2016} + e_{2017}}{2}(g_{2017} - g_{2016})}_{\text{周期性因素贡献}} + \underbrace{\frac{g_{2016} + g_{2017}}{2}(e_{2017} - e_{2016})}_{\text{结构性因素贡献}}
\end{aligned}
$$

上述公式中，t_{2017} 和 t_{2016} 分别表示 2017 年、2016 年的世界贸易增速，g_{2017} 和 g_{2016} 分别表示 2017 年、2016 年的世界 GDP 增速，e_{2017} 和 e_{2016} 分别表示 2017 年、2016 年的贸易收入弹性。

计算结果表明，周期性因素和结构性因素均是 2017 年贸易增速反弹的重要原因，结构性因素的贡献大于周期性因素。周期性因素拉动贸易增速提

升 1.02 个百分点，贡献比重是 35.17%；结构性因素拉动贸易增速提升
1.88 个百分点，贡献比重是 64.83%。

表2　2017年贸易增速反弹背后的因素分解

贸易增速 （个百分点）	GDP 增速 （个百分点）	贸易收入弹性 上升幅度	周期性 因素贡献 （个百分点）	结构性 因素贡献 （个百分点）
2.9	0.88	0.7	1.02 （35.17%）	1.88 （64.83%）

注：括弧中的百分数分别是周期性因素和结构性因素贡献的比重；2016 年和 2017 年世界贸易
实际增速分别是 1.8% 和 4.7%，2016 年和 2017 年贸易收入弹性分别是 0.8 和 1.5。

资料来源：笔者根据"World Trade Statistical Review 2018"中的数据以及上述分解公式计算得出。

世界货物贸易名义增速反弹除得益于实际增速反弹外，商品价格上升也
是重要原因。贸易名义增速主要受三个因素的影响：贸易实际增速、商品价
格、美元汇率。实际增速回升当然是名义增速反弹的重要原因。因为贸易名
义增速使用美元标价，美元汇率走势也是影响名义增速的重要原因。根据国
际清算银行（BIS）的美元名义有效汇率数据，无论是使用广义名义有效汇
率还是使用狭义名义有效汇率，美元汇率在 2017 年的下降幅度均有限，分
别下降 0.21% 和 0.84%。这说明，美元汇率对贸易名义增速反弹的贡献有
限。与此同时，在重要商品价格连续 5 年下降后，虽然 2017 年初级农产品
和食品价格保持稳定，但是能源类商品、矿物和有色金属产品（不含原油）
的价格大幅升高，约分别提升 26.05% 和 23.89%。这表明，商品价格也是
世界货物贸易名义增速反弹的重要原因。

二　2018年国际贸易形势分析

（一）2018年上半年国际贸易形势分析

2018 年上半年世界货物贸易实际增速是 3.98%，其中进口增速是

4.38%，出口增速是 3.58%（见表 3）。分季度来看，第一季度贸易增速是
4.28%，高于第二季度的 3.67%。分月度来看，1 月和 2 月增速较高，均超
过 5%；3 月增速下降到最低点，低于 2%；4 月增速反弹至 4.63%；5 月和
6 月增速又开始下降至 4% 以下。

表 3　2018 年上半年国际贸易形势

单位：%

类目	上半年	第一季度	第二季度	1 月	2 月	3 月	4 月	5 月	6 月
世界贸易	3.98	4.28	3.67	5.69	5.21	1.99	4.63	3.39	3.01
世界进口	4.38	4.92	3.85	5.72	5.90	3.16	5.06	3.90	2.61
发达经济体	3.29	4.56	2.04	5.14	5.07	3.49	3.64	1.40	1.09
美国	4.93	5.69	4.18	3.65	7.39	6.04	4.34	3.98	4.23
日本	2.97	5.34	0.68	1.74	13.92	0.82	-1.35	6.42	-2.98
欧元区	2.31	3.00	1.64	4.00	2.85	2.16	3.54	0.11	1.31
其他发达经济体	3.50	5.84	1.23	9.28	4.13	4.16	4.66	-0.13	-0.72
新兴和发展中经济体	6.02	5.44	6.60	6.57	7.12	2.68	7.22	7.69	4.90
亚洲新兴经济体	7.18	6.45	7.92	7.70	8.53	3.20	8.23	9.48	6.04
独联体国家	3.37	4.78	1.98	5.17	6.32	2.89	5.52	0.76	-0.19
拉丁美洲	5.92	4.78	7.08	7.31	5.15	1.97	9.72	7.41	4.26
非洲和中东	-0.27	-0.18	-0.36	-0.95	0.51	-0.07	-1.55	-0.30	0.78
世界出口	3.58	3.66	3.50	5.66	4.52	0.84	4.21	2.89	3.41
发达经济体	3.37	3.23	3.50	4.43	2.58	2.70	4.91	2.08	3.54
美国	5.82	4.48	7.15	2.09	4.17	7.19	7.35	8.50	5.61
日本	4.43	4.33	4.52	8.74	1.78	2.66	8.67	2.48	2.48
欧元区	3.14	3.36	2.92	5.76	2.56	1.80	4.71	0.91	3.20
其他发达经济体	2.02	1.95	2.09	2.21	1.95	1.70	2.70	0.37	3.24
新兴和发展中经济体	3.84	4.19	3.49	7.22	7.02	-1.47	3.31	3.93	3.24
亚洲新兴经济体	5.01	5.65	4.38	10.34	9.88	-2.85	2.77	6.02	4.36
独联体国家	6.51	5.22	7.81	5.84	6.17	3.68	9.27	6.57	7.61
拉丁美洲	0.34	0.70	-0.03	0.85	0.35	0.88	6.67	-3.56	-2.76
非洲和中东	-0.31	-0.39	-0.23	-1.11	-0.06	0.02	-1.18	-0.57	1.07

资料来源：荷兰经济政策分析局的世界贸易监测数据库，https://www.cpb.nl/en/worldtrademonitor。

分地区来看，新兴和发展中经济体贸易增速是 4.93%，明显高于发达
经济体的 3.33%。发达经济体中的美国贸易增速最高，达 5.38%；其次是

日本和欧元区，增速分别达到 3.7% 和 2.73%。新兴和发展中经济体中，亚洲新兴经济体和独联体国家均保持了较高的增速，分别达到 6.10% 和 4.94%；拉丁美洲的贸易增速也不错，达到 3.13%；非洲和中东贸易则是负增长，下降 0.29%。新兴和发展中经济体上半年进口增速达到 6.02%，其中，亚洲新兴经济体进口增速更是达到 7.18%，是拉动世界贸易增长的重要力量。

2018 年上半年世界货物贸易名义增速高达 19.22%，一方面是世界货物贸易实际增速支撑，另一方面是商品价格提高 9.20%。美元汇率也是推动贸易名义增速提升的重要原因，根据国际清算银行的数据，2018 年上半年美元名义有效汇率指数下降 4.76%。

2018 年上半年世界货物贸易实际增长主要由实际产出增长拉动。上半年世界工业实际产出增长 3.77%，略低于货物贸易实际增速（3.98%），表明上半年贸易弹性并不会太高。贸易弹性不高很重要的原因是全球经济政策不确定性上升。图 2 表明，2018 年 1 月以来，全球经济政策不确定性逆转了 2017 年以来的下降趋势。前文已指出，经济政策不确定性是影响贸易收入弹性的重要结构性因素。2018 年 1 月以来贸易摩擦带来的经济政策不确定性给世界贸易运行带来较大影响。

（二）2018年下半年国际贸易形势预测

以下三点理由支持 2018 年下半年世界货物贸易实际增速将和上半年相似。①世贸组织 2018 年 8 月份发布的最新的世界贸易展望指数是 100.3，表明下半年世界贸易增长趋势将延续上半年形势（见表 4）。②国际货币基金组织（IMF）2017 年 10 月的《世界经济展望》预测世界实际产出增长 3.7%，2018 年 7 月的《世界经济展望》预测世界实际产出增长 3.9%，略大于上年 10 月的预测，表明下半年世界经济增长形势至少不会变差。③2018 年 7 月和 8 月的全球经济政策不确定性指数又开始下降，经济政策不确定性降低，有利于世界贸易增速的维持。但是由于贸易摩擦升级以及信贷市场收紧，世贸组织 2018 年 9 月的预测相比 4

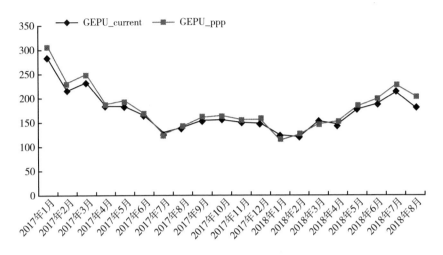

图2 全球经济政策不确定性指数

注：GEPU_ current 是指以市场汇率将各国经济政策不确定性指数加权，GEPU_ ppp 是指以购买力平价将各国经济政策不确定性指数加权。

资料来源：经济政策不确定性指数数据库，http：//policyuncertainty. com/index. html。

月将世界货物贸易实际增速从4.4%下调到3.9%，表明世贸组织对下半年国际贸易形势的预期开始下降。综合起来，2018年下半年国际贸易形势将不会好于上半年。

表4 最新的世界贸易展望指数

名称	指数大小	和上次比的变动方向
世界贸易展望指数	100. 3	降低
出口订单	97. 2	降低
国际航空货运	100. 9	降低
集装箱港口吞吐量	102. 2	降低
汽车生产和销售额	98. 1	不变
电子元器件	102. 2	降低
农业原材料	100. 1	提升

资料来源：World Trade Organization, " World Trade Outlook Indicator," July 2016, https： // www. wto. org/english/news_ e/news16_ e/wtoi72016_ e. pdf。

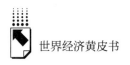

（三）2018年全年国际贸易形势预测

2018年4月世贸组织发布的《贸易统计与展望》预计2018年贸易增长4.4%，略低于2017年增速。但是，世贸组织9月份发布的《贸易统计与展望》将2018年贸易增速调低为3.9%。而且，在实际运行中，2018年第二季度贸易增速低于第一季度。因此，2018年贸易增速可能没有预计的那么乐观。根据上述分析，预计2018年全年世界货物贸易实际增速将很可能低于2017年的4.7%，甚至很可能低于4%，但低于3%的可能性较小，全年增速将介于3%~4%。这一增速虽然不及2017年，但也好于2012~2016年的各年份。2017年的世界贸易强烈反弹的惯性依然能使2018年贸易维持一个较好的增速。

三　2019年国际贸易形势展望

诸多国际组织预测表明，2019年国际贸易形势将比2018年略差，2019年世界货物贸易实际增速将低于2018年。世贸组织2018年4月和9月的预测分别表明2019年贸易增速将低于2018年0.4个和0.2个百分点，国际货币基金组织预测2019年贸易增速将低于2018年0.2个百分点，世界银行预测2019年贸易增速将低于2018年0.1个百分点。平均而言，这三大组织预测2019年贸易增速将低于2018年0.225个百分点。基于这些国际组织预测结果，我们认为，2019年国际贸易形势要稍差于2018年，但由于惯性，2019年贸易形势仍然好于2012~2016年的各年份。2019年贸易增速很大可能仍然在3%~4%的区间运行。

分地区和进出口情况来看，2019年发达经济体和发展中经济体的进出口增速相比2018年均将出现不同程度的下降（见表6）。北美和亚洲地区出口下降幅度较大，中南美地区出口也会出现微弱下降，欧洲和其他地区出口则会上升。北美和亚洲地区进口会出现下降，欧洲进口也会微弱下降，中南美和其他地区进口则会上升。

表5　三大国际组织对国际贸易形势的预测

单位：个百分点

国际组织	2019 年预测值～2018 年预测值
世贸组织	− 0. 4/ − 0. 2
国际货币基金组织	− 0. 2
世界银行	− 0. 1
平均值	− 0. 225

资料来源：笔者根据世贸组织、国际货币基金组织、世界银行的预测整理得出。①

2019 年世界经济增长相比 2018 年微弱下调将对贸易增长造成一定负面影响。根据世贸组织、国际货币基金组织和世界银行对世界经济增长的预测，世贸组织认为 2019 年世界经济增速将比 2018 年下降 0. 2 个百分点，国际货币基金组织认为不变，世界银行认为 2019 年世界经济增速将比 2018 年下降 0. 1 个百分点。② 整体而言，2019 年世界经济形势相比 2018 年会微弱下降。

结构性因素也是影响贸易增长的重要因素，预计 2019 年贸易弹性相比 2018 年将继续下降。尽管世贸组织的《贸易统计与展望》预计 2019 年贸易收入弹性和 2018 年相同，但仍不能忽视各类结构性因素导致 2019 年贸易收入弹性下降的可能。其中，最重要的结构性因素是贸易摩擦尤其是中美贸易摩擦对世界贸易的影响。下面我们专门估算在其他条件不变下，贸易摩擦给世界贸易形势带来的影响。

---

① World Trade Organization, "Trade Statistics and Outlook," September 27, 2018; IMF, "World Economic Outlook: Challenges to Steady Growth," October 2018, https://www.imf.org/en/Publications/WEO/Issues/2018/09/24/World – economic – outlook – october – 2018; The World Bank, "Global Economic Prospects: The Turing of the Tide," June 2018, http://www.worldbank.org/en/publication/global – economic – prospects.

② World Trade Organization, "Trade Statistics and Outlook," September 27, 2018; IMF, "World Economic Outlook: Challenges to Steady Growth," October 2018, https://www.imf.org/en/Publications/WEO/Issues/2018/09/24/World – economic – outlook – october – 2018; The World Bank, "Global Economic Prospects: The Turing of the Tide," June 2018, http://www.worldbank.org/en/publication/global – economic – prospects.

表6　分地区和分进出口看2019年世界货物贸易实际增速

单位：%

	2017	2018（预测）	2019（预测）
世界贸易	4.7	3.9	3.7
出口			
发达经济体	3.4	3.5	3.3
发展中经济体	5.3	4.6	4.5
北美	4.2	5.0	3.6
中南美	3.3	2.8	2.6
欧洲	3.5	2.9	3.2
亚洲	6.7	5.5	4.9
其他地区	0.2	2.6	3.6
进口			
发达经济体	3.0	3.2	3.0
发展中经济体	8.1	4.8	4.5
北美	4.0	4.3	3.6
中南美	4.0	3.6	4.0
欧洲	2.5	3.1	3.0
亚洲	9.8	5.7	4.9
其他地区	3.5	0.5	1.4

资料来源：世贸组织9月发布的《贸易统计与展望》（https：//www.wto.org/english/news_e/pres18_e/pr822_e.pdf）。

四　估算贸易摩擦对世界贸易形势的影响

2017年特朗普上台以来，对美国贸易政策进行了较大幅度的调整，并于2018年在全球范围内挑起贸易摩擦，尤其是针对中国的贸易摩擦愈演愈烈。表7总结了特朗普上台以来发起的各类贸易摩擦以及其他国家相应的反制行为。可以看出，2018年以来，世界范围内生效的加征关税行为大约有14个。加征关税行为涉及金额总数约4395亿美元，加征关税幅度从10%到178.6%。涉及商品种类较多，从原材料、中间品、投资品到消费品，从农产品到工业品。其中，美国主动发起的加征关税行为最多，其他国家则对美国进行了相应的反制。从冲突双方来看，中美之间的贸易摩擦最为激烈。中国被加征关税的金额最多，涉及 2500 多亿美元商品。美国被加征关税数额也不少，除中国反制的 1134 亿美元外，其他国家对美国的反制数额也达到 178 亿美元。

表7　特朗普上台以来各国实施的加征关税行为汇总

序号	生效日期	加征国	被加征国	行业、金额和幅度	理由
1	2018 年 1 月	美国	所有国家	85 亿美元太阳能板，18 亿美元洗衣机	美国《1974 年贸易法》201 调查，保障措施
2	2018 年 4 月	中国	美国	对 10 亿美元高粱征收 178.6% 的反倾销税	世贸组织框架下的"双反"调查
3	2018 年 3 月	美国	所有国家，尤其影响加拿大、欧盟、墨西哥、韩国	对 480 亿美元钢铝加征关税，钢铁加征幅度为 25%，铝加征幅度为 10%，对部分国家进行临时豁免	美国《1962 年贸易扩展法》232 调查，国家安全
4	2018 年 3 月	土耳其	美国	对 18 亿美元产品加征关税	反制美国对钢铝加征关税
5	2018 年 4 月	中国	美国	对 24 亿美元产品加征关税，包括铝废料、猪肉、水果和坚果等	反制美国对钢铝加征关税
6	2018 年 6 月	欧盟	美国	对 32 亿美元钢铝、农产品和消费品加征 25% 的关税，受影响产品包括红莓、哈雷摩托车、蓝色牛仔裤、波旁威士忌等	反制美国对钢铝加征关税
7	2018 年 7 月	加拿大	美国	对 128 亿美元产品加征关税，钢铝产品占一半金额，其他为农产品和消费品，对钢铁加征 25% 关税，对其他产品加征 10% 关税	反制美国对钢铝加征关税
8	2018 年 8 月	美国	土耳其	特朗普宣布对土耳其钢铁加征关税幅度从 25% 提升到 50%，对铝加征关税幅度从 10% 提升到 20%	回应土耳其里拉贬值的行为
9	2018 年 8 月	土耳其	美国	对汽车、酒精、烟草等加征关税	反制特朗普对土耳其产品加征关税幅度翻倍的行为
10	2018 年 7 月	美国	中国	对中国 340 亿美元加征 25% 的关税	美国《1974 年贸易法》301 调查

续表

序号	生效日期	加征国	被加征国	行业、金额和幅度	理由
11	2018 年 7 月	中国	美国	对美国 340 亿美元加征 25% 的关税	反制美国的 340 亿美元加征关税行为
12	2018 年 8 月	美国	中国	对中国 160 亿美元加征 25% 的关税	美国《1974 年贸易法》301 调查
13	2018 年 8 月	中国	美国	对美国 160 亿美元加征 25% 的关税	反制美国的 160 亿美元加征关税行为
14	2018 年 9 月	美国	中国	对中国 2000 亿美元产品加征 10% 的关税，并将于 2019 年 1 月 1 日将加征幅度提升到 25%	美国《1974 年贸易法》301 调查，并回应中国的反制
15	2018 年 9 月	中国	美国	对美国 600 亿美元产品加征 10% 或 5% 的关税	反制美国的 2000 亿美元加征关税行为

资料来源：作者根据彼得森国际经济研究所的文献整理（Chad P. Bown and Melina Kolb, "Trump's Trade War Timeline," September 24, 2008, https: // piie. com/blogs/trade – investment – policy – watch/trump – trade – war – china – date – guide）。

  贸易摩擦将从两个方面对世界贸易造成影响：一是直接影响，各国加征关税的行为将直接对进出口造成负面影响；二是间接影响，贸易摩擦带来的不确定性将影响企业投资决策进而影响世界经济增长，从而间接影响贸易增长。

  贸易摩擦将对世界各国约 4395 亿美元的商品出口造成负面影响，约占世界货物出口额的 2.48%。假设贸易的价格弹性为 2.47，以加征关税幅度为 25% 计算，并且这一加征关税幅度同样以 25% 的幅度反映为商品价格上涨幅度，则贸易摩擦将使世界货物贸易下降 1.53 个百分点。[1] 即便最保守的估计情况，假设价格弹性为 1.03，加征幅度为 10%，贸易摩擦也会使世界贸易下降 0.26 个百分点。如果考虑到全球价值链分工形式，即产品之间的生产关联，贸易摩擦对直接加征关税商品的影响还会导致上游产品受到负

---

[1] 苏庆义（2018）分析了已有文献给出的贸易价格弹性的估算结果，本报告根据其三种估算结果进行简单的加权平均得出；参见苏庆义：《美国贸易制裁清单与中国反制的特点、影响及启示》，中国社科院世经政所 IGT（国际贸易研究）系列讨论稿，Working Paper No. 201805。

面影响，从而对世界贸易造成更大的负面影响。

贸易摩擦还将通过影响投资决策影响世界经济增长，从而对世界贸易增长产生负面影响。根据美国亚特兰大联邦储备银行、斯坦福大学和芝加哥大学布思商学院 2018 年 8 月联合开展的商业调查，有 25% 的工业企业会因为贸易摩擦带来的不确定性而改变自己的投资计划（重新评估、延迟或放弃投资），其中制造业企业改变投资计划的比例达到 30%。[①] 国际货币基金组织 2018 年 7 月的《世界经济展望》也指出，不断升级的贸易摩擦会打击商业和金融市场情绪，进而影响投资。

综合世贸组织、国际货币基金组织、巴克莱资本、标准普尔、英国央行等各机构对贸易摩擦影响世界经济增长的预测，我们认为贸易摩擦将导致世界经济增速下降 1.14 个百分点。[②] 如果以世贸组织预测的贸易收入弹性（1.3）估算，则世界经济增速下降将导致贸易增速下降 1.48 个百分点。

综合贸易摩擦带来的直接影响和间接影响，贸易摩擦将使世界贸易增速下降 3.01 个百分点，如果考虑全球价值链分工形式，世界贸易增速甚至下降更多。即便保守估计，贸易摩擦也会使世界贸易增速下降 1.74 个百分点。这无疑会影响刚刚复苏的世界贸易形势。

五　结论

2017 年世界贸易强劲反弹，实际增速达到 4.7%，是近六年来世界货物贸易增速的最高值。周期性因素和结构性因素均是 2017 年贸易增速反弹的重要原因，结构性因素的贡献大于周期性因素。周期性因素拉动贸易增速提升 1.02 个百分点，贡献比重是 35.17%；结构性因素拉动贸易增速提升 1.88 个百分点，贡献比重是 64.83%。世界货物贸易名义增速达到 11%，

[①] http://econbrowser.com/archives/2018/08/guest－contribution－trumps－trade－policy－uncertainty－deters－investment.

[②] 根据中国国务院新闻办公室 9 月 24 日发表的《关于中美经贸摩擦的事实与中方立场》白皮书计算得出。

也是近六年的最高值,名义增速反弹除得益于实际增速反弹外,商品价格上升也是重要原因。2018 年上半年世界货物贸易实际增速是 3.98%,主要由实际产出增长拉动。由于周期性因素和结构性因素两方面的原因,预计2018 年下半年世界货物贸易实际增速将和上半年相似,并存在表现比上半年稍差的可能性。2018 年全年贸易实际增速将介于 3% ~ 4%。这一增速虽然不及 2017 年,但也好于 2012 ~ 2016 年的各年份。预计 2019 年世界贸易增长相比 2018 年将进一步微弱下降。2017 年特朗普上台以后发起的贸易摩擦会对世界贸易造成较大负面影响,基于对直接影响和间接影响的分析,保守估计,持续的贸易摩擦将会使世界贸易下降 1.74 个百分点,甚至达到3.01 个百分点。

参考文献

苏庆义:《美国贸易制裁清单与中国反制的特点、影响及启示》,中国社科院世经政所 IGT(国际贸易研究)系列讨论稿,Working Paper No. 201805。

中国国务院新闻办公室:《关于中美经贸摩擦的事实与中方立场》白皮书,中华人民共和国国务院新闻办公室,http://www. scio. gov. cn/zfbps/32832/Document/1638292/1638292. htm。

Chad P. Bown and Melina Kolb, "Trump's Trade War Timeline," November 15, 2008, https://piie. com/blogs/trade – investment – policy – watch/trump – trade – war – china – date – guide.

IMF, "World Economic Outlook Update: Less Even Expansion, Rising Trade," July 2018, https://www. imf. org/en/Publications/WEO/Issues/2018/07/02/world – economic – outlook – update – july – 2018.

IMF, "World Economic Outlook: Challenges to Steady Growth," October 2018, https://www. imf. org/en/Publications/WEO/Issues/2018/09/24/World – economic – outlook – october – 2018.

Steven J. Davis, "Trump's Trade Policy Uncertainty Deters Investment," August 2018, http://econbrowser. com/archives/2018/08/guest – contribution – trumps – trade – policy – uncertainty – deters – investment.

The World Bank, "Global Economic Prospects: The Turing of the Tide," June 2018, http：//www. worldbank. org/en/publication/global – economic – prospects.

World Trade Organization，"Trade Statistics and Outlook，" April 12，2018.

World Trade Organization，"Trade Statistics and Outlook，" September 27，2018.

World Trade Organization，"World Trade Outlook Indicator，" July 2016，https：//www. wto. org/english/news_ e/news16_ e/wtoi72016_ e. pdf.

World Trade Organization，"World Trade Statistical Review 2018，" https：//www. wto. org/english/res_ e/statis_ e/wts2018_ e/wts18_ toc_ e. htm.

Y.11
2018年国际金融形势回顾与展望

高海红　杨子荣*

摘　要： 2017～2018年全球经济增长同步性减弱，货币政策正常化进程也有所分化。在美联储持续加息的同时，其他主要发达国家中央银行普遍保持利率政策不变。在国际金融市场上，美元升值显著，新兴市场国家货币普遍贬值，全球债务问题进一步恶化，美国发起的贸易摩擦升级所产生的不确定性造成了市场避险情绪上升，国际金融风险加大。与此同时，主要国家国债收益率走势呈现非同步性，全球股票市场走势也分化明显，外汇市场剧烈动荡，一些国家甚至出现货币危机征兆。展望未来，美联储处在加息通道，主要国家货币政策正常化将渐次推进，但预计息差仍将有利于美元升值。未来贸易摩擦走势、地缘政治变化等因素将对金融市场带来重大的不确定性，进而影响市场走势和资本流动。

关键词： 国际金融风险　国债市场　全球股市　外汇市场

在《2017年国际金融形势回顾与展望》中，我们认为美联储加息将对新兴和发展中经济体造成溢出性影响，新兴市场金融脆弱性增加，全球金融市场持续动荡。这些判断在过去一年中都得到了验证。本报告首先分析

---

* 高海红，中国社会科学院世界经济与政治研究所研究员，博士生导师，主要研究领域为国际金融；杨子荣，金融学博士，中国社会科学院世界经济与政治研究所助理研究员，主要研究领域为国际金融。

2017~2018年国际金融市场变化的风险因素，其次分别分析全球主要国债市场、负债证券市场、股票市场和外汇市场的走势和原因，最后对国际金融形势在未来一年的发展进行展望。

一 国际金融风险

2017~2018年全球经济总体保持增长，但各国之间的增长同步性减弱，货币政策正常化进程也再度出现分化。美联储加息与美元升值成为影响全球金融市场走势的重要因素，新兴市场国家普遍经历货币贬值与资本外流，金融稳定性受到严重威胁。与此同时，多年积累的全球债务问题更加显现，财政政策面临制约。另外，美国发起的贸易摩擦不断升级，极大增加了金融市场对不确定性的担忧，国际金融市场动荡加剧。以总体来看，影响国际金融市场的主要因素和风险包括如下几个方面。

第一，全球货币政策走向仍然保持分化。

2017~2018年，全球货币政策正常化进程持续分化。在美联储保持有序加息的同时，欧洲中央银行和日本中央银行仍保持低息政策不变。美联储于2015年12月率先结束了保持七年之久的低利率政策，随后逐步数次调高联邦基金利率（见图1）。继2018年6月加息之后，美联储表示计划在年内再加息两次以及在2019年加息三次。欧洲中央银行自2016年3月以来一直维持零利率政策，并重申现有的低息政策在2019年年底之前不会改变。在日本中央银行于2016年2月将基本贴现率降至 -0.1%之后一直保持这一负利率水平。为了实现2%的通胀目标，日本央行继续推行其数量和质量并举的宽松政策，并将10年期收益率曲线控制在零水平。新兴市场国家利率水平总体保持不变，在经历2017年名义政策利率平均水平从3.90%下降至3.43%后，2018年仍保持在3.43%的平均水平，新兴市场国家普遍推迟了加息进程。

美国相对其他国家和地区所呈现的较好的经济增长形势是货币政策正常化进程出现分化的基础性原因。根据国际货币基金组织公布的数据，2017

年美国 GDP 增长率为 2.3%，2018 年全年预计为 2.9%；而欧元区 GDP 同期增长率从 2.4%预计下降至 2.2%；日本也从 1.7%预计下降至 1.0%。从劳动力市场看，与欧洲和日本比较，美国劳动力市场改善最为显著，2008年以来 10 年间美国的失业率下降幅度为 33%；欧元区下降 11%；日本下降幅度为 28%。从通胀情况看，2017 年美国平均通胀率为 2.14%，实现了通胀目标，预计 2018 年提高至 2.54%；而欧元区平均通胀率保持在 1.53%的水平不变；日本 2017 年平均通胀率为 0.47%，预计 2018 年提升至 1.12%，但仍低于通胀目标。基于对基本经济走势判断的差异，主要国家的货币政策调整程度和速度出现分化也在情理之中。

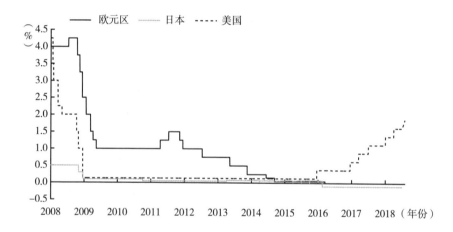

图 1 主要国家和经济体的政策利率走势

注：政策利率分别指欧洲中央银行的再融资利率；美联储的基金利率；日本中央银行的基本贴现率。

资料来源：国际清算银行数据库。

各国央行退出量宽的计划各异，央行资产负债表的缩表程度不等。美联储在 2017 年 9 月停止对联邦债券的购买。欧央行在 2018 年 1 月将其每月资产购买额从 600 亿欧元减半为 300 亿欧元，并表示在 10 月份进一步降低至150 亿欧元，2018 年年底将中止资产购买。相比之下，日本对何时、在多大程度上减少或中止对政府债券的购买仍没有提供时间表。从央行持有政府债券规模看，美联储从 2017 年 9 月以来对联邦债券持有减少了 1500 亿美元；

欧央行对欧元区政府债券的持有同期增加了9000亿美元；日本央行对日本政府债券持有增加了2760亿美元。从资产负债表的规模变化看，截至2018年4月，美联储、欧央行和日本央行的资产占其GDP的比重分别为22.5%、40.4%和96.4%（见图2）。从总体变动趋势看，全球央行购买资产的增速趋于平缓。

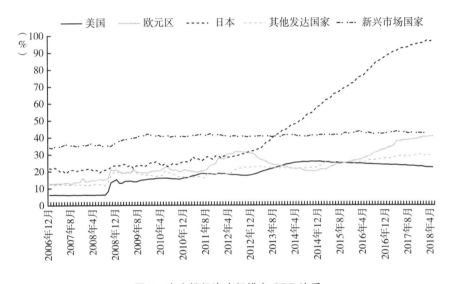

图2　中央银行资产规模占GDP比重

资料来源：国际清算银行数据库。

二　新兴市场货币贬值和金融脆弱性显现

2018年外汇市场的主要特点是美元进入强势周期。2018年1~7月，以美国主要贸易伙伴货币加权衡量的美元指数从115.5升至124.3，总体升值了7.9%，与美元升值相对应，新兴市场国家货币兑美元出现了全线贬值。这其中，从2018年年初到8月底，阿根廷比索、土耳其里拉、巴西里尔、南非兰特和俄罗斯卢布兑美元分别贬值了51.7%、43.6%、20.3%、15.8%和15.8%。外汇市场的这一动荡引起了许多国家的担忧，尤其是那

些经常项目收支存在逆差、外汇储备严重不足、对外债务高企以及国内债务负担较重的国家,更是面临爆发货币和债务危机的风险。从总体看,2018年1~5月,新兴市场国家货币对美元平均贬值了4.9%,净资本流动剧烈波动,并在年中出现净流出(见图3)。

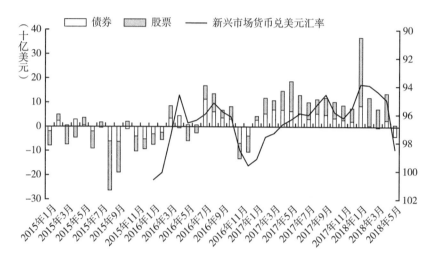

图3 新兴市场债券和股票净流入和汇率变动

注:新兴市场货币兑美元汇率包含22种货币兑美元平均汇率,以2016年12月1日为100。

资料来源:国际清算银行数据库。

美元升值受多种因素支撑。这其中的重要原因,首先,美国较好的经济表现是美元升值的基本面因素。其次,美联储货币政策领先收紧提升了美元息差优势,增大了投资美元资产的吸引力。再次,非经济因素和地缘政治动荡提升了美元资产的避险功能。2018年上半年英国脱欧的影响仍在继续发酵;欧洲一些国家具有民粹倾向的政党上台;保护主义在一些国家演变为反移民政策,以及不断升级的关税战和贸易纠纷等。这些变化对金融市场造成巨大冲击,国际投资者避险情绪增高,纷纷增持美元资产以此作为安全资产配置。

影响新兴市场国家货币贬值的因素,首先是一些国家经常收支状况恶化。阿根廷从2010年开始连年出现经常项目逆差,其占GDP的比重在

2017 年达到 4.8%，2018 年将进一步提高到 5.1%。亚洲新兴市场国家尽管从总体看普遍存在经常项目顺差，但是印度和印度尼西亚两个国家的经常项目收支状况相对脆弱，其经常项目逆差占本国 GDP 的比重分别为 2%和 1.7%。土耳其经常项目连年逆差，经常项目逆差占 GDP 的比重在 2017年高达 5.6%。经常项目收支状况与汇率变动交互影响，顺差导致货币升值，而逆差带来贬值压力。其次是部分国家外汇储备水平较低。观察一些新兴市场国家在过去几年外汇收支和储备水平变化可以发现，存在经常项目逆差的国家通常外汇储备明显不足。比如，经常项目逆差严重的阿根廷，其外汇储备仅占本国 GDP 的 8%，土耳其也只有 10%的水平。充足的外汇储备是缓解货币贬值的第一道防线。值得注意的是，全球金融危机爆发以来，新兴经济体总体而言其外汇储备的累积程度在降低，出现了所谓拉平的势头，这为单边汇率稳定增加了难度，也对寻求双边和多边救助提出了更多的要求。再次是一些国家外债高企并伴随资本大规模流出。2017年阿根廷外债占本国 GDP 的比重为 37%，土耳其更是高达 53%。阿根廷、巴西、印度尼西亚和印度等国连年出现资本净流出。通常情况下受外汇市场波动冲击较大的国家都具有外币融资较多的特点。一方面，当一国外部负债较高，其负债还本付息额的波动更容易受到汇率变动的左右；另一方面，在货币贬值压力升高的情况下，非居民抛售本币资产，资本流出意愿加大，资本外流进一步加剧本币贬值，其以外币计价的债务负担会急剧上升。更值得关注的是，根据国际清算银行的估计，在过去近十年的时间里，美国境外美元非银行信贷增加了五成。2018 年 3 月底，非居民持有的美元金额高达 11.5 万亿美元，比上年增加 7%。美元一直以来是各国外币融资的主要币种。从各种主要货币比较来看，2018 年 3 月底，以美元计价的跨境负债证券未清偿额占总额的 49.6%；欧元所占的比例为 29.4%；英镑占 5.2%；日元和瑞郎分别为 3.2%和 1.3%（见图 4）。在外债高企和对美元债过度依赖的条件下，本币贬值、资本外流和外债负担加重交互影响，成为爆发危机的前兆。

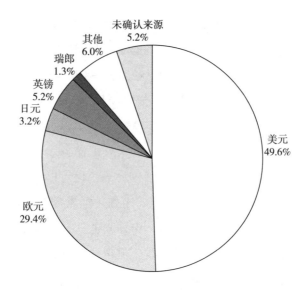

图4 跨境负债证券币种结构（2018年3月底，未清偿额占比）

资料来源：国际清算银行数据库和作者计算。

三 全球债务问题进一步恶化

在过去一年，全球债务水平持续提高，比较来看，日本非金融机构负债占GDP比重高达373.1%，为全球之最；欧元区占比为258.3%；美国为251.2%。新兴经济体中，非金融机构负债占各自的GDP比重较高的国家包括新加坡、中国、韩国、马来西亚、智利、泰国、巴西、南非和土耳其等。超长期的宽松和刺激政策是全球债务持续累积的重要原因。长期宽松的货币政策释放国内信贷并大幅度降低企业借贷成本，强刺激性财政政策扩大政府负债并鼓励企业部门提高杠杆水平。与此同时，全球经济缓慢步入复苏轨道，但以信贷扩张和资产价格膨胀等为标志的金融周期早于商业周期步入上升期。

居高不下的债务水平限制了财政政策调整空间。在国内债务负担占GDP比重高达157.1%的巴西，其财政赤字占GDP比重为7.8%；印度国内债务占 GDP 的 124.3%，其财政赤字占 GDP 的 6.9%。面临高公共负债和出现严重财政赤字的国家，其所经历的经济衰退周期较长，这是因为处于下行周期的经济需要财政政策给予支持，但过重的财政负债会制约政策的实施能力，从而延缓经济复苏甚至恶化经济形势。债务负担又是金融危机的重要诱因。国内债务与银行体系健康状况有密切关联，同时对资产价格、投资和消费都会产生影响，这对于那些依赖银行业进行融资的金融体系有很大的影响，债务负担通常被认为是金融脆弱性的重要指标。新兴经济体尽管近期国内信贷扩张有所减缓，以地产价格和信贷增加为标志的金融上升周期开始出现缓和态势，但信贷总体规模是 20 世纪 80 年代拉美债务危机以来的高位。一些低收入非洲国家在大宗商品价格高位时期借债，其半数以上的债务属于非优惠性贷款，利息负担较重。资本项目相对开放的国家，国内金融脆弱性会快速演变成金融市场的风险提示，从而引发资本外流，对本国货币形成压力。近期政府债务庞大的阿根廷、巴西等出现资本外流和货币贬值，与上述诱发因素有直接关系。

以美国为主的发达国家债务在短期内迅速降低的可能性不大。美国总统特朗普提出的税改计划将大幅度降低联邦政府的税收，提高美国长期财政压力。预计 2020 年联邦政府的年度预算赤字将达到 1 万亿美元，占美国的 GDP 的比重大于 5%，增发国债是其必然结果。目前美国国债占 GDP 的 78%，预计到 2030 年将达 100%，接近二战后 1946 年的 106% 峰值。

四　全球债券市场

（一）全球长期国债市场

过去的一年中，主要发达经济体的长期国债市场表现出两个典型特征：一是主要发达国家国债市场收益率走势呈现非同步性；二是主要发达国家国债市场收益率波动幅度保持平缓。

从 2017 年 9 月初至 2018 年 9 月初，主要发达经济体的国债市场可以划分为两个阶段。第一阶段，从2017年9月至2018年2月，长期国债收益率在波动中总体呈现平滑上升趋势。在这一阶段，受益于美国经济增速的强劲恢复和失业率的持续下降，美国的长期国债收益率从2.2%上升至2.86%；虽然经济增速并未明显加快，但失业率的持续下降和制造业PMI连续在荣枯线上方，仍支撑英国和德国的长期国债收益率分别从1.25%和0.41%小幅上升至1.6%和0.74%；受累于经济基本面的持续疲软，市场对于日本经济的长期增长仍保持谨慎乐观，因此，日本的长期国债收益率从0.02%微增至0.07%。第二阶段，从2018年3月至2018年9月，长期国债收益率在波动中企稳或小幅回调。2018年3~9月，美国长期国债收益率基本持平，英国、日本和德国的长期国债收益率小幅回落。2018年3月以来，虽然美联储已三次加息，但由于美国债务问题未有效缓解、政治不确定性加剧、人口老龄化问题以及劳动生产率增长缓慢，市场对美国经济的长期增长信心不足，利率从短端向长端的传递存在障碍。受制于制造业PMI的下滑和核心CPI不及预期，英国、德国和日本的长期国债收益率也出现小幅回调（见图5）。

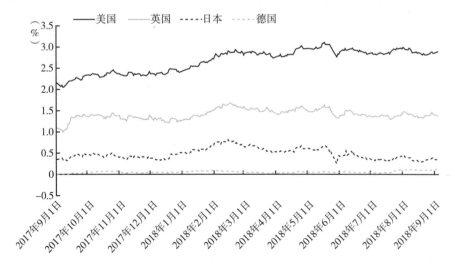

图5　美国、德国、英国和日本四国的10年期国债收益率

资料来源：Wind数据库。

从趋势来看，主要发达国家的长期国债收益率变化走势呈现出非同步性。图 5 显示，美国长期国债收益率缓慢上升，而其他国家长期国债收益率则基本持平，甚至有所降低。相关系数检验也显示，2017 年 9 月至 2018 年 9 月期间，英国、日本和德国的长期国债收益率与美国的长期国债收益率的相关系数分别为 0.7、0.36 和 0.36，然而，2009 年 1 月至 2017 年 8 月期间，英国、日本和德国的长期国债收益率与美国的长期国债收益率的相关系数分别高达 0.88、0.68 和 0.8，这再次证实主要国家的货币政策出现分化。

从波动性来看，主要发达国家国债市场收益率波动幅度保持平缓。从 2017 年 9 月 1 日至 2018 年 9 月 4 日，美国 10 年期国债收益率最低值为 2.05%，最高值为 3.11%，波动方差为 0.27；英国 10 年期国债收益率最低值为 1%，最高值为 1.68%，波动方差为 0.12；日本 10 年期国债收益率最低值为 -0.01%，最高值为 0.13%，波动方差为 0.03；德国 10 年期国债收益率最低值为 0.25%，最高值为 0.81%，波动方差为 0.13。

与 2017 年相比，2018 年欧元区整体经济复苏受阻。2017 年第三季度，欧元区 GDP 同比增长率达到 2.83%，实现了 2011 年以来的最大增速。但是，截至 2018 年第二季度，欧元区经济增速又回落至 2.11%。同时，欧元区制造业 PMI 在 2017 年 12 月达到 60.6 的顶点后，开始下行，截至 2018 年 8 月，虽然仍在荣枯线之上，但已回落至 54.6。不过，欧元区的失业率继续下降，从 2017 年 9 月的 8.9% 下降至 2018 年 7 月的 8.2%，已处于历史的相对低位。欧元区通胀率开始稳定回升，并于 2018 年 7 月达到 2.1%，成为 2013 年 1 月以来的新高。

整体来看，欧元区经济基本面有所疲软，复苏路径受阻，但暂时并不存在大幅下行风险。从国别来看，既存在共性，又存在分化。西班牙、意大利、希腊和法国，制造业 PMI 皆存在不同程度的下滑，通货膨胀率也皆稳定回升，且失业率继续下降。受制于宏观经济基本面的疲软与通胀上行压力，西班牙和法国的 10 年期国债收益率保持平稳。但是，由于逐步从债务危机中恢复，希腊 10 年期国债收益率出现震荡下行。而由于反复组阁与政局动荡，意大利 10 年期国债收益率在 2018 年 5 月出现飙升（见图 6）。

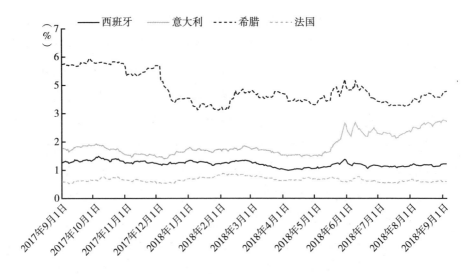

图6　欧元区部分国家10年期国债收益率

资料来源：Wind数据库。

（二）国际负债证券市场

2017~2018年，发展中国家在国际负债证券市场上的份额小幅上涨，未清偿余额占比有所增加，但与发达国家相比，仍存在巨大差距。

从总量比较来看，截至2018年第一季度末，发展中国家未清偿余额占国际负债证券市场未清偿总额的12.47%，较2017年第四季度上涨0.13个百分点，比上年同期增长了0.43个百分点，创下历史新高。从净发行额的变化来看，2017年第一季度至2018年第一季度，发达经济体国际负债证券市场净发行额累积达6916亿美元，虽然远高于同期发展中经济体的3804亿美元，但相较于未清偿总额而言，两者差距存在收敛趋势（见图7）。

从结构上看，发达国家与发展中国家在国际负债证券市场上存在显著的结构性差异。从2017年第一季度至2018年第一季度，发达国家的政府、金融机构和企业部门的国际负债证券市场净发行额分别累积达-74亿美元、4446亿美元和2545亿美元，而发展中国家的政府、金融机构和企业部门的

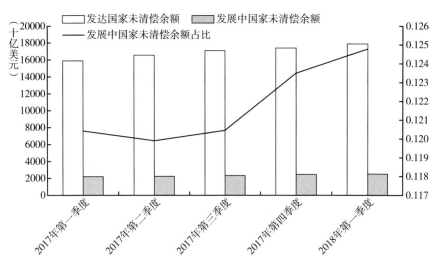

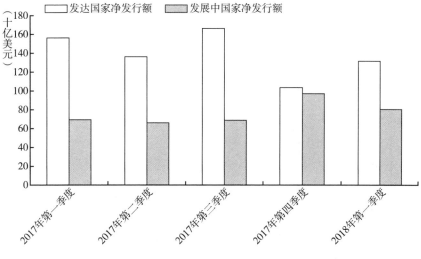

图7 国际负债证券市场的未清偿余额及净发行额

资料来源：国际清算银行数据库。

国际负债证券市场净发行额分别累积达 2042 亿美元、1154 亿美元和 607 亿
美元。一方面，由于发达国家的政府部门债务水平较高，存在较大的去杠杆
压力，因而新增净发行额较低甚至为负，其负债证券以金融机构部门为主，
企业部门次之；另一方面，发展中国家的证券负债以政府部门为主导，这主

要是因为发展中国家企业的评级与信誉度不足，只能更多依赖主权债务融资
（见图8）。

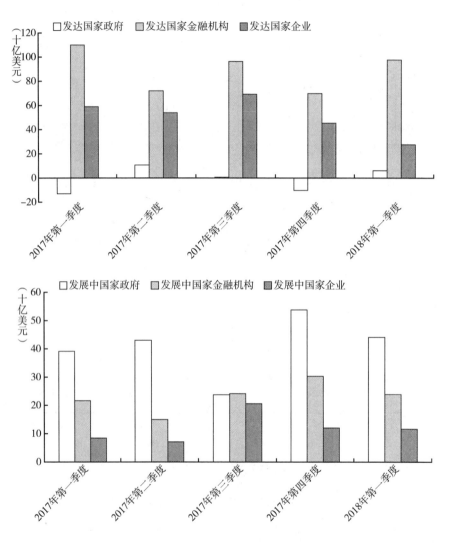

图8 分部门国际负债证券净发行额

资料来源：国际清算银行数据库。

值得注意的是，发展中国家在国际负债证券总量上并不一定要赶超发达
国家，尤其是在美联储加息周期中，较高的国际负债水平会大大增加其债务

风险。发展中国家应坚持适度需求原则，积极防范债务的期限错配与币种错配问题，优化债务结构，不断完善国内金融市场。

五　全球股票市场

2018年，全球股票市场表现出了三大特征：第一，由于全球经济复苏受阻、地缘政治风险加剧、大国贸易摩擦持续升级等，全球股市表现疲软，未能延续2017年的增长态势；第二，发达国家股市仍实现微涨，而新兴市场国家股市则跌幅显著；第三，与全球股市表现低迷形成强烈对比的是，美国股市继续上扬，使得其牛市周期延续至第10个年度。

2017年，由于全球经济复苏稳定，投资者对经济增长态度乐观，全球股市整体表现良好，尤其是新兴市场股市反弹明显。2017年，MSCI全球指数上涨21.62%，MSCI发达国家指数上涨20.11%，MSCI新兴市场指数更是大涨34.35%。相较于2017年，2018年前三个季度的股市表现则落差明显。截至2018年9月4日，MSCI全球指数微涨1.22%，MSCI发达国家指数微涨2.82%，MSCI新兴市场指数却大跌10.21%（见图9）。

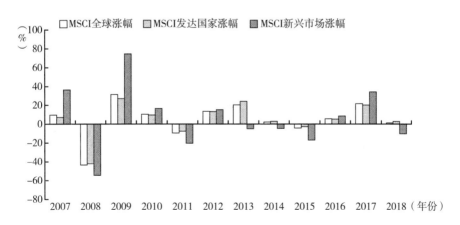

图9　MSCI全球国家股指增长率比较

资料来源：Wind数据库。

在选定的全球 11 个主要国家中，2017 年，除了俄罗斯，各国的股票指数皆实现了正增长，但截至 2018 年 9 月 4 日，除了美国、法国和印度外，各国的股票指数皆为负增长（见图 10）。不难发现，同类型的国家的股市表现出了一定的共振，但其内部异化也很明显。

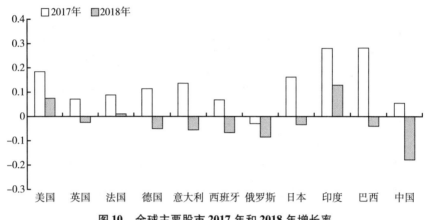

图 10　全球主要股市 2017 年和 2018 年增长率

资料来源：Wind 数据库。

在发达经济体中，法国和德国作为欧盟的核心，虽然未彻底摆脱政治风险的影响，但基于经济复苏良好，2017 年的股市表现仍十分抢眼，连陷于欧债危机中的西班牙和意大利，股市表现也相当强劲。然而，由于 2018 年经济复苏不及预期，政治风险和贸易摩擦加大了金融市场的不确定性，导致欧洲各国股市表现不尽如人意，尤其是西班牙和意大利股市跌幅明显。

自 2009 年 3 月以来，美国股市进入了长达 10 年的牛市周期，即使在全球股市表现低迷的 2018 年，截至 9 月 4 日，标准普尔 500 指数在本年度仍累计上涨 7.45%。这主要得益于特朗普政府的减税政策与基建计划，推动了美国经济的强劲复苏。然而，从中期来看，美国政治分裂风险加剧、中美贸易摩擦的持续升级、减税政策的边际影响减弱以及政府债务高企，这些在很大程度上制约了美国经济的进一步增长，并给股市带来了诸多不确定性。[①]

① 沈建光、张明明：《美元走强可以持续多久?》，中国金融四十人论坛，2008。

在新兴经济体中，印度股市表现较为抢眼，巴西股市未能延续 2017 年的涨势，俄罗斯股市则继续低迷，中国股市表现反差明显。受益于经济强势增长，印度股市持续大涨，巴西股市则因经济表现不及预期而未能延续 2017 年的上涨趋势。由于经济结构未能摆脱资源依赖，政治上连遭美国严重打压，卢布贬值趋势未能缓解，俄罗斯股市在 2017 年和 2018 年连续两年负增长。受中美贸易摩擦持续升级的冲击，外加中国经济结构问题和金融问题未有效解决，中国股市在 2018 年大幅下跌，其股指甚至创下 2015 年股灾以来的新低。

六 全球外汇市场

2018 年的全球外汇市场，表现出了三大显著特征：第一，美元止跌，再次开启上涨态势；第二，发达国家和新兴市场国家的货币皆对美元出现贬值态势；第三，部分国家货币对美元暴跌，存在爆发货币危机的可能。

2011 年以来，美元开启了一轮强势周期，并于 2014 年开始加速上涨，一直持续到 2016 年底，上涨幅度超过了 37%。2017 年，由于欧元区和其他主要经济体经济复苏良好，与之相对应的是，美国特朗普政府改革进展曲折，外加朝鲜局势紧张，美国在经济、外交和内政方面皆面临较大压力，使得美元由上涨转为下跌。然而，2018 年美国经济强劲向好，欧元区和其他主要经济体经济表现不及预期，美元在美联储加息周期中再次走强（见图 11）。展望未来，美元是继续保持强势还是反转回落，不仅取决于美国经济基本面的表现以及内政与外交风险的化解，还受其他主要经济体经济基本面和货币政策风向的影响。

2018 年美国经济预期增长强劲，截至 2018 年 9 月，美联储已加息三次，美元也再次走强。与此同时，欧元区经济表现不及预期，地缘政治和贸易摩擦风险未及时解决，土耳其里拉对美元大幅贬值也加剧了市场不确定性预期，导致欧元区货币政策正常化步骤放缓，欧洲主要经济体货币皆对美元出现较大幅度的贬值（见图 12）。

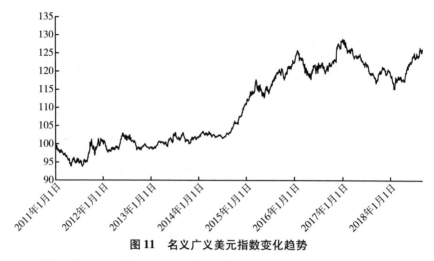

图11　名义广义美元指数变化趋势

资料来源：Wind 数据库。

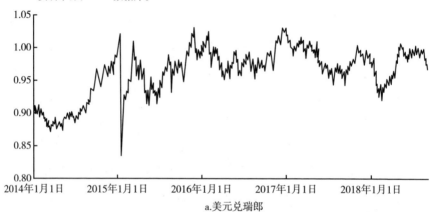

a.美元兑瑞郎

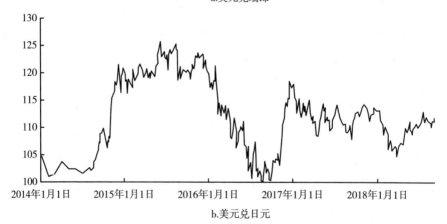

b.美元兑日元

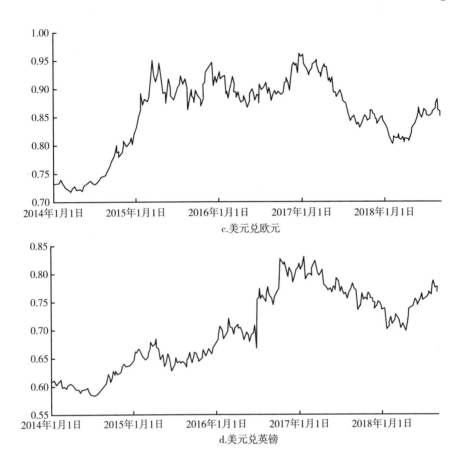

图12　美元兑主要货币的汇率变化趋势

资料来源：Wind 数据库。

2018 年，金砖国家货币对美元也皆出现不同幅度的贬值（见图 13）。除了经济基本面不及预期外，巴西内政混乱，俄罗斯受到西方国家尤其是美国的严重打压，也成为巴西雷亚尔和俄罗斯卢布对美元贬值的主要动因。然而，即使经济走势良好的印度，印度卢比对美元汇率也出现较大幅度贬值。这说明在美联储加息周期背景下，新兴市场国家货币对美元贬值是主流方向。

2018 年，CFETS 人民币汇率指数先涨后跌，人民币兑美元汇率先升值再贬值。截至 2018 年 9 月 4 日，人民币兑美元汇率跌至 6.82，距离四月初高点回落了约 8%（见图 14）。虽然此轮人民币汇率贬值速度较快、幅度较

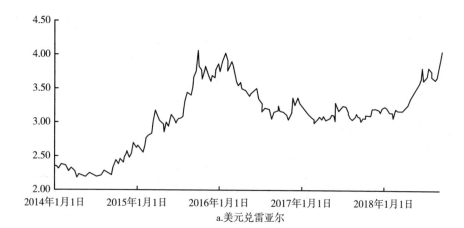

a.美元兑雷亚尔

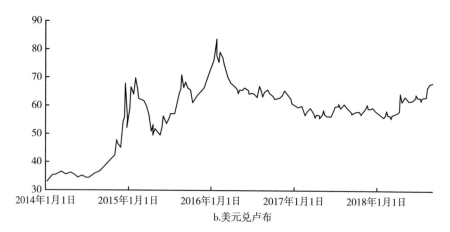

b.美元兑卢布

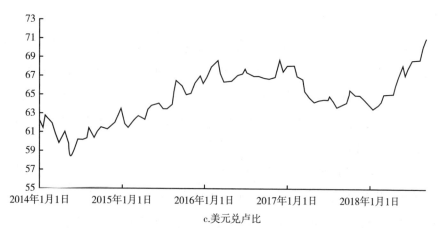

c.美元兑卢比

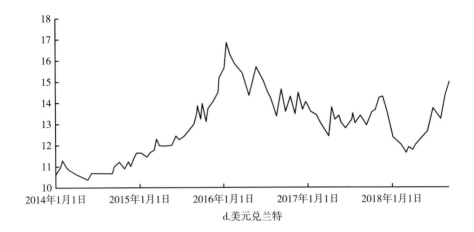

d.美元兑兰特

图13 美元兑金砖国家货币的汇率变化趋势

资料来源：Wind 数据库。

大，但汇率预期基本稳定，并未引起个人与机构的恐慌，资本外流压力可释，外债风险可控，央行也未过度干预外汇市场，而是充分发挥了市场的基础调节作用。本轮人民币对美元汇率快速贬值，除了受中美经济基本面等因素的影响外，一方面，是因为美联储处于加息周期，全球资本流入美国，各国货币皆有贬值压力；另一方面，中美贸易摩擦持续升级，影响了

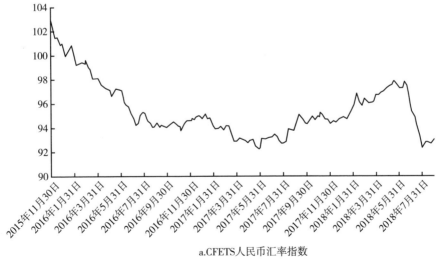

a.CFETS人民币汇率指数

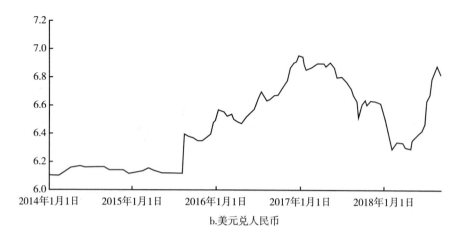

b.美元兑人民币

图14 人民币汇率变化趋势

资料来源：Wind 数据库。

中国商品的出口和市场对于人民币汇率的预期。短期来看，经济基本面并不支持人民币大幅贬值；中长期来看，人民币汇率取决于中美两国未来的经济表现、货币政策走向、金融市场改革与开放进程以及中美贸易摩擦形势等。

2014 年以来，土耳其里拉一直处于贬值状态。但是，2018 年 8 月10 日，土耳其里拉汇率盘中暴跌近 30%，令市场震惊。土耳其里拉暴跌，源于其脆弱的经济结构、对外资的过度依赖和经济基本面不及预期，而直接导火线则是美国宣布对土耳其钢铝征收双倍关税。与土耳其里拉相似，阿根廷比索在 2018 年贬值幅度已超过 50%，并多次发生"闪崩"，这主要是巨额的外债、锐减的外汇储备和急剧的通货膨胀以及单一的生产结构导致阿根廷的未来充满了不确定性，金融市场的稳定性遭受严重质疑（见图15）。土耳其里拉和阿根廷比索汇率暴跌，虽然在国际金融市场引发的震荡有限，但在美联储加息周期中，新兴市场国家应积极吸取 20 世纪 80 年代拉美债务危机和 1998 年东南亚金融危机的教训，积极调整经济结构、稳定金融市场，预防可能发生的债务危机或货币危机。

a.美元兑里拉

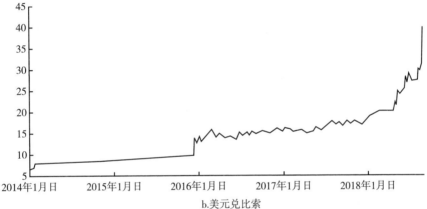

b.美元兑比索

图15 里拉和比索汇率变化趋势

资料来源：Wind数据库。

小结与展望

2017～2018年国际金融市场持续动荡。全球经济恢复不一致以及货币政策持续分化是影响市场走势的重要因素。美联储加息、美国贸易保护主义抬头以及地缘政治事件等对金融市场造成显著冲击。2018年，发达经济体长期国债收益率走势呈现非同步性，波幅平缓；全球股市未能延续2017年的上涨态势，尤其是新兴市场国家股市跌幅显著；在外汇市场上，美元再次

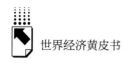

走强，对主要货币呈现升值态势，部分国家货币汇率暴跌。

展望未来，美联储仍处在加息通道，主要国家货币政策正常化将渐次推进。地缘政治、贸易保护主义等仍将对全球金融市场和资本流向产生显著影响。虽然美国经济强劲向好，但美国政治分裂风险加剧、贸易摩擦持续升级、减税政策的边际影响减弱以及政府债务高企是制约其经济长期发展的重要因素，这决定了美联储加息周期和强势美元周期的长短，并显著影响着国际资本的流向。欧洲若能恢复经济复苏势头，同时解决好地缘政治问题并调整好经济结构与银行业结构，欧洲股市仍有上升空间。然而，在发达国家基本面向好和货币政策正常化推进的影响下，新兴和发展中国家将面临资本流出和外债风险推高的影响，金融稳定性受到挑战。新兴和发展中国家若能够保持持续的经济复苏，有效缓解国内金融脆弱性，妥善管理资本流动性监管，则有助于化解资本外流和美联储加息造成的外部金融风险。

参考文献

高海红、刘东民：《2017年国际金融形势回顾与展望》，载张宇燕主编《世界经济形势分析与预测》，社会科学文献出版社，2017。

管涛：《八个事实：本轮人民币贬值过程中发生了什么?》，中国金融四十人论坛，2008。

沈建光、张明明：《美元走强可以持续多久?》，中国金融四十人论坛，2008。

IMF, "World Economic Outlook: Cyclical Upswing, Structural Change," April 2018, https：//www.imf.org/en/Publications/WEO/Issues/2018/03/20/world – economic – outlook – april – 2018.

BIS, "Annual Economic Report 2018," June 2018, https：//www.bis.org/publ/arpdf/ar2018e.pdf.

BIS, "Global Liquidity Indicators," October 2018, https：//www.bis.org/statistics/gli.htm.

Y.12
国际直接投资形势回顾与展望

王碧珺*

摘　要： 2017 年国际直接投资（FDI）比上年显著下降了 23%。其中，随着以避税为目的的国际直接投资业务的减少，发达国家 FDI 流入大幅减少了近 40%，成为拖累全球 FDI 的主要因素。在国别投资政策方面，2017 年的政策变化数达到过去十年来的最高值。其中，投资自由化和促进措施占主体，且占比显著提高。但在国际投资协定方面，却在历史上首次出现了终止的个数超过新达成个数的现象。随着全球经济的复苏，跨国企业的国际投资活动有望提升。但美国的政策日益成为国际直接投资不确定性的重要来源。

关键词： 国际直接投资　跨国兼并收购　国别投资政策　国际投资协定

全球金融危机以来，国际直接投资（FDI）复苏之路十分坎坷。2017 年国际直接投资大幅下降了 23%。而在上年，联合国贸发会议曾预计全球 FDI 流量在 2017 年将小幅增长 5%。这一巨大差距主要是低估了以避税为目的的国际投资业务的减少对发达国家 FDI 流入的拖累。2017 年发达国家 FDI 流入下降了近 40%。

本报告从投资区位、投资者、国别投资政策和国际投资协定的角度分析

---

* 王碧珺，经济学博士，中国社会科学院世界经济与政治研究所副研究员，国际投资研究室副主任，主要研究领域为国际投资。

国际直接投资的最新形势，着重讨论中国国际直接投资面临的新挑战，并结合中美争端和美国税改等最新形势以及宏微观信息展望了国际直接投资的发展前景。

一 全球大部分地区国际直接投资表现低迷

2017 年国际直接投资大幅下降了 23%，仅为 1.43 万亿美元（见图 1）。其中，发达国家 FDI 流入大幅减少了 37%，达到 7120 亿美元，成为拖累全球 FDI 的主要因素。而发展中经济体 FDI 流入则相对稳定，与上年持平，达到 6710 亿美元；占全球比重为 47%，比上年的 36% 增加了 11 个百分点。

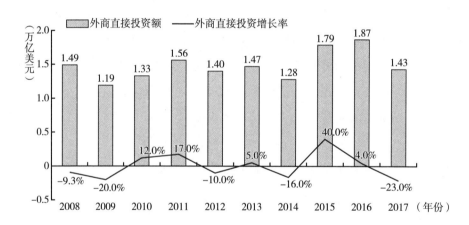

图 1　全球外商直接投资增长情况（2008~2017 年）

资料来源：笔者根据联合国贸发会议数据库的整理，http://unctadstat.unctad.org/fdistatistics。

2017 年国际直接投资的大幅下降诚然有之前两年虚高的成分，但背后也有一些结构性因素不能忽视。一个因素是，国际直接投资的模式正在发生变化，跨国公司更注重轻资产型的国际运营。另一个因素是，不论发达国家还是发展中国家，国际直接投资的回报率都有显著下降①（见表 1）。

---

① 从表 1 可见，中国 FDI 的回报率并未有显著下降趋势。

其中，赴非洲投资的回报率下降最为明显，2012～2017 年，下降了 6 个百分点。

表1　FDI（流入）的回报率（2012～2017 年）

单位：%

类目	2012 年	2013 年	2014 年	2015 年	2016 年	2017 年
世界	8.1	7.8	7.9	6.8	7.0	6.7
发达经济体	6.7	6.3	6.6	5.7	6.2	5.7
发展中经济体	10.0	9.8	9.5	8.5	8.1	8.0
非洲	12.3	12.4	10.6	7.1	5.4	6.3
亚洲	10.5	10.8	10.6	9.9	9.5	9.1
东亚和东南亚	11.5	11.8	11.7	11.0	10.3	10.1
中国	9.3	11.9	9.0	9.8	9.7	10.1
南亚	7.2	6.7	6.1	5.5	6.4	5.7
西亚	5.5	5.4	4.9	4.6	4.6	3.4
拉美和加勒比海地区	7.9	6.7	6.6	5.2	5.3	5.6
转型经济体	14.4	13.9	14.6	10.2	11.1	11.8

注：回报率的计算公式为当年 FDI 收益除以当年 FDI 存量与上年 FDI 存量的平均值。

资料来源：中国的数据由笔者根据国家外汇管理局公布的国际投资头寸表和国际收支平衡表进行的计算，其他地区是笔者根据 UNCTAD（2018）的数据整理。

1. FDI 流入：发达国家大幅下降，发展中国家较为平稳

发达国家 FDI 流入下降了超过 1/3。这部分反映出之前两年的基数较高。2015 年和 2016 年，在大规模的跨境并购交易和以避税为目的的公司重构业务的推动下，发达国家 FDI 流入都超过了 1 万亿美元。随着美国税改落地，美国企业所得税率从 35% 大幅下降至 21%，这使得以避税为目的的公司重构业务的必要性显著降低，这是美国 FDI 流入在 2017 年大幅下降近 40% 的重要原因之一（见表2）。

在发展中国家里面，亚洲 FDI 流入较为稳定，达到 4760 亿美元。其中，中国、中国香港和新加坡是该区域前三大目的地。拉美和加勒比海地区（不包括离岸金融中心）的发展中国家 FDI 流入增长了 8%，达到 1510 亿美元，这是该地区六年来首次实现正增长。该地区 FDI 流入在 2011 年大宗商

203

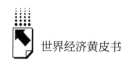

品牛市期间达到顶峰之后一路下滑。如今该地区FDI流入更多地转向基础设施、金融、商务服务和某些制造业领域。然而，拉美和加勒比海地区FDI流入增长的良好表现被非洲地区FDI流入的下降所抵消。受油价低迷和内部结构性问题的困扰，2017年非洲FDI流入只有420亿美元，大幅下降了21%。

2. FDI流出：全球普降，中国有史以来首跌

对外直接投资（FDI流出）普遍下跌。其中，发达国家下跌了3%，达到1万亿美元；发展中国家下跌了6%，达到3810亿美元。发达国家跨国企业仍然是对外直接投资的主体，全球占比与上年持平，依然为71%。

在发达国家内部，由于缺乏大金额的交易，在上年为欧洲最大对外直接投资来源国的荷兰FDI流出骤降至230亿美元（上年为1490亿美元），瑞士更是成为净撤资国。受此拖累，欧洲2017年对外直接投资大幅下降了21%，达到4180亿美元。然而，受到英美烟草公司490亿美元收购美国雷诺兹烟草公司、英国利洁时集团170亿美元收购美国美赞臣公司等交易的影响，英国对外直接投资由上年的净撤资230亿美元增长至2017年的净流出1000亿美元，成为全球第四大对外直接投资来源国（见表2）。除了英国外，在税改政策落地的预期下，美国对外直接投资也大幅增长了21.7%。美国税改将全球征税制改为属地征税制。而属地征税制下，美国企业在境外获得的股息收入不用缴税。这有利于提高美国企业把生产转移到海外的积极性。

在发展中国家内部，拉美和加勒比海地区以及非洲地区对外直接投资都有所增长，但亚洲地区下降了9%，达到3500亿美元。尽管该地区第二大FDI来源地中国香港的对外直接投资增长了39%，但难以弥补该地区第一大FDI来源地中国对外直接投资的大幅下降。2017年，中国对外直接投资大幅下降了36.2%，达到1250亿美元，这是自发布专门统计数据（2003年）以来的首次下降。背后的主要原因是中国政府大力打击了在房地产、酒店、影院、娱乐和足球俱乐部等领域的对外直接投资行为。因为这些领域的对外直接投资被认为是"非理性的"，无助于中国经济转型升级，并且背后有资本外逃的嫌疑。①

---

① 王碧珺：《引导企业境外投资行为向好发展》，《中国外汇》2018年第2期。

表2　2017年全球前20大FDI参与国（地区）

单位：亿美元

FDI 流入				FDI 流出			
2017年位次	国家和地区	2016年	2017年	增速（%）	2017年位次	国家和地区	2016年	2017年	增速（%）

2017年位次	国家和地区	2016年	2017年	增速（%）	2017年位次	国家和地区	2016年	2017年	增速（%）
1	美国（1）	4570	2750	−39.8	1	美国（1）	2810	3420	21.7
2	中国（3）	1340	1360	1.5	2	日本（4）	1450	1600	10.3
3	中国香港（4）	1170	1040	−11.1	3	中国（2）	1960	1250	−36.2
4	巴西（7）	580	630	8.6	4	英国（158）	−230	1000	534.8
5	新加坡（6）	770	620	−19.5	5	中国香港（8）	600	830	38.3
6	荷兰（5）	860	580	−32.6	6	德国（9）	510	820	60.8
7	法国（14）	350	500	42.9	7	加拿大（5）	740	770	4.1
8	澳大利亚（9）	480	460	−4.2	8	法国（7）	630	580	−7.9
9	瑞士（8）	480	410	−14.6	9	卢森堡（10）	440	410	−6.8
10	印度（11）	440	400	−9.1	10	西班牙（11）	380	410	7.9
11	德国（19）	170	350	105.9	11	俄罗斯（15）	270	360	33.3
12	墨西哥（16）	300	300	0.0	12	韩国（12）	300	320	6.7
13	爱尔兰（20）	150	290	93.3	13	新加坡（14）	280	250	−10.7
14	俄罗斯（13）	370	250	−32.4	14	瑞典（29）	60	240	300.0
15	加拿大（12）	370	240	−35.1	15	荷兰（3）	1720	230	−86.6
16	印度尼西亚（47）	40	230	475.0	16	比利时（17）	220	210	−4.5
17	西班牙（18）	200	190	−5.0	17	泰国（22）	120	190	58.3
18	以色列（27）	120	190	58.3	18	爱尔兰（13）	290	190	−34.5
19	意大利（17）	220	170	−22.7	19	阿联酋（21）	130	140	7.7
20	韩国（26）	120	170	41.7	20	中国台湾（18）	180	110	−38.9

注：括号中为2016年的排名。

资料来源：笔者根据UNCTAD（2018）的数据整理。

二　国别投资政策

2017年，涉及外商直接投资的国别政策变化达到过去十年以来的最高值。至少有65个国家和经济体进行了126项涉及外商直接投资的政策变化，比2016年的59个国家、125项政策变化分别增加了10.2%和0.8%。

在 2017 年 126 项政策变化中，针对外国投资者的投资自由化和促进措施占比显著提高。从这 126 项政策变化的组成来看，93 项涉及投资自由化和促进措施；18 项施加了新的投资限制性和监管政策；余下 15 项是中性的政策。在不包括中性政策的 111 项政策变化中，投资自由化和促进措施的政策占比上升至 84%，比上年增加了 5 个百分点，不过仍然低于 21 世纪初期 90% 以上的比例（见图 2）。

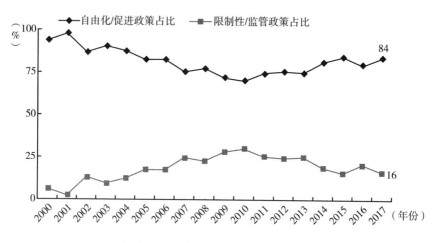

图 2　国别投资政策变化（2000～2017 年）

资料来源：联合国贸发会议数据库，http：//unctadstat. unctad. org/fdistatistics。

分区域来看，在涉及外商直接投资的国别政策变化中，亚洲发展中国家最为活跃（见图 3）。其中，中国的国际直接投资政策在 2017 年发生了显著变化。在 FDI 流入方面，中国在 2016 年取消对于外商投资的"前置审批"并实施负面清单制度之后，在 2017 年 6 月发布了新的负面清单，放开了包括电动汽车电池制造、非传统石油和天然气开采以及铁路跨境运输在内的多个行业的市场准入。2017 年 11 月，中国进一步宣布放宽金融服务行业的外资所有权限制，在未来几年内逐步取消银行和证券公司的所有权上限。在对外直接投资方面，由于 2016 年出现了大规模、不平衡的对外直接投资活动，从 2017 年年初起，中国相关部门（国家国资委、国家银监会、国家外管局、国家财政部、国家发改委、国家商务部等）相继出台措施，加强监管（见表 3）。

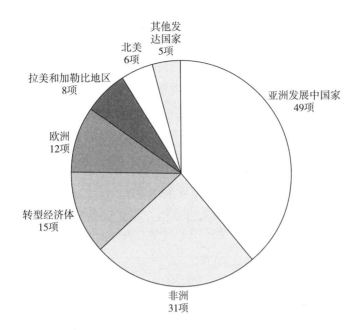

图3　2017年国别投资政策变化的区域分布

资料来源：联合国贸发会议数据库，http：//unctadstat.unctad.org/fdistatistics。

表3　中国2017年对外直接投资监管措施

时间	机关	规章	内容
2017.1.7	国家国资委	《中央企业境外投资监督管理办法》（国资委令第35号）	"能者投之"
2017.1.25	国家银监会	《关于规范银行业服务企业走出去　加强风险防控的指导意见》（银监发〔2017〕1号）	"一带一路"境外投资审核
2017.4.27	国家外管局	《关于进一步推进外汇管理改革完善真实合规性审核的通知》（汇发〔2017〕3号）	防止资本外流
2017.6.12	国家财政部	《国有企业境外投资财务管理办法》（财资〔2017〕24号）	全方面财务监管,防止国有资产流失
2017.8.4	国家发改委、国家商务部、中国人民银行、国家外交部	《进一步引导和规范境外投资方向指导意见》（国办发〔2017〕74号）	"鼓励发展＋负面清单"引导"理性"投资,防止资本外逃
2017.10.26	国家商务部	《对外投资合作"双随机一公开"监管工作细则(试行)》	事中事后监管,风险控制

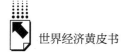

续表

时间	机关	规章	内容
2017.11.24	国家发改委等28部门	《关于加强对外经济合作领域信用体系建设的指导意见》（发改外资〔2017〕1893号）和《关于对对外经济合作领域严重失信主体开展联合惩戒的合作备忘录》（发改外资〔2017〕1894号）	对失信行为跨部门联合惩戒
2017.12.7	国家外管局	《关于完善银行内保外贷外汇管理的通知》（汇综发〔2017〕108号）	禁止内保外贷形式资金出海
2017.12.18	国家发改委	《民营企业境外投资经营行为规范》（发改外资〔2017〕2050号）	反洗钱、优化企业国际形象
2017.12.26	国家发改委	《企业境外投资管理办法》（发改委〔2017〕第11号）	较为综合性的规定

资料来源：笔者整理。

针对外国投资者的新增限制性政策措施主要表现了东道国监管当局在以下三方面的考虑。一是国家安全方面的考虑。德国、日本和意大利在2017年修改了各自的投资审查机制。法国、德国和意大利还建议成立欧盟层面的投资审查机制，英国也在其绿皮书《国家安全与基础设施投资回顾》中讨论建立新的国家安全审查机制。二是针对外国投资者在土地、自然资源领域投资的监管。例如，澳大利亚增加了外国投资者进行房产投资的税费，并进行了额度控制。新西兰加强了外国并购敏感性土地的审查。三是增加了当地成分要求。例如，印度尼西亚对于本土生产和销售4G手机的当地成分要求比例由20%提高至30%。肯尼亚和坦桑尼亚强调了采矿业的本土采购、使用本地产品和服务等。

2017年，至少有9笔外资并购交易在东道国政府的反对声中被迫终止（见表4）。从行业上来看，主要涉及的行业是半导体、金融业。从涉及的国家来看，施加反对的国家都是发达国家，主要是美国，其次是新西兰，此外还有比利时、英国、波兰等欧洲国家；而受到冲击的第一大国是中国，9笔交易中有5笔都是来自中国的投资。从政府反对的原因来看，主要是担心外资并购威胁自身国家安全，以及担心影响市场竞争。

表 4　2017 年因为监管因素终止的代表性并购交易

	投资企业	母国	标的企业	东道国	行业	终止原因
1	英飞凌科技公司（Infineon Technologies AG）	德国	疾狼（Wolfspeed）	美国	半导体	美国外资投资委员会担心威胁国家安全
2	峡谷桥资本合伙公司	中国	莱迪思半导体公司（Lattice Semiconductor Corporation）	美国	半导体	美国外资投资委员会担心威胁国家安全建议美国总统特朗普进行了否决
3	四维图新（NavInfo）	中国	赫尔（HERE International BV）	美国	数字地图	美国外资投资委员会担心威胁国家安全
4	华信能源	中国	美国投资银行考恩（Cowen Group）	美国	金融业	担心通不过美国外资投资委员会的审查
5	贝恩资本	美国	比利时包装公司 Resilux NV	比利时	包装业	德国的反垄断裁决
6	德国证券交易所	德国	伦敦股票交易所	英国	金融业	欧盟的反垄断裁决
7	中安消	中国	波兰安保 Konsalnet	波兰	安保服务	波兰竞争当局提出集中度的问题
8	澳大利亚金融企业 Suncorp	澳大利亚	新西兰保险公司 Tower	新西兰	金融业	新西兰商务委员会认为交易将大幅降低个人保险市场的竞争性而否决了交易
9	海南航空	中国	UDC 金融（澳新银行子公司）	新西兰	金融业	新西兰海外投资办公室认为海航集团提供的所有权结构等信息不充分

资料来源：笔者根据 UNCTAD（2018）的数据整理。

三　国际投资协定：终止的个数首次超过新达成的个数

　　国际投资协定在 2017 年迎来转折点。当年共达成 18 个国际投资协定（International Investment Agreements，IIAs），其中双边投资协定（Bilateral

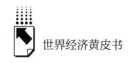
Investment Treaties，BITs）9 个，其他国际投资协定（TIPs）9 个①。这是自 1983 年以来，达成国际投资协定最少的年份。同时，2017 年至少有 22 个国际投资协定的终止生效。这也使得终止的国际投资协定首次超过新达成的国际投资协定。

从新达成的国际投资协定来看，可以发现一些重要的发展方向。比较 2017 年达成的 IIAs 和 2000 年达成的 IIAs，可以发现两个重要的发展方向。一是更强调投资的可持续性。将保护人类、动物和植物的生命和健康、保护会耗竭的自然资源作为一般例外，明确强调不能为了吸引投资而降低健康、安全和环境标准。二是尽量避免投资仲裁，从而保留监管空间。引入更为详尽的公平公正待遇条款和间接征收②条款，保留在审慎监管措施下对资金自由转移义务的例外情况，尽量避免保护伞条款③。

从存量来看，国际投资协定的规模仍然较大。截至 2017 年底全球共有 3322 个 IIAs，但其中大部分是需要改革的"旧一代"的 IIAs。改革的主要动机一方面是为了降低东道国面临国际投资仲裁的风险，另一方面是为了增加可持续发展的内容。但改革同样存在诸多困难，例如有来自缔约对手方的反对，有来自国家内部的协调困难和政治意愿的不足，还有的国家政策制定者认为改革意味着降低对国际投资者的吸引力。

国际投资协定中 88.9% 的是 BITs，中欧双边投资协定谈判进入了更为困难的新阶段。中欧 BIT 谈判于 2013 年 11 月启动，至 2018 年 7 月底已开展了 18 轮谈判，持续近五年。目前双方刚完成出价清单的交换，谈判进入更为困难的新阶段。欧盟在市场准入、环境保护、企业社会责任等方面提出了较高要求，并希望看到一个尽可能短的负面清单，这对中国造成了一定程度的挑战。中国应客观看待双方的分歧点，为中欧投资协定谈判强力注入政

---

① 其他国际投资协定是指除了双边投资协定之外的其他涉及投资相关条款的经济协定。

② 间接征收没有明确的定义，一般被表述为"具有相当于直接征收的效果的措施"。而直接征收是东道国直接剥夺投资者的财产权（颜海燕，2011）。

③ 通过"保护伞条款"，外国投资者能够将本属东道国国内管辖的合同争端，上升为东道国需担负国际责任的条约争端。

治推动力,以尽早达成一个高标准、现实的中欧投资协定。从而对提升双边经贸合作水平、释放双向投资潜力带来显著利好,并促进中国全面提升对外开放水平,以开放促改革。

四 中国的国际直接投资形势面临新的挑战

2017 年,中国外资流入同比增长 1.5%,整体保持平稳增长态势。但也有一些跨国企业选择离开,这与中国产业结构的调整不无关系。中国第三产业占 GDP 比重在 2013 年首次超过第二产业,并在 2015 年超过 50%。这一结构性变化也反映到了吸引外资的结构之中。第三产业实际使用外资的比重持续上升,已经超过 60%,而制造业的比重已经由曾经的一半以上下降至 30% 左右。因此,可以不断看到从事制造业的跨国企业减少投资和撤离,从事服务业的跨国企业增加投资和进入。并且,由于服务业平均单个项目投资金额低于制造业投资,在投资总额保持稳定的情况下,总的投资项目数增长更多。

对华 301 调查报告成为中美贸易争端的重要导火线。美国总统特朗普在 2017 年 8 月指令美国贸易代表动用所有可用的政策选项,全面调查中国有哪些法律、政策、实践不合理或者具有歧视性,对美国的知识产权、创新或者技术发展造成损害。2018 年 3 月美国公布了对华 301 调查报告,该报告介绍了以《中国制造 2025》为代表的中国产业政策架构和目标,指责中国政府如何通过投资审批限制外商投资并迫使美国企业转让技术,以及鼓励对外并购高技术资产等措施来帮助中国企业获取技术等。

在当前中美贸易争端的形势下,美国对华关税清单中大量涉及在华外资企业。虽然从中长期来看,中美贸易争端不会成为影响外资在中国经营的决定性因素,吸引和留住外资的关键仍然是中国内需的不断提振以及营商环境的根本性改善。但短期来看,中国仍需警惕不确定的贸易环境和双边关系可能会使经济活动受到抑制,以及外资企业为规避风险和降低关税而转移和撤到其他国家。

在中国对外直接投资方面，根据美国商业咨询机构荣鼎集团（Rhodium Group）公布的数据，2018 年 1~5 月，中国企业对美直接投资金额仅为 18 亿美元，同比锐减 92%。中国对美直接投资断崖式下跌的主要原因在于美国外国投资委员会（CFIUS）以"国家安全"为由，为中国企业赴美高科技投资设立壁垒。值得重视的一个新现象是，即使投资来自其他国家，但只要有助于提升中国在关键领域的技术水平，CFIUS 也会加以干预。2018 年 3 月，美国以有可能使中国竞争对手在开发 5G 方面获得优势为由，全面调查新加坡博通公司对美国芯片巨头高通的收购。美国明确指出中国企业主宰 5G 将对美国国家安全造成负面后果。

美国还于 2018 年 8 月 13 日通过了《美国外国投资风险评估现代化法案》（FIRRMA）。进一步加强了国家安全审查机制，对保持美国相对于中国技术优势至关重要的新兴技术也涵盖在"关键技术"的定义内，加强相关投资审查，重点关注并且区别对待来自中国的投资。

除了美国外，包括德国、英国、意大利和法国在内的欧洲多个国家也加强审查中国对其高科技领域和重要基础设施的投资。欧洲正讨论拟采取的措施是设立类似美国 CFIUS 的投资审查机制，对可能威胁欧洲技术优势的投资进行审查，尤其是这些投资涉及安全领域并且其技术获得过欧洲政府的补贴。

与发达国家的双向投资一直是中国企业提升技术水平的重要渠道。20 世纪 90 年代以来，中国通过不断放宽市场准入、提供超国民待遇等举措积极引进外商直接投资。大量研究成果显示，外商对华投资，尤其是来自发达国家的外资，带动了国内技术进步，显著提高了中国企业的生产率和国际竞争力。而中国企业对发达国家投资的一个重要目的是提升本国企业自身的技术和竞争力。海外子公司可以将对外直接投资所获取的知识、技术、管理经验等战略性资产传递回母公司，以提高母公司的技术水平和生产率。[1] 如

---

[1] 王碧珺、李冉、张明：《成本压力吸收能力与技术获取型 OFDI》，《世界经济》2018 年第 4 期。

今，通过与发达国家双向投资来提升自身技术水平和生产率的这一渠道变得日益狭窄。

五 前景展望

全球经济在2018年的加快复苏有助于提升跨国企业的国际投资活动。2018年，不论是发达经济体还是发展中经济体，GDP实际增长率都高于2017年。固定资本形成的增长率更为强劲，其中发展中经济体将从2017年的3.9%提升至2018年的6.3%，发达经济体也将提升1个百分点（见表5）。预计全球FDI流入在2018年将增长5%，达到1.5万亿美元。其中，非洲地区在大宗商品价格回升、非洲大陆自贸区签署所带来的区域经济合作的推进下，FDI流入预计将强劲增长20%，达到500亿美元。

表5 2015～2019年GDP实际增长率和固定资本形成增长率

单位：%

		2015年	2016年	2017年	2018年	2019年
GDP实际增长率	世界	3.5	3.2	3.8	3.9	3.9
	发达经济体	2.3	1.7	2.3	2.5	2.2
	发展中经济体	4.3	4.4	4.8	4.9	5.1
固定资本形成增长率	世界	2.8	2.7	3.7	5.5	5.2
	发达经济体	2.7	1.9	3.5	4.5	4.3
	发展中经济体	2.9	3.3	3.9	6.3	5.9

资料来源：笔者根据UNCTAD（2018）和IMF（2018）的数据整理。

同时，2019年英国将正式脱离欧盟。为了减轻"脱欧"对英国经济造成的冲击，英国亟须深化与欧盟之外合作伙伴的经贸往来。"脱欧"也使得英国得以摆脱欧盟的种种束缚，能更加机动灵活地进行全面开放。中英经济互补性较强，英国在基础设施领域具有很大的改善需求，其金融服务业、创意产业、节能环保、高端制造、高科技产业非常发达。中英双方有可能开展中英自由贸易协定谈判，从而释放双边投资的增长潜力。

然而，美国的政策正日益成为国际直接投资不确定性的主要来源。美国在全球挑起的贸易争端可能使得跨国企业取消或者推迟投资行为，直到贸易和投资环境更为稳定。如果贸易争端持续发酵将导致全球价值链被破坏，这对于亚洲地区的国际投资将带来尤其明显的影响。为了避免关税负担，国际投资者可能在全球重新配置生产地。但是，中国不会将打击美资企业作为报复手段。惩罚美国在华企业将产生持续性损害，显著打击包括美资企业在内的所有外资企业对于在华经营的信心，使得中国变成一个缺乏法治、投资风险巨大的经济体。相反，中国应想尽办法善待、吸引外资企业。继续改善营商环境，保护外资企业在华的合法权益，严厉打击侵权假冒、侵犯商业秘密等行为，大幅提高知识产权侵权法定赔偿上限，使中国成为外国企业投资的首选之地。同时，进一步开放了市场，以增加对国际投资的吸引力。

总之，一系列风险因素将对国际直接投资带来不确定性，使得国际投资复苏之路道阻且长。

参考文献

王碧珺：《国际直接投资形势回顾与展望》，载张宇燕主编《2018 年世界经济形势分析与预测》，社会科学文献出版社，2018。

王碧珺：《引导企业境外投资行为向好发展》，《中国外汇》2018 年第 2 期。

王碧珺、李冉、张明：《成本压力、吸收能力与技术获取型 OFDI》，《世界经济》2018 年第 4 期。

颜海燕：《国际直接投资中的间接征收问题研究》，《法制与社会》2011 年第 9 期。

Committee on Foreign Investment in the United States, "The Foreign Investment Risk Review Modernization Act of 2018," https：//home. treasury. gov/sites/default/files/2018 – 08/The – Foreign – Investment – Risk – Review – Modernization – Act – of – 2018 – FIRRMA_0. pdf.

International Monetary Fund, World Economic Outlook, Washington, DC. , 2018.

Thilo Hanemann, "Arrested Development: Chinese FDI in the US in 1H 2018," https：//rhg. com/research/arrested – development – chinese – fdi – in – the – us – in – 1h – 2018/.

UNCTAD，"World Investment Report 2017：Investment and the Digital Economy，" https：//unctad. org/en/PublicationsLibrary/wir2017_ en. pdf.

UNCTAD，"World Investment Report 2018：Investment and New Industrial Policies，" https：//unctad. org/en/PublicationsLibrary/wir2018_ en. pdf.

Office of United States Trade Representative Executive Office of the President，"Findings of The Investigation into China's Acts，Policies，and Practices Related to Technology Transfer，Intellectual Property，and Innovation Under Section 301 Of The Trade Act Of 1974，" March 22，2018，https：//ustr. gov/sites/default/files/Section% 20301% . 20FINAL. PDF.

Y.13
国际大宗商品市场形势回顾与
展望：平衡和调整

王永中　周伊敏*

摘　要： 2017 年 7 月至 2018 年 9 月期间，全球大宗商品市场经历了一波先大幅上涨、后快速下跌的震荡上行行情，整体价格上涨了 9.0%。2017 年 7 月至 2018 年 5 月下旬，全球经济复苏、石油减产、地缘政治风险上升、美国对伊朗原油和俄罗斯铝出口的制裁、中国削减煤炭产能、美国谷物种植减少等因素，导致大宗商品价格攀升 20.1%；在 2018 年 6~9 月期间，受商品库存增加、中国环保停限产、中美贸易摩擦升级等因素的影响，大宗商品价格下跌了 9.4%；2018 年 9 月中旬至 10 月初，在能源商品价格强势上涨的带动下，大宗商品价格快速回升至 2018 年 6 月末的水平。带动大宗商品价格指数上涨的主要商品类别是能源、谷物和工业金属。2017 年，中国进口的 15 种大宗商品的绝对价值额为 3976 亿美元，比上年增长 40%，占全球进口份额为 19.5%，上升 2.0 个百分点。预计大宗商品价格在 2018 年第四季度将处于底部盘整状态，在 2019 年可能有小幅下调，但基本稳定。国际原油均价在 2019 年可能会下调至 65 美元/桶左右。

关键词： 大宗商品市场　需求　供给　价格

---

* 王永中，经济学博士，中国社会科学院世界经济与政治研究所研究员，博士生导师，主要研究领域为货币经济学、国际投资学、能源经济学；周伊敏，统计学博士，中国社会科学院世界经济与政治研究所助理研究员，主要研究领域为能源经济、大宗商品、数字金融。

一 大宗商品市场总体状况

自2016年全球经济回暖以来，2017～2018年国际大宗商品价格整体呈现波动上行的走势，但明显低于2011年的峰值水平（见图1）。全球经济的整体复苏从需求侧拉动了大宗商品价格的上涨，而OPEC主导的石油减产、地缘政治风险的上升（如中东、委内瑞拉等）、美国对伊朗原油和俄罗斯铝出口的制裁、中国煤炭产能的削减、美国谷物种植的减少等因素抑制了产量，从供给侧助推了大宗商品价格的攀升。

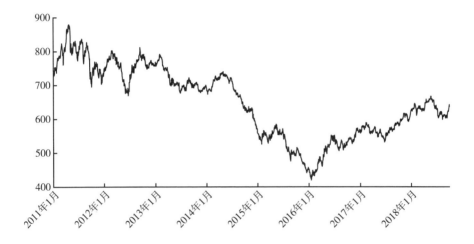

图1　2011～2018年道琼斯总商品价格指数

资料来源：S&P Dow Jones Indices，https：//us. spindices. com/。

2017年7月至2018年5月，全球大宗商品延续了上一年的上涨态势，大宗商品价格指数从2017年6月末的554.9点，攀升至2018年5月下旬的667.4点的阶段性峰值价位，上涨幅度达20.3%，约相当于2011年4月峰值水平的76.2%。2018年6月以来，受商品库存增加、中国环保停限产、贸易冲突特别是中美贸易摩擦升级等因素的影响，大宗商品价格一路绵延下行至9月初的605点左右，下跌幅度达9.4%，比2017年年末的价位低

3.3%，但仍比 2017 年 6 月末的水平高出 9.0%，相当于 2011 年峰值的 69.0%。2018 年 9 月中旬至 10 月初，在能源商品价格强势上涨的带动下，大宗商品价格快速回升至 640 点，与 2018 年 6 月末的价格水平持平。

在 2018 年的"世界经济黄皮书"报告中，我们准确预测了大宗商品价格在 2017 年下半年以及 2018 年初的稳定反弹，但没有预期到 2018 年 6 月以来大宗商品价格明显的向下调整过程。

在 2017 年至 2018 年 9 月期间，不同类型的大宗商品价格指数出现明显的分化，带动大宗商品价格指数上涨的主要商品类别是能源、谷物和工业金属（见图 2）。能源类商品通常是商品价格指数中的主要构成部分，能源价格在 2017 年上半年经历了一个短暂的波动下行之后，在 2017 年下半年出现了强劲反弹，随后持续上涨。以石油和天然气为主的能源价格指数在 2018 年上半年上涨了 10.3%。

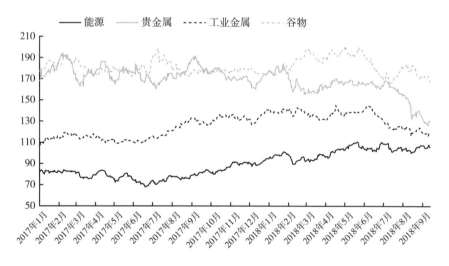

图 2　2017 年 1 月至 2018 年 9 月道琼斯商品价格指数

资料来源：S&P Dow Jones Indices，https://us.spindices.com/。

2017 年 7 月以来，受需求拉动、OPEC 和俄罗斯联合减产、委内瑞拉石油大幅减产和美国制裁伊朗等因素的影响，全球原油市场迎来了一波超级周期，原油价格一路飙涨（见图 3、图 4）。布伦特轻质原油和轻质原油的现货均价由 2017 年 6 月的 43.5 美元/桶的低点，急剧攀升至 2018 年 9 月初的 77.0 美元/桶，上涨幅度高达 77.0%。如图 4 所示，2017 年，原油均价为 52.5 美元/桶，较 2016 年的价位上涨了 20.7%。2018 年前 9 个月，原油均价进一步上涨至 69.4 美元/桶，比 2017 年全年的均价高出 32.2%。这一结果与 2018 年的"世界经济黄皮书"报告中的预测差异较大，我们虽准确地预测了原油价格在 2018 年将会出现上涨，但低估了国际原油市场价格上涨的幅度，特别是低估了地缘政治风险上升和美国制裁伊朗对原油市场的影响。

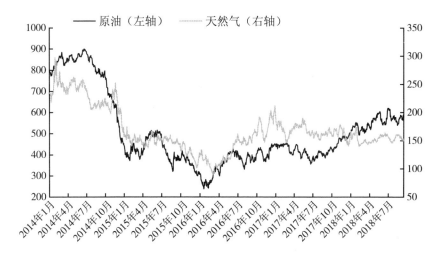

图 3　2014～2018 年原油和天然气的价格指数

资料来源：S&P Dow Jones Indices，https：//us. spindices. com/。

在 2018 年第三季度，原油市场价格围绕 70 美元/桶的价格震荡波动。2018 年 8～9 月，市场对于地缘政治风险的关注加剧，尤其是对美国重新制裁伊朗前景的担忧，导致原油价格加速上涨，布伦特原油价格由 8 月 16 日的 69.2 美元/桶升至 9 月 24 日的 80.9 美元/桶，上涨幅度达 16.9%，WTI 原油价格也由 65.1 美元/桶升至 73.2 美元/桶，涨幅为 12.4%。

天然气平均价格在 2017 年上涨了 21%，且在 2018 年第一季度持续上涨了 14%。原因在于，主要消费地区的冬季天然气消费增长强劲，导致全球天然气

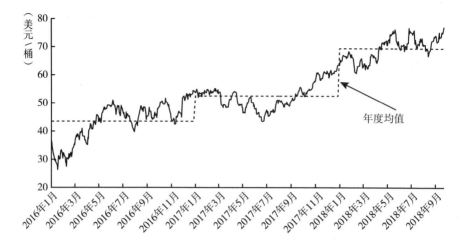

图4 原油现货价格

注：原油现货价格为英国布伦特轻质原油和西得克萨斯轻质原油的现货价格的平均数，二者的权重相等。

资料来源：CEIC。

库存量下降。欧洲天然气价格上涨15%，至均价7.2美元/百万英热单位；由于对液化天然气（LNG）的强劲进口需求，向日本交货的天然气均价为9.8美元/百万英热单位；尽管天气寒冷、天然气库存降低，但美国天然气均价在3.1美元/百万英热单位。在2018年第二季度，天然气价格略有回落，价格指数下降了1.3%，但日本的LNG进口价格上涨了5.1%（见表1）。

表1 天然气的价格及价格指数

单位：美元/百万英热单位

	年度平均			季度平均			月度平均		
	2015年	2016年	2017年	2017年第四季度	2018年第一季度	2018年第二季度	2018年7月	2018年8月	2018年9月
价格指数	73.7	56.9	68.6	70.2	78.0	77.0	78.0	80.9	80.2
美国价格	2.61	2.49	2.96	2.87	3.08	2.83	2.80	2.96	2.99
日本LNG价格	10.93	7.37	8.61	8.47	9.76	10.26	10.44	10.88	10.88

注：2010年的天然气价格指数为100。

资料来源：World Bank Commodities Prices Data（The Pink Sheet），http：//101.96.10.63/pubdocs.worldbank.org/en/823461540394173663/CMO – October – 2018 – Forecasts.pdf.

在 2018 年第三季度，天然气价格指数，以及美国的天然气和日本进口的 LNG 的价格均出现上涨。在传统的消费淡季，天然气价格通常会因取暖需求下降而下跌，但在 2018 年却出现了"淡季不淡"的现象。究其原因主要有：一是原油价格上涨，导致与原油价格挂钩的日本 LNG 价格、欧洲天然气价格上涨；二是全球能源转型加快导致各国对天然气这一清洁能源的需求增加；三是中国北方"煤改气"的推进和储气设施建设的完善，中国在淡季对天然气的储备需求上升，以缓解冬季的"气荒"问题。

农产品整体价格在 2017 年下半年到 2018 年上半年大幅上涨，但在 2018 年第三季度震荡下行。2018 年第一季度，农产品整体价格上涨了 4%，为近两年来最大的季度涨幅，其中谷物价格指数由 2018 年 1 月的 174 上涨至 3 月的 190，上涨幅度为 9%，该轮上涨主要驱动因素是美国谷物（特别是玉米和小麦）种植的减少和拉尼娜现象引起阿根廷大豆减产。农产品价格上涨趋势一直延续到 2018 年年中，其间食用油价格（如棕榈油和菜籽油）经历了大幅下跌；茶叶价格下降被可可价格上涨所抵消，以至于饮料价格指数基本持平；棉花价格的大幅上涨带动原材料价格指数上升。谷物价格在 2018 年 6 月出现大幅下跌，价格指数由 5 月末的 199.4 的高点跌至 6 月末的 169.3，在一个月之内的跌幅高达 15.1%，在 7 月份有所回升（最高点冲至 182），但在 8～9 月再次下滑，价格指数降至 168。

工业金属价格指数在 2017～2018 年上半年期间上涨幅度超过 1/4，但在 2018 年第三季度下滑至 2017 年中的水平。在 2018 年中前，工业金属价格指数之所以出现了大幅度上涨，主要可归结为强劲的全球需求和供应障碍。中国政府削减了铝和钢等金属的产量，以达到减少污染的目标，推动了工业金属价格上涨。美国对俄罗斯最大的铝生产商（占全球供应量的 6% 以上）实施制裁[①]，导致 4 月份铝价格飙升，达到七年来的最高水平。而且，由于市场担心美国对俄罗斯的制裁可能会扩大到其他俄罗斯金属生产商，

---

① 美国的制裁命令"美国人"停止与俄罗斯铝业的业务，并增加了对与该公司做生意的外国公司进行"二级制裁"的可能性。

导致镍价格也出现了上涨（俄罗斯镍产量占全球镍产量的9%）。工业金属价格在2018年2~3月期间出现短暂下跌，主要原因在于中美贸易摩擦升级、工业金属库存增加和中国的消费疲软。一方面，中国在全球金属市场中发挥关键作用，其消费份额超过50%。随着中国经济的转型和减速，其对金属需求的增长将显著放缓。另一方面，中美贸易关系紧张局面加剧，引发市场对于中国经济发展前景的担忧，进而对金属需求产生较大负面影响。

贵金属价格指数在2018年第一季度经历了一个短暂的反弹，随后一路持续下跌，尤其在2018年第三季度，下跌幅度超过20%。2017年，贵金属价格指数整体小幅度上涨，价格指数由1月的168上升至12月底的174，上涨了3.6%。2018年第一季度，预期通货膨胀率上升、地缘政治紧张局势加剧以及美元走软，致使贵金属投资需求增加，导致贵金属价格指数继续上涨了4%。在2018年第三季度，美联储加息和美元升值，导致贵金属价格指数大幅下跌，由7月5日的168.7降至9月11日的126.3，下跌幅度达25.1%。

黄金价格在2018年第一季度上涨了4%，均价达1329美元/盎司。黄金是以美元定价的，由于第一季度美元走势相对稳定，从而黄金价格也维持在稳定的区间（见图5）。2018年4~8月，黄金价格一路下跌，有两个方面的原因：一是美元指数一路走强，由89升至96，升幅达8%，黄金价格随之出现明显的下跌，由1346.8美元/盎司降至1176.5美元/盎司，降幅约为13%。二是黄金实体市场供需宽松，在供给端，全球金矿实现连续第九年的供应攀升，除中国外所有主要地区都有增长；在需求端，印度黄金进口在2018年第一季度急剧下降，而印度占全球黄金消费的份额超过1/4。在此期间，铂金价格上涨了6%，主要是由投资需求的增加以及对南非供应收紧的预期引起的。受柴油汽车销量下降的影响，铂消费需求下降（汽车催化剂需求是铂消费需求的最大组成部分），铂金价格存在着下行的压力。白银的投资需求相较于黄金和铂金而言较弱，但由于白银产量下降，白银价格出现小幅上涨。一半以上的白银消费用于工业用途（如光伏和电子行业），投资者担心中美贸易争端对工业活动产生负面影响，导致白银价格的下跌压力增大。

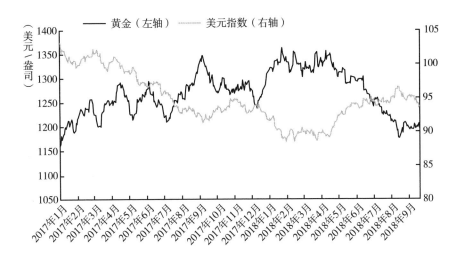

图5　2017～2018年黄金期货价格和美元指数

资料来源：ICE。

二　石油的实际供需情况

随着全球经济回暖，全球石油市场需求呈现加速上涨的趋势。2016年、2017年全球石油日均需求量分别为9640万桶、9780万桶，增长速度依次为1.15%和1.45%。2018年上半年，全球石油需求增长减缓。2018年第一季度的全球石油日均需求量为9830万桶，比2017年日均需求量增长了0.5%，而第二季度的需求量回升至9870万桶，比2017年增加了0.9%（见表2）。根据国际能源署2018年8月发布的《石油市场月报》（*Oil Market Report*）预测，在全球经济复苏的带动下，2018年全球石油日均需求的增长量预计为140万桶，与2017年的增长量持平，2019年日均需求增长量小幅上涨至150万桶，从而，2018年、2019年全球石油平均日需求量将分别达9920万桶、10070万桶，年均增速依次为1.43%、1.51%。

表 2 世界石油供需状况

单位：百万桶/日

	2016 年	2017 年	2018 年第一季度	2018 年第二季度	2018 年第三季度	2018 年第四季度	2018 年	2019 年
需求								
OECD	47	47.3	47.8	47	47.8	48.1	47.7	47.9
北美	24.9	25	25.3	25.3	25.4	25.5	25.4	25.5
欧洲	14	14.3	14	14.1	14.6	14.4	14.3	14.4
亚洲大洋洲	8.1	8.1	8.5	7.6	7.8	8.2	8	8.0
非 OECD	49.4	50.5	50.5	51.7	51.8	52.1	51.5	52.7
原苏联地区	4.5	4.6	4.4	4.7	4.8	4.7	4.7	4.7
欧洲	0.7	0.7	0.7	0.8	0.8	0.8	0.8	0.8
亚洲	25	26	26.5	27	26.5	27.4	26.9	27.8
中国	12	12.6	12.8	13.1	12.9	13.4	13.1	13.5
拉美	6.4	6.5	6.3	6.4	6.5	6.4	6.4	6.4
中东	8.5	8.5	8	8.5	9	8.4	8.5	8.6
非洲	4.3	4.3	4.4	4.3	4.2	4.4	4.3	4.4
总需求	96.4	97.8	98.3	98.7	99.6	100.2	99.2	100.7
供给								
OECD	23.4	24.2	25.7	25.8	25.8	26.5	26	27.4
北美	19.5	20.3	21.7	22.1	22.1	22.6	22.2	23.6
欧洲	3.5	3.5	3.5	3.3	3.3	3.5	3.4	3.4
亚洲大洋洲	0.4	0.4	0.4	0.4	0.4	0.4	0.4	0.5
非 OECD	29.1	29	29	29.1	29.2	29.3	29.1	29.4
原苏联地区	14.2	14.3	14.4	14.5	14.6	14.7	14.5	14.8
欧洲	0.1	0.1	0.1	0.1	0.1	0.1	0.1	0.1
亚洲	7.6	7.4	7.2	7.2	7.1	7.1	7.1	6.9
中国	4	3.9	3.8	3.9	3.8	3.8	3.8	3.7
拉美	4.5	4.5	4.5	4.5	4.6	4.7	4.6	4.9
中东	1.3	1.2	1.2	1.3	1.3	1.3	1.3	1.2
非洲	1.4	1.4	1.4	1.5	1.5	1.4	1.4	1.4
OPEC	39.8	39.5	39.2	39.0				
原油	33	32.6	32.3	32.1				
总供给	96.9	97.4	98.3	98.8				
供需缺口	0.6	-0.4	0.0	0.0				

资料来源：International Energy Agency, "Oil Market Report," https://www.iea.org/oilmarketreport/。

  2018 年上半年，全球石油日均需求量比 2017 年日均需求量增加了 70 万桶，其中 OECD 国家贡献了 10 万桶/日的增量，对石油需求增长做出积极贡献；非 OECD 国家贡献了 60 万桶/日的增量，仍是推动需求增长的主力。全球石油需求增长主要由新兴经济体驱动，亚洲国家需求的增长，弥补了拉丁美洲需求的小幅下降和中东、非洲需求增长的停滞。如表 2 所示，2017 年、2018 年上半年，非 OECD 国家的石油日均需求量分别为 5050 万桶、5110 万桶，相比 2016 年 4940 万桶的日均需求量，分别增加了 110 万桶、170 万桶。2018 年，非 OECD 国家的石油需求总体上呈现增长放缓的态势，相较于 2017 年非 OECD 国家 5050 万桶的日均需求量，2018 年第一季度、第二季度的日均需求增量分别为 0、120 万桶，而 2018 年第三季度、第四季度的日均需求增量预计分别为 130 万桶、160 万桶。其中，中国今年经济增速有所放慢，但原油需求增长仍然强劲。2017 年和 2018 年上半年，中国石油日均需求量依次为 1260 万桶和 1295 万桶，比 2016 年分别增加 60 万桶、95 万桶。

  2018 年上半年，全球石油需求增长减缓主要源自拉美和中东地区的需求疲软。拉美地区在前两个季度的日均石油需求量分别为 630 万桶和 640 万桶，低于其 2017 年的日均石油需求量 650 万桶。巴西 2018 年上半年的日均石油需求量低于 2016 年和 2017 年的水平，尽管 6 月其对柴油、液化石油气、燃料油、煤油的需求强劲增长，然而，这一增长被疲软的汽油需求所部分抵消，主要原因是增加使用乙醇作为替代燃料。中东地区日均石油需求量在 2018 年第一季度出现了大幅下降，相较于 2017 年 850 万桶/日的需求量，2018 年第一季度和第二季度的需求量分别为 800 万桶/日和 850 万桶/日。2018 年上半年，沙特阿拉伯石油需求同比下降了约 4%，这主要是由于原油直接使用量和工业部门柴油消费量的下降，以及天然气替代的因素。伊拉克、卡达尔也出现了石油需求萎缩，但阿联酋和科威特的石油需求均稳定增长。

  2017 年以来，由于 OPEC 和俄罗斯等产油国减产，全球原油供给增速下降，原油供求关系趋于紧张，甚至出现供给小于需求的状况。如表 2 所示，2017 年全球日均石油供给量达 9740 万桶，比 2016 年增加 50 万桶，供给过剩量由 2016 年的 60 万桶下降至 2017 年的 - 40 万桶。2018 年第一季

度，全球日均石油供给量为9830万桶，比2017年增加90万桶，供给过剩量下降至0。2018年第二季度的日均石油供给量比2017年增加140万桶，供给短缺的状况逐渐好转，市场继续维持供需持平。

对表2数据的简单测算发现，2017年全球石油供给增长全部来源于北美和原苏联地区，其他地区的石油供给均呈下降状态。其中，北美和原苏联地区的日均供给量分别增加80万桶、10万桶，而亚洲地区和中东地区的石油日均供给量分别下降20万桶、10万桶；OPEC国家石油日均供给量减少了30万桶。2018年上半年，全球石油日均产量供给量增加了115万桶，其中，北美、原苏联地区、中东、非洲的石油供给增长量分别为160万桶、15万桶、5万桶、5万桶，而OPEC、欧洲、亚洲的供给量分别下降40万桶、20万桶、20万桶。显然，北美等地的原油产量上升不仅抵消了OPEC原油产量的减少，而且改变了供给小于需求的状况，维持了供需持平。

未来，若OPEC主导的减产协议能继续保持，全球石油供给是否实现增长将完全取决于北美和原苏联地区。在2018年第三季度、第四季度，北美日均石油供给量相比于上年将分别增长180万桶、230万桶，原苏联地区的日均石油供给量将分别上升30万桶、20万桶，而亚洲的日均石油供给量预计将下降30万桶，其中中国的日均石油供给量将下降10万桶。2019年，北美的日均石油供给量预计将增加到2360万桶，原苏联地区、拉美地区的日均石油供给量预计分别增加到1480万桶、490万桶，而亚洲的日均石油供应将减少50万桶，其中中国的日均石油供应将减少20万桶。

三 中国需求

中国是国际大宗商品最大的需求者，对国际大宗商品的供需和价格产生重要影响。就表3所列的16种主要大宗商品而言，中国在2017年的进口额为3976亿美元，比2016年增加了926亿美元，约占世界各国对这16类商品进口总额的21.7%。与2016年相比，中国的进口份额上升了2.5个百分点（见表3）。

表3　中国大宗商品进口在全球中的份额

类目	2017 年进口额（亿美元）		2017 年中国进口的份额（%）		中国进口份额变化：与 2016 年的差额（个百分点）	
	全球	中国	价值	数量	价值	数量
谷　　物	850	67	7.8	—	1.1	—
稻　　谷	145	21	14.3	16.8	2.8	2.9
大　　豆	577	397	68.7	72.4	5.6	8.1
橡　　胶	168	49	29.2	38.9	2.4	10.5
原　　木	166	100	59.9	—	9.7	—
棉　　花	349	101	29.0	—	4.4	—
钢　　铁	3285	234	7.1	—	0.9	—
铁 矿 石	1102	765	69.4	79.9	1.1	10.4
铜及制品	1314	425	32.3	—	4.5	—
铝及制品	1554	75	4.8	—	0.3	—
铝 矿 石	50	34	67.5	71.8	5.9	5.0
氧 化 铝	111	11	9.9	10.4	1.7	1.9
铅 矿 石	62	17	27.3	46.7	1.6	1.9
锌 矿 石	118	23	19.4	23.8	2.5	5.1
镍 矿 石	30	21	70.2	86.0	11.7	9.2
原　　油	8403	1638	19.5	19.5	2.0	1.7
合　　计	18286	3976	21.7	—	2.5	—

注：表中产品名称均为对应的海关 HS 分类名称的简称。对应的代码分别为：谷物 10、稻谷 1006、大豆 1201、橡胶 4001、原木 4403、棉花 52、钢铁 72、铁矿石 2601、铜及制品 74、铝及制品 76、铝矿石 2606、氧化铝 281820、铅矿石 2607、锌矿石 2608、镍矿石 2604、原油 270900。

资料来源：联合国 COMTRADE 数据库。

需要指出的是，中国进口的大宗商品价值量的上升，既有大宗商品价格上涨的因素，又有进口商品绝对数量增加的因素。2017 年中国进口的大宗商品绝对数量有增有减，但总体呈稳定增长的态势。就图 6 中的 10 种大宗商品而言，中国 2017 年的总进口数量比上年增加了 12134 万吨，增长了7.65%，基本与上年持平，其中，铁矿石、原油、铝矿石、镍矿石、锌矿石、大豆、稻谷、橡胶的进口量分别增加 5074 万吨、3846 万吨、1674 万吨、292 万吨、44 万吨、1161 万吨、43 万吨、29 万吨，而铅矿石、氧化铝等的进口量依次下降了 13 万吨、16 万吨。

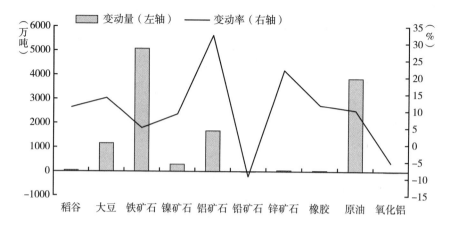

图6 2017年中国进口的大宗商品数量的变动

资料来源：联合国COMTRADE数据库和笔者的计算。

中国作为国际大宗商品的需求者，对国际大宗商品市场影响最大的当数金属矿石市场，尤其是镍矿石、铝矿石和铁矿石市场。中国对这三类金属矿石的进口额占全球进口总额的比例均超过了60%。同时，中国2017年对铜及制品、铅矿石的进口量占世界进口总量的比例也均接近30%，对锌矿石的进口份额接近20%。

2017年，中国的镍矿石进口额达20.78亿美元，占全球镍矿石进口总额的比例为70.2%，比2016年的进口比例上升了11.7个百分点。中国对铁矿石的进口不仅份额高，而且规模大。2017年，中国的铁矿石进口额高达765亿美元，占世界铁矿石进口总额的69.4%。中国对金属矿产品的需求均出现了不同程度的增加。例如，中国对铁矿石、铝矿石、氧化铝、铅矿石、锌矿石的进口额分别比上年增长了1.1%、5.9%、1.7%、1.6%、2.5%，其占全球的进口总额的比例依次上涨了10.4个、5.0个、1.9个、1.9个、5.1个百分点。

2017年，中国在国际金属矿石市场获得了较有利的贸易条件①。对于表

---

① 本报告的贸易条件指中国进口的商品的价值份额（占该商品的世界进口总价值量的比例）与数量份额（占该商品的世界进口总数量的比例）的比率。在不考虑商品品质差异的条件下，若价值份额与数量份额的比率大于1，说明中国支付的进口商品的价格较高，进口贸易条件不利，反之，若比率小于1，则中国支付的进口商品价格较低，进口贸易条件有利。

3 所列的金属矿石而言，中国进口的价值份额均低于进口的数量份额，即中国对各类金属矿石所支付的进口价格均低于国际市场的平均价格。以铁矿石为例，2017 年中国进口的价值份额、数量份额分别为 69.4%、79.9%，价值份额与数量份额之间的比率为 0.87，从而中国所支付的铁矿石进口价格相当于国际市场平均价格水平的 87%。铁矿石的进口价格低于国际市场水平，可能主要来源于国际铁矿石市场供给过剩，中国作为最大的买家可以获得价格折扣。

中国对国际农产品市场也有重大影响，尤其是在大豆和原木市场上。中国的大豆进口额及其占全球大豆进口总额的比例从 2002 年以来一直处于上升状态。2017 年，中国的大豆进口额达 397 亿美元，占全球大豆进口总额的比例为 68.7%，比 2016 年上升了 5.6 个百分点。不过，中国作为最大进口国的地位并未为其在大豆市场上争取到非常优惠的贸易条件，2017 年中国大豆进口的价值份额与数量份额的比率依然维持在 0.95 的水平。中国在原木市场的进口价值份额逐年上升，由 2013 年的 48.5% 攀升至 2014 年的 54.5%，2017 年进一步升至 59.9%。中国的稻谷、棉花进口价值份额分别提高了 2.8 个、4.4 个百分点。中国 2017 年对橡胶的进口价值份额上升了 2.4 个百分点，数量份额上涨了 10.5 个百分点。

中国对国际粮食市场的影响较小，粮食进口份额不高，表明中国粮食的自给自足程度较高。2017 年，中国对谷物（包括小麦、大麦、燕麦、玉米、稻谷和高粱等）的进口额为 67 亿美元，占全球谷物进口总额的比例为 7.8%，比 2016 年仅增长了 1.1%。其中，中国 2017 年的稻谷进口额为 21 亿美元，占全球稻谷进口总额的比例为 14.3%，比上年提高了 2.8 个百分点。2017 年中国在稻谷和橡胶市场的进口贸易条件出现了显著的改善，进口的价值份额与数量份额的比率分别为 0.85、0.75。这一改善主要是由市场价格因素导致，中国议价能力在其中发挥的作用仍然有限。

原油是中国进口规模最大的大宗商品。中国进口原油的数量逐年增长，占世界石油进口总额的比例不断上升，已成为稳定的第一大原油进口国。2017 年，中国进口原油 1638 亿美元，比上年增加 472 亿美元，进口数量比

上年增加 3845 万吨，达 41946 万吨，中国原油进口的价值份额、数量份额都为 19.5%，与上年相比，价值份额上涨 2 个百分点，数量份额上升 1.7 个百分点。2017 年，中国原油进口的价值份额与数量份额相同（均为 19.5%），即中国对原油所支付的进口价格与国际市场的平均价格基本持平。

四　货币金融因素

在当前大宗商品市场金融化趋势日益增强的情形下，货币金融因素对大宗商品市场价格的波动产生重要影响。美元是世界储备货币，也是大宗商品的基础计价货币。美国的货币政策和美元汇率的变动将不可避免地对国际大宗商品价格产生影响。同时，在大宗商品定价权方面，期货市场的重要性远高于现货市场。

（一）货币因素的影响

作为大宗商品的计价货币，美元指数与商品价格之间通常存在反比关系。当美元兑其他主要货币走强时，商品价格趋于下跌，而当美元兑其他主要货币贬值时，商品价格普遍走高。当美联储实行宽松货币政策时，较低的利率和美元指数将支持大宗商品价格上涨；当美联储采取紧缩的货币政策时，较高的美元汇率将对国际大宗商品的价格上涨具有抑制作用。现利用 2008 年 9 月至 2018 年 3 月的大宗商品价格与美国货币政策、美元汇率的相关数据，分析三者之间的相关关系及变化趋势。

我们用道琼斯大宗商品价格指数来代表大宗商品价格，用美元指数来代表美元汇率指标，用美国 10 年期国债的利率指标来代表美联储的货币政策变动。如图 7 所示，全样本区间内大宗商品价格指数与美元指数之间的相关性系数为 -0.31，大宗商品价格指数与美国 10 年期国债利率之间的相关性系数为 -0.51。从动态相关性来看，大宗商品价格指数与美元指数、美国 10 年期国债收益率之间的负相关性有减弱的趋势。整体而言，大宗商品价格指数与美元指数、美国 10 年期国债收益率呈负相关的关系。

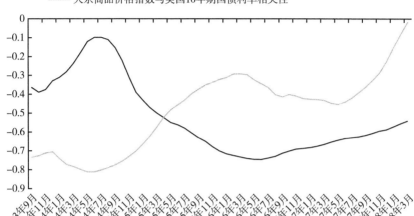

图7　大宗商品价格与美元汇率、美国货币政策之间的相关性

注：图中为以 5 年为窗口期计算的 Pearson 相关系数，例如 2013 年 9 月的相关性系数由 2008 年 9 月至 2013 年 9 月区间内数据计算。

资料来源：Commodity Research Bureau，Federal Reserve Board，S&P Dow Jones Indices。

2008 年国际金融危机以来，大宗商品价格指数走势与美联储的货币政策、美元汇率呈现出较强的负相关性。美联储量化宽松和短期零利率政策推动了大宗商品价格在 2009～2011 年大幅上涨。随着 2011 年美国经济的好转，大宗商品价格开始回落。当美联储在 2014 年结束量化宽松货币政策并于 2015 年开始加息时，美元兑其他货币升值，大宗商品价格走低。从 2015 年美国进入加息周期以来，美联储已加息 8 次（最近一次发生在 2018 年 9 月 27 日）。2018 年的加息是在美元走强的背景下发生的，而之前的加息大多处于美元指数走低时期。2018 年美联储加息和美元指数走强，对国际大宗商品的价格形成抑制作用。未来，美联储继续加息将进一步对大宗商品的市场价格施加下行压力。

（二）商品期货市场的影响

原油期货是大宗商品期货市场中交易最活跃的商品期货。我们现分析原油期货市场的投资状况对原油现货价格的影响。2017 年至 2018 年第三季度，原油期货市场交易量显著上涨，尤其 2017 年上涨速度明显加快，为 2008 年金融危机以来最快增长期。根据芝加哥期货交易所（CME）数据，2017 年全年原油期货未平仓合约量上涨了 53 万份，增幅为 26%，而 2008~2016 年的年均增幅仅为 9%。2018 年上半年，原油期货未平仓合约量上涨速度放缓，其间未平仓合约量增加了 8 万份，增幅为 3%。2018 年第三季度，原油期货未平仓合约量出现下降，较上一季度减少了 26 万份，但 2018 年 9 月未平仓合约量仍明显高于 2017 年的水平。

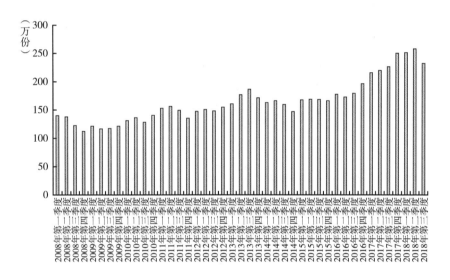

图 8 2008~2018 年原油期货未平仓量

资料来源：CME。

除市场交易活跃外，2017 年以来原油期货市场看多情绪高涨。根据商品期货交易委员会（CFTC）公布的交易数据，资金经理人在原油期货中建立的多/空头头寸比例显著升高，尤其是在中东和北非动荡期间，多头比重大幅增加。2018 年 8 月，美国对伊朗恢复经济金融制裁，导致伊朗原油出口大幅缩减，加剧市场对原油供给不足的担忧，导致市场看多情绪高涨。此前一个月，原油期货交易中资金经理人建立的多/空头头寸

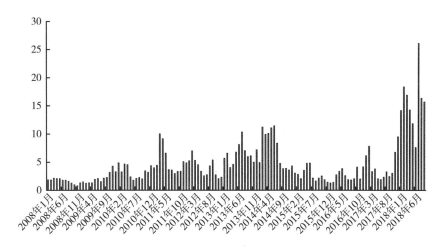

图9　2008～2018年原油期货交易中资金经理人多/空头头寸比例

资料来源：CFTC，https：//www.cftc.gov/。

比例达到26，为2008年以来的最高比例。期货市场看多情绪推高原油价格，在一定程度上导致了原油定价与基本面脱节，增大了短期内油价的波动。

五　国际大宗商品价格趋势展望

2017年全球经济整体复苏，导致全球大宗商品需求增长，拉动了大宗商品价格的上涨。2017年至2018年上半年，道琼斯大宗商品价格指数上涨了18.4%，能源、工业金属的价格指数分别上涨了27.5%、31.6%。2017年，受经济结构调整和环境治理等因素的影响，中国对16种大宗商品的进口额为3976亿美元，比上年上涨了40%，占全球的进口总额的比例上升了2.0个百分点，达到19.5%。

全球大宗商品的需求取决于世界经济形势。根据IMF和OECD等国际组织的观点，2018～2019年，全球经济的增长已趋于稳定，但不同国家和地区的增长将更为不平衡，面临的风险也正在上升。欧元区、日本

和英国的经济增长已开始放缓。受近期财政刺激措施的推动①，美国经济增长预计将在短期内走强，在中期内放缓。在油价上涨和货币贬值压力增大的背景下，新兴市场的增长将更为不平衡。就总量而言，影响新兴经济体增长的向上和向下因素的作用，在很大程度上将相互抵消，从而，其经济增速将维持稳定。

根据 IMF 2018 年 10 月发布的《世界经济展望》报告，2018 年全球经济增长率为 3.7%，与 2017 年持平，其中发达经济体的产出增长率为 2.4%，新兴经济体的产出增长率为 4.7%；2019 年，全球经济的复苏势头将继续保持平稳，经济增长率为 3.7%，其中发达经济体下调至 2.1%，新兴经济体继续保持在 4.7%。OECD 在 2018 年 9 月 20 日发布的全球经济预测报告中，以欧元区、日本、英国、巴西、沙特以及土耳其等国家的经济增长减缓为由，将 2018 年、2019 年的全球经济增长率预测值下调至 3.7%。受减税和提高公共开支等财政刺激措施的影响，美国经济预计将在短期内强劲增长，2018 年经济增长率达 2.9%，但增长势头将在中期放缓，2019 年增速将下调至 2.7%。中国 2018 年、2019 年 GDP 增速预计分别为 6.7%、6.4%。

关于国际大宗商品在 2018～2019 年的价格走势，世界银行和 IMF 均进行了预测。据世界银行的预测，能源的价格在 2018 年将继续增长 19.9%，在 2019 年将出现 0.4% 的小幅下滑，其中原油的平均价格在 2018 年将上涨至 65 美元/桶，比 2017 年上涨 23.1%，但 2019 年将保持在 65 美元/桶；非能源价格在 2018 年将上涨 4.1%，2019 年上涨 0.3%，其中金属矿石价格在 2018年将上涨 11.2%，2019 年下滑 1.6%，黄金价格在 2018 年将上涨 3.3%，2019年将下跌 1.4%（见表 4）。另据 IMF 预测，2018 年原油的年均价格（布伦特轻质原油价格、WTI 轻质原油价格和迪拜法塔赫原油价格的简单平均数）为 69.38 美元/桶，2019 年原油的年均价格预计为 68.76 美元/桶；非燃料商品的价格在 2018 年将上涨 2.7%，在 2019 年将下降 0.7%。

---

① 美国总统特朗普于 2017 年 12 月 22 日与 2018 年 2 月 9 日分别签署了 2017 年的减税和就业法案（Tax Cuts and Jobs Act of 2017，TCJA）以及两党预算法案（Bipartisan Budget Act，BBA）。

表4　国际大宗商品的价格或价格指数（2010年的价格指数为100）

	实际值				预测值		年变动率（%）		
	2014年	2015年	2016年	2017年	2018年	2019年	2016～2017年	2017～2018年	2018～2019年
能源	118	64.9	55	68	81.5	81.2	23.6	19.9	-0.4
非能源	97	81.6	79.5	83.9	87.3	87.6	5.5	4.1	0.3
金属	85	73.6	68.3	84.9	94.4	92.9	24.3	11.2	-1.6
农产品	103	87.9	87.7	87.2	89.2	90.4	-0.6	2.3	1.3
粮食	107	88.7	90	90.7	93	94.2	0.8	2.5	1.3
原材料	92	83.3	80.2	81.2	83.2	84.6	1.2	2.5	1.7
化肥	100	96.6	78.2	74	75.5	77.2	-5.4	2.0	2.5
贵金属	101	90.6	97.5	97.8	100.6	99.4	0.3	2.9	-1.2
原油（美元/桶）	96	50.8	42.8	52.8	65	65	23.4	23.1	0.0
黄金（美元/盎司）	1266	1161	1249	1258	1300	1282	0.7	3.3	-1.4

资料来源：The World Bank。

基于国际能源署、世界银行、IMF和OECD关于世界经济形势与国际大宗商品市场的预测，我们现从需求、供给、地缘政治和货币等视角，对2018～2019年国际大宗商品市场的走势做简要展望。

发达经济体和新兴经济体继续保有较为强劲的复苏动能，显然有利于维持大宗商品需求的稳定增长，但与此同时，全球经济增长的动能有所减弱，经济增长的分化和不平衡现象较为明显，对大宗商品需求增长的可持续性构成威胁。美国的贸易保护主义和中美贸易摩擦升级对于大宗商品需求增长形成较大的消极影响。中国是全球的加工基地和大宗商品的最大需求方，对美国进口需求的减少及其引致的外需下降，必然会削弱中国对大宗商品的需求。同时，中国的经济转型加快和环保措施的趋严，如北方冬天的限产停产、淘汰高污染的过剩产能，将会抑制其对工业金属和能源的需求。印度、东南亚等新兴经济体虽致力于发展制造业，但其增加的需求不可能弥补中国的需求放缓。因此，未来全球大宗商品需求增长将会放慢。

大宗商品的供给主要受产能和政策因素的影响。前些年，大宗商品价格的低迷，导致大宗商品出口国处于经济困境，大幅削减了对大宗商品领域的

固定资产投资，这显然限制了大宗商品产能的扩张，有助于推动未来大宗商品价格的上涨。另外，更为严格的环保标准也限制了大宗商品产能。例如，发达国家以及中国出于保护环境的考虑，关停了一些煤矿。

在大宗商品供给方面，最受瞩目的是原油供给变动。目前，全球原油市场形成了 OPEC、俄罗斯和美国三足鼎立的供应格局。OPEC 和俄罗斯等产油国的减产协议的执行效力与期限是影响全球原油供给的一个重要因素。尽管受到特朗普政府的压力，但 OPEC 和俄罗斯在短期内无意增加产量。对于沙特等产油国而言，80 美元/桶的油价是一个舒适的价格，既可以为国内财政支出提供大量的石油美元，还可以为沙特阿美公司的 IPO 创造一个理想的市场环境，又能被原油进口国所接受，不至于为可再生能源等替代能源的发展提供足够的动力。当然，油价上涨会鼓励北美的页岩油气和油砂厂商增加投资，导致非常规油气供给上升，进而对油价形成抑制作用。地缘政治也是影响国际油价的一个重要因素。美国重新制裁伊朗会对其原油的产量和出口构成极其严重的打击，但在欧盟、中国、俄罗斯等国不愿意配合的情形下，其效果尚存在不确定性。同时，需要警惕的一个后果是，如果美国能彻底阻止伊朗的石油出口，而伊朗在绝境之下被迫铤而走险，封锁霍尔木兹海峡，这将切断中东原油外输的主通道，显然会引发新一轮全球性石油危机，而原油价格会在数天内冲至每桶数百美元。另外，美国的经济制裁，也是委内瑞拉原油产量大幅下降的一个重要因素。

美元是大宗商品的计价货币，预测大宗商品价格走势需要考虑美元汇率的变化。美元汇率目前已处于高位，但在未来一年左右的时间内仍将维持强势地位，这将对大宗商品价格形成下行压力。原因如下：一是美国经济复苏势头强劲，美元作为避险货币的地位将进一步稳固；二是美国进入加息周期，美联储的加息和缩表将导致美元收益率上升，境外资本将会流向美国；三是美国政府大幅减税，将会吸引制造业回流；四是美国页岩油气革命将导致能源独立，油气进口支出将大幅减少，有助于改善美国的贸易逆差问题。

综上所述，2018～2019 年，全球经济复苏动能强劲，虽对大宗商品价格构成支撑，但不平衡的全球增长和中美贸易摩擦的升级，难以保证大宗商品需求增长的稳定性和可持续性。中国的经济转型加速和冬季北方的停产限产，对其工业金属和能源需求增长形成抑制。大宗商品的供应扩张能力受到前期价格低迷时期投资不足的制约。全球原油供给受到 OPEC 和俄罗斯的减产协议的效力和期限、美国制裁伊朗油气出口的效果、美国页岩油气的供应弹性和运输能力等因素的影响。美联储加息和美国政府减税，有利于资本外流和美元升值，而强势美元将会抑制大宗商品价格的上涨。考虑到大宗商品价格指数在 2018 年 6 月以来已做了较大幅度的向下调整，预计其在 2018 年第四季度将处于底部盘整状态，并在 2019 年可能因需求趋缓而有小幅下调，但基本稳定。2018 年第四季度，美国对伊朗石油出口的制裁，将会是投资者关注的焦点议题，国际原油均价将可能出现大幅震荡。2019 年，全球经济不确定性风险上升导致原油需求不振，市场对地缘政治风险的担忧情绪将有所缓解，国际原油价格上涨动力不足，预计全年原油均价处于 65 美元/桶左右的水平。

参考文献

王永中：《全球大宗商品市场的回望与前瞻：巩固和反弹》，载张宇燕主编《2018 年世界经济形势分析与预测》，社会科学文献出版社，2018。

International Energy Agency, "Oil Market Report," https：//www. iea. org/oilmarketreport/.

IMF, "World Economic Outlook：Challenges to Steady Growth," October 2018, https：//www. imf. org/en/Publications/WEO/Issues/2018/09/24/World － economic － outlook － october － 2018.

OECD, "High Uncertainty Weighing on Global Growth, Interim Economic Outlook," September 2018.

OPEC, Monthly Oil Market Report, August 2018.

World Bank Group, "Oil Exporters：Policies and Challenges," April 2018, http：//pubdocs. worldbank. org/en/734451528311174935/CMO － April － 2018 － Special － Focus － Oil － Exporters. pdf.

Y.14

"一带一路"建设：向高质量发展转变

徐秀军*

摘　要： "一带一路"提出 5 年来，"一带一路"从概念到具体实践行动，走出了一条不断向高质量发展转变之路。一年来，面对新形势，中国推进"一带一路"建设取得诸多新的进展和成效，重点领域合作和六大经济走廊建设逐步深入，合作呈现新亮点。结合现阶段"一带一路"建设的新形势、新问题和阶段性特点，高质量、高标准地推进"一带一路"建设应重点加强合作制度化建设、防范重点国别投资风险、发挥企业主体作用、遏制企业非理性对外投资和积极应对贸易保护主义冲击。

关键词： 一带一路　互联互通　经济走廊　高质量发展

"一带一路"倡议提出 5 年来，"一带一路"从概念到具体实践行动，走出了一条不断向高质量发展转变之路。近一年来，面对新形势，中国推进"一带一路"建设取得诸多新的进展和成效。总体来看，"一带一路"重点领域合作和六大经济走廊建设逐步深入，合作呈现新亮点。

一　"一带一路"五大合作重点建设进展

2017 年以来，在中国与沿线国家的积极参与下，"一带一路"建设

---

* 徐秀军，博士，中国社会科学院世界经济与政治研究所副研究员，主要研究领域为国际政治经济学、新兴经济体与全球治理。

稳步推进，"五通"建设均朝着高标准、高要求、高质量的方向深入发展。

（一）政策沟通与战略对接

"一带一路"倡议提出后，得到了全球范围不同地区的许多国家和国际组织的积极响应和支持，并达成"一带一路"合作协议。2017 年以来，在"一带一路"框架下，相关国家之间的政策沟通更加频繁，战略对接更加深入。中国外交部数据显示，截至 2018 年 9 月，中国与 130 多个国家和国际组织签署了合作协议。许多国家和地区的政府部门或社会组织还设立了专门的研究或协调机构，并积极探讨有效的合作模式和举措。这些政策沟通和战略对接的文件和措施为增加双方政治与战略互信、挖掘合作潜能、促进协同发展起到了十分重要的作用。

作为"一带一路"各参与方的盛会，"一带一路"国际合作高峰论坛已成为政策沟通与战略对接的重要平台。这一方面表现在各国领导人和政府代表以及国际组织代表能够在"一带一路"国际合作高峰论坛上通过对话与交流直接达成共识并形成合作成果；另一方面也表现在落实成果的后续措施将夯实更高层次的政策协调基础。截至 2018 年 8 月，在首届"一带一路"国际合作高峰论坛取得的 279 项成果中，265 项已完成或转化为常态工作，成果落实率为 95.0%。

为了给双方经贸合作提供制度化保障，中国与 13 个"一带一路"沿线国家签署或升级了 5 个自由贸易协定，与欧亚经济联盟签署了经贸合作协定，与俄罗斯联合完成了有关欧亚经济伙伴关系协定的可行性研究。此外，中国还与相关国家共同推动实施世界贸易组织《贸易便利化协定》，积极推进区域全面经济伙伴关系协定（RCEP）谈判，积极发展双边自贸关系。这种立足周边、覆盖"一带一路"并面向全球的高标准自由贸易区网络的逐步形成将更加深入与稳固地推动"一带一路"政策沟通和对接。

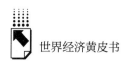

（二）基础设施互联互通

"一带一路"沿线国家普遍存在旺盛的基础设施建设需求，而中国在基础设施建设技术和资金方面拥有一定的优势，基础设施互联互通因此始终成为"一带一路"建设的优先领域。围绕铁路、公路、水路、空路、管路和信息高速路等"六路"建设，相互合作相继取得了一批重大成果，并为当地经济和社会发展以及"一带一路"的高质量发展奠定了重要基础。

一年来，一批合作项目投入运营或取得实质性进展。例如，连接肯尼亚东部港口蒙巴萨和首都内罗毕的蒙内铁路竣工通车，连接亚的斯亚贝巴和吉布提的亚吉铁路开通运营，并为当地经济社会发展发挥了实际效用。自2017年5月31日开通运行至2018年8月，蒙内铁路运送旅客158万人次，平均上座率达95.2%；运送标准货物集装箱11.2万个，货运能力由最初每月2.2万吨提升至21.4万吨。自2018年1月1日商业运营至2018年7月底，亚吉铁路运送旅客近8万人次，货运量也不断攀升。斯里兰卡汉班托塔港二期工程已竣工，中缅和中俄原油管道投入使用。此外，雅加达-万隆高速铁路项目部分路段、中俄黑河公路桥、巴基斯坦白沙瓦至卡拉奇高速公路等重大基础设施项目已开工建设，中老铁路、中泰铁路和匈塞铁路建设稳步推进，斯里兰卡科伦坡港口城项目施工进度过半，中俄东线天然气管道建设有序推进。

总之，在基础设施建设上，中国坚持以领先的技术、过硬的品质和优质的服务推进与"一带一路"沿线国家之间的合作，为"一带一路"的高质量发展提供了保障。近年来，中国与相关国家推动的一大批重大基础设施建设项目陆续落地，拓展了"一带一路"建设框架下双方合作范围和内容，为当地创造了大量就业岗位，带动了当地经济社会发展。

（三）贸易与投资合作

中国与"一带一路"沿线国家的贸易与投资合作是"一带一路"建设

的重点领域，也是中国对外经贸合作的亮点和主要增长点。一年来，在全球贸易保护主义盛行的背景下，中国与"一带一路"沿线国家的贸易往来逐步扩大。中国海关数据显示，2017 年中国与"一带一路"沿线国家货物贸易额为 7.37 万亿元人民币，较上年增长 17.8%，比同期中国货物贸易总额增速高 3.6 个百分点。其中，出口额为 4.3 万亿元人民币，较上年增长 12.1%；进口额为 3.07 万亿元人民币，较上年增长 26.8%。2018 年前三季度，中国与"一带一路"沿线国家货物贸易额为 6.08 万亿元人民币，较上年同期增长 13.2%，比同期中国货物贸易总额增速高 3.3 个百分点。其中，出口额为 3.38 万亿元人民币，较上年增长 7.7%；进口额为 2.7 万亿元人民币，较上年增长 20.9%。

中国对"一带一路"沿线国家的投资在经过 2016 年和 2017 年的规范后，非理性投资现象得到有效遏制，并在 2018 年扭转此前两年负增长，呈现良性发展态势。中国商务部数据显示，2017 年中国对外非金融类直接投资额为 1200.8 亿美元，较上年下降 29.4%，其中，对新加坡、马来西亚、老挝、印度尼西亚、巴基斯坦、越南、俄罗斯、阿联酋和柬埔寨等 59 个"一带一路"沿线国家直接投资额为 143.6 亿美元，较上年下降 1.2%。对"一带一路"沿线国家直接投资额占同期投资总额的比例约为 12.0%，较上年提高了 3.4 个百分点。2018 年前 8 个月，中国对新加坡、老挝、马来西亚、巴基斯坦、越南、印尼、泰国和柬埔寨等 55 个"一带一路"沿线国家直接投资额为 95.8 亿美元，较上年同期增长 12%，占同期投资总额的比例约为 11.9%，与上年基本持平。"一带一路"沿线国家对华直接投资同样在 2018 年出现大幅回升，并推动"双向"投资格局朝着均衡化的方向发展。中国商务部数据显示，2017 年"一带一路"沿线国家对华投资新设立企业 3857 家，较上年增长 32.8%；但实际投资额为 55.6 亿美元，较上年下降 20.4%。2018 年上半年，"一带一路"沿线国家对华投资新设立企业 1921 家，较上年下降 3%，但实际投资额为 36 亿美元，较上年同期增长 30.3%。

表1 2015～2018年中国对"一带一路"沿线国家直接投资和承包工程情况

		2015年	2016年	2017年	2018年1～8月
非金融类直接投资	金额（亿美元）	148.2	145.3	143.6	95.8
	同比增长（%）	18.2	-2	-1.2	12.0
新签合同	金额（亿美元）	926.4	1260.3	1443.2	610
	同比增长（%）	7.4	36.0	14.5	-27.8
完成营业	金额（亿美元）	692.6	759.7	855.3	509
	同比增长（%）	7.6	9.7	12.6	17.7

注：2015～2018年对外直接投资分别涉及"一带一路"相关49个、53个、59个和55个国家；2015～2018年对外承包工程分别涉及"一带一路"相关60个、61个、61个和53个国家。

资料来源：商务部。

对外承包工程方面，"一带一路"沿线国家是中国的主要合作对象。中国商务部数据显示，2017年中国企业与61个"一带一路"沿线国家新签7217份对外承包工程项目合同，涉及金额1443.2亿美元，较上年增长14.5%，占同期新签合同总额的比例为54.4%；完成营业额为855.3亿美元，较上年增长12.6%，占同期完成营业总额的比例为50.7%。尽管2018年中国企业在"一带一路"沿线国家新签合同涉及金额有所下降，但完成营业额仍保持较高水平，并且占比进一步提升。2018年前8个月，中国企业与53个"一带一路"沿线国家新签2589份对外承包工程项目合同，涉及金额610亿美元，较上年同期下降27.8%，占同期新签合同总额的比例为44%；完成营业额为509亿美元，较上年同期增长17.7%，占同期完成营业总额的比例为53.6%（见表1）。

作为中国与相关国家共建"一带一路"的重要依托，境外经贸合作区发展迅速，对当地经济社会发展的积极效应日益凸显。中国商务部数据显示，截至2017年，中国企业在俄罗斯、印度尼西亚、匈牙利等"一带一路"沿线24国在建境外经贸合作区75个，占境外合作区总数的75.8%；累计投资额为254.5亿美元，占境外合作区累计投资总额的82.9%；入驻企业3879家，占总数的88.9%；上缴东道国税费额为16.8亿美元，占总额的69.4%；为东道国创造就业岗位21.9万个，占总数的84.9%（见表2）。

2018 年上半年，中国企业在"一带一路"沿线国家新增在建境外经贸合作区 7 家，新增投资额为 25.9 亿美元，占同期境外合作区投资总额的比例为 87%；上缴东道国 3 亿美元税费，占总额的比例为 71.4%。

表 2　中国企业在建境外经贸合作区概况

	涉及国家（个）	在建合作区（个）	累计投资额（亿美元）	入驻企业（家）	上缴东道国税费（亿美元）	为东道国创造就业岗位（万个）
全球	44	99	307	4364	24.2	25.8
"一带一路"参与国	24	75	254.5	3879	16.8	21.9
占比（%）	54.5	75.8	82.9	88.9	69.4	84.9

注：数据截至 2017 年。
资料来源：商务部。

（四）金融合作

在中国与 17 个国家核准《"一带一路"融资指导原则》后，中国加快推进了金融机构在"一带一路"沿线国家布局。作为开发性金融机构，中国国家开发银行（简称"国开行"）为"一带一路"建设提供了有力的金融支持。截至 2017 年，国开行在"一带一路"沿线国家重点支持基础设施互联互通和社会民生等领域项目建设，累计发放 1800 多亿美元贷款，贷款余额 1100 多亿美元。2018 年 7 月，在中阿合作论坛第八届部长级会议开幕式上，由国开行牵头的中国与阿拉伯国家间首个多边金融合作机制——中国 – 阿拉伯国家银行联合体宣布成立。与此同时，其他主要金融机构加大了对"一带一路"建设项目的投入。截至 2017 年，中国银行对"一带一路"沿线国家和地区累计完成各类授信支持约 1000 亿美元；截至 2018 年 3 月，中国进出口银行支持"一带一路"建设项目贷款余额 8300 多亿元人民币；截至 2018 年上半年，中国工商银行在"一带一路"沿线 20 个国家和地区设立了 129 家分支机构，支持了 393 个境外"走出去"项目，累计承诺的贷款金额约 1028 亿美元。

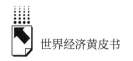

亚投行（AIIB）和丝路基金对"一带一路"沿线国家的投融资支持也取得了新的进展。近一年来，亚投行先后批准库克群岛、瓦努阿图、白罗斯、厄瓜多尔、巴布亚新几内亚、肯尼亚和黎巴嫩加入。截至2018年9月，亚投行成员总数增至87个。亚投行数据显示，截至2018年9月，亚投行在阿塞拜疆、孟加拉国、中国、埃及、格鲁吉亚、印度、印度尼西亚、哈萨克斯坦、老挝、缅甸、尼泊尔、阿曼、巴基斯坦、菲律宾、斯里兰卡、塔吉克斯坦、土耳其和乌兹别克斯坦等国资助了31个项目，总金额约63.55亿美元。此外，2017年11月亚投行项目准备特别基金（AIIB Project Preparation Special Fund）正式运行。截至2018年9月，亚投行批准了位于斯里兰卡、尼泊尔、巴基斯坦和老挝等四国的5个特别基金项目，总金额为439.5万美元。截至2018年9月，丝路基金在俄、蒙、中亚、南亚、东南亚、西亚北非及欧洲等国家和地区累计签约项目20余个，承诺投资金额80多亿美元。

（五）民心相通

民心相通是"一带一路"获得持续动力的重要保障。在"一带一路"倡议框架下，中国与沿线国家在教育、文化、旅游等领域积极开展合作，制定了多项相关领域的专项合作规划。2013年至今，中国与"一带一路"沿线国家签署双边文化和旅游合作文件近80份，并以"丝绸之路"奖学金计划及在境外设立办学机构等方式为沿线国家培养了大量人才。2017年，30多万来自"一带一路"沿线国家的留学生来中国求学。截至2018年8月，"一带一路"沿线53国已建立137所孔子学院和130个孔子课堂，有力地推动了中国与沿线国家之间的语言文化交流和民间交往。依托中国发起成立的世界旅游联盟、丝绸之路国际剧院联盟、丝绸之路国际博物馆联盟、丝绸之路国际艺术节、丝绸之路国际图书馆联盟、丝绸之路国际美术馆联盟等合作机制，推动着中国与沿线国家文化和旅游合作不断深化。"十三五"时期，赴"一带一路"沿线国家旅游的游客将达到1.5亿人次，拉动当地旅游消费2000亿美元；沿线国家来华的游客将达8500万人次，拉动中国旅游消费约1100亿美元。

二 "一带一路"六大经济走廊建设新成果

作为"一带一路"建设的支撑和示范，中蒙俄、新亚欧大陆桥、中国 – 中亚 – 西亚、中国 – 中南半岛、中巴和孟中印缅六大经济走廊的高标准推进体现了"一带一路"高质量发展的新要求。六大经济走廊各有优势和特色，一年来建设成果显著。

（一）中蒙俄经济走廊

中俄蒙经济走廊建设是中方"一带一路"倡议、俄方跨欧亚大通道建设和蒙方"发展之路"倡议对接的重要依托。围绕落实《建设中蒙俄经济走廊规划纲要》，三国在基础设施互联互通、毗邻地区次区域合作等方面取得阶段性成果。进策克口岸跨境铁路建设进展顺利，"两山"（中国阿尔山至蒙古国乔巴山）铁路前期工作有序推进，莫斯科 – 喀山高铁计划于2018年第四季度开工建设并将于2024年建成。满洲里综合保税区运营良好。截至2017年底，满洲里综合保税区协议入区企业17家，监管货运量为1317吨，贸易额为9.33亿元人民币。① 2018年5月，中蒙二连浩特 – 扎门乌德跨境经济合作区中方一侧总投资7.8亿元的3平方公里核心区基础设施项目开工建设。2018年6月，中俄蒙三国元首第四次会晤还商讨了修建过境蒙古国的中俄油气管道。随着互联互通项目的推进，三国之间的贸易便利化程度不断提升，经贸合作发展迅速。目前，中国是俄罗斯和蒙古国的第一大贸易伙伴。俄罗斯海关数据显示，2017年俄中货物贸易总额为869.40亿美元，较上年增长31.5%。2018年上半年，俄中货物贸易总额为494.68亿美元，较上年同期增长28.9%。其中，对华出口额为255.96亿美元，较上年同期增长40.7%；自华进口额为238.72亿美元，较上年同期增加18.2%。

---

① 李爱平：《内蒙古首家综合保税区运行满一周年贸易值超9亿元》，中国新闻网，2017年12月28日，http://www.chinanews.com/cj/2017/12 – 28/8411577.shtml。

蒙古国家统计局数据显示，2017年蒙中货物贸易总额为66.82亿美元，较上年增长35.7%。2018年上半年，蒙中货物贸易总额为42.38亿美元，较上年同期增长24.9%。其中，对华出口额为32.89亿美元，较上年同期增长18.0%；自华进口额为9.49亿美元，较上年同期增加57.0%。

（二）新亚欧大陆桥经济走廊

新亚欧大陆桥东起江苏，到中国与哈萨克斯坦边界的阿拉山口出国境，并可经3条线路延伸至荷兰的鹿特丹港，沿线经过30多个国家和地区。目前，新亚欧大陆桥重点建设项目包括中哈（连云港）物流合作基地（简称"中哈基地"）、中欧班列项目及中哈霍尔果斯国际边境合作中心（简称"中哈合作中心"）等。中哈基地数据显示，截至2018年8月，中哈基地自2017年7月投入运营以来累计完成货物进出库总量1253万吨，集装箱重箱或空箱进出场量达83万标箱。其中，2018年前8个月，中哈基地完成货物进出库量298万吨，集装箱重箱或空箱进出场量19万标箱。中哈基地发出的亚欧跨境货物班列到达中亚5国200多个站点，并形成了到达土耳其伊斯坦布尔和德国杜伊斯堡的两条新通道。自2011年3月19日由重庆开往杜伊斯堡的首列中欧班列开行至2018年8月26日汉堡到武汉的X8044次中欧班列顺利抵达武汉吴家山铁路集装箱中心站，中欧班列累计开行达到1万列，到达欧洲15个国家43个城市，并且重箱率达85%。其中，2017年中欧班列开行3673列，较上年增长116%，并超过此前累计开行数量的总和；2018年上半年开行2490列，较上年同期增长69%。同时，返程班列比例不断提升。2017年返程占去程比例为53%，2018年上半年提升至69%。[①]2018年9月，"西欧－俄罗斯－哈萨克斯坦－中国西部"高速公路（简称"双西公路"）全线贯通，中国连云港与欧洲由此实现全程高速，所需时间由海运的45天缩短至10天；位于中国西北边境的霍尔果斯南部联检区和哈

---

① 陆娅楠：《累计开行达10000列 中欧班列越来越繁忙》，《人民日报》2018年8月27日，第9版。

萨克斯坦的努尔绕尔公路口岸正式开通。新亚欧大陆桥将由此展现出广阔的发展空间。

（三）中国 – 中亚 – 西亚经济走廊

中国 – 中亚 – 西亚经济走廊东起中国新疆，向西经中亚至阿拉伯半岛，主要涉及中亚五国及伊朗、土耳其等国。中亚地区天然气资源非常丰富，管道建设是中国与中亚基础设施互联互通的重要内容。目前，中国 – 中亚天然气管道 A、B、C 三条线运营良好，截至 2017 年已累计向中国输送天然气2000 亿立方米。正在建设中的中国 – 中亚天然气管道 D 线设计总输送能力为 300 亿立方米/年。一年来，在公路和铁路方面，卡姆奇克隧道、安伊高铁二期和"瓦赫达特 – 亚湾"铁路等完工项目均运行良好，中吉乌国际道路取得新的进展。作为中国 – 中亚 – 西亚经济走廊的物流大通道，中吉乌国际道路的成功运行提高了道路运输便利化，帮助运输企业提高了通关效率和降低了运营成本。2018 年 2 月，全长 950 公里的中吉乌国际道路正式通车；3 月，中方迎来通车后的首批货物；7 月，新疆伊尔克什坦口岸迎来三国间首辆沿中吉乌国际道路运输的国际道路运输（TIR）系统卡车。据乌方测算，中吉乌国际道路将使每吨货物的运费较此前减少 300 ~ 500 美元。德黑兰 – 伊斯法罕高铁建设虽然因伊朗经济政治形势变化而遇到困难，但仍在持续推进。

（四）中国 – 中南半岛经济走廊

中国 – 中南半岛经济走廊以中国南宁和昆明为起点，经中南半岛的越南、老挝、柬埔寨、泰国、缅甸、马来西亚等国到达新加坡。一年来，中老铁路、中泰铁路等中国 – 中南半岛经济走廊的重大项目建设稳步推进，各领域合作日趋深入。中老铁路于 2016 年 12 月全线开工，计划于 2021 年 12 月建成通车。作为第一个以中方为主投资建设、共同运营并与中国铁路网直接连通的境外铁路项目，中老铁路全线采用中国技术标准，并使用中国设备。2018 年 9 月 29 日，中老铁路三标段首条贯通的隧道——卡村二号隧道顺利

贯通，标志着中老铁路三标段取得重大突破。中泰铁路于 2017 年 12 月开工建设。一期工程曼谷至呵叻段全长 252.3 公里，按计划于 2018 年 10 月完工，随后将开工建设二期工程。二期工程将延伸至中老铁路的磨丁至万象段，并将实现与中国铁路之间的连通。中泰铁路全长约 867 公里，建成后将为中国 – 中南半岛经济走廊和泛亚铁路建设奠定重要基础，并将有效对接孟中印缅经济走廊、东盟互联互通总体规划、大湄公河次区域经济合作（GMS）等区域经济合作规划。在能源设施互联互通方面，中缅天然气管道和中缅油气管道为经济走廊建设发挥了示范作用。截至 2018 年 5 月，中缅天然气管道自 2013 年 7 月投入运营以来累计向中国输送天然气超过 180 亿立方米；中缅原油管道自 2017 年 6 月全线一次投产成功以来向中国输送原油 890 万吨。在通信互联互通方面，中缅、中越跨境光缆项目的全线完工，促进了双方的通信行业和信息经济的发展。

（五）中巴经济走廊

2017 年 12 月，《中巴经济走廊远景规划（2017～2030 年）》正式发布后，中巴经济走廊建设迎来新的发展机遇，喀喇昆仑公路二期改扩建工程（哈维连至塔科特段）、卡拉奇 – 拉合尔高速公路（苏库尔至木尔坦段）、瓜达尔港建设与运营项目、ML – 1 号铁路干线升级与哈维连陆港建设项目、拉合尔橙线轨道交通、卡西姆港燃煤电站项目、萨希瓦尔燃煤电站项目、卡洛特水电站、恰希玛核电项目、卡拉奇核电项目等一系列重大工程项目加速推进。目前，中巴经济走廊框架下的 22 个合作项目已完工 9 个，13 个在建，总投资 190 亿美元，为巴方创造了 7 万个就业岗位。其中，瓜达尔港已具备全作业能力。截至 2018 年 5 月，瓜达尔自由区已吸引了银行、保险公司、金融租赁、物流等 20 多家中巴企业入驻，直接投资额超过 30 亿元人民币，全部投产后预计年产值将超过 50 亿元人民币。同时，两国经贸和金融合作日益深入。目前，中国是巴基斯坦第一大贸易伙伴和投资来源国。据巴方统计，2017 年巴中货物贸易额为 168.16 亿美元，较上年增长 10.1%；2018 年上半年巴中货物贸易额为 89.62 亿美元，较上年同期增长 6.6%。据巴基斯坦国家银行统计，2016~2017 财年巴方吸引中国的直接投资达 11.86 亿美元，占吸引外资总额的 49.2%，中国连续 4 年位居巴基斯坦第一大外资来源国。2018 年 5 月，中巴央行续签了为期三年（经双方同意可以展期）的中巴双边本币互换协议，并将本币互换规模较 2011 年扩大一倍至 200 亿元人民币/3510 亿巴基斯坦卢比。此外，两国人文交流日益密切，巴基斯坦已成为继韩国和泰国之后赴华留学生第三大生源国。

（六）孟中印缅经济走廊

相比其他五大经济走廊，孟中印缅经济走廊建设进度曾不及预期。但在过去一年来，随着中国同孟加拉国、印度、缅甸经贸合作关系快速发展，孟中印缅经济走廊建设驶入快车道。根据国际货币基金组织（IMF）贸易流向数据，2017 年孟中货物贸易总额为 111.25 亿美元，较上年增长 3.5%；缅中货物贸易总额为 115.14 亿美元，较上年增长 13.2%；印中货物贸易为 844.76 亿美元，较上年增长 21.6%。2018 年上半年，孟中货物贸易总额为 65.60 亿美元，较上年增长 20.8%；印中货物贸易总额为 449.47 亿美元，较上年增长 13.9%；缅中货物贸易总额为 69.03 亿美元，较上年增长 25.7%。目前，中国是孟加拉国、印度和缅甸的最大贸易伙伴，也是三国主要外资来源国。为了进一步加强中国与三国之间的经贸往来，推动孟中印缅经济走廊框架下的务实合作，中方与相关国家签署了新的合作协议。2018 年 3 月，中国－印度贸易项目签约仪式在新德里举行，两国企业共签署 101 项贸易合作协议，合同金额达 23.68 亿美元。2018 年 9 月，中缅签署《关于共建中缅经济走廊的谅解备忘录》，将重点推进基础设施、建筑业、制造业、农业、交通、金融、人力资源开发和电信等 12 个领域的合作。2018 年以来，作为南亚地区第一个与中国签署政府间"一带一路"合作文件的国家，孟加拉国吸引了中国铁建、中国电建、中国华电、中国重机等一批大型中资企业对孟投资。中方承建的帕德玛大桥和卡纳普里河底隧道、两国合资的孟中电力有限公司建设的孟加拉国最大燃煤电站——帕亚拉燃煤电站等项目推进顺利。

三 "一带一路"建设新亮点

2018 年，中国先后举办四大主场外交活动，其中上海合作组织（SCO）成员国元首理事会会议、中非论坛和中国国际进口博览会将对"一带一路"建设升级带来直接影响。"一带一路"与上海合作组织和非洲发展战略的对接、首届"一带一路"国际合作高峰论坛宣布的中国国际进口博览会按期举行成为"一带一路"建设年度新亮点。

（一）对接上海合作组织发展新战略

上海合作组织成员国均是"一带一路"建设的重要参与国。依托上海合作组织平台，各成员国在共同实施"一带一路"倡议方面加强了政策沟通和战略对接，推出了一系列务实举措。2018 年 6 月，上海合作组织（SCO）成员国元首理事会第十八次会议在青岛成功举行，与会成员国领导人就共同实施"一带一路"达成新的共识。在会后发表的《青岛宣言》中，哈萨克斯坦、吉尔吉斯斯坦、巴基斯坦、俄罗斯、塔吉克斯坦和乌兹别克斯坦重申了对中方提出的"一带一路"倡议的支持，并对各方共建"一带一路"以及促进"一带一路"和欧亚经济联盟对接的进展与成效予以肯定。① 在政治安全方面，青岛峰会批准了《〈上海合作组织成员国长期睦邻友好合作条约〉未来 5 年实施纲要》，并就共同维护地区安全稳定达成新的共识。在经贸方面，青岛峰会发表了《上海合作组织成员国元首关于贸易便利化的联合声明》，各成员国一致同意巩固开放、包容、透明、非歧视、以规则为基础的多边贸易体制，推进贸易和投资便利化，深化经贸、投资、金融、互联互通、农业等领域合作，并将继续加强"一带一路"建设与各国发展战略对接。在人文交流方面，各成员国将在落实《上合组织成员国政府间文化合作协定》和《上合组织成员国政府间教育合作协定》等文件的基础

---

① 《上海合作组织成员国元首理事会青岛宣言》，《人民日报》2018 年 6 月 11 日，第 3 版。

上继续促进文化、教育、科技、卫生、旅游、青年、妇女、媒体、体育等领域的多边和双边合作。

（二）中非合作论坛开辟"一带一路"建设新空间

作为发展中国家最为集中的大陆以及"一带一路"建设的重点方向之一，非洲地区面临加强基础设施建设和促进经济社会发展的艰巨任务。非洲的发展要求内在地契合了"一带一路"建设的目标与宗旨。在中方提出"一带一路"倡议之时，非盟正着手推进《2063年议程》。因此，中非合作是"一带一路"建设的重要增长点。2018年中非合作论坛北京峰会将推动中非合作迈入新的历史阶段，并开辟了"一带一路"建设新空间。峰会期间，中国与37个参会国家及非洲联盟签署共建"一带一路"政府间谅解备忘录。在本次峰会上，论坛作为共建"一带一路"主要平台的地位得到一致认可，与会领导人通过《中非合作论坛——北京行动计划》（2019～2021年）等重要文件，并一致同意加强"一带一路"框架下的发展战略对接。[1]此外，中方还宣布未来3年和今后一段时间重点实施产业促进、设施联通、贸易便利、绿色发展、能力建设、健康卫生、人文交流、和平安全"八大行动"，并向非洲提供600亿美元支持。中非共建"一带一路"由此打开了新的局面。[2]

（三）中国国际进口博览会推动"一带一路"贸易畅通更加均衡发展

根据2017年"一带一路"国际合作高峰论坛成果清单，中国从2018年起举办中国国际进口博览会。2018年11月，首届中国国际进口博览会在上海举办，同期举办的还有"2018全球贸易与国际物流高峰论坛"等博览会配套会议。作为全球首个以进口为主题的国家级博览会，首届中国国际进口

---

[1] 《关于构建更加紧密的中非命运共同体的北京宣言》，《人民日报》2018年9月5日，第3版。
[2] 习近平：《携手共命运　同心促发展——在二〇一八年中非合作论坛北京峰会开幕式上的主旨讲话》，《人民日报》2018年9月4日，第2版。

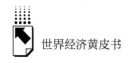

博览会得到全球的普遍关注。截至 2018 年 9 月，来自全球五大洲的 138 个国家和地区、3 个国际组织、2800 多家企业已确认参展。举办以进口为主题的博览会，是推动中国新一轮高水平开放和"一带一路"高质量发展的重大举措，凸显了中国以开放、包容、普惠、平衡、共赢为导向的推进对外开放和"一带一路"建设的新思路。作为深化"一带一路"国际合作的新平台，中国国际进口博览会将以更加务实的行动促进"一带一路"框架下贸易畅通的平衡发展。

四 "一带一路"建设向高质量发展转变的措施与方向

"一带一路"倡议提出五年来，得到了全球的积极响应和参与，并在向高质量发展转变方面取得了重大进展。中国将与沿线各国一道继续践行"和平合作、开放包容、互学互鉴、互利共赢"的丝路精神，高质量、高标准地推进"一带一路"建设。结合"一带一路"建设的新形势、新问题和阶段性特点，现阶段应重点做好以下五个方面的工作。

（一）加强合作制度化建设

2017 年 5 月，首届"一带一路"国际合作高峰论坛的成功举行正式开启了"一带一路"高层机制建设进程。2019 年 4 月第二届"一带一路"国际合作高峰论坛在北京举行将意味着这一机制的常规化。这为"一带一路"机制化合作奠定了重要基础。随着"一带一路"国际合作的日益深入，一些合作领域和工程项目的推进遇到的困难和障碍日益增加，并成为影响"一带一路"国际合作成效的重大挑战。例如，一些合作工程项目由于技术标准和法律环境不同而难以推进；一些纠纷和争端因缺乏协调机制而得不到快速、有效解决；一些国家的现实需求因缺乏常态化的对话平台而无法及时实现对接等。从根本上来说，这些问题的出现主要在于制度基础设施建设的相对滞后日益不能满足物质基础设施建设的需要。为此，"一带一路"国际合作经过 5 年的成功实践，逐步迈向以制度基础设施建设为优先方向的高质量发展新阶段。与现有的其他国际合作模式相比，"一带一路"国际合作是一项覆盖国家和领域众多的、系统性的重大工程，机制化建设面临的条件和环境更加复杂。"一带一路"机制化建设应遵循"渐进发展、讲求实效"的原则有序推进，并坚持全局性机制与功能性机制相结合、正式机制和非正式机制相结合、维护现有机制与创立新机制相结合。

（二）防范重点国别投资风险

当前，个别国家、个别方面对共建"一带一路"倡议仍有质疑，对中国投资者持警惕态度，甚至设置障碍，从而加大了中资企业的投资风险。同时，一些国家政局不稳、经济动荡和安全环境不佳，从而使中资企业在海外投资经营面临一些困难。目前，中国在"一带一路"建设投资的东道国中，有很大一部分处于经济社会发展较为落后的发展中国家和欠发达国家。由于缺乏吸引外商大规模投资的经验，很多国家的配套政策和制度很不完善甚至出现空白，并且一些政策和制度变化很快、解释的随意性较大，政策风险也是不可忽视的因素。2018年中国社会科学院世界经济与政治研究所发布的报告显示，评级居后的多为"一带一路"沿线国家。短期内，在东道国投资环境不能得到根本改善的情况下，中资企业在投资"一带一路"沿线国家时应加强投资风险的评估，尤其是要加强重点国别投资风险的防范。

（三）发挥企业主体作用

在"一带一路"倡议提出初期，必须通过政府主导为"一带一路"建设的推进创造良好的合作环境和奠定坚实的制度基础。实践证明，"一带一路"建设5年来取得的巨大成就离不开政府的主导。但这也导致了一些企业认为"一带一路"建设是政府的事情，在参与"一带一路"建设方面的主动性和积极性不足，也不愿意去挖掘"一带一路"国际合作给企业生产和经营带来的巨大机遇。现阶段，企业要逐步成为"一带一路"建设的主角，并为"一带一路"建设注入持续发展的动力。新的阶段，政府在"一带一路"建设中的角色要逐步从倡导者变为服务者，为企业参与"一带一

路"建设提供信息、创造条件和解决问题,让"一带一路"建设充分体现其市场属性。这样也有利于减少国际社会对"一带一路"倡议的质疑和防范。

(四)遏制企业非理性对外投资

"一带一路"创造了大量境外投资机会,但在"一带一路"建设初期,部分企业疏于项目考察和可行性研究,对自身优势与短板、对象国的市场环境认识不足,而热衷于赶潮流,草率决策,最后导致投资项目问题重重,难以推进,甚至投资失败。一些境外投资失败或效益较差的投资项目往往源于"一带一路"建设进程中的企业非理性投资行为。随着"一带一路"的持续推进,企业的非理性对外投资总体得到有效遏制,但"一带一路"建设向高质量发展转变也对企业对外投资提出了更高的要求。因本地化程度不高、环保意识淡薄和社会责任感不强等导致投资项目不可持续成为新时期企业参与"一带一路"建设对外投资非理性的重要表现。作为一项长期工程,"一带一路"建设需要企业在当地落地生根,并将自身发展与当地发展融为一体,在合作共赢中实现企业的投资收益。

(五)积极应对贸易保护主义冲击

2017年以来,一些国家为了自身短期利益加大了贸易保护主义力度,并成为全球贸易保护主义的重要推手。根据全球贸易预警(Global Trade Alert)数据库统计数据,2017年全球新增837项保护主义措施,其中美国新增143项保护主义措施,占全球的比例为17.1%。进入2018年,作为全球最大的经济体,美国在贸易政策上采取更加强硬且力度更大的保护主义措施,导致全球面临的逆全球化挑战更加严峻。2018年3月,特朗普签署公告,对进口钢铁产品征收25%的关税,对进口铝产品征收10%的关税;7月,美国对从中国进口的约340亿美元商品实施加征25%的关税措施;8月,美国对自中国进口的160亿美元产品加征25%关税。美国政府还宣布对中国进口的2000亿美元产品分阶段加征10%和25%的关税。2018年前7个月,美国新增保护主义措施占全球的比例上升到33%。2018年美国在此背景下，一些国家为了应对外部保护主义冲击也被迫推出新的保护主义措施，全球经贸关系的正常发展因此蒙上阴影，并给"一带一路"建设带来新的挑战。为此，中国应与"一带一路"沿线国家一道坚持多边主义和自由贸易，推动构建开放型世界经济。

参考文献

国家信息中心"一带一路"大数据中心、大连瀚闻资讯有限公司：《"一带一路"贸易合作大数据报告 2018》，2018 年 5 月，https：//www. yidaiyilu. gov. cn/mydsjbg. htm。

国务院新闻办公室：《关于中美经贸摩擦的事实与中方立场》，2018 年 9 月，http：//www. gov. cn/xinwen/2018 – 09/24/content_ 5324957. htm#1。

商务部国际贸易经济合作研究院：《中国"一带一路"贸易投资发展研究报告》，2018 年 9 月。

商务部、国家统计局、国家外汇管理局：《2017 年度中国对外直接投资统计公报》，2018 年 9 月，http：//www. mofcom. gov. cn/article/tongjiziliao/dgzz/201809/20180902791492. shtml。

温源：《资金融通让"一带一路"行稳致远》，《光明日报》2018 年 9 月 26 日，第 10 版。

张明、王碧珺等：《中国海外投资国家风险评级报告（2018）》，中国社会科学出版社，2018。

钟山：《深化经贸务实合作 推动共建"一带一路"高质量发展》，《求是》2018 年第 19 期。

Hui Lu, Charlene Rohr, Marco Hafner and Anna Knack, "China Belt and Road Initiative: Measuring the Impact of Improving Transportation Connectivity on Trade in the Region," 2018, https：//www. rand. org/pubs/research_ reports/RR2625. html.

热 点 篇

Hot Topics

Y.15

《减税与就业法案》实施对
世界和中国经济的影响

常殊昱[*]

摘 要： 《减税与就业法案》是美国近30年来最大的商业税制改革。
新税法贯彻美国优先原则，以增强美国商业税制的全球竞争
力为核心目标。围绕这一目标，新税法大幅下调了企业所得
税率，调降了个人所得税边际税率，并设计了有利于利润回
流和资本流入的涉外税收规则。从经济影响看，税改对美国
经济有短期促进作用，但长期拉动作用不明显。一方面政府
财政赤字增大和债务占GDP比的提高可能使减税有所反复；
另一方面中美贸易冲突也可能抵消减税对经济的长期贡献作

* 常殊昱，经济学博士，中国社会科学院世界经济与政治研究所助理研究员，主要研究领域为
国际金融、公司金融和债务市场。

用。外溢效应上，新税法的实施加剧了包括中国在内的新兴市场国家的资本外流压力。中国应以积极的姿态应对美国税改对中国经济的潜在冲击，包括对外积极使用多边规则保障进出口企业利益，并积极参与新规则的谈判和制定。对内继续改革完善国内的税收制度，建立更科学、简明和公平的税收体系。

关键词： 公司所得税　税赋流转公司　税收抵免　涉外税收制度

2018 年 1 月 1 日，《减税与就业法案》正式开始实施，这是美国近 30 年来最大的商业税制改革。新税法的核心目标是增强美国商业税制的全球竞争力。围绕这一目标，新税法大幅下调了企业所得税率，调降了个人所得税边际税率，并设计了有利于利润回流和资本流入的全新涉外税收规则。作为自里根政府以来最大的税制改革，新税法势必会影响美国的经济增长、财政收入和资本流动趋势，也将对全球经济和国际税收体系产生深远影响。

一　《减税与就业法案》的主要内容

增强美国商业税制的全球竞争力是此次税改的核心目标。[1] 为实现此目标，新税法对内调整了公司所得税、个人所得税的主要条款，降低境内企业负担；对外全面改革涉外税收体系，设立新税种，建立了美国优先的涉外税收制度。美国优先的改革目标体现在了税制要素的各个主要方

---

[1] 法案共包括 5 个改革目标：①增强美国商业税制在国际上的竞争力；②降低公司税率；③简化税收体系；④促进税制公平（既包括横向公平，又包括纵向公平）；⑤在实现以上目标的同时，不增加公共财政赤字。

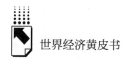

面，当税制公平等非核心目标与之冲突时，也严格执行了核心目标优先的改革逻辑。[①]

（一）新税法降低了在美经营企业的税收负担

新税法全面降低了企业在美经营的税收成本，吸引海外利润和新增投资流向美国。针对不同类型公司，新税法分别通过调整公司所得税和个人所得税相关条款实现减税。股份有限公司（C 型公司）的纳税主体是公司本身，纳税行为受公司所得税调节。独资企业、合伙企业、S 型公司[②]等税赋流转公司[③]（pass-through business），不单独申报缴纳公司税，而是将公司收入合并到企业主个人的收入中，依照个人所得税缴纳税款。美国约 95% 的企业都属于税赋流转企业，多数为年销售额不到 1000 万美元的小型企业，也有一些私募基金、房地产企业、律师事务所、会计和咨询公司等大型企业采取这一组织形式。2013 年，税赋流转型公司的营业收入占到全美企业总营业收入的 51%。

首先，新税法降低了各类企业的实际税率。对于股份有限公司（C 型公司），新税法下调了公司所得税税率。根据法案规定，C 型公司的企业所得税税率由原有的累进税率（最高税率 35%）统一为 21%。综合考虑联邦税率和州税率后，C 型公司的总税率将降至 25% 左右，与其他 OECD 国家的企业平均所得税税率持平。对于税赋流转公司，新税法设置了合格营业收入（QBI）20% 的税收抵免，将该类主体的实际有效税率由 39.6% 降至 29.6%。

---

① 非核心目标的执行力度取决于其与核心目标是否冲突，只有非核心目标与核心目标一致，新税法中才会有实质性改革内容。如企业征收最低替代税的取消，既降低企业税收负担，增强了税收环境的竞争力，又简化了税收体系。但是，当非核心目标与核心目标不一致时，改革内容更倾向于服务核心目标。如本次企业、个人所得税率的降低更偏向于高收入人群受益，违背了公平目标；税赋流转型公司抵免额的设置和国际税收体系的更新都加大了税收体系的复杂性，与税制简单化目标相悖。
② S 型公司常常被称为"内部拥有的公司"（closely held corporation）。S 公司的股东只能是美国税法意义上的美国居民，公司的股票只能私下交易，不能 IPO 上市。
③ 税赋流转型公司包括独资企业、合伙企业、S 型公司。这类公司不缴纳公司所得税，而是将公司的损溢（收入、损失、利润等）合并到股东收入中，然后股东按照收入申报缴纳个人所得税。

其次，新税法允许长期资产投资费用化，降低企业长期投资的税收负担。新税法允许企业将不动产投资之外的其他长期投资资产在资产投资当年一次性全额抵扣企业所得税。可以抵税的资产支出包括：航空器、飞机等长期生产性投资资产，适格的影视剧制作支出，以及水果、植木嫁接的农业相关生产支出。这一举措有助于企业将长期投资资产费用化，降低企业的应税税基，鼓励企业在特定行业从事长期投资。但一次性全额税费抵扣不是永久性的，实施期截至 2022 年 1 月 1 日。2022 ~ 2027 年，抵扣额度由 100% 逐年递减至 20%。

最后，新税法停止对企业征收最低替代税（Alternative Minimum Tax，"AMT"），降低了大企业的税赋。AMT 是与常规征税系统并行的"影子型"税收体系，旨在抑制高收入公司或个人过度抵税或避税。在具体的税收安排上，纳税主体首先计算按正常收入和 AMT 收入的应纳税额，如果前者高于后者，按前者纳税；如果前者低于后者，除交纳前者税额外，还应补缴两者之间的差额即 AMT 税额。[1] 免征 AMT 一方面降低了中大型企业的税负[2]，另一方面，企业不再需要在两套系统下分别应纳所得税和替代最低税收的额度，守法成本降低，税收的征管效率有所提高（见表1）。

表 1　原税法与《减税与就业法案》对比

公司税相关条款	原税法	新税法
最高企业所得税税率	35%	21%
税赋流转公司	按普通收入税率征税（最大税率39.6%）	对企业提供 20% 扣除（最大税率 29.6%）； 对于个人服务以及以赔偿金为基础的收入，扣除额限制在 157500 美元（个人），315000 美元（合并）以上； 2025 年后到期

---

[1] AMT 是美国国会于 1969 年《税制改革法案》（*Tax Reform Act* 1969）中通过的。新税法仅停止了 AMT 在企业层面的实施，个人纳税主体仍负有 AMT 缴税义务。

[2] 最低替代税（AMT）适用于美国公民个人、家庭纳税主体，以及包括 C 型公司在内的商事企业的高收入群体，并对近三年年均收入未达 750 万美元的小型企业和设立未足三年的新设企业实施免征政策。因此对企业层面的免征主要是针对大企业。

续表

公司税相关条款	原税法	新税法
企业最低替代税	是	废除
新的投资购买	2018:限定产权财产40%红利折旧; 2019:限定产权财产30%红利折旧; 2020:限定产权财产20%红利折旧; 小型企业(美国国内税收发第179条)的费用高达500000美元	2018:限定产权财产40%红利折旧; 2019:限定产权财产30%红利折旧; 2020:限定产权财产20%红利折旧; 小型企业(美国国内税收发第179条)的费用高达500000美元
商业利息扣除	全部扣除(通常)	不适用于净利息超过商业收入30%(除了2022年之后的折旧); 对于总收入不超过2500万美元的商业予以豁免

资料来源:H.R.1 - 根据2018年财政年度预算提供的对于第二和第五标题的两院共同议案的和解法案。

(二)新税法重新设计了涉外经济活动的税收规则

新税法关于涉外经济活动的税收制度围绕鼓励利润回流、吸引外来投资展开。改变了海外利润的征税原则、建立新的涉外税种,鼓励资本、就业和税收收入向美国输送。在原有税制下,跨国公司的避税途径主要有三种:(1)海外留存利润,(2)在低税率地区配置高价值无形资产,(3)由高税国公司向低税国关联公司进行跨境支付。新税法对以上行为均进行了针对性调整。

1. 对海外利润做"视同汇回"处理,并取消递延制度

针对跨国公司的海外利润,新税法执行属地征税制(Territorial Taxation),并取消了递延制度。原税法采用全球征税制收税(Worldwide Taxation),即美国居民纳税人就其全球所得对美国负有纳税义务,税率为35%(可适用税收抵免)。但实际征收中执行递延制度,受控海外公司(Controlled Foreign Corporations,CFC)的收益和利润只要留存海外就不用缴纳企业所得税;即使回到了美国,只要不作为利润分配,也不用缴税。因

此，许多公司将利润留存或转移海外达到避税目的。新税法下，对境外未汇回收益和利润（Earning and Profit）做"视同汇回"处理，即无论是否实际汇回美国，均"视同汇回"，征收一次性的转型税（Transition Tax）。在税率方面，转型税进行差异化处理，收益和利润以非流动资产方式持有，税率为8%；以现金及现金等价物方式持有的，税率为15.5%。征税适用期限为1986年（美国前次大规模税改的时间）至2017年11月2日或2017年12月31日，在这两个期限上，取纳税人累计收益和利润的较高者进行计税。虽然"视同汇回"，但纳税人可选择一次性缴纳转型税，也可以选择在八年内分期缴纳，其中前5年每年8%，第6年、第7年和第8年的比例分别为15%、20%、25%（见表2）。

表2 新税法的利润汇回条款

税改内容	具体规定
海外利润汇回	对于企业所有者，对现金或以现金等价资产持有的资金征税，税率为15.5%，其余部分资金对应的税率为8%，税款在8年内支付完成
全球低税无形收入税（GILTI）	对超过符合条件的商业资产投资的10%的收入总和部分征收21%的公司税（相当于对GILTI收入征收10.5%的最低税）
海外来源无形收入税（FDII）	销售给非美国群体的产于美国的商品或服务所产生的，超过了有形资产10%的收入按13.125%征税
税基侵蚀和反滥用税（BEAT）	对在过去的三年中年收入总额超过5亿美元，且在过去的三年中向子公司支付超过其可进行税收减免的费用总额的3%的跨境款项的跨国公司征税，税率为以下二者中的最大值： （i）基于修改后的应税收入概念征收的5%的税率（此税率随着时间的推移迅速上升），其中，应税收入将对子公司跨境支付却不属于销售成本部分的税收减免加回到了应税收入中（主要包括服务付款，利息，租金和特许权使用费）； （ii）基于正常的企业所得税税基的常规纳税义务（扣除税收抵免），两者中的较大值（虽然直到2025年，会有对于研发税收抵免和其他一些特定税收抵免）

资料来源：H. R. 1－根据2018年财政年度预算提供的对于第二和第五标题的两院共同议案的和解法案。

以上的转型税安排，会产生几方面影响，一是税改由于强制"视同汇回"且转型税税率低于企业所得税税率，原来留存海外的纳税递延优势被削弱，企业更有动力缴税后将海外收益和利润汇回。二是"视同汇回"虽然具有强制性，但可以选择在八年内分期缴纳，因此又具有一定的灵活性，使得美国国库既可以在短期内充实财力，又尽量避免了税收在年度间的大幅波动，同时给企业用于纳税的资金影响相对较小。三是税改法案要求如果企业在法案颁布后的十年内发生倒置交易①，需要补缴因本次"视同汇回"适用的转型税低税率而少交的企业所得税，因此，可从制度上避免企业的"套利"行为，从而使税源、资本趋于稳定，增加美国国内投资、拉动就业和促进经济增长。

2. 建立新税种抵销企业的跨境避税收益

新税法在涉外税收方面一个重要改革就是设立了三个全新税种，包括全球低税无形收入税（Global Intangible Low-taxed Income，GILTI）、海外来源无形收入税（Foreign-Derived Intangible Income，FDII）与税基侵蚀和反滥用税（the Base Erosion and Anti-abuse Tax，BEAT）。新税种的设立旨在针对跨国公司普遍使用的避税方式，如将高价值无形资产配置在低税率地区，这样无形资产取得的高额收益就能适用低税率纳税；又如通过高税国子公司与低税国子公司之间的支付与借贷行为避税。为确保反避税的效果，此次税改法案对相关避税方式进行了多重制度安排。全球低税无形收入税旨在削弱无形资产收入的海外避税效果，税基侵蚀和反滥用税意在对境内无形资产的收益和利润给予税收优惠，引导更多企业的无形资产回归境内，FDII 可视为对在美国境内持有无形资产进行税收奖励。三个新税种旨在打造对外填补税收漏洞，对内提供避税空间的美国优先的涉外税收体系。

首先，全球低税无形收入税（GILTI）重点针对美国公司将利润转移到境外低税率地区的避税行为。据美国国会税收联合委员会（Joint Committee on Taxation）估计，美国企业有 2.6 万亿美元的海外利润未汇回国内（预计流动资金在 1 万亿美元左右）。以谷歌、苹果为代表的美国跨国公司将高价值无形资产转移到低税率地区，适用当地的低税率。再通过延迟汇回美国，

---

① 通常是位于低税率国企业和位于高税率国企业一起在低税率国新设立一个母企业，从而使位于高税率国企业成为新成立母企业的子企业，带来一定的避税收益，参见戴悦《美国反倒置税收政策分析》，《国际税收》2017 年第 2 期。

使大量利润对美国政府处于实质上的免税状态。全球低税无形收入税（GILTI）将对低税地区的无形资产收入征税。

税收安排上，GILTI 对美国跨国公司全球低税无形收入的 50% 计算缴纳美国企业所得税（也可理解为减半征收）。计算方法是：全球低税无形收入税 = 全球低税无形收入 ×50% ×21% − 抵税额。全球低税无形收入被定义为受控海外公司核定净收入（Net CFC Tested Income）[1] 与应有有形收入净回报[2]之间的差额。因此，全球低税无形收入税 = （受控海外公司核定净收入 − 应有有形收入净回报）×50% ×21% − 抵税额[3]。

从以上分析可见，全球低税无形收入税主要的征税对象是美国企业在低税率地区设置的受控海外子公司。由于作为税基的全球无形收入的数量无法直接准确计量，只能大概把受控海外公司的收入区分为有形收入和无形收入两部分，有形收入被核定为有形资产的 10%，从总收入中减去有形收入，即为无形收入（当然还需剔除那些并非来源于海外的其他收入）。全球低税无形收入税的征收，将能够在一定程度上降低美国跨国公司转移到海外低税

---

[1] 受控海外公司核定净收入（Net CFC Tested Income）是从"总收入"（Gross Income）中扣除了"有效关联收入"（Effectively Connected Income，ECI）、"F 分部收入"（Subpart F Income）等项收入之后，再减去"指定扣税额"（Allocable Deductions）之后的收入。

其中，"有效关联收入"大概指外国人在美国从事经营活动所获得的收入，扣除有效关联收入的意思是从总收入中扣除与海外收入无关的收入。关于"F 分部收入"，1962 年美国政府制定了所谓 F 分部收入规则，根据该规则，受控海外公司的美国股东需将受控海外公司的 F 分部收入（大概指从海外取得且与在美国从事的涉税贸易和经营活动无关或基本无关的某些特定收入，包括保险收入、基于海外公司收入、国际禁运因子收入、非法贿赂、来自特定国家的收入等）以及已投资于美国财产的收入和利润，作为总收入的一部分如实申报并纳税，因此，F 分部收入实际上不适用于税改前的递延纳税制度，受控海外公司要享受递延制度的好处只能针对 F 分部收入以外的收入推迟汇回。F 分部收入已纳税，因此在征收全球低税无形收入税时，需要将 F 分部收入从税基中扣除。"指定扣税额"大概指在总收入中的各项应税收入中的相应可扣税项目，不同的收入项对应着不同的可扣税项目。

[2] 应有有形收入净回报指符合条件的经营资产（有形资产）投入（Qualified Business Asset Investment）乘以有形资产回报率而得到的核定净回报，法案核定的有形资产回报率为 10%。

[3] 抵免额是受控海外公司向东道国缴纳企业所得税的 80%。如果东道国的企业所得税率为零，则无抵免，受控海外公司的实际税率为 10.5%；若东道国税率达到 13.125%，则可实现全部抵免（因为 13.125% ×80% =21% ×50%），美国政府将无法从全球低税无形收入中得到任何税收收入，此时受控海外公司的实际税率为 13.125%。

国进行投资和生产的意愿，是一种反避税的措施，引导跨国公司把在低税国的高附加值无形资产转移回美国。

其次，海外来源无形收入税（FDII）的本质是一种税收优惠。即美国境内居民企业向海外出售财产和提供相关服务后，收入可以获得税收减免。GILTI 通过增加税收鼓励无形资产回到美国，FDII 可视为对在美国境内持有无形资产进行税收奖励。前者增加了美国境外的受控海外公司的海外收入的税收支出，后者降低了对美国境内企业无形资产所取得的海外收入的征税比例。如前分析，全球低税无形收入税设立后，受控海外公司的企业所得税税率实际位于 10.5% 至 13.125% 之间，与海外来源无形收入税税率13.125%①差距很小，使国际避税地的优势所剩无几。

最后，新税法还设立了税基侵蚀和反滥用税（the Base Erosion and Anti-abuse Tax，BEAT），目的是防止跨国公司通过关联交易避税。若跨国公司与海外分支机构或总部的交易降低了这些公司在美国的纳税义务，美国政府将对此类交易征收税基侵蚀税。计算方法为：税基侵蚀税 = 修正应税收入 × BEAT 税率 - 扣除研发之外的其他税收优惠之后的常规税负。"修正应税收入"指税收优惠（导致税基减少）之前的应税收入；2018 年 BEAT 税率为5%，2019～2025 年为 10%，2026 年起为 12.5%。

---

① 税改法案给予海外来源无形收入 37.5% 免税（税改前无此免税条款，该比例在 2025 年 12月 31 日之后将从 37.5% 降至 21.875%。），剩下的 62.5% 按照 21% 的税率缴纳企业所得税，即，海外来源无形收入税 = 海外来源无形收入 × 62.5% × 21%，因此，海外来源无形收入税的有效税率是 13.125%，低于正常的企业所得税税率 21%。

　　为了计算海外来源无形收入，首先需要在该公司的总收入中剔除那些与向海外出售财产和提供相关服务无关的收入，同时剔除已被征税的收入（如 F 分部收入、全球低税无形收入等），从而得到"可扣税收入"（Deduction Eligible Income，DEI）。用可扣税收入再减去符合条件的经营资产（有形资产）的 10%（10% 是税改法案核定的有形资产回报率），得到"应有无形收入"（Deemed Intangible Income，DII）。

　　税改法案假设，海外来源无形收入与应有无形收入之比，等于海外可扣税收入与（总）可扣税收入之比，因此，海外来源无形收入 =（海外可扣税收入 ÷ 可扣税收入）×应有无形收入，其中，应有无形收入 = 总收入 - 特定扣除项目 - 符合条件有形资产 ×10%；可扣税收入包括海外可扣税收入与国内可扣税收入，海外可扣税收入是指出售给外国居民，供外国居民在外国使用、消费或处理的财产所获得的收入。

若跨国公司通过异于公允价格的关联交易（例如母子公司之间资金借贷而支付高额利息），使"扣除研发之外的其他税收优惠之后的常规税负"较小，修正后的应税收入的税负高于上述税收优惠之后的税负，差额部分作为税基侵蚀税进行缴纳。新税法希望通过 BEAT 的实施限制跨国公司向海外低税地区输送收入。

二 新税法对美国税收制度的影响

《减税与就业法案》是一部围绕美国优先原则制定的税收法案，在美国商业税制竞争力得到加强的同时，也对税制本身的复杂性和公平性产生了深远影响。

（一）美国商业税制的竞争力得到增强

新税法对美国国内和涉外的商业税制进行了再设计，处处体现出美国优先的、提升美国商业税制的竞争力的税改核心目标。公司税的调整使法定税率大幅降低，全球低税无形收入税（GILTI）削弱了低税司法管辖区的税收优势，海外来源无形收入税（FDII）给予了企业变相的出口补贴，税基侵蚀和反滥用税（BEAT）收缩了企业通过跨境支付避税的套利空间。可以预见，短期内美国跨国公司的利润向外转移规模将降低，利润汇回额度将提高，相应资本流出国家的税收收入将减少。

以上的税收安排实施后，美国企业所得税税率降至 OECD 国家的平均水平，同时低税率也会降低企业的避税倾向。在原税法下，很多美国公司通过转移利润、跨国支付、在低税率地区建立避税壳公司等方式避税。Beer 等（2018）根据元分析（Meta Analysis）方法，估计了 2015 年美国企业税因避税行为带来的税基损失。作者估算 2015 年美国的企业所得税的真实税基为10950 亿美元，但企业的报税税基为 9070 亿美元，相当于企业将 1880 亿美元的应税收入通过转移利润等方式进行了跨境避税。在新税法下，作者估计企业所得税税率的下调将带来税基增加 21%，约合 1900 亿美元。为进一步扩大税基，新税法还降低了利息、股息的抵免比例[①]，同时规定企业产生的净经营损失不能向前抵免[②]。因此，在境内税制改革上，新税法希望通过减税鼓励本地企业投资，吸引境外投资，并通过扩大税基部分抵销减税给财政收入造成的损失。

（二）新税法增加了美国税收体系的复杂性

首先，税赋流转型企业的税收抵免改革将增加纳税人的税务筹划的复杂性。新税法同时降低了股份有限公司（C型公司）和税赋流转公司的税收负担，但实现方式有所不同。前者直接降低了企业所得税税率，后者通过设置应税收入20%的税收抵免以降低实际有效税率。对于C型企业来说，转为非C型企业可能会产生更多的税收优惠，反之亦有可能。该条款还可能激励某些公司为获得税收抵免而将公司分成两部分。例如，诊所或律师事务所可能出于税收利益最大化目的将原公司拆分。这就要求企业在转型成本、转型条件和税收优惠等方面进行全盘考虑，税收筹划成本升高。

其次，重新设计的涉外税收体系是复杂性的另一个来源。新税法建立了

---

① TCJA规定可减免的净业务/企业利息（已支出的利息减去收到的利息）金额最高为利息支出、折旧和摊销前的收入的30%。从2022年起，这一限额将去除对摊销和折旧的调整。总收入低于2500万美元的企业不受该限额影响。在以前，在计算所有企业的应税收入时，利息支出通常都是完全予以扣除的。

新法减少了企业从其子公司所获股息可得抵扣的比例，具体而言，旧法允许企业将持股子公司所获股息的70%用以税费抵扣调减为新法的50%，将企业从其持股20%以上子公司所获股息的抵扣比例从80%降低至65%。

TCJA将净经营亏损可用于减免的税务规模限制在了当年企业净收入的80%。损失可以无限期（向下一期）结转，但不能（向前一期）往前推（在某些情况下，农产品业务/企业除外）。按照之前的法律法规，经营亏损最多可推至过去的两年，同时最多推至之后的20年。其次，TCJA不允许纳税人用一家公司中的净经营亏损来抵销其他来源（公司）的收入。除了设备投资费用外，所有过手投资准则都是永久性的。

② TCJA将净经营亏损可用于减免的税务规模限制在当年企业净收入的80%。损失可以无限期（向下一期）结转，但不能（向前一期）往前推（在某些情况下，农产品业务/企业除外）。按照之前的法律法规，经营亏损最多可推至过去的两年，同时最多推至之后的20年。其次，TCJA不允许纳税人用一家公司中的净经营亏损来抵销其他来源（公司）的收入。除了设备投资费用外，所有过手投资准则都是永久性的。

三个新税种，全球低税无形收入税（GILTI）、海外来源无形收入税（FDII）与税基侵蚀和反滥用税（BEAT）。新税种的管理和征收将涉及新的收入和支出类别，在执行层面，将需要征税机关花数年时间规划细则并落实实施，纳税企业也需要消化整理新税法及后续的实施细则，调整税收规划。同时，针对新税法的国际避税方式将应运而生。例如，FDII 有一个特许抵免，目的是激励美国跨国公司将用于出口的无形资产留在美国。但跨国公司可以将原计划内销商品出口给海外经销商获得出口税收抵免，再售回美国国内。BEAT 规定了新的最低税，不允许公司向其外国子公司支付某些款项的税收抵免，以限制其将美国来源的收入转移到低税国家的能力。但是，公司可以通过将公司内部交易转给第三方进行或将其他组件捆绑到商品销售成本中的方式来避开这种限制，这不会受到 BEAT 的限制。另外，企业可通过税收筹划以避免 GILTI 的影响，一部分是可以在累计的高税收国家的无形利润中，利用超额外国税收抵免来抵销来自低税国家收入的最低收入税。GILTI 和 BEAT 之间也存在一些过于复杂的交互作用。

（三）新税法公平性有限，加剧贫富差距

税收政策的公平性可以从横向公平（Horizontal Equity）和纵向公平两个方面来衡量。横向公平目标要求同等收入的纳税人应面临同等的交税义务。纵向公平要求不同收入阶层的纳税人享受的税赋的减轻是相同的。从新税法对收入分配的调整看，新税法仅在局部上促进了横向公平目标的实现。纵向看，大部分红利将流向富裕阶级，加剧了美国社会的收入不平等性。

新税法的横向公平更多体现在企业层面。如在降低股份有限公司税率的同时，也降低了税赋流转型企业的税收负担，尽量实现同等收入下税赋相同。但是在个税层面，工资收入者的收入与税赋流转型企业所有者的收入被征收的税款不同。在针对税赋流转型企业的征税中，不同类型的业务面临的征税方式也不同，例如，会计师和律师面临的税率与建筑师和工程师面临的税率就不相同。在征税对象方面，来自有形资产（例如工厂和设备）的业务收入与来自无形资产（例如专利和商标）的业务收入在税收上被处理的

方式不同。这都一定程度上削弱了税收政策的横向公平。

纵向看，新税法带来的税收红利多流向富裕阶层，加剧了美国社会的收入不平等。从国际经验看，扩大中等收入群体的规模，有利于社会的稳定。高收入和低收入人数少，中间收入人数多的橄榄形社会，是收入分配政策应该积极追求的政策目标之一。虽然特朗普税改和里根税改都包含了促进公平的政策目标，但经济学人预测，里根税改更有利于中产阶级福利的改善，但本次税改则更有利于富裕阶层（见图1）。

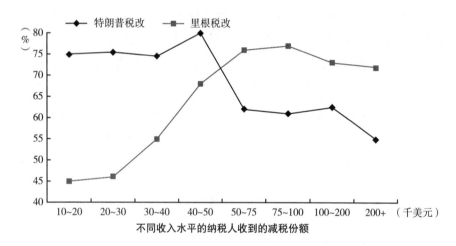

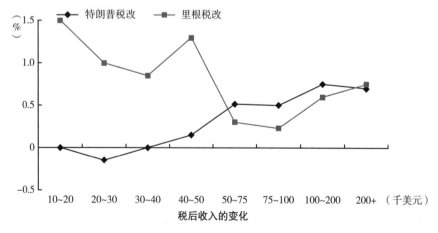

图1 里根税改和特朗普税改对比

资料来源：https://www.economist.com。

首先，高收入家庭的平均税后收入比低收入家庭的平均税后收入增加更多。根据 TPC 预测，2018 年新税法实施将带来平均减税 1610 美元的政策效果，相当于税后收入增加 2.2%。位于收入分布尾部的最低分位家庭的税后收入增长率为 0.4%，而位于最高分位的家庭的税后收入增加率为 2.9%，第 95~99 百分位数上的家庭的税收收入增加超过 4%，前 1% 的纳税人的税后收入增加 3.4%。

其次，新税法下多数纳税人会少缴税，但富裕阶层纳税人减税的比例更高。在高收入人群中，收入前 1% 的人口中，91% 的人将获得减税，只有 9% 的人口面临增税，减税人口比例高于均值。而在收入最低的 1/5 人口中，只有 54% 的人将获得减税，1% 的人将面临增税，其他保持不变。在中间的 1/5 的人口中，91% 的人将获得减税，7% 的人将面临增税，其他不变（见表 3）。

表3 个税条款到期后不同收入水平纳税人的税收变化（2027 年）

类目	纳税人数（千人）	占比（%）	面临减税的纳税人占比(%)	平均减税（美元）	面临增税的纳税人占比(%)	平均增税（美元）
最低档*	48780	27.7	53.9	−130	1.2	810
第二档	38760	22.0	86.8	−480	4.6	740
第三档	34290	19.5	91.3	−1090	7.3	910
第四档	28870	16.4	92.5	−2070	7.3	1360
最高档	24300	13.8	93.7	−8510	6.2	8800
合计	176100	100.0	80.4	−2410	4.8	2770
最高的 1%	1140	0.7	90.7	−61940	9.3	93910
最高的 0.1%	120	0.1	83.7	−285490	16.2	387610

注：将收入水平由低到高分为五档，第一档代表收入最低的 20% 的人口，以此类推。
资料来源：Urban-Brookings Tax Policy Center Microsimulation Model（版本 0217−1）。

再次，新税法对税赋流转型公司（pass-through business）的征税是累退的。据预测，2018 年过手型条款带来的收益的 44% 都将归于年收入超过 100 万美元的家庭。只有 2% 的收益将归于年收入 50000 美元或更少的家庭

(Joint Committee on Taxation, 2018)。

最后，如果新税法的临时条款到期且不再延期，高收入阶层增税的人口占比小于低收入阶层纳税人。在2027年，新的 TCJA 下 25% 的纳税人将获得减税，平均金额约为 1500 美元；53% 的纳税人将面临平均额度为 180 美元的税赋增加。在收入分布的前 1% 的富裕阶层中，只有 24% 的人将面临增税，76% 的人将获得减税；在中等收入的 1/5 人口中，70% 的人将面临增税，只有 24% 的人将获得减税；在收入最低的 1/5 人口中，33% 的人将面临增税，只有 11% 的人将获得减税，其余人没有显著的税务变化（TPC Staff, 2017），见表 4。

表 4　个税条款到期后不同收入水平纳税人的税收变化（2027 年）

类目	纳税人数（千人）	占比（%）	面临减税的纳税人占比(%)	平均减税（美元）	面临增税的纳税人占比(%)	平均增税（美元）
最低档*	50190	26.9	11.1	-120	32.6	90
第二档	42290	22.7	23.3	-280	57.7	140
第三档	36880	19.8	24.4	-520	69.7	150
第四档	30280	16.2	33.2	-680	62.4	190
最高档	25810	13.8	46.7	-4710	2.3	420
合计	186640	100.0	25.2	-1540	53.4	180
最高的 1%	1200	0.7	75.9	-39690	23.8	1250
最高的 0.1%	120	0.1	91.9	-206280	8.0	3200

注：将收入水平由低到高分为五档，第一档代表收入最低的 20% 的人口，以此类推。

三　新税法对美国经济的影响

（一）减税对美国短期经济增长有贡献

新税法在短期内对经济增长的刺激作用已经显现。2018 年第二季度 GDP 环比折年率增速为 4.2%，是自 2014 年第二季度以来的历史高点。经济增长最主要的驱动因素是私人消费和固定资产投资的增长，分别贡献了第二季度 GDP 增长的 2.55% 和 1.07%。其中非居民投资环比折年率增速为8.5%，对 GDP 增长的贡献达 1.13%[①]。据预测，税收对美国经济短期增长的贡献在 0.3% ~ 0.9%。其作用机制是新税法降低了各类企业的税收负担，鼓励企业增加投资支出，社会总需求随之增加，短期经济增长加速。

（二）减税对经济的长期拉动作用不明朗

首先，从长期看，新税法对美国经济的长期增长贡献不明朗。争论的焦点在于，本次税改是否能够提高潜在产出从而推动经济实现长期增长。以国会预算办公室（CBO）为代表的研究更倾向于肯定本次税改对经济长期增长的积极贡献作用。CBO 在新税法实施后更新了对美国经济的预测[②]，预计边际所得税率的降低会加大对工作和投资的激励力度，继而提高潜在产出。平均来看，单位劳动力和资本服务组合的生产率增长水平将接近过去 25 年内的平均水平。因此，预测未来 10 年实际潜在 GDP 的增长速度超过其过去10 年的增长水平。如果 2025 年年底到期的个人所得税削减继续延期，那么潜在增长还将高于 CBO 的预测值。

从周期看，CBO 预计 2018 年、2019 年两年经济增速最快，这是因为新税法提高了企业利润和家庭部门的可支配收入，这将推动家庭和企业增加支出，进而增加经济中的过剩需求。目前，实际 GDP 与实际潜在 GDP 之间的产出缺口已为正值，是自 2000 年以来的最大值，经济有短期过热迹象。劳动力市场上，2018 年就业人数有大幅增加，预计随后两年失业率将继续下降，低于 CBO 对自然失业率的估计值，通货膨胀率和利率上升。因此，预计 2020 年后经济增速将有所下降，实际潜在 GDP 的增长速度也会有所下降。但整个预测期间的潜在总产出水平仍然高于 CBO 在 2017 年 6 月时的预测水平。预期实际 GDP（或去除通货膨胀影响的商品和服务的总产出）和

---

① 非居民固定资产投资环比折年率增速为 - 1.6%，参见美国商务部数据分析局网站，http：//www. bea. gov/data/gdp/gross - domestic - product。

② https：//www. cbo. gov/publication/53764.

实际潜在 GDP 在未来 10 年间均以年平均 1.9% 的速度增长。如果 2025 年到期的个税条款继续延期，那么潜在增长率将继续提升。但 CBO 的预测并未考虑到贸易冲突对经济增长的消磨作用（见图 2）。

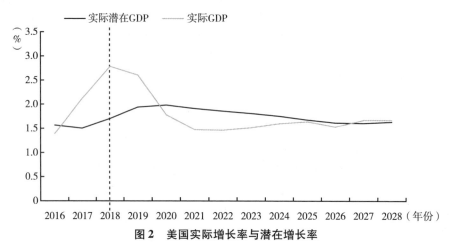

图 2　美国实际增长率与潜在增长率

资料来源：美国国会预算办公室，https：//www.cbo.gov/。

事实上，当前的贸易冲突，以及美国放弃以规则为基础的贸易政策和投资政策的做法，已经在通过影响投资者情绪进而对宏观经济产生负面效应。2018 年上半年，进入美国的外国直接投资同比、环比齐降。相比 2016 年、2017 年第一季度 1465 亿美元和 897 亿美元，2018 年第一季度的外国直接投资流入降至 513 亿美元，第二季度进一步降至 227 亿美元。2018 年的外国对美直接投资净流入的四个季度移动平均值已回落到 2012 年的危机后低点（见图 3）。Posen 认为，这种衰退是美国长期商业承诺的诚信力普遍下降的结果。国际投资组织（OFII）2018 年也在第二季度报告中强调了这一问题，认为投资者按下"潜在投资的暂停键"作为对特朗普政府的关税及其他贸易行为的回应。该报告还指出，美国现有的贸易和投资政策也影响了境内投资者的情绪，使其对未来投资呈观望态度。因此，在考虑税收政策的长期经济影响时，如果与其配合的其他公共政策出现显著变化，那么税收政策对长期经济增长的影响需要重新评估。目前美国的贸易和投资政策如果持续，会抵销减税带来的长期经济增长，使本就有限的促进作用变得更加有限。

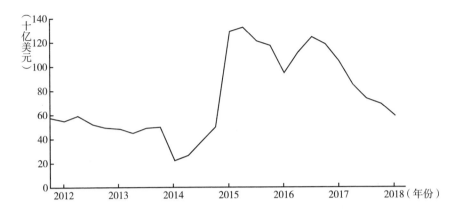

图3 对美净直接投资降至危机后低点

注：数值为四个季度移动平均值。

资料来源：美国经济分析局，http://www.bea.gov/。

其次，既有的回流资本尚未转化为有效投资。从资本流入来源看，海外利润汇回的主力是科技公司，这些公司的特点是大部分海外利润以现金形式持有，而其他零售及制造业企业并不具备这样的条件。从2018年上半年的国际收支平衡表看，美国公司共回流的利润为4650亿美元，其中第一季度回流2949亿美元，第二季度减少至1695亿美元。从汇回资金用途上，科技公司前期已投入大量现金用于研发和并购交易，并发行了大量的公司债务，因此很多公司会考虑将汇回利润用于回购股票、派息或者偿还既有债务。Smolyansky et al. 观察了标准500指数中海外现金持有量最高的15家公司，2018年第一季度这些公司回购资产的比例占总资产比例接近2.5%，远高于其他时段的水平。但回购不同于新增投资，对经济的长期拉动作用有限。

最后，加息使未来新增投资成本和财政负担齐增。美国目前的失业率已处于较低水平，随着进一步产出缺口弥合，经济增长接近潜在水平，失业率可能会继续下降，通胀压力骤升。随之而来的加息将提高企业的投融资成本，并会提高政府的财政负担。从里根税改的经验看，当财政赤字短期内迅速扩大时，那么减税政策会出现反复。如1982年和1984年，里根政府就因

赤字规模扩大不得不提高税率。如果本次税改实施中也出现类似情景，那么通过新增投资提高经济增长的路径可能面临阻力（见表5）。

表5　《减税与就业法案》增长效应

单位：%

类目	对GDP规模的影响			十年动态收入反馈
	2018～2020年	2018～2027年	2027年	
巴罗和费曼(含挤出效应)			0.2	16.7
国会预算办公室	0.6	0.7	0.6	31.0
国际货币基金组织	0.8	0.6	-0.1	
梅尔滕斯	0.3～2.4			
穆迪	0.4	0.3	0.4	
宾大沃顿预算模型(低回报)			0.6	7.7
宾大沃顿预算模型(高回报)			1.1	19.1
税务基金会	0.9	2.1	2.9	69.5
税务政策中心	0.7	0.5	0.0	12.8
减税与就业法案扩展		1		
EIU报告	2.1			
Nigel Chalk 等(2018)	1.2			9.0

资料来源：Barro and Furman（2018）；Congressional Budget Office（2018b）；International Monetary Fund（2018）；Mertens（2018）；Zandi（2017）；University of Pennsylvania（2017）；Tax Foundation Staff（2017）；Page et al.（2017）。

（三）减税将提升美国的财政赤字水平

新税法将提高美国联邦政府的赤字水平，提高债务占GDP的比例。新税法实施将降低财政收入，同时美国政府还扩大了财政支出，这将伴随着赤字扩大和财政风险聚集。目前美国民粹主义盛行，减税确实容易让特朗普获得选票，但超越经济增长水平的减税方案，在未来是要付出经济代价的。理论上来看，税改推动经济增长，经济增长引起税收增长，弥补减税造成的赤字，自动实现财政平衡。但从经验看，这种理论设想得不到实践的支持。美国历史上实施的主要减税政策，都伴随着财政赤字的扩大和债务占GDP的比重上升。

里根政府以供给型财政政策为指导理念，希望通过减税促进经济内生增长。任期内于 1981 年和 1986 年进行了两次大的税改，财政赤字占 GDP 的比重由 1981 年的 2.5% 增长到 1986 年的 4.9% 和 1991 年的 4.4%。公共债务占 GDP 的比重也一路提升，由 1981 年的 25.2% 上升至 1991 年的 44%。

小布什政府同样奉行供给型财政政策，于 2001~2003 年实施了一系列的减税措施。税法实施后，政府财政收支由 2001 年的 1.2% 的盈余迅速转为赤字。2008 年，财政赤字占 GDP 比重为 3.1%，公共债务占 GDP 比重也由 2001 年的 31.4% 上升至 2008 年的 39.3%。

特朗普政府的税收改革是自里根、小布什政府后的又一次以供给型财政政策为指导理念的税务改革。虽然提出了减税同时不增加财政赤字的目标口号，但税务联合委员会和国会预算办公室的估计结果并不支持这一结论。据估计，2027 年，新税法将增加联邦基本赤字 1.5 万亿美元，2028 年继续扩大到 1.8 万亿美元[①]，债务占 GDP 比重将增加 7.8 个百分点（CBO 2018c；JCT 2017a）。即使考虑到减税对经济的提振效应带来的税基增加，2018 年联邦基本赤字仍要增加 1.3 万亿美元，债务占 GDP 比重增加 6.2 个百分点。无论基于静态预测还是动态预测，实现减税同时不增加财政赤字的目标都是不可能完成的任务。

考虑到减税对经济的正面激励作用，部分赤字会被经济增长带来的税收增加抵销，但距离收支平衡的目标仍相去甚远。根据 TPC 和 Penn-Wharton 模型的预测，经济增长将抵掉财政赤字的 7%~19%。CBO 的预测最为乐观，认为经济增长会带来 31% 的赤字减少。根据 CBO 的预测，2028 年新法案将增加基本赤字 1.3 万亿美元，增加统一赤字（包括利息支出）1.9 万亿美元。

考虑到新税法中的临时条款可能会延期，那么财政赤字将进一步扩大。CBO 估计，若 2025 年到期的临时条款变更为永久性条款，那么 2028 年基本

---

① 估计没有考虑由宏观经济增长带来的反馈效应。

赤字增加2.6万亿美元，统一赤字增加3.1万亿美元，债务占GDP比重将相对2019年提高10.6个百分点（见表6、图4）。

表6　新税法对美国财政赤字和公共债务的影响（2019～2028年）

类目	基本赤字增加 （10亿美元）	净利息增加 （10亿美元）	统一赤字增加 （10亿美元）	债务/GDP上升幅度 （个百分点）
当前减税和就业法案				
没有宏观反馈	1843（0.73）	471（0.19）	2314（0.92）	7.76
有宏观反馈	1272（0.50）	582（0.23）	1854（0.73）	6.22
减税和就业法案延期				
没有宏观反馈	2614（1.03）	534（0.21）	3148（1.25）	10.56

注：统一赤字（consolidated fiscal deficit）是基本赤字（primary deficit）加上债务利息。
资料来源：美国国会预算办公室，https：//www.cbo.gov/。

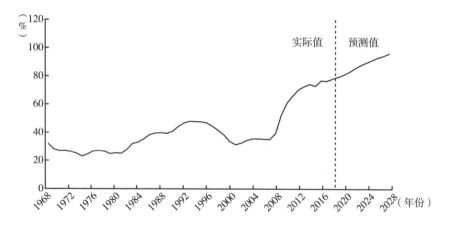

图4　债务占GDP的比重

资料来源：CBO对预算和经济前景的预测，2018年4月。

　　财政赤字扩大的另一驱动因素是财政支出的不断扩大。由于面临人口老龄化趋势，美国的财政支出结构将发生根本变化，财政支出的规模也将持续攀升。据国会预算办公室预测，未来十年财政支出占GDP比重不断攀升，由2019年的24.9%上升为2028年的33.3%。财政收入与财政支出的

差额将呈现扩大趋势，联邦债务占 GDP 的比重将呈现一个更加陡峭的上行
态势（见图 5）。

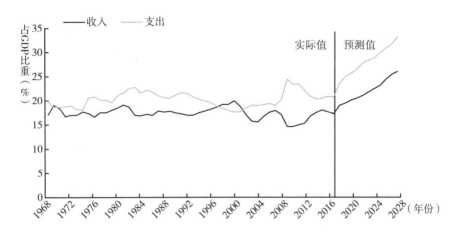

图 5　CBO 预测财政收入/支出占 GDP 的比重变化

资料来源：CBO 对预算和经济前景的预测，2018 年 4 月。

四　新税法对世界经济的影响

（一）利润、资本回流美国会给其他国家经济增长带来压力

首先，新税法可能会增加美国以外国家的资本外流压力，降低其增长动
能。新税法降低了在美投资的边际有效税率（METR，投资的税前收益率和
储蓄的税后收益率之差），这会鼓励外国公司增加对美国的直接投资，并减
少美国公司的对外直接投资。与此对应，美国公司的对外投资将减少，
Beer、Klemm 和 Matheson 估计其他国家的 FDI 降幅在 1.3% 至 2.8% 之间。
从上半年的国际收支平衡表数据看，美国对外投资中的利润再投资减少
2080 亿美元，占 2018 年全球 FDI 估计的 1.4% 。最受到影响的将是新兴市
场国家，特别是资金来源上对外国直接投资依赖度高的那些国家，来自美国
的 FDI 的减少将对其经济产生负面影响。

其次，跨国公司的利润汇回和美国对外投资的减少将降低其他国家的税收收入。公司税的调整使法定税率大幅降低，全球低税无形收入税削弱了低税司法管辖区的税收优势，海外来源无形收入税给予了企业变相的出口补贴，税基侵蚀和反滥用税压缩了企业通过跨境支付避税的套利空间。一套组合拳下，美国跨国公司的利润向外转移规模将降低，利润汇回额度将提高。对于资本流出国，跨国公司的利润再投资原是重要的新增投资和税收收入来源，新税法将对其产生冲击。

（二）新税法对他国税收政策的影响

首先，新税法可能加快其他国家的减税步伐。轻税是大国税制改革的趋势，美国减税法案生效前，英国、法国、澳大利亚、日本等国已经陆续出台减税计划。美国税改后，已有减税计划的国家税改步伐可能加快，更多的国家也会加入其中。

英国宣布在 2020 年将企业税下调至 17%。并在 2017 年宣布改革印花税，首套房成交价低于 30 万英镑时免征印花税。这一举措将惠及 95% 的首套房买家，其中 80% 的首次购房者将免交印花税，起到刺激楼市的作用。法国同样将下调公司税税率。自 2018 年起，盈利低于 50 万欧元（约合人民币 390 万元）的企业的公司税率将从 33.3% 降到 28%。将逐步取消 80% 的家庭的居住税，至 2020 年全部取消。日本于 2017 年底公布了 2018 年度税制修订大纲。税收改革有三个重点方向，分别是促进劳动方式改革、提高工资水平，及支持育儿。税收改革重点针对低出生率问题，颁布了一系列鼓励生育的税收措施。新兴市场国家中，印度实施了自独立以来最大规模的税制改革。此次税改主要以增强税收制度的简明性、理顺税收条目为目的。在中央和地方建立税率相同、简单明晰的统一消费税征收体系。中国也通过营改增累计减税近两万亿元人民币，清理收费 1368 项。

其次，新税法可能加剧各国的税收竞争。在减税趋势中，如果各国充分考虑财政收支和经济的可持续性，同时不违反 WTO 的相关规则，那么这种改革是良性的，既能刺激经济增长，又能改善居民福利。但美国本次税改过于强调美国优先，不惜为此与现有的国际规则产生冲突。海外来源无形收入税已被质疑违反了 WTO 的出口补贴规则。根据 FDII，"向海外市场出口无形商品所得"的税率低至 12.5%，而相同商品内销则执行 21%的企业所得税。这将诱导美国企业倾向于出口产品，实质上相当于出口补贴。针对美国税法对内销和外销实施不同的税收待遇，欧盟已经就此在WTO 提起诉讼。税基侵蚀和反滥用税设计的出发点是防止跨国公司通过关联交易进行避税，但其设计的"修正应税收入"，相当于对美国公司从境外的关联方购买产品和服务，征缴了额外的税收，既有双重征税的问题，又扰乱了全球贸易规则。例如，印度软件和服务业企业行业协会（Nasscom）主席钱德拉塞卡尔（R. Chandrasekhar）表示，BEAT 税的征收将打击印度的服务外包业。实际上，在美印度 IT 企业选择将业务外包给印度母公司是基于印度优质的人力资本，而非避税考虑。这些举措都是涉外税收设计中的不良示范，如果他国争相效仿，激化不当的税收竞争，将不利于世界经济的长期发展。

五　美国新税法对中国经济的影响

（一）中国商业税制的相对竞争力降低

新税法使美国商业税率普遍降低，中国商业税制的相对商业竞争力下降。在经济全球化时代，税收制度所体现的营商环境是一国竞争力的重要组成部分。世界银行和普华永道会计师事务所每两年都会发布全球税收报告①，从税收负担综合考察一国的营商环境，考察内容包括总税率、缴税时间和缴税次数。根据报告，2016 年美国的综合税率在全球排名第 36 位，相对 2014 年上升了 17 位。可以预见，新税法实施后美国的综合税率还将进一

---

① 报告每两年发布一次，2018 年发布的报告为 *Paying Tax* 2018，报告记录了全球 190 多个经济体在 2016 年的综合税赋和税收制度的改革情况。

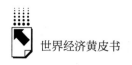

步下降。美国是中国最大的贸易国，在华拥有多家跨国公司的子公司和分支机构，美国营商环境的进一步改善势必造成中国竞争力的相对下降。

（二）短期资本外流压力增大

在美国以减税为代表的财政政策和"加息＋缩表"的货币政策下，中国的资本外流压力骤增。一方面，美国企业的海外利润更有动力回流美国；另一方面，美国企业也可能选择撤出中国市场，选择回美投资。无论哪种情形，都会造成短期的资本外流压力，同时对国际收支和外汇储备也产生影响。从第二季度国际收支平衡表看，2018 年上半年的资本流出中国确实由企业部门主导，表现为美国企业利润汇回和中国企业对外投资的双重增加。根据 2018 年上半年的国际收支平衡表，外资企业的利润汇回明显增加，从第一季度的 3925 亿元人民币增加至第二季度的 5203 亿元人民币，增长 32.6%。中国企业的对外直接投资也在增加，由第一季度的 1141 亿元人民币增加至第二季度的 1830 亿元人民币，增长 60.4%。利润汇回和对外直接投资增加是本轮资本外流的最主要方式，监管当局应保持警惕，资本管制措施仍需继续执行。

（三）税改可能进一步加剧美国的经常账户逆差，或导致贸易冲突升级

不论其合理性，特朗普发起对华贸易冲突的重要佐证就是美国对华贸易逆差。本次税改希望改善美国的国际收支平衡，但是结果可能事与愿违。短期看，税改拉动经济增长，需求扩大，结合贸易战带来的提前进口，美国第二季度对华进口额再创新高。长期看，财政赤字的扩大很有可能带来经常账户赤字进一步扩大。若特朗普政府坚持以逆差作为风向指标，那么中美贸易冲突将会持续甚至升级。

六　在复杂世界中继续中国的税收改革步伐

2018 年中国经济面临的外部环境是复杂的，中国应做好充分的准备应

对这种复杂局面的常态化。涉外税收层面，中国政府应坚持双向开放、降低关税壁垒，维持大国形象，改善国际收支。在涉外税收层面，政府和企业都应针对美国不符合 WTO 规则的税制提起合理诉讼，维护合法权益。同时积极参与国际贸易、投资规则的谈判和制定。涉外税收制度也应不断设计完善，规范走出国门的中国企业的纳税行为，在 WTO 框架下保证国家自身的税收利益。

国内政策上，中国的税收改革步伐应坚定地走下去。2018 年，中国在公司税和个人税层面均有减税措施出台。由于细则还未落实，所以改革效果有待观察。中国政府应该持续以轻税为目标，构建更加科学、公平和简明的税收制度。这既符合公共服务型政府的建设要求，也可以提升中国税收制度环境的全球竞争力，充分激发企业和市场活力。

参考文献

何帆：《反思宏观经济政策》，《国际经济评论》2010 年第 2 期。

严成樑、龚六堂：《税收政策对经济增长影响的定量评价》，《世界经济》2012 年第 4 期。

余永定：《特朗普税改：两减一改、三大新税种和对美国经济的影响》，《国际经济评论》2018 年第 3 期。

Ergete Ferede and Bev Dahlby, "The Impact of Tax Cuts on Economic Growth: Evidence from the Canadian Provinces," *National tax journal* 65 (2012).

Eric Toder, "Territorial Taxation: Choosing Among Imperfect Options," December 2017, http://www. taxpolicycenter. org/sites/default/files/publication/150541/territorial – taxation – choosing – among – imperfect – options_ 1. pdf.

Karel Mertens and Morten O. Ravn, "The Dynamic Effects of Personal and Corporate Income Tax Changes in the United States," *American Economic Review* 103 (2013).

Michael Smolyansky, Gustavo Suarez, and Alexandra Tabova, "U. S. Corporations' Repatriation of Offshore Profits," September 4, 2018, https://www. federalreserve. gov/econres/notes/feds – notes/us – corporations – repatriation – of – offshore – profits – 20180904. htm.

Nigel A Chalk, Michael Keen and Victoria J Perry, "The Tax Cuts and Jobs Act: An

Appraisal," August 7, 2018, https: //www. imf. org/en/Publications/WP/Issues/2018/08/ 07/The – Tax – Cuts – and – Jobs – Act – An – Appraisal – 46137.

Sebastian Beer, Alexander D Klemm and Thornton Matheson, "Tax Spillovers from US Corporate Income Tax Reform," July 13, 2018, https: //www. imf. org/en/Publications/ WP/Issues/2018/07/13/Tax – Spillovers – from – US – Corporate – Income – Tax – Reform – 46055.

Simeon Djankov, "United States Is Outlier in Tax Trends in Advanced and Large Emerging Economies," November 2017, https: //piie. com/system/files/documents/pb17 – 29. pdf.

Thomas Piketty, Emmanuel Saez and Stefanie Stantcheva, "Optimal Taxation of Top Labor Incomes: A Tale of Three Elasticities," *American Economic Journal: Economic Policy* 6 (2012).

U. S. Department of the Treasury, "Unified Framework for Fixing Our Broken Tax Code," September 27, 2017, https: //www. treasury. gov/press – center/press – releases/ Documents/Tax – Framework. pdf.

William G. Gale, Hilary Gelfond, Aaron Krupkin, Mark J. Mazur and Eric Toder, "Effects of the Tax Cuts and Jobs Act: A Preliminary Analysis," June 13, 2018, https: // www. taxpolicycenter. org/publications/effects – tax – cuts – and – jobs – act – preliminary – analysis/full.

William McBride, "What Is the Evidence on Taxes and Growth?" December 18, 2012, https: //files. taxfoundation. org/legacy/docs/sr207. pdf.

World Bank Group and PwC, "Paying Taxes 2018," November 21, 2017, http: // www. doingbusiness. org/content/dam/doingBusiness/media/Special – Reports/2018 – Paying – Taxes. pdf.

Y.16

美国式的"公平、对等的自由贸易"

———特朗普政府贸易政策述评

宋 泓[*]

摘 要： 特朗普政府抛弃了美国坚持多年的多边主义的贸易政策立场，
转向双边主义，甚至单边主义。新政府打着自由贸易的旗号，
指责对美贸易顺差国的贸易是不公平或者/和不对等的，并采
取双边主义、单边主义的手段，迫使他国做出让步和改变，
以便获取最大的利益。本质上，这是一种赤裸裸的"贸易霸
权主义"。美国新贸易政策下的贸易，绝对不是自由贸易，最
多是一种符合美国利益的、按照美国标准定义的"公平、对
等的自由贸易"。在特朗普政府制定的相关政策下，中美经贸
关系陷入前所未有的困难时期。

关键词： 贸易政策 多边主义 双边主义 单边主义

打开美国贸易代表办公室的网站，特朗普政府的贸易政策醒目地挂在网
站的首页上——"促进自由、公平、对等的贸易"。和以往美国的贸易政策
相比，特朗普的贸易政策有什么不同，这样的贸易政策的内涵是什么，背后
的经济逻辑以及影响如何？

---

* 宋泓，经济学博士，中国社会科学院世界经济与政治研究所研究员，博士生导师，主要研究
领域为国际贸易和国际投资。

一　特朗普贸易政策的不同①

特朗普政府贸易政策的变化可以从新政府上台之前和之后，对传统美国贸易政策的继承和批评中得到体现。

（1）2016年，在竞选总统期间，特朗普就用一句经典的口号点出了其贸易政策的目标，即，"现在是再次宣布美国经济独立的时候了"。其暗含的政策指向是：在此前相当长一段时间内的贸易政策导致美国丧失了经济上的独立性，并带来种种不利后果；现在是需要重新恢复美国经济独立的时候了。

新政府认为，特朗普总统的贸易政策也是基于与美国开国元勋一样的原则之上，即，①在贸易谈判中，坚决维护美国自身的利益，不期望从其他国家获得真正的优惠；②贸易协议应该是"暂时的"，并且随着环境和条件的改变而废止或者改变。这些原则是美国开国总统华盛顿确立的，并为美国贸易政策的制定提供了很好的指导，使得美国的贸易政策灵活、实用，而且坚定不移地聚焦于美国的国家利益。

回顾美国的历史，在绝大部分的时间内，美国的贸易政策都很好地贯彻了这样的原则。即便是加入GATT时，美国也保留了维护自身国家利益的国家主权权力。因此，国内民众广泛支持美国的贸易政策；同时，美国的积极参与也促进了世界范围内更有效的市场的形成。

新政府认为，最近时期，美国却偏离了这些成功的原则。美国放弃了根据变化了的环境动用国家主权采取行动的做法，而是消极地遵守过时的、效果不佳的贸易协定，允许国际机构危害美国的利益。结果，国际市场上不公

---

① 除特别说明之外，本文有关特朗普政府贸易政策的资料主要来自两份报告：2017 *Trade Policy Agenda and 2016 Annual Report of the President of the United States on the Trade*；2018 *Trade Policy Agenda and 2017Annual Report of the President of the United States on the Trade Agreements Program*，这两份报告都可以从美国贸易代表办公室（https：//ustr.gov/）网站上获得。

平的贸易行为泛滥,美国却听之任之;国内的工人和企业遭受进口产品的竞争,处于不利地位。从市场扭曲的贸易行为中获得巨大好处的国家没有任何动力和美国进行认真的贸易谈判。很多美国人的工资,在外包的威胁下,长期维持不变,甚至下降了。

针对这些问题,很久以前,美国的政治家就不断做出承诺,希望进行改变,但是效果不佳。现在,特朗普政府要真正进行改变了。

(2)新政府还认为,对于以前美国政府所采取的贸易政策、签订的国际贸易协定,美国人民越来越感到沮丧。这不是因为美国人民不再相信自由贸易和市场开放的理念,而是因为他们没有看到国际贸易协定所带来的切实好处。

为什么美国人民没有获得自由和开放市场的好处呢?新政府认为,主要原因不在于美国,而在于其他国家采取了不平等的做法。特朗普政府中的白宫贸易委员会主席皮特·纳瓦罗(Peter Navarro)明确指出[①]:"历史上,依赖卓越的生产率优势,美国是能够竞争过低工资国家的。尽管深圳或者西贡工人的工资每小时只有50美分,通过使用最新的技术以及更先进的资本设备,美国工人能够有效的与他们进行竞争,并获得30倍以上的工资。"其还宣称:"只要公平地和中国或者其他国家竞争,美国公司和它们的工人们是能够和世界上任何人竞争的。"

这样,这届美国政府要做的事情,就是顺理成章的纠正过去的做法:其一,进行双边的谈判,建立两国间的贸易协定;其二,修正过去的贸易协定,纠正不合理的方面;其三,打击国际范围内损害美国利益的不公平贸易做法。特朗普政府由此开创了美国贸易政策的新时代。本质上,他的贸易政策议程是由坚定的现实主义决心推动的,即,动用一切可以动用的手段,撬开国外市场,获取更多份额以及更公平对待美国工人。具体的例子如下。

①退出TPP。特朗普在竞选总统期间就承诺,美国不再进行类似的大型国际贸易协定的谈判,因为这类协定"捆住了我们的手脚,蒙住了我们的

---

① Peter W. Navarro and Greg Autry, *Death by China: Confronting the Dragon-A Global Call to Action*, Pearson FT Press, 2011, pp. 226 – 227.

双眼"。

②重新进行 NAFTA 以及美韩 FTA 的谈判，修改其中一些错误。这种谈判在 2018 年 9 月 30 日的最后时刻刚刚完成。

③发动 301 调查，调查外国不公平贸易做法及其对美国商业的影响；在过去 16 年中，第一次启动 201 条款，给予国内产业以保障。

二　特朗普贸易政策的主要内容

（一）特朗普贸易政策的五大方面

从 2017 年和 2018 年的贸易政策议程来看，特朗普的贸易政策越来越清晰。这种贸易政策的内容主要有以下五个方面。

其一，维护国家安全。贸易政策成为特朗普政府维护国家利益，实现新《国家安全战略报告》的重要手段。这主要表现在以下几点。①打造强大的美国。过去几十年中，在促进和鼓励世界范围内的市场竞争方面，美国一直发挥着独特的作用。强大的美国是世界市场经济发展和存在市场竞争的有力保障。②维护美国的主权。国际贸易协定不能损害美国的主权，强迫美国接受未经国内民选政府同意的义务和裁定。③对于世界范围内的竞争对手做出反应。在新版的国家安全战略中，美国将中国和俄罗斯视作战略对手。在贸易领域中也是如此。美国的贸易政策因此要对中国做出特别的反应。④维护技术上的先进性。手段之一就是防止竞争对手以不公平的手法获取美国的知识产权。为此，针对性地动用 301 调查。⑤和盟友以及"志同道合的"国家一起行动。

其二，加强美国经济。通过减税和改革促进国内竞争。主要的措施有以下几点。①将企业所得税由 35% 降低到 21%，使美国在与主要贸易伙伴的竞争中，重新获得竞争力。②吸纳美国企业的海外滞留收入。为了逃税避税，美国公司在海外的滞留利润高达 2.5 万亿美元。新政府计划对这些收入征收一定的税收后，让它们能够合法地回归美国：对于现金征税 15.5%，非现金财产征收 8%。③减少繁文缛节，减少企业负担。

其三，通过谈判签订更好的贸易协定。主要内容包括以下几点。①重新谈判 NAFTA。②重新谈判美韩自由贸易协定。③与英国谈判，签订投资和贸易协定。④与 CPTPP 的 11 个成员中尚未签署双边自由贸易协定的国家（5 个）进行双边谈判。⑤放宽美国农产品市场准入的双边谈判等。

其四，维护和贯彻落实美国的贸易法。主要的措施包括以下几点。①启动 301 调查。2017 年 8 月 18 日正式启动对于中国的 301 调查，并于 2018 年 3 月完成调查，发表调查报告。②启动 201 条款，对于输美的家用洗衣机和太阳能电池板实施保障措施，分别征收 50% 和 30% 的进口关税。③更多地发动反倾销和反补贴调查。2017 年，特朗普政府发动了 84 项反倾销反补贴调查，比上年增加了 59%。其中，值得注意的是，在没有美国企业提起诉讼的情况下，美国商务部"自我发动" 2 项调查，都是针对中国的产品。④启动 232 调查，借口莫须有的"国家安全威胁"，对于进口的铝和钢铁分别征收 10% 和 25% 的进口关税。⑤在 WTO 中维护美国的贸易救济法律的尊严，拒绝履行对中国入世十五条的承诺。⑥在国际贸易协定中，保护美国的权利。美国对 WTO 争端解决机制的判决多有微词，认为其中有些判决超出了争端解决机构的授权范围，对美国的主权造成了损害。

其五，改革多边贸易体制。美国的主张包括以下几点。①改革争端解决机制，限制上诉机构的裁决——不能超越授权范围。②增强 WTO 的新规则谈判和形成功能，应对新的挑战，将一些新兴议题纳入，并且尽快确立相应的国际规则。③正确处理贸易与发展问题，对于现有的 WTO 成员进行分类，杜绝成员对身份的自我定位，将现有的对于发展中成员的"特殊和优惠对待"规范化，一事一议，防止被滥用。④应对一些快速崛起成员所带来的挑战，比如中国崛起所带来的种种挑战等。

（二）特朗普贸易政策典型案例

在新政府当政的将近两年中，已经实施了一些贸易政策，现摘其要者简述如下。

（1）重新谈判北美自由贸易协定（NAFTA），形成新的美墨加协定（USMCA）

在最初谈判北美自由贸易协定的时候，一些支持者声称，这个协议将会为美国创造成千上万个就业机会，并且在协议执行之后，美国对墨西哥的贸易盈余还会增加。美国的皮特森国际经济研究所（PIIE）甚至在 1993 年的时候，进行过模拟分析，指出：NAFTA 协定将会给美国创造 17 万个就业机会，并且美国与墨西哥的贸易盈余一直会持续到 2000 年前后。克林顿总统在签署该协议的时候宣称，该协议的有关环境和劳工标准的辅助协议使得它不仅能够促进经济增长，而且能够推动社会进步。

遗憾的是，这些承诺和预测都没有能够实现。NAFTA 确实为一些美国人带来了好处，比如，美国的农民以及边境地区从事跨境贸易活动的人，但是对于很多美国人而言，这是一个失败的协议。对于这些美国人而言，NFATA 意味着工作丧失，尤其是在制造业部门。该协定的签署使得很多工厂从美国城镇转移到墨西哥和加拿大，这样，国内的就业机会就减少了。同时，贸易不平衡也开始出现。比如，美国与墨西哥的贸易，尽管直到 1993 年时仍然维持着对等的、基本平衡的局面，但是，从 NFATA 开始实施起，美国就出现了贸易逆差：最初是 150 亿美元，2017 年的时候，进一步增加到 710 亿美元。

同样地，NAFTA 的支持者在 1993 年断言，该协定的签署将会引发墨西哥劳动生产率和工资水平的大幅度提高。但是，实际情况是，NAFTA 实施之后，墨西哥的制造业劳动生产率和工资率，与美国相比的差距反而增大了。

针对这些问题，美国不少政客都多次指责 NAFTA，并要求重新谈判 NAFTA。但是，只有新政府真正这么做了。通过要挟式的最后通牒方式——要么重新谈判，要么美国退出，美国成功地迫使墨西哥和加拿大接受重新谈判。

在重新谈判中，美国的主要目的有两个：第一，更新 NAFTA，纳入代表 21 世纪高标准贸易协定的现代条款。这些条款包括：数字贸易、知识产

权、网络安全、好的规制以及对国有企业的管理等。第二，重新平衡
NAFTA，减少，甚至平衡与墨西哥和加拿大的贸易逆差。为此，美国收紧
了美国从墨西哥、加拿大进口最多、贸易最不平衡的最主要产品的原产地规
则，比如，汽车和汽车零部件等；实施去除鼓励外包的条款，美国不会利用
NAFTA 或者其他贸易协定鼓励企业进行生产外包活动，因为贸易协定的核
心是创造更多的市场机会，而不是鼓励一些没有自生能力的外国直接投资；
提高劳工标准和环保标准，并将这两章也纳入整个 NAFTA 协议的争端解决
机制中，而不再单独设立。

达到这些目标后，重新谈判后的 NAFTA 协议就会成为一个对于所有美
国人都更加公平的协议。那么，美国的这些目的实现了吗？从美国贸易代表
办公室网站公布出来的刚刚完成的谈判结果来看，似乎这些目标都实现了。
表 1 是这些谈判的主要内容汇总。

表 1　更新后的北美自由贸易协定——美墨加协定的主要成果

类目	章节	主要成就
现代化北美自贸区协定	知识产权	有关知识产权保护执行力度最强、最全面的条款； 有关商业秘密（trade secret）的最强的保护条款； 保护创新者——完全的国民待遇；作者寿命 + 70 年，或者第一次出版后 75 年的版权保护；对于生物药品及其衍生产品的 10 年数据保护
	数字贸易	提供了最严厉的数字贸易保护规则
	小额贸易	提高小额贸易的水平——加拿大将应税的最低贸易从 20 加元提高 40 加元，并且，对于价值 150 加元以下的产品运输免税；墨西哥将对应税的最低贸易从原来的 50 美元提高到了 100 美元，并对价值 117 美元以下的产品运输免税
	金融服务	阻止对于美国金融服务提供者的限制； 第一个反对当地储存数据要求的条款
	货币	增加了一章专门讨论宏观政策和汇率事宜；第一次将汇率操纵纳入自由贸易协定之中
	劳工	将该章节纳入整个协议的正文之中，适用于同样的争端解决机制等； 新的劳工价值含量要求规则——汽车价值或者含量中的 40% ~ 45% 应该由不低于每小时 16 美元工作的工人来完成——也就是年收入 46080 美元的工人来完成。显然，这完全是为美国工人预留的工作机会
	环保	将该章节纳入整个协议的正文之中，适用于同样的争端解决机制等； 史上最全面的、可以执行的环保协定

类目	章节	主要成就
农产品贸易协定		扩大美国食品和农产品在加拿大的市场准入； 维持农产品零关税； 达成有关乳制品的贸易协定； 对于农业生物技术确定了史无前例的规则——允许所有的农业生物技术的运用。 在农产品卫生检疫上，更加强调以科学为基础的检疫程序——在农产品标准上，有关减少贸易扭曲政策、增加透明度以及保证非歧视对待的重要承诺； 在双边农产品贸易上，不使用出口补贴，或者 WTO 的农产品特定保障机制。 有关奶酪等的地理标识以及俗名上的新规定； 禁止对于酒精饮料贸易设置壁垒； 对于食品特有配方的保护的新规定
制成品贸易协定	原产地规则和原产地程序	提高了区域价值含量的新规则——汽车产品中，北美区域价值含量要达到75%
		创造性地提出新的劳工价值含量规则，汽车价值含量的40%～45%必须来自时薪 16 美元的工人的贡献
		超越 NAFTA1.0 和 TPP 标准，制定了更强的原产地规则和监督执行机制——包括汽车及零部件、化学产品、钢铁密集型产品、玻璃以及光纤等
	市场准入	超越 NAFTA1.0 和 TPP 标准的、更加有效支持制成品贸易的条款
	纺织品	加强供应链，为服装和纺织业提供新的市场机会——促进更多地使用美国制造的纤维、纱和织物
	有关其他产业部门的附件	这些部门包括：ITC、医药、医疗器械、化妆品和化学产品等

资料来源：US-Mexico-Canada Trade Fact Sheets（USTR 网站）。

（2）美韩 FTA 的重新谈判

美韩自由贸易协定是韩国和美国最近签订的高标准的贸易协定。但是，特朗普政府借口韩国履行承诺不彻底，以及美国没有获得对等的收益，迫使韩国接受重新谈判的要求。自 2012 年美韩 FTA 实施以来，美国对韩国的货物贸易逆差增长了 75%，从 132 亿美元增加到了 231 亿美元（2017 年），而同期美国对韩国的总体贸易逆差只增加了 56%，从 63 亿美元增加到 98 亿美元。通过重新谈判，美国要求改变，即，减少贸易逆差，保证这个协定对美国的工人、农民和商人来说是一个有利的协议（见表 2）。

表 2　美韩 FTA 重新谈判后的成果

类目	主要改进
基本目标	通过减少贸易逆差、再平衡与韩国的贸易,改进美韩贸易关系,加强双边的经济和安全关系。在美国贸易逆差巨大的产品以及协定的承诺落实方面,获得了重要改进
美国货车 25% 的关税的减免	关税终止的时间从过去的 2041 年缩短到 2021 年
增加美国的汽车出口	将美国轿车出口韩国的数量增加一倍,达到每年 5 万辆
	协调检查程序——接受美国的检测标准
	接受美国的汽车零部件标准
	改进排放等环保要求
海关程序的改进	简化和提高效率
改进对于全球性创新药品的定价政策	不歧视、公平对待美国的同类产品

资料来源:US-Koreafree Trade Agreement Fact Sheet(USTR 网站)。

（3）狼烟四起的贸易争端

从 2018 年开始,特朗普政府依据国内贸易法,对众多贸易伙伴采取单边行动,挑起多起贸易争端。首先是在 2018 年 1 月,启动 201 条款,对进口的洗衣机和太阳能电池板单方面征收高额关税,并引发一些贸易伙伴的报复;其次是在 2018 年 3 月,启动 232 条款,对进口的铝和钢铁单方面征收高额关税,再一次引发贸易伙伴的报复;再次,在 2018 年 7 月,依据 301 调查报告对华输美产品单方面征收高额关税,并引发中国的报复;最后,是美国对于反制其单边措施的贸易伙伴进行的加码报复行动,变本加厉,对于更多的产品征收更高的关税。

因为特朗普政府的单边主义行动,一时间,国际贸易争端狼烟四起,并且愈演愈烈。整个世界贸易,甚至整个世界经济都有被拖入衰退境地的风险。

三　针对中国的政策

作为特朗普政府认定的战略竞争对手、美国贸易逆差的最大来源,中国

是美国贸易政策的头号目标。特朗普政府对华贸易政策，在 2018 年成为焦点。

第一，延续《国家安全战略报告》中有关中国的定位，将中国视为战略竞争对手，并从经济和贸易政策上进行遏制。

美国 2018 年的贸易政策议程认为，中国拥有国家主义的经济模式，政府在其中发挥着巨大且不断增强的作用。中国巨大的经济规模意味着它的经济实践越来越大地影响着美国和全球的经济和贸易体系。中国加入 WTO 已经十六年时间了，但是，仍然没有转变成其他所有 WTO 成员所期望的市场经济体系；最近，甚至越来越偏离市场原则。作为世界第二大经济体，中国有巨大的能力来扭曲世界范围内的市场。当然，作为一个主权国家，中国有选择自己贸易政策的权力。但是，美国作为一个主权国家，也有权做出反应。特朗普政府将采取一切可以利用的手段打击中国削弱真正市场竞争的做法，来保护美国的国家利益。

在新达成的 USMCA 中，有专门的条款针对所谓的"非市场国家"①。就 USMCA 整体协议而言，如果一个缔约方要和非市场国家谈判自由贸易协定，要提前三个月通知其中缔约方，并且，要在签字前的 30 天，将谈判的文本交给其他缔约方审议和评估；其他缔约方，有权在某缔约方与非市场国家签订自由贸易协定之后，在六个月内的通知期后，终止这个协议，另外签署双边协定。显然，这样的条款有排除，甚至孤立中国的潜在重大影响。

第二，在"维护和加强美国贸易法律"的旗号下，对华发起单边主义的 301 调查，并付诸行动；拒绝承认对华入世十五条的承诺；恶意发动对华双反调查。

2017 年 8 月 18 日，美国正式对华进行 301 调查。2018 年 3 月 22 日，美国公布"301 调查报告"。该报告根据中国的外商投资企业产业指导目录以及审批、登记要求，指责中国强制外国企业进行技术转让；根据中国的技术进出口管理条例、合资企业法实施条例以及合同法中的条款，指责中国技

---

① USMCA 文本，第 14 章（投资）和第 32 章（例外和一般条款）。

术进口中的歧视性；将中国企业的对外直接投资活动和政府的产业政策、经济发展战略相联系，指责中国企业的海外并购活动；指责中国通过非法的网络攻击获取外国企业的技术和商业情报。报告牵强附会地认定，中国政府有关技术转让、知识产权和创新的行动、政策和实践，是"不合理的或歧视性的"，对美国商务形成"负担或限制"。以此为依据，2018 年 4 月 3 日美方公布了加征 25% 关税的 1333 种、总值 500 亿美元的中国商品名录，并于7 月 6 日正式开始对其中的 340 亿美元中国商品加征关税；8 月 23 日开始对另外的 160 亿美元产品征收关税。2018 年 9 月 24 日，美国借口中国进行的报复行动，进一步公布对另外的 2000 亿美元输美中国产品征收 10% 的关税，自 2019 年 1 月 1 日起税率提升到 25%。

在维护美国的贸易救济法的借口下，对于拒不履行中国入世十五条承诺进行辩护：只有在中国转型成为市场经济的条件下，才会在反倾销中不再使用参照国的做法。特朗普政府认为，中国声称 WTO 成员在中国的入世议定书中同意确定了这样的一个时限——在这个时限之后，不管实际上情况如何，市场经济条件都会自动被认定在中国是存在的。美国辩解说，"这是错误的"。中国入世议定书中的一个条款的到期，即，入世十五条（a）（ii）的到期，并不意味着 WTO 成员在反倾销判定中，不再有能力拒绝和替代非市场价格或者成本。在 GATT1994 的条款 VI：1 和 VI：2 中，明确地给予WTO 成员拒绝非市场经济条件下的价格或者成本的权力；并且，在过去几十年中，这样的权威反映在 WTO 的法律文件中以及大量实践中。

不仅大肆发动对华双反调查，而且创造性地、在没有美国企业提起诉讼的情况下，由美国商务部自我发动了两起对华双反调查，开创了一个保护主义的恶劣先例。

第三，在"加强多边贸易体制"的旗号下，抵抗所谓的"藐视 WTO 规则"的成员。

继续和所谓的"志同道合的国家"（like-minded countries）一起确保公平贸易规则，有效应对一些藐视 WTO 争端解决机制的崛起国家。比如，美国和其他相关的 WTO 成员一起继续抵制中国的这样的立场，该立

场即，进口成员必须忽视中国经济中广泛存在的市场扭曲，并给予中国在反倾销时特殊的权力和优惠。这些权力和优惠是其他任何 WTO 成员都没有享受的。

第四，在多个场合，联合欧盟和日本，直接对抗中国——将对于中国的指责（强制技术转让、国有企业以及非市场经济做法等）作为 WTO 改革的内容，并且多次发表联合声明（第一次是 2017 年 12 月 WTO 部长会议期间，第二次是 2018 年 5 月 30 日，第三次是 2018 年 9 月）。

四　对于美国贸易政策的简单评价

（1）开放的国际贸易体系对于参与国来说都是有益的。基于此而签订的国际贸易协定，不仅能保证一个开放的、自由的、可预见的市场环境，而且会促进一个以规则为基础的统一大市场的形成。但是，它并不能保证签署这个协定的任何国家都能够获得同等的好处。

如何判断市场开放及国际贸易协定的好处呢？基本的国际贸易理论告诉我们，判断开放贸易的好处是从全社会福利的角度展开的，而不是单从生产者，或者从从业者的角度来分析。同一个协议，在给全社会带来福利增进的同时，也有可能给一些生产者带来好处——如果该生产者具有比较优势的话，给另外一些生产者带来挑战——如果该生产者不具备比较优势的话。与此相关，该协定也会给某些从业者带来冲击，比如一国中处于劣势产业的从业者等。因此，单纯基于某些生产者，尤其是单纯基于一国比较劣势产业从业者的角度，来判定一个国际贸易协定的好坏是非常狭隘的，也没有科学依据。

特朗普政府的贸易政策正是从过去几十年市场开放、全球化中受到冲击的美国劣势产业及其从业者的角度出发的。这样的政策，虽然具有很强的政治背景，却缺乏科学基础。

（2）本质上，特朗普贸易政策的目标是阻止过去几十年蓬勃发展的全球化，阻止美国产业外包。皮特·纳瓦罗和特朗普的商务部长威尔伯·罗斯

（Wilbur Ross）曾联合撰文指出，如果国内的税收不是很高、各种规制的负担不是很重的话；如果国际上不存在类似汇率操纵、非法出口补贴等不公平贸易做法的话，美国制造业中的外包就不会发生，因为在制造业的每个这类产业中，美国将更加具有竞争力①。

为了实现留住制造业、留住工作机会、减少美国贸易逆差的目的，除了国内的减税、简化规则之外，在国际范围内，特朗普政府放弃美国多年坚持的多边主义传统，而改用单边主义、双边主义等一切可以利用的手段，迫使贸易伙伴做出改变。如果说在此之前，比如在 WTO，或者 TPP 的谈判中，美国只是作为众多谈判方中的一员，并假借整个成员的名义，要求其他国家，尤其是后加入的国家进行市场开放以及关税减让的话，那么，现在的美国则是直接作为一方单独行动，并且目标是赤裸裸的——美国第一、美国利益第一，通过明目张胆地威逼利诱来迫使对方做出臣服。这在 NAFTA、美韩自由贸易协定的重新谈判以及对华贸易政策上表现得尤其突出。

（3）从某种程度上讲，特朗普政府及其贸易政策是作为美国历史上的"恶人"出现的。客观地讲，特朗普政府的贸易政策能给美国带来一些利益，并试图解决一些美国过去一直想解决的问题。比如，改善美国的贸易平衡。特朗普政府正在以一种非理性的方式，强制推行着世界经济的再平衡进程，从而至少是从"纸面上"看，有利于美国地位的改善。未来 2~3 年的执行效果将会检验这种蛮不讲理的政策的效果：美国的贸易逆差减少了吗？全球价值链中，美国的地位改变了吗？甚至在金融领域中，美元地位改变了吗？这些问题将成为检验特朗普贸易政策的试金石。再比如，明目张胆地打击竞争对手——与中国发生贸易争端，给中国施加巨大压力，迫使中国进行改变。这也许正是很多人，虽然不屑于与特朗普为伍，却有意无意地支持、附和，甚至为他的言论和政策提供

---

① Peter Navarro and Wilbur Ross, *Scoring the Trump Economic Plan: Trade, Regulatory, and Energy Policy Impacts*, September 29, 2016, https://assets.donaldjtrump.com/Trump_Economic_Plan.pdf, pp. 10.

注脚的原因了。

长期来看，美国贸易政策产生的作用更加明显，即，先将其他国家拉进来，与美国签订自由贸易协定，甚至美国给出很多的优惠；然后，等待一个"特朗普"式的总统上台，重新谈判，迫使这些国家或者贸易伙伴"弥补开放差距，偿还历史代价"；最后，经过这样的折腾，美国就可以搞定一切国家——和自己进行"自由、公平、对等的贸易"。

（4）特朗普执政使得中美经贸关系正在，并将持续经历剧烈震荡

特朗普政府中的纳瓦罗对华充满敌意，对华看法片面、极端。其所著的《致命中国》一书，充满了污蔑和指责，并认为中国利用"重商主义和保护主义"来摧毁美国人的工作机会。其基本的逻辑就是：将中国入世和美国众多制造业就业机会的下降联系在一起，认为是中国摧毁了美国人的就业机会。比如，他将中国入世与美国纺织服装和木制家具业下降50%，纺织业就业下降70%等相联系，认为二者存在着因果关系①。另外，美国贸易代表莱特希泽和商务部长罗斯也认同纳瓦罗的对华看法，主张对华采取强硬立场。对于纳瓦罗的这本书，特朗普更是极力举荐，也十分认同其中的主张，更是任命纳瓦罗为新成立的白宫贸易委员会主席。因此，特朗普政府的对华贸易政策就基本上沿着纳瓦罗的主张推行。

在特朗普政府中，对华关系中的几乎所有的问题都被提上了议事日程。①战略上，指责中国的经济发展模式是违反市场经济原则的国家资本主义，是国家主导型的经济，是非市场经济；并且在新签订的 USMCA 中，设定专门排华的所谓"非市场国家"条款。②认定中国政府几乎所有的经济政策和措施都是产业政策。从引进外资，到技术引进，再到对外直接投资；从国内到国外，无所不包。并且认为中国政府指导着中国企业和产业进行着协调一致的行动，恶意获取外国的技术。③不仅不承认对于中国入世十五条的承诺，甚至倒打一耙，认为是中国试图从其他 WTO 成员那里索要特殊待遇，

① Peter W. Navarro and Greg Autry, *Death by China*: *Confronting the Dragon-A Global Call to Action* (Pearson FT Press, 2011), pp. 2 - 3.

蔑视 WTO 的规则。

作为世界最大的两个经济体，如果中美两国之间贸易摩擦持续下去，一定是两败俱伤。但是，与这样的政府以及这些对华充满负面看法的鹰派人士达成双方都满意，或是都可以接受的协议，是未来一段时期内两国面临的巨大挑战。

Y.17
美国利率上升对全球经济的
现实冲击与潜在影响

张明　刘瑶*

摘　要： 2008 年全球金融危机爆发后，美国经济历经多年艰难的复苏，
　　　　　经济基本面逐渐转好，货币政策启动正常化，直接导致短期利
　　　　　率的持续上行。美国短期利率上行对全球经济造成的现实冲击
　　　　　主要包括：部分新兴市场国家持续资本外流、美元指数持续上
　　　　　升、新兴经济体双边汇率动荡以及国内资产价格调整。未来，
　　　　　美国长期利率的上升将是大势所趋，并可能对美国国内经济和
　　　　　新兴经济体造成显著的负面冲击，部分新兴经济体需警惕美国
　　　　　长期利率上升引致新一轮金融危机的风险，积极进行国内经济
　　　　　结构性改革，以应对不利的外来冲击。

关键词： 美国利率　货币政策正常化　美元指数　现实冲击
　　　　　潜在冲击

一　引言

2008 年全球金融危机爆发后，美联储推出的四轮量化宽松政策（QE）

---

* 张明，经济学博士，中国社会科学院世界经济与政治研究所研究员，国际投资研究室主任，
　主要研究领域为国际金融、中国宏观经济；刘瑶，中国社会科学院研究生院博士研究生，主
　要研究领域为国际金融。

向全球输出过剩流动性，直接导致发达经济体和新兴市场国家金融市场风险显著上升，助长了资产价格泡沫并加大了通胀压力。关于美联储量化宽松货币政策外溢性的讨论也一度成为学界的热门话题。随着 2013 年 12 月美联储宣布缩减购买国债规模，直至 2014 年 10 月美联储结束资产购买计划，正式退出 QE 后，美国货币政策恢复正常化，加息通道的重启意味着美国经济的全面复苏转好，美国短期利率随之迅速上升，而这又会对全球经济造成怎样的冲击？

根据现有研究，美国利率的提升将主要通过汇率、贸易和金融渠道对全球经济产生冲击。[1] 首先，汇率渠道将通过改变国内外商品和服务的相对需求量和价格，影响两国的双边汇率；其次，利率上升将缩减本国总需求，通过贸易渠道影响商品的进口数量和种类；最后，利率上升通过金融渠道作用于跨境资本流动，进而扰动各国金融资产和负债价格。同时，基于近年来美国短期利率和长期利率的变动时点和走势并非一致，各国经济基本面和金融市场化程度存在显著的异质性。因此，分析美国利率上升的现实冲击和潜在冲击、衡量外溢性的大小，找出应对之策具有重要的现实意义。

本报告试图分析美国长短期利率上行对全球经济的冲击影响，以及分析当前美国经济复苏与利率变动状况，梳理迄今为止美国短期利率上升对全球经济的现实冲击，讨论未来美国长期利率上升对全球经济的潜在冲击等，并给出政策建议。

二 美国经济复苏与利率变动状况

2014 年 10 月美联储结束国债和相关资产购买计划，标志着多年量化宽松政策的正式结束。事实上，美国经济此前已出现了复苏向好的迹象，这也

---

[1] Matteo Iacoviello and Gaston Navarro, "Foreign Effects of Higher U. S. Interest Rates," *Journal of International Money and Finance*, July 11, 2018, https://ac. els – cdn. com/S0261560618303942/ 1 – s2. 0 – S0261560618303942 – main. pdf? _ tid = 100ef34a – b3f5 – 43d5 – 8826 – 3818dda8e39e&acdnat = 1543369546_ ec3d992951fd8b2e552ede563fba5933.

是货币政策重启正常化的根本前提。2017 年特朗普政府执政以来，美国经济基本面各项指标更是持续改善，加快了美联储加息及缩表的进程。本部分将系统分析美国宏观经济复苏走势与利率变动的状况。

（一）美国经济复苏动能稳健，各项指标稳中向好

从图 1 可以观察到 2008 年金融危机前后至 2017 年间美国 GDP 同比与环比的增速。不难看出，除了危机爆发期间（2008~2009 年），美国 GDP 同比与环比增速有显著下滑之外，2011 年起美国经济就开始呈现稳健的复苏态势，在该年份美国环比 GDP 增速已与危机前（2006 年、2007 年）持平。特别是之后的 2014、2015 两个年度，美国 GDP 年增长率分别为 2.57%、2.86%，季度 GDP 同比和环比增速一度达到危机后最高峰，在发达国家中位居前列。另一个明显的趋势是，自 2014 年起，美国名义 GDP 与实际 GDP 差额逐渐扩大，[①] 这可能反映了经济复苏过程中通胀水平的回归。

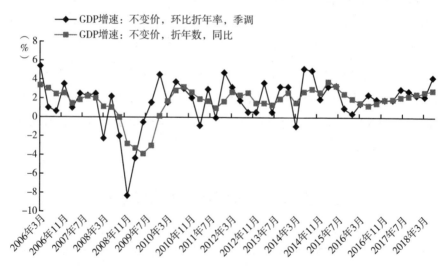

图 1　2006~2018 年美国 GDP 同比和环比增速

资料来源：Wind。

---

① 来源于美国经济分析局的数据。例如，2014 年、2015 年、2016 年、2017 年美国名义 GDP 与实际 GDP 差额分别为 12187 亿美元、14480 亿美元、17041 亿美元、20856 亿美元。

事实上，判断美国更详细的通胀情况需要结合 CPI、PCE 等指标进行综合判断。图 2 显示，美国 CPI、PPI 的变动趋势基本一致，2011 年后两者先显著下降之后平稳反弹。另外，从核心 PCE 和 PCE 来看，美国核心 PCE 从 2010 年下半年开始小幅上升走势，近年来稳定在 2% 左右；而危机后美国 PCE 的反弹时间则更早，开始于 2009 年末，进入 2018 年后通胀率有显著的上行趋势。①

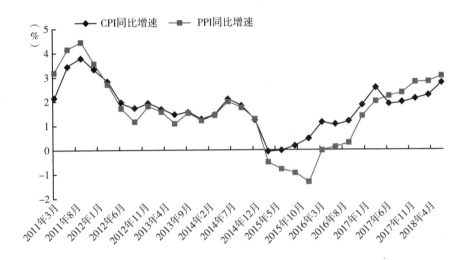

图 2　美国 CPI 与 PPI 同比增速

资料来源：Wind。

此外，近年来美国劳动力市场也释放着改善的积极信号。一方面，就业率在危机后显著回升。数据显示，从 2010 年第二季度起，美国失业率迅速下降，从 10.4% 一度降至 2018 年第二季度的 3.8%，显著低于美联储公开市场委员会对长期失业率的估计。另一方面，反映劳动生产率的美国部门和生产力成本指数（每小时产量）在 2015 年后阶段式上升，但复苏力度比较有限，同比环比增长甚至不及危机爆发后的 2009～2010 年。②

---

① 来源于美国经济分析局的数据。例如，2014 年、2015 年、2016 年、2017 年美国名义 GDP 与实际 GDP 差额分别为 12187 亿美元、14480 亿美元、17041 亿美元、20856 亿美元。

② 来自 Wind 数据库。

（二）近年来美国短期利率持续上升

经历了长达 7 年的量化宽松政策之后，随着美国经济逐渐复苏，GDP增速企稳，货币政策正常化也逐渐被提上日程。危机后多年的零利率政策意味着美联储依靠购买国债或机构债的方式直接注入货币，而一旦多余的货币未被实体经济吸收，就会造成市场流动性扩张，并可能抬高通货膨胀预期。为维持美国经济复苏向好的局面，2014 年 10 月底，美联储宣布结束多年的量化宽松政策，零利率从此暂时告别历史舞台。

美联储于 2015 年底开始第一次加息，2016 年时隔一年再次加息，特朗普政府上台后，美联储的加息次数明显提升，2017 年加息 3 次，进入 2018年迄今为止已经加息 3 次，将联邦基金目标利率区间上调至 2% ~ 2.25%。与此同时，市场利率对此的反映实际上早于加息之前。图 3 中可以看出，美国短期利率（3 个月国债收益率）从 2015 年年中即开始调整，并延续上升的走势，从近乎零利率水平增长至 2018 年 7 月的 1.99%。

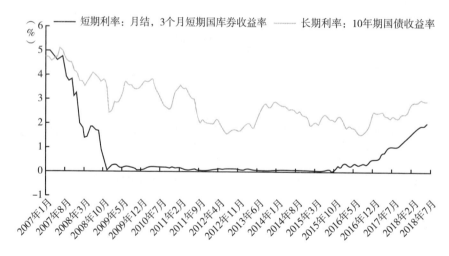

图 3　2007 年 1 月至 2018 年 7 月美国短期利率和长期利率变动情况

资料来源：CEIC。

除加息之外，缩减中央银行资产负债表也是美联储货币政策正常化的目标之一。加息和缩表交替进行，前者属于价格型货币政策工具，后者属于数量型货币政策工具。与前者相比，后者的影响更为直接、可控。然而，美联储缩表的时间及进展远落后于加息，于 2017 年 10 月正式启动，缩表开启与加息提速的双重叠加对短期利率上升具有明显的冲击作用，这表现为短期利率在 2017 年下半年的迅速上行。

（三）美国长期利率上升乏力

与短期利率走势形成鲜明对比的是，美国长期利率目前上升幅度有限，迄今为止甚至有所下降。数据显示，危机爆发后，美国十年期国债收益率从最高点 5.1% 一路下降至 2012 年 7 月的 1.52%，此后小幅反弹但增长乏力。在美联储重启加息之时，十年期美债收益率仍继续下行，在 2016 年年中甚至达到 1.50% 的十年历史新低。

进入 2015 年后，美国长短期利率走势的不同步造成期限利差的迅速缩窄，并导致期限利差[1]处于历史低位（见图 4）。根本而言，期限利差收窄的原因在于长短期国债收益率的驱动因素不同。短期国债收益率不受期限溢价等长期因素扰动，其驱动因素主要为美联储的货币政策。换言之，期限越短，短期利率与联邦基金利率的走势越为相近。相比而言，美国长期利率（例如 10 年期国债收益率）受多因素驱动，预期通胀率、实际利率与期限偏好（Term Premium）共同决定着其走势。

危机后，短期利率波动性显著降低，可以说长期利率主导着期限利差的走向，而预期扮演了重要的角色：第一，尽管危机后美国核心通货膨胀率温和上行，近年来在 2% 上下波动，但迄今为止，债券市场投资者依然怀疑本轮美国经济复苏的可持续性，以至于通胀预期[2]在突破了 2% 之后就一直未能继续上升；第二，危机后虽然美国各项经济基本面指标复苏向好，但是全

---

① 期限利差用美国 10 年期国债收益率与美国 2 年期国债收益率之差计算得来。
② 通胀预期为美国 10 年期普通国债收益率与 10 年期通胀指数国债（TIPS）之差。

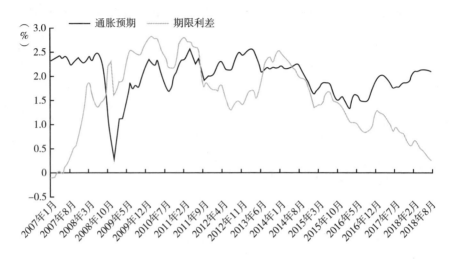

图4 2007 年 1 月至 2018 年 8 月美国国债期限利差与通胀预期走势

资料来源：Wind。

要素生产率与资本劳动比例（K/L）短时间内难以提振，实体经济的回报率
不增反降，市场上普遍充斥着对经济增长可持续性的担忧。

以上意味着美联储对美国经济增长的前景依旧持乐观态度，加息的节奏
将渐进而不会停滞，然而美国同时面临诸多长期性结构性困局，例如人力资
本提升缓慢、特朗普减税对财政预算的负面冲击，这些因素阻碍了长期利率
的上升速度，但负面冲击依旧可控。可以预见的是，在美国引领下，越来越
多的发达经济体将加入加息阵营中，步入货币政策正常化的轨道中。

三 美国短期利率上升对全球经济的现实冲击

如同危机后美国几轮 QE 对全球经济构成巨大冲击一样，美联储重启货
币政策正常化导致的短期利率上升也会对全球经济造成显著的外溢效应。迄
今为止，美国利率上升似乎主要通过贸易和汇率渠道影响其他发达经济体，
而主要通过金融渠道影响新兴经济体；相对而言，其他发达经济体对美国经
济的贸易依存度总体而言并不算高，受到短期利率的冲击较为有限，新兴经

济体受金融渠道的外溢影响传导更为迅速，短期利率上升对新兴经济体的现实冲击因此较为显著，并至少包括以下几个方面。

（一）导致部分国家出现短期资本持续外流

利差通常是驱动国际资本流动的全球性因素，利差的背后反映了各国之间经济增速和投资回报率的差异。进入 2013 年以来，以美国为代表的发达经济体经济复苏迹象明显，GDP 增长率再次接近甚至超过潜在经济增速，而新兴经济体经济增速趋于放缓，全要素生产率迅速下降，部分国家甚至出现停滞，这种变化主导了近年来新兴经济体跨境资本流动的总体特征。Klemm et al. 发现在过去十年里，即使多数新兴经济体政府通过发行更多以本币计价的公共债券，试图减少对美国利率的风险敞口，但是美国实际债券利率上升仍对流入新兴市场国家的资本产生重大影响，导致非居民资本流入显著下降。

图 5 描绘了四个代表性新兴经济体短期资本流动情况，资本和金融账户，特别是金融账户衡量了一国合法的跨境资本流动。自 2014 年末美联储退出量化宽松政策后，不难看出，美国短期利率上行引发了部分新兴经济体显著的跨境资本波动。其中，阿根廷短期资本外流最为严重，仅仅单看金融账户净流出，从 2015 年第一季度的 59.5 亿美元扩增至 2018 年第一季度的 162 亿美元；出于外部冲击及经济基本面的下滑，俄罗斯 2015 ~ 2016 年初金融账户顺差迅速缩减，在 2016 年第一和第二季度一度转为净流出；从 2011 年起，南非一直呈现持续的短期资本外流，美国短期利率上行加剧了其金融账户的波动性；土耳其金融账户同样表现出巨额的逆差，进入 2017 年后随着美联储加息的频繁，其短期资本外流的波动性更为显著。以上结果显示出美国短期利率变动对新兴经济体跨境资本流动的负面冲击。

（二）部分新兴市场国家货币兑美元显著贬值

美国短期利率上行释放出美国经济转好的强烈信号。由于美联储加息通道的打开，贸易赤字收窄，通货膨胀率温和可控，愈来愈多的国际资本流向

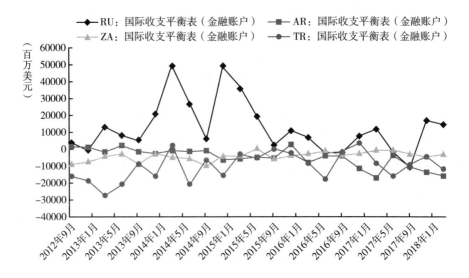

图5 四个代表性新兴经济体短期资本外流状况

注：RU 为俄罗斯；AR 为阿根廷；ZA 为南非；TR 为土耳其。
资料来源：CEIC。

美国，扭转了美元指数十来年持续下行的局面。图 6 显示，美元指数自 2014 年伊始开始波浪式上行，至今累计涨幅约 19.87%，美元指数的持续上行意味着美元在发达国家货币中表现抢眼，进一步导致资金回流美国。这些跨境资本流动的显著变化，已经通过对外部门对新兴市场国家造成显著影响。

美元指数的上行是 2014 年以来众多新兴市场国家汇率贬值的重要原因。自美联储打开加息通道以来，E11① 中主要新兴经济体国家货币兑美元呈现贬值趋势（见图 7）。例如，从 2014 年 10 月至 2018 年 7 月，俄罗斯卢布兑美元汇率由 40.76 上升至 62.88，累计贬值幅度约 54.27%；南非兰特兑美元汇率由 11.05 上升至 13.36，累计贬值约 20.90%；阿根廷比索兑美元汇率由 8.49 上升至 27.74，币值下降了近 227%；土耳其新土耳其里拉兑美元

---

① 即新兴经济体 11 国，包括阿根廷、巴西、中国、印度、印尼、韩国、墨西哥、俄罗斯、沙特阿拉伯、南非和土耳其。

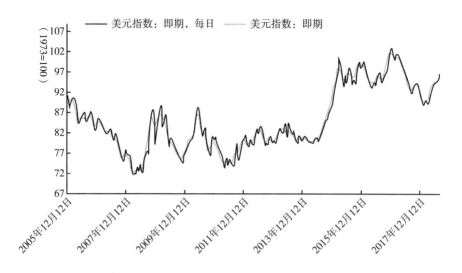

图6　美元指数的变动情况

资料来源：CEIC。

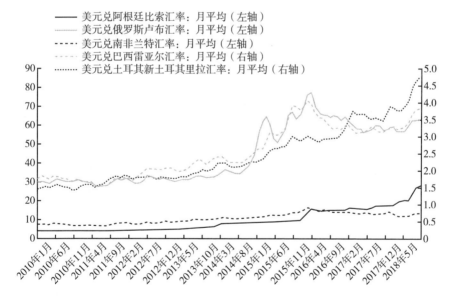

图7　五个代表性新兴经济体货币兑美元汇率走势

资料来源：CEIC。

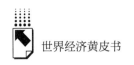

汇率由 2.25 上升至 4.75，累计贬值幅度 111%；巴西雷亚尔兑美元汇率由 2.45 上升至 3.82，累计贬值约 55.92%。除了美元指数走强的原因之外，以上国家对美国呈现持续的经常账户赤字，国内通货膨胀居高不下，并且持有以美元计价的数量庞大的外债，这些因素相互叠加，放大了美国短期利率上行的外溢效应，导致其汇率持续动荡。

（三）部分新兴市场国家被迫加息，加速其国内资产价格调整

在美国利率上升、美元指数走强以及发达国家货币政策逐渐趋同的背景下，新兴市场国家的资本市场迎来巨大挑战。特别是 2018 年以来，为应对经济增长放缓、货币贬值及资本持续外逃状况，主要新兴市场国家央行被迫加息。

2018 年经济受挫最严重的国家当属土耳其，面对本币币值暴跌、外债高企、资本外逃的经济困局，土耳其央行在 2018 年第二季度三次上调基准利率 500 个基点，然而并不足以遏制国内通胀飙升、纠正内外部失衡的局面，频繁的加息也使其货币政策独立性受到广泛质疑。此外，2018 年下半年以来，阿根廷、印度、印尼央行也纷纷采取加息措施应对市场冲击。例如，为应对比索近乎自由落体状的贬值，减轻政府财政赤字压力，并争取 IMF 的贷款援助，截至 2018 年 8 月底，阿根廷央行已加息三次，利率净变动提升 1275 个基点；印度央行为了减轻兑美元双边汇率持续的贬值压力、预防输入性通胀，在 2018 年 6 月以来加息两次，利率提升至 6.5%；印尼央行为防止外国投资者抛售印尼国债，造成严重的资本外逃，短时间内采取激进式的加息模式，宣布实施紧缩式货币政策，六周内加息三次，上调 7 天逆回购利率至 5.25%。

与此同时，美国短期利率上行造成的外溢效应还包括造成新兴经济体国内资产价格显著调整。根据真实商业周期（RBC）理论，资产价格较易受到总需求等宏观经济变量的影响。对于外向型新兴经济体而言，更是如此。随着美国短期利率上升速度的加快，引发了部分新兴经济体股市和债市等出现联动效应。据 IIF（国际金融协会）2016 年报告，2014 年新兴经济体股

市和债市资金净流出为 1110 亿美元，2015 年流出情况更是急剧恶化，资金流出高达 7350 亿美元。[①] 事实上，自 2014 年下半年起，马来西亚、泰国、印尼、巴西等国的股市都经历了一番巨震，截至 2015 年，一半左右的新兴经济体股市已从最高点下跌超过 20%，步入了熊市周期；进入 2018 年以来，阿根廷、土耳其的资本市场再次迎来动荡，股指大幅下跌。

四 美国长期利率上升对全球经济造成的潜在冲击

毫无疑问，美国经济的转好意味着长期利率正迈向上升通道，尤其是进入 2017 年以来，美国十年期国债收益率与短期利率走势的相关程度显著上升。同时，特朗普政府主张"重振制造业"，采取大规模减税刺激方案，将极大促进劳动力市场的改善，美国经济增长率有望进一步提升。

Curcuru 和 Kamin 将长期利率分解为期限溢价和预期利率，发现美元对预期利率更为敏感。如果美国经济增长持续强劲，那么通胀预期可能上升，通胀预期上升将会导致期限利差正常化，进而推升长期利率水平，同时将对全球经济造成更显著的外溢冲击。相比而言，我们认为美国长期利率上升对美国自身和新兴经济体冲击更大，主要体现在以下方面。

（一）加剧美国资本市场波动程度

当前，美国股市正处于历史高位，经济基本面持续复苏导致的利润改善以及流动性充裕是近年来美国股市表现抢眼的直接原因。未来，一旦长期利率加速上升，首先释放出流动性趋紧的信号，这将抬升投资回报率，流动性趋紧与融资成本的上升将对股价构成显著负面冲击。其次，长期利率的上升意味着 10 年期国债收益率的持续走高，意味着美国经济增速超预期，高于其潜在增速，并会抬升投资者预期，这可能会影响投资者的风险偏好。事实

---

① IIF, "Capital Flows to Emerging Markets," October 2018, https: //www. iif. com/publication/capital – flows – emerging – markets – report/october – 2018 – capital – flows – emerging – markets.

上，进入 2018 年以来，美国股市已经历过几次单日跌幅超 2% 的较大程度
的调整，尤其是纳斯达克指数经历了几次大幅盘整，标普 500 波动率指数
（VIX 指数）在此期间有所回升（与 2016 年、2017 年相比）。由于近十年来
美国股市数次回调都伴随着 VIX 指数的显著提升（见图 8），未来长期利率
上升引发的股价下跌无疑会加大美股的波动性程度。

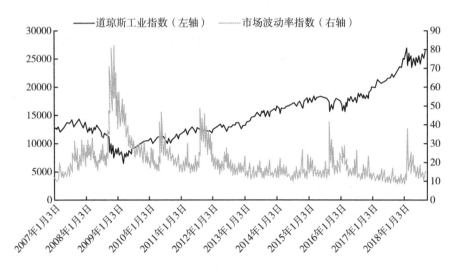

图 8　危机爆发至今美国资本市场状况

资料来源：Wind。

与此同时，利率上升引起美国债市的调整也不可避免。由于国债收益
率与债券价格通常呈现相反的走势，随着长期国债收益率的节节攀升，债
券价格将显著降低，这将对持有债券的投资者造成收益损失。与此同时，
债券的估值效应促使对债市的需求削减，进一步对债券价格造成下行压
力。考虑到美国债市已经延续近 30 年的火爆局面，不排除以后出现显著
下跌的可能性。

（二）长期利率持续上行将对美国经济复苏构成负面冲击

目前，美国国债 10 年期收益率仍处于历史较低水平，一旦长期利率持
续上行，10 年期收益率显著提升，将会对美国经济复苏构成不利冲击。

第一，长期利率持续上行将严重冲击家庭部门消费。众所周知，美国是个低储蓄、长期依靠借债支撑当前消费的国家。长期利率的走高将驱动长期抵押贷款利率的持续攀升，而长期抵押贷款是房地产市场的先行指标。事实上，危机后美国房地产市场复苏早于其他行业，自2011年以后，无论是房价指数、房屋开工数，还是房屋销售数与建造支出，都迅速表现出触底回升的复苏迹象，虽然这种复苏不能称得上稳健，但至少显示出房地产市场的景气程度与市场信心。与此同时，房地产信贷市场仍走势疲软，美联储长期压低抵押利率是房市回暖的关键。未来，一旦10年期国债收益率显著上行，并且拉动房地产抵押贷款利率的持续上行，将对房地产市场交易、美国家庭部门信贷消费造成新一轮冲击，并且居民部门的杠杆率也会显著提升。此外，如果股市受到长期利率上升影响而显著下跌，那么负向财富效应将进一步压低居民消费增速，这将严重冲击美国经济的复苏。

第二，美国长期利率的上行带来的融资成本上升，将加重美国企业的成本压力。虽然特朗普上台后实行一系列公司税减免方案，但是预期效果仍然不确定。一旦利率传导机制打开，将会降低企业的资金使用效率，间接影响全要素生产率的提升，从而影响经济增长的可持续前景。

第三，长期利率上行会加剧美国政府的偿债能力，债务成本上升又会导致财政赤字扩大与债务负担上升。目前，特朗普政府"加息缩表＋减税＋基建投资"的政策组合将直接扩大联邦政府财政缺口，导致政府融资成本显著上升。考虑到美国政府高居不下的公共债务和超过100%的债务余额/GDP，长期利率上升将会显著提升美国的经济风险和主权债务风险。

（三）长期利率上行对新兴经济体的潜在影响

根据美联储的研究，美国利率上升对外国溢出效应几乎接近于对本国经济的影响，其中，对新兴经济体的溢出效应大于对其他发达国家的溢出效应。同时，金融脆弱程度越高的国家，经济增速将下降越多，金融渠道的传递将扮演重要角色。因此，笔者认为，长期利率过快上行对新兴经济体的潜在影响至少包括：造成新兴经济体持续的资本外逃、引起货币新一轮贬值危

机、造成金融资产价格大幅下跌，甚至陷入一轮经济增长停滞危机。

对于部分新兴经济体而言，负债美元化和存在严重的债务期限错配是对外部门的两大棘手问题。美国长期利率上升可能在一定程度上改变国际投资格局，造成新兴经济体对外直接投资数额锐减，资金迅速抽逃。对于国民经济杠杆率偏高的经济体，情况更是如此。长期的负债美元化使这些国家面临利率上升和资产负债表迅速恶化的风险。在金融摩擦和期限错配的共同作用下，当一国经济基本面疲软时，资本外逃将使潜在系统性金融风险逐步放大。

美国长期利率上升引起国际资本的回流，将推动美元的持续升值，引发一些新兴经济体货币贬值。事实上，自从美联储宣布重启货币政策正常化之日起至今，美国短期利率的上行已造成部分新兴经济体货币比值大幅缩水，如阿根廷、土耳其等。显然，长期利率上行对币值的影响将更为显著，特别是当一国面临严重的通货膨胀、企业部门和政府部门存在高债务、外汇储备严重不足时，汇率的大幅贬值甚至会引发新一轮货币危机。

此外，国际资本迅速抽逃会引发新兴经济体新一轮股市和债市的价格调整。根据 Spahn 的研究，全球资本 90% 以上均是以投机套利为目的的短期资本，跨境资本频繁的进入流出将会引发资本市场的剧烈震荡，并造成金融资产价格强烈的下跌预期。历史上，巴西、智利、印度、墨西哥、泰国和马来西亚都曾面临过严重的资本外逃，并导致资产价格一落千丈，外汇储备迅速缩水，甚至引发了对汇率制度及货币政策的轮番怀疑。毫无疑问，资产价格的下跌将严重影响国民财富的积累，并加速发达国家和发展中国家的发展分化。

总体而言，上述来自对外部门的负面冲击最终都会对新兴经济体的经济增速产生不利影响。鉴于新兴经济体的复苏缺乏长期有效的动力和增长点，多数国家普遍面临结构性改革和跨越中等收入陷阱的问题，复苏动能不足导致这些国家经济增长持续放缓。

目前，另一番激烈的讨论在于美国长期利率上升是否会引发新兴经济体新一轮金融危机。笔者认为，由于新兴市场国家间经济结构、发展程度存在显著的异质性，长期利率上升不会给大多数新兴经济体带来货币危机甚至金融危机的风险，但对于部分经济基本面极其脆弱的国家，美国长期利率上升很有可能是引发一系列系统性金融风险的导火索，而这些国家国内部门和对外部门的高杠杆则可能是压倒自己的最后一根稻草。

第一，进入 21 世纪以来，对外贸易与投资持续扩增，使新兴经济体的增长方式过分依赖于外部需求拉动，而不是内生驱动。阿斯伦德从长周期的角度出发，认为低利率的信贷繁荣时代已经结束，大宗商品市场即将走向衰落，投资周期已经接近拐点，十年间新兴经济体自身潜在增长率下降、过度依赖于发达经济体，最终会导致高速增长期的整体结束。在金融市场持续动荡、欧美发达国家管控国际货币市场的条件下，美国货币政策转型对新兴经济体的冲击恐怕要大于危机之前。

第二，从历史上爆发金融危机的次数和节点来看，新兴经济体爆发危机的次数显著高于发达国家。① 从 1980 年代末的拉美债务危机到 1997～1998 年亚洲金融危机，新兴经济体爆发危机的频率一度达到最大值。但自从进入 21 世纪后，新兴经济体鲜有危机发生。在历经多年的繁荣之后，新兴经济体发展过程中的结构性问题很容易被掩盖。但是在流动性趋紧的情形下，新兴市场国家内部矛盾很容易爆发并传递给其他部门。

第三，2008 年金融危机后，国际资本流动呈现剧烈震动，新兴经济体面临管控资本的难题。部分新兴经济体金融体系过于脆弱，国际资本占比较高，面临的风险将更为突出。据 Calvo et al. 研究发现，净资本流动骤停（sudden stop）时，新兴经济体爆发危机的概率达到 63%，而发达经济体爆发危机的概率只有 17%。又如，IMF 通过对比 2010～2015 年国际资本流动状况、拉美危机时代以及东南亚金融危机时代国际资本流动状况，发现三者有诸多相似之处，在新兴经济体样本中更为明显。美国长期利率上升将会严重冲击国际资本净流出严重的国家，带来金融风险。

---

① 沈铭辉：《新兴经济体经济风险评估：基于金融指标》，《亚太经济》2015 年第 2 期。

第四，部分新兴经济体国内部门和对外部门的高杠杆全面放大了金融风险，很容易成为危机的导火索。从外债规模和应付偿债率等指标来看，巴西、印尼、阿根廷和俄罗斯偿债压力较大，均突破了 20% 的国际警戒线；新兴经济体公共部门债务整体不高，但部分国家上升速度极为显著；双赤字成为部分新兴经济体对外部门最大风险。近期阿根廷和土耳其爆发的货币贬值危机主要是国内高杠杆所致，但是经常账户赤字与外汇储备的匮乏使得危机加剧。

五　结论和政策建议

（一）结论

目前，美国经济正在持续复苏，经济增长动能逐步恢复，通胀率温和上行，失业率显著降低，劳动力市场逐渐改善。自从 2014 年下半年美联储退出量化宽松、启动货币政策正常化之后，加息和缩表两种政策工具的持续使用，导致短期利率持续上升；然而美国长期利率与带来利率的变动并不同步，两者驱动因素各有差异，导致长期利率近期虽有上升，仍处于历史低位。

迄今为止，美国短期利率上升对全球经济造成的冲击包括：第一，直接导致美元指数持续上升，美元兑部分新兴经济体货币显著升值；第二，导致部分新兴经济体国家出现持续的资本外流；第三，部分新兴经济体被迫加息，调整货币政策，并推动了资产价格调整。

未来，美国长期利率一旦持续上升，可能造成的潜在冲击包括：第一，加剧美国股市和债市波动性程度，不排除出现资本市场大幅下跌的可能性；第二，长期利率的过快上升可能对美国稳健的经济复苏构成负面冲击；第三，会加速部分新兴经济体资本外流与本币贬值的趋势，引发资产价格的显著调整，甚至影响经济的可持续增长前景。部分新兴经济体需警惕长期利率上升带来新一轮金融危机的风险。

总体而言，美国短期利率上升主要冲击新兴市场国家，美国长期利率上升将会同时冲击包括美国在内的发达国家与新兴市场国家，但是对新兴经济体的负面溢出效应显然更大。

（二）政策建议

对于新兴经济体而言，为减轻美国利率上升的不利冲击，当务之急是进行结构性改革，转变经济增长方式，是经济更加依靠内生驱动而非外需拉动；对于部分国内杠杆率较高的经济体，应保证有效的去杠杆，提高经济增长效率，避免资源配置的扭曲；在国际资本流动更频繁易变的情况下，新兴经济体应该审慎管控跨境资本流动，并使用宏观审慎政策工具达到一揽子政策目标。

最后需要指出的是，当前特朗普政府经济政策释放着孤立主义、民粹主义的政策信号，并挑起贸易争端，出现大规模贸易冲突，新兴经济体携手发挥多边合作组织的效用、加强沟通与协作可能才是应对负面冲击的最好决策。

参考文献

阿斯伦德、王宇：《为什么新兴经济体的增长率可能下降》，《金融发展研究》2014年第6期。

沈铭辉：《新兴经济体经济风险评估：基于金融指标》，《亚太经济》2015年第2期。

Alexander Klemm, Andre Meier, and Sebastián Sosa, "Taper Tantrum or Tedium: How U. S. Interest Rates Affect Financial Markets in Emerging Economies," May 22, 2014, https://blogs. imf. org/2014/05/22/taper – tantrum – or – tedium – how – u – s – interest – rates – affect – financial – markets – in – emerging – economies/.

Carlos Caceres, Yan Carriere – Swallow, Ishak Demir and Bertrand Gruss, "U. S. Monetary Policy Normalization and Global Interest Rates," September 29, 2016, https://www. imf. org/en/Publications/WP/Issues/2016/12/31/U – S – 44315.

Carmen M. Reinhart, Vincent Reinhart, and Kenneth Rogoff, "Dealing with Debt," *Journal of International Economics* 96 (2015).

Elena Gerko and Hélène Rey, "Monetary Policy in the Capitals of Capital," *Journal of the European Economic Association* 15 (2017).

Guillermo A. Calvo, Alejandro Izquierdo, and Luis-Fernando Mejía, "On the Empirics of Sudden Stops: The Relevance of Balance – Sheet Effects," *Research Department Publications* 69 (2004).

IIF, "Capital Flows to Emerging Markets," October 2018, https://www.iif.com/publication/capital – flows – emerging – markets – report/october – 2018 – capital – flows – emerging – markets.

IMF, "World Economic Outlook: Too Slow for Too Long," April 2016, https://www.imf.org/external/pubs/ft/weo/2016/01/.

Matteo Iacoviello and Gaston Navarro, "Foreign Effects of Higher U. S. Interest Rates," *Journal of International Money and Finance* (2018), https://ac.els – cdn.com/S0261560618303942/1 – s2.0 – S0261560618303942 – main.pdf? _ tti = 100ef34a – b3f5 – 43d5 – 8826 – 3818dda8e39e&acdnat = 1543369546_ ec3d992951fd8b2e552ede563fba5933.

Olivier J Blanchard and Jeromin Zettelmeyer, "Will Rising Interest Rates Lead to Financial Crisis," July 2017, https://piie.com/publications/policy – briefs/will – rising – interest – rates – lead – fiscal – crises.

P. Bernd Spahn, "International Financial Flows and Transactions Taxes: Survey and Options," June 1, 1995, https://www.imf.org/en/Publications/WP/Issues/2016/12/30/International – Financial – Flows – and – Transactions – Taxes – Survey – and – Options – 1136.

Stephanie E. Curcuru, Steven B. Kamin, Canlin Li, and Marius Rodriguez, "International Spillovers of Monetary Policy: Conventional Policy vs. Quantitative Easing," International Finance Discussion Papers 1234, Board of Governors of the Federal Reserve System (U. S.), 2018.

Y.18
中国下一步的对外开放：
国际经验借鉴与启示

张　斌　邹静娴*

摘　要： 随着中国发展水平提升及其在世界经济格局中地位的显著变
化，中国需要与时俱进地调整对外贸易、对外投资、汇率制
度以及资本项目开放等对外开放政策。值此中美贸易争端之
际，更需要对中国未来的对外开放政策做出长远考虑，明确
未来对外开放政策的方向和工作重点。本文观察和总结了前
沿经济体、赶超成功经济体以及赶超失败经济体对外开放政
策的基本事实，讨论了对外开放政策在经济赶超进程中发挥
的作用，指出了对中国进一步开放政策的借鉴。

关键词： 对外贸易　对外投资　汇率制度　资本项目开放

截至 2017 年，中国人均收入（GNIper capita）8690 美元，按照世界银
行标准，处于上中等收入阶段（upper-middle economies）的中间水平①。随
着中国人均收入水平提高以及中国对外开放水平的持续提高，中国已经成为
全球经济中举足轻重的力量。与此同时，中国企业和居民在对外经济交往过

---

* 张斌，经济学博士，中国社科院世界经济与政治研究所研究员，全球宏观研究室主任，主
要研究领域为全球宏观；邹静娴，经济学博士，人民大学国家发展研究院讲师，主要研究
领域为宏观经济。
① 按照世界银行的分类，中国人均收入出于上中等收入（upper-middle income）经济体。上中
等收入的区间标准是人均 GNI 处于 3956 和 12235 美元之间。

程中也面临很多前所未见的问题和挑战，有很多经验以及教训值得中国在对外开放的过程中汲取与学习。

他山之石可以攻玉。中国正处于从中等收入到高收入经济体的赶超过程当中，通过观察前沿经济体、赶超成功经济体和赶超失败经济体的对外开放政策变化轨迹，可以为中国如何通过对外开放政策调整帮助中国经济迈入高收入经济体提供借鉴。下文考察了前沿经济体、赶超成功经济体、赶超失败经济体三个类型经济体①在对外贸易、对外投资、汇率制度、资本项目开放等政策选择的经验事实；论述了对外开放政策在走向高收入经济体过程中起到的关键影响，以及中国需要从这个过程中汲取何种经验与教训。

文章发现，赶超成功经济体随着人均收入水平的不断提高，其经济开放度持续提高，逐渐逼近前沿经济体水平；赶超失败经济体的开放度远低于实现成功赶超组，且在有些开放政策领域处于停滞状态。对外开放政策对于经济可持续增长至关重要，从赶超成功经济体的经验可以看出经济增长和持续扩大对外开放之间的良性互动。进一步降低对外贸易壁垒、减少对外商直接投资（FDI）和对外直接投资（ODI）等领域的限制不仅使竞争机制得以加强，而且本国的资源配置在全球范围内得到优化。这种资源的优化促进产业升级，有利于实现经济结构转型。在全球金融一体化程度不断提高的大背景下，富有弹性的汇率制度和审慎的资本项目开放有助于减少短期资本流动对本国宏观经济稳定的冲击，保障了国内货币政策独立性。以往成功经验对中国对外开放的启示包括：进一步降低关税和非关税壁垒，减少贸易保护；加

---

① 基于世界银行对各国收入水平的分类，前沿组在样本期内一直处于高收入阶段，并且持续时间至少10年。赶超成功经济体从中等收入进入高收入经济体，且之后没有再跌落回中等收入经济体。赶超失败经济体进入中等收入后12年还未能进入高收入经济体。选取12年作为分界线，原因在于赶超成功经济体从中等收入进入高收入耗时的均值和中位数分别为12.7年和12年，选取中位数/均值作为年份的分界点只是一种划分依据的可能。我们也尝试了选取赶超成功经济体从中等收入进入高收入耗时的75分位数——2017年作为分界点。尽管赶超成功经济体和赶超失败经济体的构成上有所变化，但所有定性结论均保持不变，甚至加强，证明结论具有较强稳健性。

大外商直接投资（FDI）在现代服务业的作用；为对外直接投资（ODI）提供更宽裕条件，市场失灵的问题需要得到解决；尽快引入自由浮动的汇率制度，并且审慎、循序渐进地开放资本项目。

一 对外开放政策的国际经验

这个部分主要考察前沿经济体、赶超成功经济体、赶超失败经济体三个类型经济体在对外贸易、对外投资、汇率制度、资本项目开放等政策选择的经验事实。

1. 对外贸易和知识产权保护政策

前沿经济体通常选择更加开放的贸易政策，而采取贸易保护政策则是那些赶超失败经济体的普遍选择。1988～2014 年，赶超失败经济体关税水平显著高于赶超成功经济体以及前沿经济体。近年来赶超成功经济体的关税水平已经逐渐逼近前沿经济体，在有些年份甚至比前沿经济体的关税水平更低。赶超失败经济体 2000 年以前的简单平均关税税率高于 10%，而同期前沿经济体的简单平均关税率仅为 4.5%，赶超成功经济体高 1.3 个百分点（5.8%）。在 2014 年赶超失败经济体比 2000 年水平约低 4 个百分点（6.1%），比前沿经济体的关税税率（3.5%）高 2.6 个百分点，比赶超成功经济体的关税税率（3.8%）高 2.3 个百分点。赶超失败经济体与其他两类经济体之间的关税差距明显收窄。根据世界银行的数据，中国 2016 年进口关税税率是 7.9%，加权平均关税税率是 3.5%。

国际贸易政策谈判中，产权保护政策也越来越受到关注，被看作公平市场竞争的关键部分。基于国际知识产权联盟经济体组织公布的数据，图 1 为平均知识产权保护指数（数值大小与保护力度成正比例关系）。我们可以看出，赶超失败经济体对知识产权的保护稍弱于赶超成功经济体，赶超失败经济体和赶超成功经济体的知识产权保护指数都远低于前沿经济体。数据显示，中国在 2017 年的知识产权保护指数 5.712，在 127 个样本中排名第 53 位，中国的知识产权保护处于中等水平（见图 2）。

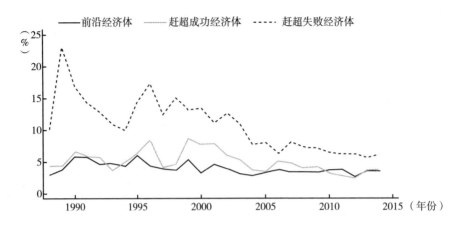

图1 分经济体关税率比较（所有产品）

资料来源：WDI，World Bank。

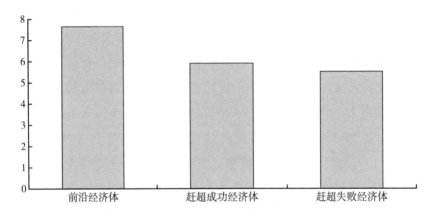

图2 知识产权保护指数（IPR index）

资料来源：国际知识产权指数（International Property Right Index）。

2.外商直接投资（FDI）和对外直接投资（ODI）

Fernandez 等的研究比较了世界各经济体的 FDI 和 ODI 政策。图3 和图4 是三种经济体对外商直接投资（FDI）和对外直接投资（ODI）的法规政策指标，数值越高代表该经济体对于 FDI 和 ODI 的开放程度越高。前沿经济体对 FDI 和 ODI 的开放程度均显著高于赶超成功经济体和赶超失败经济体，就 FDI 的开放程度而言，赶超成功经济体与赶超失败经济体水平基本相同，但赶超成功经济体表现为对 ODI 流出更加宽容的政策。就对外直接投资（ODI）的抑制政策而言，赶超失败经济体的抑制程度最强。

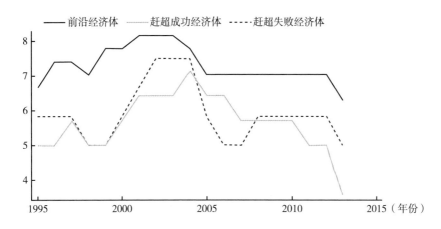

图3　三类经济体外商直接投资政策开放程度

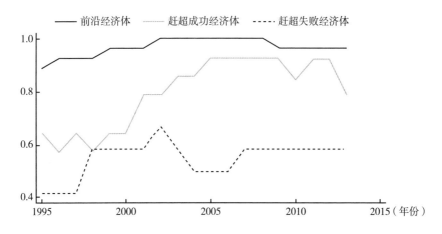

图4　三类经济体对外直接投资政策开放程度

资料来源：Laura Fernandez-Mendez, Esteban García-Canal, and M. F. Guillen, Laura Fernandez-Mendez, Esteban García-Canal, and M. F. Guillen, "Governmental Discretion, Political capabilities and the Survival of FDI in Regulated Industries," Academy of Management Annual Meeting Proceedings 1, 2015。

3. 汇率制度

国际货币基金经济体织将汇率制度归为三大类：①固定汇率制度，包括货币局制度和固定汇率制度；②中间汇率制度，包括窄幅爬行和有管理的宽幅爬行；③浮动汇率制度。三个类型经济体的共有特征是越来越少的经济体选择采用中间汇率制度，越来越多的经济体转而选择采用固定汇率和浮动汇率制度。这种现象也被汇率研究学界称为"中间制度消失论"，反映了中间汇率制度在国际金融市场一体化环境下的脆弱性和难以持续。

前沿经济体中大多数采取浮动汇率制度。1987年前沿经济体的数量为33个，其中有13个经济体选择采用浮动汇率制度，占比40%；而到了2007年前沿经济体的数量增加到35个，其中选择浮动汇率制度的经济体有26个，占比达到75%，只有2个前沿经济体选择中间汇率制度。赶超成功经济体更倾向采取浮动或者固定汇率制度。1987年16个赶超成功经济体中采用固定汇率制度有4个经济体，采用中间汇率制度的有7个经济体，选择浮动汇率制度的经济体数量有5个。2007年30个赶超成功经济体中采用固定汇率制度有14个经济体，采用中间汇率制度的有3个经济体，选择浮动汇率制度的经济体数量有13个。最后，在赶超失败经济体中选择固定的汇率制度占比明显高于其他两类经济体选择固定汇率制度占比。这与Calvo和Reinhart指出发展中经济体普遍存在"害怕浮动"（fear of floating）的研究结论相一致。

4. 资本项目管理

本文使用了Chinn和Ito基于IMF的汇率制度安排报告[①]构建的指标，这个指标对跨境金融交易限制进行衡量[②]。指标取值介于0~1，取值越高代表开放程度越高。就资本账户开放度而言，起点较高是前沿经济体开放水平的固有特点，但中后期上升乏力，开放水平基本维持0.9左右高位，远高于赶超成功经济体和赶超失败经济体的资本账户开放度水平。赶超成功经济体

---

① The Annual Report on Exchange Arrangements and Exchange Restrictions，https：//www. imf. org/
  en/Publications/Annual – Report – on – Exchange – Arrangements – and – Exchange – Restrictions.

② http：//web. pdx. edu/ ~ ito/Chinn – Ito_ website. htm.

在起始阶段的资本账户开放程度较低，但是提升很快，资本账户开放起始水平仅为 0.4 左右，经过近 20 年的发展后接近 0.8。相比之下，赶超失败经济体的初始资本账户开放程度较低，并且开放程度的提升不太明显，资本账户开放度水平在经过 20 年后略高于 0.5。图 5 和图 6 中反映各经济体资本开放程度的发展情况，图中的变化趋势再次印证上述观点：在三类经济体中的资本账户开放程度上，赶超成功经济体表现最为出色。

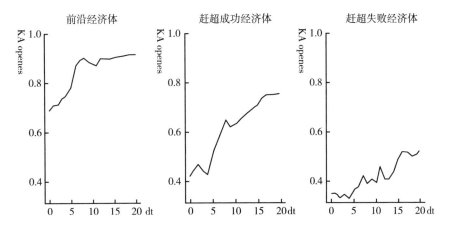

图5　进行赶超后资本账户开放程度

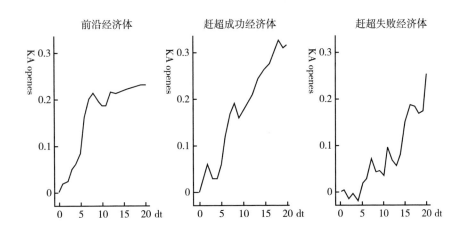

图6　进行赶超后资本账户开放程度增幅

资料：Chinn and Ito（2005）；WDI, World Bank。

二 对外开放政策的作用

一个成功赶超的经济体，必然要保持生产要素的充分使用和生产效率的持续提升，前者体现为宏观经济稳定，后者体现为经济结构的升级和转型。下文从经济结构升级和宏观经济稳定两个角度关注对外开放政策所带来的影响，侧重于机制方面的讨论。

1. 对外开放政策与经济结构升级

经济增长过程中会出现一些普遍的、规律性的事实。经济学家们观察到，成功的经济增长过程中普遍出现了结构转型（Structural Transformation）现象。经济结构转型是指经济活动依次在第一部门的农业、第二部门的工业和第三部门的服务业之间的转移。不同的收入水平高度一致地对应着特定的经济结构特征。低收入经济体的经济活动主要集中在农业部门，中等收入国家的经济活动逐渐开始实现从农业部门向工业部门的转移，高收入国家的经济活动主要集中所在服务业部门。一个人均低收入国家最终发展转型到富裕国家，同样也经历着经济结构从农业主导型经济体，转型到工业部门崛起，最终转型成为服务业主导经济体的历程。

从产业结构角度看，去工业化进程过早，或者工业化进程最终失败是赶超失败经济体的症结所在。4000～5000 国际元（1990 年不变价）的人均 GDP 收入水平，可以说仍处于经济发展的较低水平，赶超失败经济体工业部门增长就开始展现出停滞的态势，工业部门增长慢于 GDP 增长。人力资源大量停留在生产效率较低的农业部门，而且最终没能实现从农业部门到工业部门的转变，与此同时也没实现低水平的人均 GDP 产出到高水平的人均 GDP 产出的转化。在从后中等收入向高收入的迈进过程中，工业部门占 GDP 比重和就业比例占近 40% 或以上[1]，人均收入超过 8000～9000 国际元后开始下降。

---

[1] 城市经济体的工业部门增加值占比的峰值较低，比如香港只有 35% 左右。

对外贸易和投资政策与工业化成功与否息息相关。经验研究发现①，只有保持较高开放程度的工业部门才能实现持续增长。对外贸易、外商直接投资（FDI）或者是对外直接投资（ODI）开放政策鼓励国内企业与国际企业展开竞争，国内厂商必须提高效率，实现产业升级才能生存下去；对外开放政策还可以帮助这类企业更充分地利用比较优势，更有效地在全球市场范围内配置资源。

2. 对外开放与经济稳定的影响

尽管金融市场动荡和危机的问题在前沿经济体、赶超成功经济体中依旧存在，但是能在较长的时间内维持温和的物价水平意味着资源得到充分利用，没有使用不足或者被过度使用。反观赶超失败经济体，宏观经济稳定，尤其是保持物价水平稳定，一直是宏观经济管理当局面对的难题，不仅是货币或者金融危机频发，剧烈的高通胀也长期困扰宏观经济稳定，并且极大损害资源配置，成为经济可持续增长的重大挑战。有些经济体就是在高经济增长过程中遭遇严重的通胀或者金融危机，此后经济增长一蹶不振（见图7）。

失败经济体的高通胀现象背后有一系列复杂的成因。对于赶超经济体来说，经济供给面，尤其是工业化水平，与前沿经济体、赶超成功经济体相比非常脆弱，哪怕是很小的需求冲击或者是供给冲击，都可能引起大幅度的通货膨胀压力，这给货币管理当局带来了发达经济体所不曾面临的压力。从中长期来看，过度的货币发行是造成高通胀的"罪魁祸首"，造成货币过度发行的原因可能是过度的财政赤字货币化，也可能是不当的汇率和资本项目管理政策。过早地开放短期资本流动项目会让资本大进大出，在没有弹性汇率平抑资本流动的前提下，货币当局就要被迫干预外汇市场。新兴市场经常面

---

① Halit Yanıkkaya, "Trade Openness and Economic Growth: A Cross-Country Empirical Investigation," *Journal of Development Economics* 72 (2003). Titus Awokuse, "Trade Openness and Economic Growth: Is Growth Export-led or Import-led?" *Applied Economics* 40 (2008). Buelent Ulasan, "Openness to International Trade and Economic Growth: A Cross-Country Empirical Investigation," *Economics Discussion Paper* No. 2012 – 25, 2012.

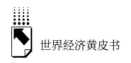

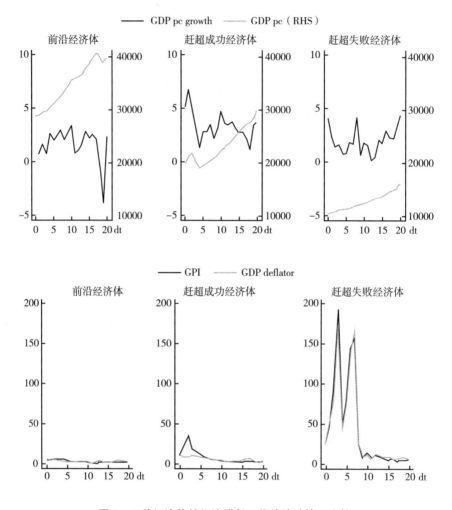

图7　三种经济体的经济增长、物价波动情况比较

临的一种局面是：发达经济体利率水平较低的时候，资本大量流入新兴市场，新兴市场在采取固定或者有管理汇率制度下，货币当局被迫发行货币干预外汇市场，汇率不会大幅升值，国内资产价格大幅上升，通胀也大幅上升。一旦发达经济体利率开始下行，资本又开始大幅流出，货币当局又要被迫反向干预，资产价格和通胀大幅下挫。

　　资本流动对宏观经济稳定的冲击在不同的汇率制度下也大相径庭。一方面，如著名的两难选择理论提出者 Rey[1] 指出的，从发达国家的经验来看，即便是自由浮动汇率制度也不足以完全抵消资本流动对国内宏观经济稳定带来的冲击，浮动汇率制度下货币当局可以保持短期利率的独立性，但是中长期利率还是会受到中心国家货币政策的影响。而影响实体经济的是中长期利率。另一方面，正如原 IMF 首席经济学家[2]所指出的，特别是对于新兴市场经济体而言，虽然浮动汇率制度还是会面临国际资本流动带来的冲击，但是采取浮动汇率制度，而不是固定或者中间汇率制度，还是给货币政策保留了更大的独立性空间，浮动汇率制度有助于保持货币政策独立性的结论没有改变。

在我们研究的样本期内，上述各种类型经济体的资本项的开放程度都在持续提高。资本项目面临是在何时选择开放的问题。Prasad 和 Rajan[3] 结合各国资本项目开放的经验指出，这些经济体会面临资本项目开放的门槛，具体包括国内金融体系的发育程度、制度质量、贸易开放度等。在不具备上述门槛的环境下，保持适当的资本管制措施，根据经济发展阶段渐进审慎的开放资本项目是一种次优选择。

三 对中国开放政策的启示

中国一直在提升外贸政策的开放程度，但仍有进一步改善的空间，对于促进经济增长还有潜力可挖。中国进口关税有进一步下调的空间，在中美贸易纠纷过程中，中国可能要被迫对美国进口商品和服务施加更高的关税，这是不得已的权宜之计。中国可以积极下调对其他经济体的关税税率，保持中国总体进口关税税率不因为中美贸易纠纷而上升，这也是保持中国对外开

---

① Hélène Rey, "Dilemma not Trilemma: The Global Financial Cycle and Monetary Policy Independence," *NBER Working Paper* No. 21162, 2015.

② Maurice Obstfeld, "Trilemmas and Trade-Offs: Living with Financial Globalisation," *BIS Working Papers* No. 480, 2015.

③ Eswar S. Prasad and Raghuram Rajan, "A Pragmatic Approach to Capital Account Liberalization," *The Journal of Economic Perspectives* 22 (2008).

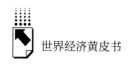

放程度不下降的举措。

建立对国内外企业公平市场竞争的市场环境，完善对知识产权以及环境等方面的保护也越来越符合中国的利益。对国内外企业公平市场竞争的市场环境有利于维护中国与其贸易伙伴之间的友好关系，欢迎外国企业进入中国也帮助中国企业走出去，帮助中国在国际市场分工中能够进行深层次的参与和发挥作用。中国持续快速提升的工业化程度，使得中国实现了从量变到质变的提升，而在这个过渡阶段，对知识产权以及环境的保护本身也是中国国际战略长远布局以及未来发展蓝图中重要的组成部分。

中国对制造业领域的 FDI 采取了优惠的政策环境，但是在服务业领域的投资还有普遍的限制。近年来遭遇来自美国以及其他国家关于行业准入限制的很多批评，主要集中在服务业领域的准入限制。进一步开放 FDI 的重点领域是现代服务业。在从工业向服务业的驱动转换过程中，科研、教育、医疗、金融和保险、商业服务、通信等一系列要求大量人力资本投入的服务业依旧有经济潜力可以挖掘。

赶超成功经济体在实现赶超的中后期，对外直接投资（ODI）明显上升。国内工业部门如果把工作重心放到全球市场的研发、生产以及销售环节，将会为企业争取更多发展空间，对外直接投资（ODI）也会因为工作重心的转移而开始有显著提升。近年来，中国企业在海外投资体量上的大幅度提升，与赶超成功经济体的国际经验相吻合。政府在对外直接投资（ODI）中主要发挥了两项积极的作用，一方面是减少相关的政策限制，尽可能为企业提供宽松的发展环境；另一方面是帮助企业克服一些在海外市场遭遇的市场失灵问题。而 20 世纪 70 年代的日本政府就是一个范例，为了弥补日本中小企业海外投资信息与技术上的差距，设立许多专项基金，旨在为在海外投资的日本中小企业提供长期的低息贷款，并且给予了专门的技术支持帮助日本中小企业克服相关难题。

对于中国宏观经济的稳定而言，汇率制度一直都是令人头疼的一道难题。2005～2014 年十年间，绝大多数年份，中国都面临资本的持续大规模流入，人民币汇率面临单边升值预期。2014～2016 年，中国面临资本的持续大规模流出，人民币汇率也因为大量的资本外逃面临单边贬值预期的压力。2018 年第二季度以来，中国再次面临资本流出和人民币汇率贬值预期。得益于人民币汇率形成机制的调整，更有弹性的汇率形成机制化解了部分资本流出和人民币贬值压力。从以往的国际经验看，前沿经济体组和赶超成功经济体组中具有较大规模的经济体，都会将国内货币政策目标放在优先考虑的位置，放弃外汇市场与其他市场参与者之间的激烈博弈，转而选择浮动的汇率制度。

资本项目开放是必然的道路，只是中国还没有等到政策变化的成熟时机，并且为资本项目开放而做的先前准备还不够充分。当前汇率形成机制，也就是在中间汇率制度下，反而步入了资本流动与汇率变化的恶性循环，对资本流动进一步松绑，只会让宏观经济稳定承受更大压力。当然，我们也需要看到积极的一面，较高的贸易开放度和制造业部门在国际市场中的高竞争力表现，是有利于中国资本项目开放的积极条件。如果货币当局能够尽快将汇率制度改革深化并且完成，资本项目开放对经济造成的冲击将不会像以往那样大，宏观经济的稳定也不会像以往那样脆弱，资本项目就已经具备渐进持续开放的良好基础。

参考文献

张志超：《汇率政策新共识与"中间制度消失论"》，《世界经济》2002 年第 12 期。

Carmen Reinhart and Guillermo A. Calvo, "Fear of Floating," *Quarterly Journal of Economics* 177 (2002).

Menzie D. Chinn and Hiro Ito, "What Matters for Financial Development? Capital Controls, Institutions, and Interactions," *Journal of Development Economics* 81 (2005).

Laura Fernandez-Mendez, Esteban García-Canal, and M. F. Guillen, Laura Fernandez-Mendez, Esteban García-Canal, and M. F. Guillen, "Governmental Discretion, Political capabilities and the Survival of FDI in Regulated Industries," *Academy of Management Annual Meeting Proceedings* 1, 2015.

Eduardo Borensztein, Jose De Gregorio, Jong-Wha Lee, "How Does Foreign Direct

Investment Affect Economic Growth?" *Journal of International Economics*, 45 (1998).

David Hummels, Jun Ishii, and Kei-Mu Yi, "The Nature of Growth of Vertical Specialization in World Trade," *Journal of International Economics* 54 (2001).

Kenneth Kletzer and Renu Kohli, "Financial Repression and Exchange Rate Management in Developing CountriesTheory and Empirical Evidence for India," August 1, 2001, https://www.imf.org/en/Publications/WP/Issues/2016/12/30/Financial – Repression – and – Exchange – Rate – Management – in – Developing – Countries – Theory – and – 15253.

Krugman P, "The Myth of Asia's Miracle," *Foreign Affairs* 73 (1994).

Donghoon Lee and Kenneth I. Wolpin, "Intersectoral Labor Mobility and the Growth of the Service Sector," *Econometrica* 74 (2004).

Maurice Obstfeld, "Trilemmas and Trade-Offs: Living with Financial Globalisation," *BIS Working Papers* No. 480, 2015.

Eswar S. Prasad and Raghuram Rajan, "A Pragmatic Approach to Capital Account Liberalization," *The Journal of Economic Perspectives* 22 (2008).

Hélène Rey, "Dilemma not Trilemma: The Global Financial Cycle and Monetary Policy Independence," *NBER Working Paper* No. 21162, 2015.

Titus Awokuse, "Trade Openness and Economic Growth: Is Growth Export-led or Import-led?" *Applied Economics* 40 (2008).

Buelent Ulasan, "Openness to International Trade and Economic Growth: A Cross-Country Empirical Investigation," *Economics Discussion Paper* No. 2012 – 25, 2010.

Halit Yanıkkaya, "Trade Openness and Economic Growth: A Cross-Country Empirical Investigation," *Journal of Development Economics* 72 (2003).

附录：

附表 1　经济体

前沿经济体	赶超成功经济体	赶超失败经济体
Andorra	Antigua and Barbuda	Botswana
Australia	Aruba	Brazil
Austria	Bahrain	Costa Rica
Bahamas, The	Barbados	Chile
Belgium	Croatia	Dominica
Bermuda	Cyprus	Gabon
Brunei Darussalam	Czech Republic	Grenada
Canada	Estonia	Lebanon

续表

前沿经济体	赶超成功经济体	赶超失败经济体
Cayman Islands	Gibraltar	Libya
Channel Islands	Greece	Malaysia
Denmark	Guam	Mauritius
Faroe Islands	Hungary	Mexico
Finland	Isle of Man	Palau
France	Korea, Rep.	Panama
French Polynesia	Latvia	Romania
Germany	Lithuania	South Africa
Greenland	Macao SAR, China	St. Lucia
Hong Kong SAR, China	Malta	St Vincent the Grenadines
Iceland	New Caledonia	Suriname
Ireland	Northern Mariana Islands	Turkey
Israel	Oman	
Italy	Poland	
Japan	Portugal	
Kuwait	Puerto Rico	
Liechtenstein	Saudi Arabia	
Luxembourg	Seychelles	
Monaco	Slovak Republic	
Netherlands	Slovenia	
New Zealand	St. Kitts and Nevis	
Norway	Trinidad and Tobago	
Qatar	Uruguay	
San Marino		
Singapore		
Spain		
Sweden		
Switzerland		
United Arab Emirates		
United Kingdom		
United States		
Virgin Islands (U. S.)		

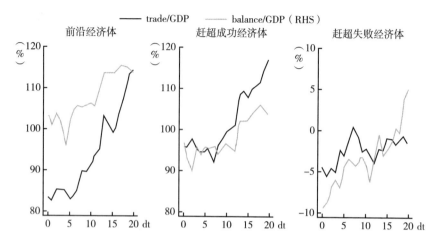

附图1　进行赶超后贸易结构比较

注：以2017年作为赶超成功或失败分界年份，下同。

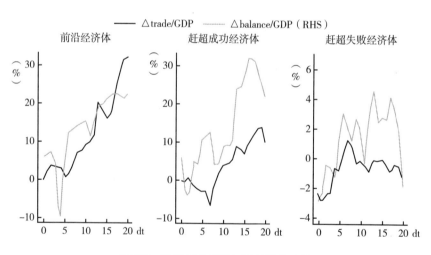

附图2　进行赶超后贸易结构增量比较

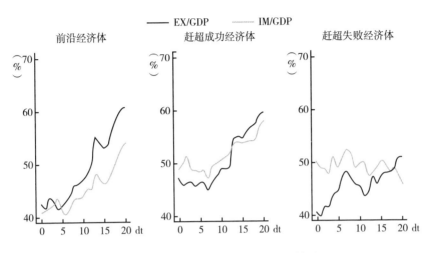

附图3　进行赶超后进出口情况比较

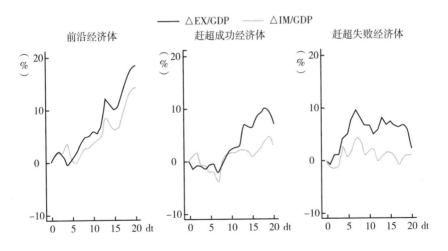

附图4　进行赶超后进出口增量比较

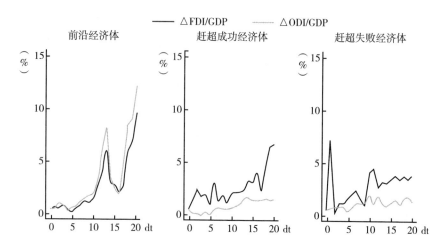

附图 5 进行赶超后外商直接投资和直接对外投资占 GDP 比重

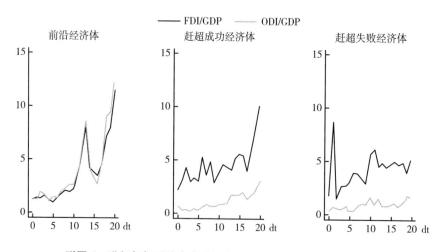

附图 6 进行赶超后外商直接投资和直接对外投资占 GDP 比重

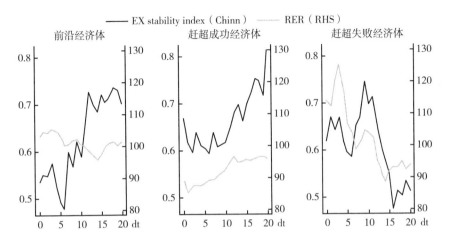

附图7　进行赶超后汇率稳定性比较

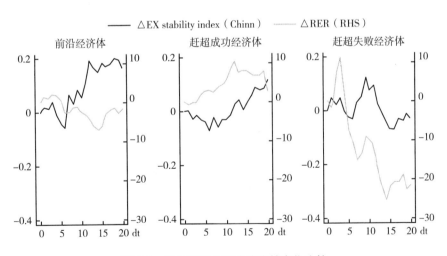

附图8　进行赶超后汇率稳定性变化比较

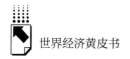

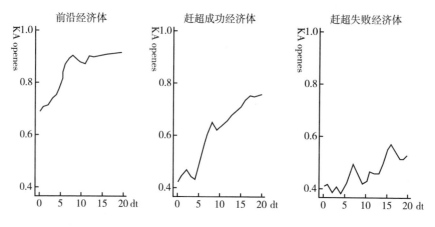

附图 9　进行赶超后资本账户开放程度

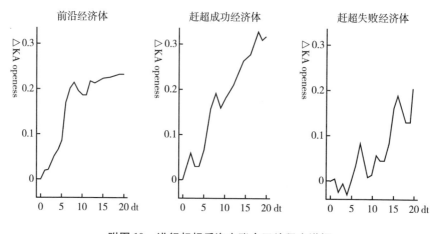

附图 10　进行赶超后资本账户开放程度增幅

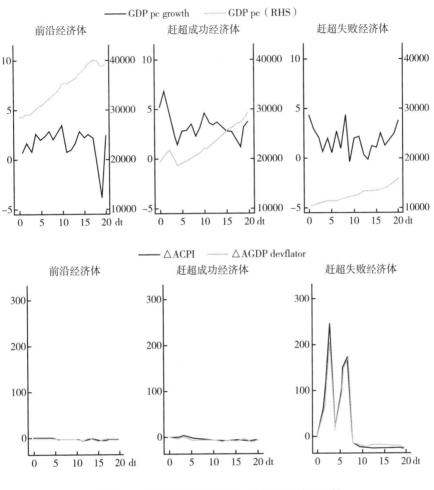

附图 11　分经济体经济增长、物价波动情况比较

Y.19
全球智库重点关注的中美经济议题

李远芳*

摘　要： 对中国社会科学院世界经济与政治研究所所编译的《全球智库半月谈》（2017 年末至 2018 年 9 月末）文本进行词频分析和语义网络分析，结果显示"美国"和"中国"在语义网络中表现为首要和次级中心词语。其他重要主题词包括"贸易""政策""关税""美元""增长""金融""银行"等。在这一分析基础上，本文回顾了 2018 年全球智库重点关注的中美经济重点议题。其中引起全球智库学者重点讨论以美国为核心的两类议题包括：贸易政策及美国经济走向，以中国为核心的两类重点议题包括：宏观经济挑战和"一带一路"倡议。这些议题总体上凸显了中美各自国内经济问题的全球性影响，还显示中美对外经济政策的碰撞更为频繁，全球进入了一个越来越不稳定的时代。

关键词： 智库　经济议题　词频分析　语义网络

一　全球智库关注焦点

虽然 2017～2018 年，世界主要国家经历了全球金融危机以来未曾有过

---

* 李远芳，经济学博士，中国社会科学院世界经济与政治研究所助理研究员，主要研究领域为开放宏观、国际金融。

的普遍而强劲的增长，但破坏复苏的风险因素频现而难以保持乐观。数量众多的全球性智库作为全球性事件的重要观察者和政策建言者，其对热点事件的关注及产出的众多智力成果可为国际社会提供重要的参考信息，预判未来的政策走向。中国社会科学院世界经济与政治研究所所编译的《全球智库半月谈》正是根据这一认识向社会公开提供的一份信息资料。

对 2017 年末至 2018 年 9 月末共 18 期《全球智库半月谈》进行简单的文本分析，可以大概窥见这一时期全球智库的关注焦点。这 18 期《全球智库半月谈》共刊载 180 篇经编译缩写的智库报告，正文文本约 51 万字。对这些文本进行机器分词后进行词频统计，结果显示排名第一、第二的词语分别是"美国""中国"。两者的词频分别为 3240 次、2708 次，平均每篇文章出现 18 次、15 次，远高于第三位以降。接下来四个处于第二梯队的高频词是：贸易、经济、国家、政策。从第 7 个到第 30 个高频词中，指向性相对更为明确的主题性词语包括关税、市场、美元、增长、金融、银行、投资、技术、货币、安全、进口等（见图 1）。这一排名与《全球智库半月谈》的文章选择方式存在一定关系。目前每期《全球智库半月谈》的选编文章是由国内专家投票产生，因此更多反映了中国学者的关注偏好。这一选择机制下，"中国"是高频词属于情理之中，而"美国"排名第一同时是"欧盟/欧洲"词频的三倍多仍反映了 2018 年美国问题是智库关注重点的事实。

对上述文本中的高频词进行语义网络分析，结果显示网络关系最为复杂密集的语义网络中，"美国"是当之无愧的中心词语，"中国"则是次级中心，而且美国与中国之间存在着复杂的关联（见图 2）。二者之间则存在一系列处于复杂联系中的主题词，包括：贸易、政府、政策、全球、市场、美元、关税、技术等。这说明，美国和中国之间的紧密关系使得 2018 年全球智库的议题关注中，两大经济体常常被热点主题联系，从而同时出现。而在其中，让二者联系最为紧密的热点主题无疑是贸易政策问题。

在这一认识基础上，本文回顾了 2018 年全球智库重点关注的中美经济重点议题。议题的选择在考虑词频分析结果的同时，也考虑所代表的议题光谱的广泛性，争取对 2018 年全球智库的经济议题热点有个以点带面的纵览。

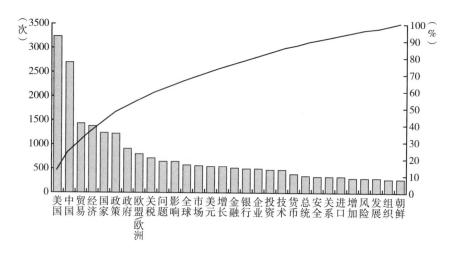

图1 2018年《全球智库半月谈》词频统计

注：数据来自ROSTCM6软件对全球智库研究报告中文编译正文进行分词及词频统计的结果。文本基于从2017年12月末到2018年10月末中国社会科学院世界经济与政治研究所《全球智库半月谈》所刊登的全球智库重要研究报告中文编译稿正文。上述结果将"欧盟"与"欧洲"进行了合并。

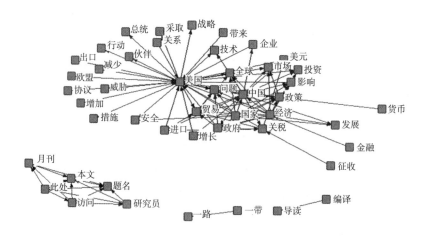

图2 2018年《全球智库半月谈》语义网络

注：结果来自ROSTCM6软件对全球智库研究报告中文编译正文进行的语义网络分析。文本基于从2017年12月末到2018年10月末中国社会科学院世界经济与政治研究所《全球智库半月谈》所刊登的全球智库重要研究报告中文编译稿正文。

下面将回顾以美国为核心的两类议题：贸易政策及美国经济走向，以及以中国为核心的两类重点议题：宏观经济挑战和"一带一路"倡议。

二　围绕美国的重要议题

1. 特朗普政府的贸易政策

特朗普政府自 2017 年以来开始频频在贸易政策上对贸易伙伴施压，2018 年演变为一系列贸易摩擦，其中中国遭受了最大压力，也被迫采取了一系列反制性措施。特朗普政府利用国内法单边挑起贸易摩擦的做法，无疑对现有全球贸易体系构成了极大的负面冲击，在增加全球经济不确定性的同时，对未来全球经贸格局的演变也将产生深远的影响。此事态发展牵动全球，成为 2018 年智库高度关注的热点事件，需要对其实质、效果和长远影响进行持续评估。

就美国特朗普政府的行动逻辑而言，若是纯粹从贸易利益上理解，将难以得到足够经济理论的支撑。VOX 官网刊登了美国加州大学戴维斯分校 Robert Feenstra 教授及其合作者的的文章。① 他们使用最新的数据方法估算了国际贸易对美国国内劳动力市场的影响。他们的研究显示，尽管来自中国的进口冲击确实减少了美国国内的制造业就业，但美国的其他行业却在同时受益于出口扩张。从总体来看，美国毫无疑问是国际贸易体系的受益者。另外，从手段的合理性来看，彼得森国际经济研究所的 Caroline Freund 认为，美国政府若严肃对待贸易赤字问题，可以采取很多措施，但并不包括贸易政策。② 尽管直观地看，贸易政策应该成为减少贸易赤字的合适手段，但这并不符合经济学逻辑。对一个国家或产品征收更高的关税将使贸易转移到其他国家，并扭曲消费，同时贸易差额并不会发生大的改变。对所有国家征收更

---

① Robert Feenstra, Hong Ma, Akira Sasahara, and Yuan Xu, "Reconsidering the 'China Shock' in Trade," January 18, 2018, https：//voxeu. org/article/reconsidering – china – shock – trade.

② Caroline Freund, "Three Ways to Reduce a Trade Deficit," November 6, 2017, https：// piie. com/blogs/trade – investment – policy – watch/three – ways – reduce – trade – deficit.

高的关税将减少进口，但同时会使得美元走强，降低出口，扭曲消费和生产。

如果经济逻辑上说不通，那么特朗普政府行动的依据又是什么呢？不少智库专家认为，其核心在于抑制中国的技术崛起。Bruegel 的 Alicia García-Herrero 分析美国对中国加征关税的过程，认为美国战略逐渐从缩小双边贸易逆差，转为更为针对性的限制中国产业升级的目标。① 在美国对中国 1333 项产品的初始征税清单中，有 70% 左右的产品数目属于高技术制造业，仅有 3% 的产品种类属于低端。最终实施的征税清单则更为集中到中间品和资本设备上。

从更根本的层面看，Bruegel 的 Jean Pisani-Ferry 认为美国特朗普政府行动逻辑相对历届政府最大的改变不在于自利的政治行动，而在于它不再相信支撑全球经济体系符合美国的利益。② 从历史上看，特朗普政府不是第一个坚持美国利益优先的政府。由于一直以来的政治制度和孤立主义政策，美国比欧洲国家更不愿意加入或遵守国际规则，譬如 1948 年拒绝加入《哈瓦那宪章》（建立全球贸易组织的早期尝试），国会对国际组织的不信任以及布什总统拒绝签署《京都议定书》都是先例。同样，特朗普也不是首位使用对抗手段来捍卫美国国家利益的总统，如尼克松总统 1971 年宣布美元与黄金脱钩的单边政策深刻影响了国际货币体系，20 世纪八十年代绕过已建立的贸易准则紧紧揪住日本不放以达成对美国有利的协议。即便如此，从美国接棒英国获得全球领导地位以来，很少有人否定美国全球经济制度负责人（owner）的地位。根据时机和政治状况，美国会选择规避一些准则或者促进其实施，选择更加自利的政策亦或更慷慨的政策，选择追求狭隘的短期利益或更广泛的长期目标，但无论美国做了什么，它仍是全球经济体系的主要"业主"（owner）。世界上的其他国家也深谙此义。此次事态与之前有所不

---

① Alicia García-Herrero, "US Tariffs Aim to Contain China's Technological Rise," April 10, 2018, http://bruegel.org/2018/04/u‐s‐tariffs‐aim‐to‐contain‐chinas‐technological‐rise/.

② Jean Pisani-Ferry, "The Economic Consequences of Mr. Trump," January 31, 2018, http://bruegel.org/2018/01/the‐international‐economic‐consequences‐of‐mr‐trump/.

同的是，特朗普政府似乎不相信支持全球体系能服务于美国的战略利益。特别关键的是，美国似乎不再相信将中国纳入这一体系并让中国在顶级议事桌上占有一席之地是应对中国不断增长的经济实力的最佳方式。

对特朗普政府这些行动的后果，包括美国在内的全球智库普遍认为这些行动将损害全球贸易体系，不利于健康有效的全球治理。一方面，美国智库学者对中美经贸关系中存在的深层次问题有清醒的认识；另一方面对特朗普政府不顾国际贸易规则的政策手法也提出了深刻的批评。如彼得森国际经济研究所的 Robert Z. Lawrence 认为，虽然美国对于中国一些经济政策的担忧是有合理性的，但这些问题无法通过与中国展开贸易冲突来解决。[1] 原本美国能更有效地与其他对中国政策有着类似关切的国家合作，一致的来采取行动，但目前美国单边主义的做法影响了自身的领导力。贸易冲突的影响不仅在于中美两国，还妨碍全球供应链所涉及的其他国家，同时还伤害了在对全球一体化稳定预期下进行投资和生产决策的企业。

从外部更广阔的视角看，当前的全球经济体系虽然具备了一系列规则和组织，但这些远未完成全球经济和金融根本制度的构建。因此，该体系尚未具备自动解决全球性难题、协调各国渡过全球性危机的能力。这也是为什么在国际组织之外还需要 G7 和 G20 这类非正式峰会的根本原因。它们能提供政治动能，而很重要的是，它们也需要美国的支持与领导力。如果美国不再相信并支持这一体系，欧盟、中国、日本、印度等重要参与者虽然有可能最终能发挥全球领导力，但当前仍缺乏足够的意愿或能力、威信来展现。因此，Bruegel 的 Pisani-Ferry 认为，对于世界其他国家而言，当前局面存在很大风险，很难说在这一情况下如果爆发危机，全球仍能安然挺过。[2]

在深刻的政策冲突背景下，未来美中之间应该基于何种原则合作交往？彼得森国际经济研究所的所长 Adam S. Posen 认为，虽然当前中美之间发生

---

① Robert Z. Lawrence, 2018. "Can the Trading System Survive US-China Trade Friction?" *China & World Economy* 26 (2018).

② Jean Pisani-Ferry, "The Economic Consequences of Mr. Trump," January 31, 2018, http: // bruegel. org/2018/01/the – international – economic – consequences – of – mr – trump/.

了尖锐的贸易冲突，但中美的经济体制不可能在冲突后发生根本性的变化。为了在共存的同时化解双方的冲突，二者有必要形成一个新的国际经济体制，包括创造新的机构解决知识产权保护和政府补贴这类无法在 WTO 中解决的问题。这一新体制需要建立在以下这一组认识基础之上：中美双边贸易失衡主要由于宏观和金融因素，而非贸易因素本身；中美双边的协议应当把重点放在商业和政府行为上，而不是以经济结果为目标；中国企业应当被允许在包括高技术领域的任何行业竞争并获得成功；中国应当落实知识产权保护；美国政府应支持中国在全球经济治理中发挥更大的角色。①

2. 美国经济走向及关键风险

近年来美国经济复苏展现出了良性态势。彼得森国际经济研究所的 Olivier Blanchard 与 Colombe Ladreit de Lacharrière 对本次美国经济扩张与 1970 年来的其他六次经济扩张进行了比较分析，发现本次经济复苏罕见的平衡，各项指标增长率之间的差异均在 2.5 个百分点以内。② 当然平衡增长并不能保证短期内不会出现经济衰退。金融失衡也可能在宏观经济看来仍表现良好的情况下加剧。事实上，在 2001 到 2007 年的经济复苏期间，美国经济各项指标也算比较平衡，但背后却隐藏着严重的金融失衡。不过，相比 2001~2007 年，本次复苏仍有些更为积极的特点。总需求的各部分中，出口增长率相对最高，住房和政府支出增长率相对最低。美联储达拉斯分行主席 Robert S. Kaplan 也有类似观点，他认为 2018 年上半年美国经济增长有 1.2 个百分点由非居民商业投资带动，且美国对外净出口也贡献了 0.5 个百分点的增长，这些趋势都是相当罕见的。③

① Adam S. Posen, "Economics-Based Principles for a Post-conflict China-US Commercial Regime," *China & World Economy* 26 (2018).
② Olivier Blanchard and Colombe Ladreit de Lacharrière, "An Unusually Balanced US Recovery," January 2, 2018, https：//piie.com/blogs/realtime - economic - issues - watch/unusually - balanced - us - recovery.
③ Robert S. Kaplan, "Assessment of Current Economic Conditions and Implications for Monetary Policy," May 22, 2017, https：//finialgroup.com/wp - content/uploads/2017/07/Rob - Kaplan - Essay - May - 22. 2017. pdf.

虽然美国经济景气仍处于高位，经济指标也很平衡，但经济扩张结束的到来方式有很多种。在很多情况下，外部冲击会导致经济扩张的结束，还有可能由于自身失衡而无法继续下去。美国经济复苏还能持续多久，会在什么样的压力下逆转，将对全球经济和金融状况产生重大影响。从短期看，Kaplan 认为考虑到当前趋紧的劳动力市场和上涨的要素价格趋势，通胀的上行压力将会成为主导的周期性因素。但同时他也强调，强大的结构性因素（例如自动化和全球化）也会帮助抵消部分通胀上行的压力。美联储面临的主要挑战是如何以恰到好处的速度完成加息。加息过快妨碍经济增长，加息过慢，则可能意味着美联储之后被迫快速加息，导致经济衰退。[①] 同时，Kaplan 认为，美联储的加息决策还应高度关注全球经济复苏进程，并密切注意其对美国国内经济的冲击。随着全球经济及金融市场关联程度的日益紧密，国际市场的变化对美国国内经济带来的溢出效应更加明显。任何海外市场的系统性风险都有可能传导至美国国内，并对美国经济增长造成负面影响。

美国 CSIS 的副所长 Stephanie Segal 的观点与此类似。她认为，美国紧缩的货币环境是美国经济面临的负面风险之首。[②] 虽然美国紧缩货币政策是为了防止经济过热，但也会带来全球资本流动的变化。依赖资金流入来维持经常账户赤字和外部债务的发展中国家面对资金流出的压力，也将收紧宏观政策。特别是美国更高的利率也会导致中国经济前景的变化，中国经济增长会放缓，人民币对美元贬值，债务问题会更加突出，中国金融体系更为脆弱。考虑到中国经济增长对全球的贡献，对商品价格的支撑作用，这些外部变化又会将对美国经济产生影响。

另外她还强调了贸易和财政政策相关风险。关于后者，虽然特朗普政府

---

① Robert S. Kaplan, "Assessment of Current Economic Conditions and Implications for Monetary Policy," May 22, 2017, https://finialgroup.com/wp-content/uploads/2017/07/Rob-Kaplan-Essay-May-22.2017.pdf.

② Stephanie Segal, "Growth in the Year Ahead," December 21, 2017, https://www.csis.org/analysis/growth-year-ahead.

的税改法案短期仍对经济发挥积极效果，但在中长期存在负面风险。减税可能会吸引大批公司返回美国，刺激公司投资，并带来更高的消费支出，但在未来十年也会使得政府债务提高 1 万亿到 1.5 万亿美元，并加剧收入不平等。另外，基础设施、教育和科研这类支出被削减，也可能对中期经济繁荣产生负面影响。如上述风险未能得到有效管理，美国经济前景与美国国力都将受到影响。

三 围绕中国经济的重要议题

1. 当前中国宏观经济面临的挑战与出路

2018 年全球智库对中国宏观经济所面临挑战的关注主要集中在金融相关领域。如基金组织发现，虽然从历史上看，信贷的确支持了中国的产出增长，但近年来由于金融体系的资源配置效率等问题，新增信贷往往被配置到低效部门，如过热的房地产市场、低效的国有企业或地方政府融资平台。2001～2008 年，信贷与 GDP 之比每变化 10 个百分点，GDP 就会相应增加 2 个百分点。但在 2010～2015 年，信贷对产出增长的影响几乎为零。[①] 他们认为，目前信贷已不能有效支撑中国经济的进一步发展，同时提出如果财政刺激运用得当，可能会起到很大效果。譬如，2010～2015 年，预算内支出的财政乘数为 1.4。这一乘数不仅在国际上处于较高水平，在中国也高于 2001～2008 年的历史较高水平（0.7）。因此，面对潜在的冲击（包括信贷增长减缓带来的冲击），财政政策应当发挥积极作用。不过，财政优先工作的选择十分重要。从历史上看，大部分财政刺激针对的都是基础设施和与制造业相关的支出，而未来的财政刺激措施应优先考虑社会支出和转移支付，以促进中国经济持续向服务业转型。

针对中国银行资产质量，Bruegel 的研究人员认为虽然 2016 年以来工业

---

① Sophia Chen and Lev Ratnovski, "Propping Up the Chinese Economy: Credit versus Fiscal Stimulus," December 13, 2017, https://blogs.imf.org/2017/12/12/propping - up - the - chinese - economy - credit - versus - fiscal - stimulus/.

品价格上涨推高了中国企业的利润，间接帮助了银行，但这种资产质量的改善并不能掩盖中国银行业在其他方面的结构性问题，如低利润率和流动资本不足。[①] 这些问题不是因为中国的银行盈利能力低下，而是因为银行的资产负债表在之前一段时间快速扩张，资产和利润增长之间的差距很大，压低了银行的资产回报率（ROA）。对于中小型银行来说，情况更为严重。

针对房地产市场，IMF 的研究人员认为中国房地产在世界主要经济体中也是特殊的，因为高度集权的中央政府在房地产和金融市场起扮演着重要作用。尽管行政支持在推动房地产发展的初期起到了积极的作用，但在房地产市场已经较为成熟且流动性过剩的今天，短期且大手笔的行政干预更大可能会妨碍市场的有效运行，扭曲信用和资源分配信号，并损害长期经济增长。由于政府行为对于市场预期的巨大影响，虽然限购政策可以在短期内降低房价和交易量，但并不能解决房地产市场根本性的供求失衡问题和伴随泡沫而生的投机热情，进而导致了每次调控后都出现"报复性反弹"的奇怪现象。因此，该报告认为，中国不仅处于房地产市场短期风险管理的交叉路口，更是处于长期住房和金融挑战的交叉路口。[②]

为了保证市场有效运行和发展的可持续性，结构性改革势在必行，首先一线城市政府应该停止将达到或维持某个房价水平作为目标，而应着重于重建市场的稳定性和可预测性；其次，银行抵押贷款担保标准和资本化水平应当使社会对金融体系能够承受正常市场调整的影响具备信心；再次，在良好的信贷基础上，在抵押贷款市场中，应提升除银行体系之外的私人机构的参与度；最后，监管当局应重点平衡保证银行健康和维护消费者安全的双重目标。[③]

---

① Alicia García-Herrero and Gary NG, "Chinese Banks' Improved Asset Quality Cannot Hide Other Phantoms," December 20, 2017, http：//bruegel.org/2017/12/chinese – banks – improved – asset – quality – cannot – hide – other – phantoms/.

② Richard Koss and Xinrui Shi, "Stabilizing China's Housing Market," April 13, 2018, https：//www.imf.org/en/Publications/WP/Issues/2018/04/13/Stabilizing – Chinas – Housing – Market – 45749.

③ Richard Koss and Xinrui Shi, "Stabilizing China's Housing Market," April 13, 2018, https：//www.imf.org/en/Publications/WP/Issues/2018/04/13/Stabilizing – Chinas – Housing – Market – 45749.

还有一些全球智库的研究者则从更长远的视角出发，认为当前中国经济面临着资源紧张、劳动力老龄化、债务大量积累等结构性矛盾，因此普遍认为中国当前需要再次启动市场化改革，为下一个阶段的健康快速发展铺平道路。① Harry Wu 及 David T. Liang 基于微观数据对中国全要素生产率增长从产业层面进行的研究也支持这一点。② 其研究显示，1981～2012 年中国平均每年 0.86 个百分点的总 TFP 增长中，73%（0.63 个百分点）可以归因于行业内增长，另外 27%（0.23 个百分点）可归因于各行业资源重新配置的贡献（见表 1）。通过将 TFP 的行业来源分解为四个具体的 ICT 组，他们发现中国也与国际趋势相似。ICT 生产和使用制造业发挥了显著作用，尤其是 ICT 使用制造业贡献巨大（0.92 个百分点）——这是 ICT 生产者贡献的 2.5 倍左右（0.37 个百分点）。另外，ICT 使用服务业组（-0.14 个百分点）和非 ICT 组（-0.52 个百分点）对 TFP 增长的贡献值为负。ICT 使用服务业组（贸易、运输、金融和科学研究等）的大多数行业都是国有的，结合

表 1　中国 1981～2012 年累计 TFP 增长的分解

	1981～1991	1991～2001	2001～2007	2007～2012	1981～2012
TFP 的总体增长	1.84	0.74	1.34	-1.43	0.86
1. Domar 加权的 TFP 增长	1.47	0.63	1.47	-2.08	0.63
－ICT 生产	0.35	0.32	0.56	0.28	0.37
－ICT 使用制造	1.33	0.99	0.92	-0.06	0.92
－ICT 使用服务	0.14	-1.08	1.00	-0.18	-0.14
－非 ICT 部门	-0.37	0.42	-1.00	-2.13	-0.52
2. 资本再分配	-0.26	-0.35	-1.33	-0.08	-0.47
3. 劳动力再分配	0.65	0.44	1.19	0.74	0.70

数据来源：Harry Wu and David T. Liang, "China's Productivity Performance Revisited from the Perspective of ICTs," December 9, 2017, https：//voxeu. org/article/china - s - productivity - performance - revisited。

---

① Derek Scissors, "Now or never for the Chinese economy," December 4, 2017, http：// www. aei. org/publication/now - or - never - for - the - chinese - economy/.

② Harry Wu and David T. Liang, "China's Productivity Performance Revisited from the Perspective of ICTs," December 9, 2017, https：//voxeu. org/article/china - s - productivity - performance - revisited.

Wu① 的研究，这的确说明政府干预的产业生产率比那些市场导向性产业的生产率低，同时，即使国有垄断行业高度结合 ICT，也仍然避免不了效率低下。

除了来源于各行业的 TFP 的增长之外，资本和劳动力再分配效应对中国总体 TFP 的增长也有相当大的影响。这在市场经济中通常不会被观察到。Jorgenson 等人的研究表明，当不忽略要素重新分配的影响时，资本的重新分配往往是有积极作用的，而劳动力的重新分配却经常产生副作用。② 这是因为资本服务价格高的行业资本增长较快，但边际报酬较高的行业劳动力增长较慢。但 Wu 和 Liang 的研究则发现，随着时间的推移，中国的劳动力再分配效应是正的，这表明改革期间劳动力市场不断完善，劳动力的流动性增加，但中国的资本重新配置效应是负面的，这意味着资本资源的严重错配。

总体上，1981~2012 年，中国 ICT 生产和 ICT 使用制造业贡献了中国 9.38% 的总增加值年均增长率中的 29%，同时贡献了中国 0.86% 的年均 TFP 增长率的 149%，后者弥补了资本长期错配而导致的生产率严重损失和政府干预部门的效率低下。

2. 审视"一带一路"倡议走向

当前"一带一路"倡议在国际上面临的困境非常复杂，多种质疑中最为突出的几项分别是：意图问题、③ 不可持续的债务问题、腐败问题、对中资企业的不平等待遇问题以及社会和环保问题。在西方国家官员以及部分"一带一路"沿线国家内部，近年来也出现了怀疑甚至批评的

---

① Harry X. Wu, "On China's Strategic Move for a New stage of Development-A Productivity Perspective," in D. W. Jorgenson, K. Fukao and M. P. Timmer, eds., *The World Economy*: *Growth or Stagnation*? (Cambridge: Cambridge University Press, 2006).

② Dale W. Jorgenson, Frank M. Gollop, and Barbara M. Fraumeni, *Productivity and U. S. Economic Growth* (Cambridge, MA: Harvard University Press, 1987).

③ Karl Hendler, "Reading the Belt and Road Tea Leaves: Aggression, Exploitation, or Prosperity?" August 8, 2018, https://csis-prod. s3. amazonaws. com/s3fs-public/publication/180808_ PacNet_ 56_ 0. pdf? 30h0fpwbP8S3tOR0JRAqftVVaorDw1vq.

意见。

一些全球智库的研究者提出,中国继续推行"一带一路"倡议,必须妥善地处理这些问题。然而,他们也认为,中国目前对"一带一路"倡议的走向有多大的把控力是一个很大的问题。① 一方面,"一带一路"沿线国家都有自己的海关体系、土地制度及其他困难需要克服;另一方面,国内外各种利益群体都有强烈动机将自身诉求包装进"一带一路"的框架内,将之改头换面,打上一带一路的幌子。这极有可能致使原本清晰的政策目标在执行中走样。事实上,"一带一路"倡议的内涵与外延早已与五年前大不相同。根据五年来官员的历次发言,"一带一路"的范围甚至已扩大到了北极圈、网络信息空间,甚至还包括外太空。

因此,为了使"一带一路"的发展道路更加平稳,全球智库专家认为中方目前的当务之急应当是设立一套清晰明确的项目评估标准。如 CSIS 的专家 Jonathan E. Hillman 所提出的,如果在基础设施投资中只重数量而忽视质量,那么导致的后果可能是灾难性的。美国在 150 年前修建跨美洲铁路的经历就是一个典型的教训。当时,美国铁路的修建者们重视速度而忽视安全,在规划线路时漠视对沿线环境的保护,同时财务状况也相当不透明,最终除了使工人遭受了极不公正的待遇外,还使权贵阶层中饱私囊,而公共财政则背上了沉重的负担。这些错误的决策也间接导致了两次金融危机。另外,对于其他国家的质疑者而言,与其一味地批评中方的努力,倒不如参与其中,从而与包括中方在内的各方实现共赢。② 在这一方面,日本为国际社会开了一个好头。尽管日本是最早对一带一路倡议提出质疑的国家之一,但日方还是着手推进了日本企业与中国企业在第三国的投资和建设合作,这意味着日本企业也有机会在一带一路的谈判桌上获得一席之地。

---

① Jonathan E. Hillman, "China's Belt and Road Is Full of Holes," September 4, 2018, https://www.csis.org/analysis/chinas‐belt‐and‐road‐full‐holes.

② Jonathan E. Hillman, "China's Belt and Roller Coaster," September 14, 2018, https://www.csis.org/analysis/chinas‐belt‐and‐roller‐coaster.

四 小结

本文通过对中国社会科学院世界经济与政治研究所所编译的《全球智库半月谈》（2017 年末至 2018 年 9 月末）文本进行词频分析和语义网络分析，发现"美国"和"中国"在词频中位列第一和第二，同时"美国"词频是"欧盟/欧洲"词频的三倍多，后者排名仅在第八位。这一方面可能反映了国内专家在选稿投票时的偏好；另一方面也应该反映了相对其他地区，2018 年美国问题的确是全球智库关注重点的事实。"美国"和"中国"二者在语义网络中表现为首要和次级中心词语，两大经济体之间的紧密关系使得二者常常被热点主题联系，从而同时出现。在其中，让二者联系最为紧密的热点主题无疑是贸易政策问题。在这一认识基础上，本文回顾了 2018 年全球智库重点关注的中美经济重点议题。议题的选择在考虑词频分析结果的同时，也考虑所代表的议题光谱的广泛性，尽量对 2018 年全球智库的经济议题热点形成一个以点带面的纵览。

通过回顾以美国为核心的两类议题——贸易政策及美国经济走向，以及以中国为核心的两类重点议题——宏观经济挑战和"一带一路"倡议，可以看到总体上中美各自国内经济问题所具有的全球性影响，同时看到当前中美对外经济政策的碰撞更为频繁。这两方面都意味着全球进入了一个越来越不稳定的时代。如果中美不能承担起与各自在国际经济体系中地位相匹配的责任，或者不能就影响全球体系的问题展开真诚合作，世界经济的稳定增长和全球治理将面临挑战。

参考文献

Olivier Blanchard and Colombe Ladreit de Lacharrière, "An Unusually Balanced US Recovery," January 2, 2018, https: //piie. com/blogs/realtime – economic – issues – watch/

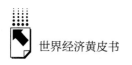
unusually – balanced – us – recovery.

Sophia Chen and Lev Ratnovski, "Propping Up the Chinese Economy: Credit versus Fiscal Stimulus," December 13, 2017, https://blogs. imf. org/2017/12/12/propping – up – the – chinese – economy – credit – versus – fiscal – stimulus/.

Robert Feenstra, Hong Ma, Akira Sasahara, and Yuan Xu, "Reconsidering the 'China Shock' in Trade," January 18, 2018, https://voxeu. org/article/reconsidering – china – shock – trade.

Caroline Freund, "Three Ways to Reduce a Trade Deficit," November 6, 2017, https://piie. com/blogs/trade – investment – policy – watch/three – ways – reduce – trade – deficit.

Alicia García – Herrero and Gary NG, "Chinese Banks' Improved Asset Quality Cannot Hide Other Phantoms," December 20, 2017, http://bruegel. org/2017/12/chinese – banks – improved – asset – quality – cannot – hide – other – phantoms/.

Alicia García-Herrero, "US Tariffs Aim to Contain China's Technological Rise," April 10, 2018, http://bruegel. org/2018/04/u – s – tariffs – aim – to – contain – chinas – technological – rise/.

Karl Hendler, "Reading the Belt and Road Tea Leaves: Aggression, Exploitation, or Prosperity?" August 8, 2018, https://csis – prod. s3. amazonaws. com/s3fs – public/publication/180808_ PacNet_ 56_ 0. pdf? 30h0fpwbP8S3tOR0JRAqftVVaorDw1vq.

Jonathan E. Hillman, "China's Belt and Roller Coaster," September 14, 2018, https://www. csis. org/analysis/chinas – belt – and – roller – coaster.

Jonathan E. Hillman, "China's Belt and Road Is Full of Holes," September 4, 2018, https://www. csis. org/analysis/chinas – belt – and – road – full – holes.

Dale W. Jorgenson, "Information Technology and the U. S. Economy," *American Economic Review* 91 (2001).

Dale W. Jorgenson, Frank M. Gollop, and Barbara M. Fraumeni, *Productivity and U. S. Economic Growth* (Cambridge, MA: Harvard University Press, 1987).

Robert S. Kaplan, "Assessment of Current Economic Conditions and Implications for Monetary Policy," May 22, 2017, https://finialgroup. com/wp – content/uploads/2017/07/Rob – Kaplan – Essay – May – 22. 2017. pdf.

Richard Koss and Xinrui Shi, "Stabilizing China's Housing Market," April 13, 2018, https://www. imf. org/en/Publications/WP/Issues/2018/04/13/Stabilizing – Chinas – Housing – Market – 45749.

Robert Z. Lawrence, 2018. "Can the Trading System Survive US – China Trade Friction?" *China & World Economy* 26 (2018).

Jean Pisani – Ferry, "The Economic Consequences of Mr. Trump," January 31, 2018, http：//bruegel. org/2018/01/the－international－economic－consequences－of－mr－trump/.

Adam S. Posen，"Economics-Based Principles for a Post-conflict China-US Commercial Regime," *China & World Economy* 26（2018）.

Derek Scissors，"Now or never for the Chinese economy," December 4, 2017, http：//www. aei. org/publication/now－or－never－for－the－chinese－economy/.

Stephanie Segal，"Growth in the Year Ahead," December 21, 2017, https：//www. csis. org/analysis/growth－year－ahead.

Harry X. Wu，"On China's Strategic Move for a New stage of Development－A Productivity Perspective," in D. W. Jorgenson, K. Fukao and M. P. Timmer, eds. , *The World Economy*：*Growth or Stagnation*? （Cambridge：Cambridge University Press, 2006）.

Harry Wu and David T. Liang，"China's Productivity Performance Revisited from the Perspective of ICTs," December 9, 2017, https：//voxeu. org/article/china－s－productivity－performance－revisited.

世界经济统计与预测

Statistics of the World Economy

Y.20

世界经济统计资料

熊婉婷　曹永福[*]

目　录

---

[*] 熊婉婷，经济学博士，中国社会科学院世界经济与政治研究所助理研究员，主要研究领域为金融政策；曹永福，经济学博士，中国社会科学院世界经济与政治研究所副研究员，主要研究领域为美国经济。

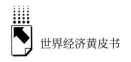

（八）全球竞争力和大公司排名

表 8 – 1　2018 全球竞争力指数：部分国家和地区

表 8 – 2　2018 年《财富》全球 50 强公司排名

说　明

一、统计体例

1. 本部分所称"国家"为纯地理实体概念，而不是国际法所称的政治实体概念。

2. 除非特别说明，2018 年以后的数据（含 2018）为估计值或预测值。未来国际组织可能会对预测做出调整，本部分仅报告编制时能获得的最新数据。

3. "1995 ~ 2004 年"意为 1995 ~ 2004 年的平均值，年度统计量的平均值表示法以此类推。"—"表示数据在统计时点无法取得或无实际意义，"0"表示数据远小于其所在表的计量单位。

4. 部分表格受篇幅所限无法列出所有国家和地区，编制时根据关注重点和数据可得性有所选择。

二、国际货币基金组织的经济预测

本部分预测数据均来自国际货币基金组织（IMF）2018 年 10 月《世界经济展望》（*World Economic Outlook*），预测的假设与方法参见报告原文。

三、国家和地区分类

《世界经济展望》将国家和地区分为发达经济体、新兴市场和发展中国家两大类。为了便于分析和提供更合理的集团数据，这种分类随时间变化亦有所改变，分类标准并非一成不变。表 A 列出了发达经济体的分类方法。新兴市场和发展中国家是发达经济体之外的国家和地区，按地区分为中东欧、独联体、亚洲发展中国家、拉丁美洲和加勒比地区、中东和北非、撒哈拉以南。

表 A　发达经济体细分类别

主要货币区	欧元区（19 国）	主要发达经济体	其他发达经济体
美国 欧元区 日本	奥地利、比利时、塞浦路斯、爱沙尼亚、芬兰、法国、德国、希腊、爱尔兰、意大利、拉脱维亚、立陶宛、卢森堡、马耳他、荷兰、葡萄牙、斯洛伐克、斯洛文尼亚、西班牙	加拿大、法国、德国、意大利、日本、英国、美国	澳大利亚、捷克、丹麦、中国香港、冰岛、以色列、韩国、新西兰、挪威、圣马力诺、新加坡、瑞典、瑞士、中国台湾

（一）世界经济形势回顾与展望

表 1-1　世界产出简况（2014～2023 年）

单位：%，十亿美元

类　别	2014 年	2015 年	2016 年	2017 年	2018 年④	2019 年	2023 年
世界实际 GDP 增长率	3.6	3.5	3.3	3.7	3.7	3.7	3.6
发达经济体	2.1	2.3	1.7	2.3	2.4	2.1	1.5
美国	2.5	2.9	1.6	2.2	2.9	2.5	1.4
欧元区	1.4	2.1	1.9	2.4	2.0	1.9	1.4
日本	0.4	1.4	1.0	1.7	1.1	0.9	0.5
其他发达经济体①	2.9	2.1	2.1	2.6	2.4	2.2	2.1
新兴市场和发展中国家	4.7	4.3	4.4	4.7	4.7	4.7	4.8
独联体②	1.1	-1.9	0.4	2.1	2.3	2.4	2.1
亚洲新兴市场和发展中国家	6.8	6.8	6.5	6.5	6.5	6.3	6.1
欧洲新兴市场和发展中国家	3.9	4.7	3.3	6.0	3.8	2.0	2.7
拉美与加勒比地区	1.3	0.3	-0.6	1.3	1.2	2.2	2.9
中东与北非	2.7	2.4	5.2	1.8	2.0	2.5	3.0
撒哈拉以南	5.1	3.3	1.4	2.7	3.1	3.8	4.1
人均实际 GDP 增长率③							
发达经济体	1.6	1.7	1.2	1.9	1.9	1.7	1.1
新兴市场和发展中国家	3.2	2.8	2.9	3.2	3.3	3.3	3.6

续表

类　别	2014 年	2015 年	2016 年	2017 年	2018 年④	2019 年	2023 年
低收入发展中国家	3.8	2.3	1.2	2.4	2.4	3.0	3.2
世界 GDP							
基于市场汇率	78832	74602	75653	80051	84835	88081	108712
基于购买力平价	110805	115729	120693	127489	135236	143089	177424

注：①这里的"其他发达经济体"指除去美国、欧元区国家和日本以外的发达经济体；②包括格鲁吉亚和蒙古，虽然二者不是独联体成员，但由于同独联体国家在地理和经济结构上类似，故在地区分组上将二者归入独联体；③按照购买力平价计算；④2018 年后为预测值。

资料来源：IMF，"World Economic Outlook：Challenges to Steady Growth," October 2018，https：//www.imf.org/en/Publications/WEO/Issues/2018/09/24/world－economic－outlook－october－2018。

表 1－2　GDP 不变价增长率回顾与展望：部分国家和地区（2011～2019 年）

单位：%

国家和地区	2011 年	2012 年	2013 年	2014 年	2015 年	2016 年	2017 年	2018 年	2019 年
阿 根 廷	6.0	−1.0	2.4	−2.5	2.7	−1.8	2.9	−2.6	−1.6
澳 大 利 亚	2.7	3.9	2.2	2.6	2.5	2.6	2.2	3.2	2.8
巴　　　西	4.0	1.9	3.0	0.5	−3.5	−3.5	1.0	1.4	2.4
加 拿 大	3.1	1.7	2.5	2.9	1.0	1.4	3.0	2.1	2.0
中　　　国	9.5	7.9	7.8	7.3	6.9	6.7	6.9	6.6	6.2
埃　　　及	1.8	2.2	3.3	2.9	4.4	4.3	4.2	5.3	5.5
芬　　　兰	2.6	−1.4	−0.8	−0.6	0.1	2.5	2.8	2.6	1.8
法　　　国	2.2	0.3	0.6	1.0	1.0	1.1	2.3	1.6	1.6
德　　　国	3.7	0.7	0.6	2.2	1.5	2.2	2.5	1.9	1.9
希　　　腊	−9.1	−7.3	−3.2	0.7	−0.3	−0.2	1.4	2.0	2.4
中 国 香 港	4.8	1.7	3.1	2.8	2.4	2.2	3.8	3.8	2.9
冰　　　岛	1.9	1.3	4.1	2.1	4.5	7.4	4.0	3.7	2.9
印　　　度	6.6	5.5	6.4	7.4	8.2	7.1	6.7	7.3	7.4
印 度 尼 西 亚	6.2	6.0	5.6	5.0	4.9	5.0	5.1	5.1	5.1
爱 尔 兰	3.7	0.2	1.3	8.7	25.0	4.9	7.2	4.7	4.0
意 大 利	0.6	−2.8	−1.7	0.1	1.0	0.9	1.5	1.2	1.0
日　　　本	−0.1	1.5	2.0	0.4	1.4	1.0	1.7	1.1	0.9
韩　　　国	3.7	2.3	2.9	3.3	2.8	2.9	3.1	2.8	2.6

续表

国家和地区	2011 年	2012 年	2013 年	2014 年	2015 年	2016 年	2017 年	2018 年	2019 年
马来西亚	5.3	5.5	4.7	6.0	5.1	4.2	5.9	4.7	4.6
墨西哥	3.7	3.6	1.4	2.8	3.3	2.9	2.0	2.2	2.5
新西兰	1.9	2.5	2.2	3.2	4.2	4.1	3.0	3.1	3.0
尼日利亚	4.9	4.3	5.4	6.3	2.7	-1.6	0.8	1.9	2.3
挪威	1.0	2.7	1.0	2.0	2.0	1.1	1.9	2.1	2.1
菲律宾	3.7	6.7	7.1	6.1	6.1	6.9	6.7	6.5	6.6
葡萄牙	-1.8	-4.0	-1.1	0.9	1.8	1.6	2.7	2.3	1.8
俄罗斯	5.1	3.7	1.8	0.7	-2.5	-0.2	1.5	1.7	1.8
沙特阿拉伯	10.0	5.4	2.7	3.7	4.1	1.7	-0.9	2.2	2.4
新加坡	6.4	4.1	5.1	3.9	2.2	2.4	3.6	2.9	2.5
南非	3.3	2.2	2.5	1.8	1.3	0.6	1.3	0.8	1.4
西班牙	-1.0	-2.9	-1.7	1.4	3.6	3.2	3.0	2.7	2.2
瑞典	2.7	-0.3	1.2	2.6	4.5	2.7	2.1	2.4	2.2
瑞士	1.8	1.0	1.9	2.5	1.3	1.6	1.7	3.0	1.8
中国台湾	3.8	2.1	2.2	4.0	0.8	1.4	2.9	2.7	2.4
泰国	0.8	7.2	2.7	1.0	3.0	3.3	3.9	4.6	3.9
土耳其	11.1	4.8	8.5	5.2	6.1	3.2	7.4	3.5	0.4
英国	1.6	1.4	2.0	2.9	2.3	1.8	1.7	1.4	1.5
美国	1.6	2.2	1.8	2.5	2.9	1.6	2.2	2.9	2.5
越南	6.2	5.2	5.4	6.0	6.7	6.2	6.8	6.6	6.5

资料来源：IMF，"World Economic Outlook：Challenges to Steady Growth，" October 2018，https：//www.imf.org/en/Publications/WEO/Issues/2018/09/24/world-economic-outlook-october-2018。

表1-3 市场汇率计GDP：部分国家和地区（2011~2019年）

单位：亿美元

2017 年位次	国家和地区	2011 年	2012 年	2013 年	2014 年	2015 年	2016 年	2017 年	2018 年	2019 年
1	美国	155426	161971	167848	175218	182193	187072	194854	205130	214824
2	中国	75221	85703	96350	105345	112262	112218	120146	134573	141722
3	日本	61575	62032	51557	48504	43950	49501	48732	50706	52206

续表

2017年位次	国家和地区	2011年	2012年	2013年	2014年	2015年	2016年	2017年	2018年	2019年
4	德　国	37611	35459	37537	39049	33831	34966	37006	40291	41171
5	英　国	26358	26771	27554	30363	28971	26691	26284	28089	28099
6	印　度	18231	18276	18567	20391	21024	22736	26023	26900	29577
7	法　国	28640	26853	28120	28567	24394	24662	25877	27947	28447
8	巴　西	26140	24644	24716	24562	18000	17933	20551	19094	19297
9	意大利	22784	20740	21312	21552	18338	18602	19387	20869	21128
10	加拿大	17886	18243	18426	17993	15596	15358	16530	17337	18204
11	俄罗斯	20517	22103	22971	20637	13684	12847	15775	15765	16492
12	韩　国	12025	12228	13056	14113	13828	14148	15405	16556	16997
13	澳大利亚	15114	15665	15159	14550	12329	12645	13795	14278	14644
14	西班牙	14894	13368	13623	13791	11984	12378	13140	14370	14741
15	墨西哥	11805	12011	12744	13146	11706	10778	11510	11993	12424
16	印度尼西亚	8926	9190	9166	8911	8607	9324	10154	10053	10668
17	土耳其	8325	8737	9503	9341	8594	8634	8515	7135	6312
18	荷　兰	9049	8394	8772	8924	7657	7839	8322	9099	9332
19	沙特阿拉伯	6712	7360	7466	7564	6543	6449	6867	7699	7956
20	瑞　士	6997	6679	6888	7095	6797	6702	6790	7091	7311
21	阿根廷	5276	5797	6115	5636	6425	5541	6376	4754	4080
22	中国台湾	4857	4959	5116	5305	5256	5306	5726	6027	6267
23	瑞　典	5638	5445	5794	5744	4981	5122	5356	5547	5632
24	波　兰	5286	5008	5244	5451	4773	4712	5248	5495	5813
25	比利时	5275	4982	5211	5316	4553	4677	4937	5361	5452
26	泰　国	3708	3976	4203	4073	4014	4118	4554	4901	5243
27	伊　朗	5772	3892	3964	4234	3754	4044	4307	4301	3336
28	奥地利	4315	4097	4302	4426	3823	3910	4174	4594	4697
29	挪　威	4988	5102	5235	4993	3867	3711	3988	4414	4485
30	阿联酋	3507	3746	3901	4031	3581	3570	3826	4326	4556
31	尼日利亚	4141	4610	5150	5685	4938	4054	3764	3975	4470
32	以色列	2616	2573	2925	3084	2991	3177	3507	3656	3761
33	南　非	4169	3963	3668	3509	3177	2957	3493	3767	3855
34	中国香港	2485	2626	2757	2914	3094	3209	3414	3603	3809
35	爱尔兰	2381	2251	2387	2592	2908	3019	3315	3664	3798

资料来源：IMF，"World Economic Outlook：Challenges to Steady Growth，" October 2018，https：// www. imf. org/en/Publications/WEO/Issues/2018/09/24/world－economic－outlook－october－2018。

表 1-4　人均 GDP：部分国家和地区（2017～2019 年）

市场汇率计人均 GDP（美元）				购买力平价计人均 GDP（国际元）			
2017 年位次	国家和地区	2017 年	2018 年	2019 年	2017 年位次	国家和地区	2017 年	2018 年	2019 年
1	卢　森　堡	105863	113954	115203	1	卡　塔　尔	124121	128487	133254
2	瑞　　　士	80637	83583	85157	2	中国澳门	109974	118099	126584
3	中国澳门	77111	81585	86339	3	卢　森　堡	105148	109199	112623
4	挪　　　威	75389	82372	82773	4	新　加　坡	94105	98255	102027
5	冰　　　岛	70248	75700	79271	5	文　　　莱	78971	81612	86480
6	爱　尔　兰	68711	75192	77160	6	爱　尔　兰	73215	77670	81686
7	卡　塔　尔	61025	67818	72677	7	挪　　　威	72058	74318	76621
8	美　　　国	59792	62518	65062	8	阿　联　酋	68646	70262	72182
9	新　加　坡	57713	61230	62984	9	科　威　特	65754	66982	69257
10	丹　　　麦	56631	61227	62041	10	瑞　　　士	62125	64988	66780
11	澳 大 利 亚	55693	56698	57204	11	中国香港	61520	64794	67558
12	瑞　　　典	52925	53867	54135	13	美　　　国	59792	62518	65062
13	荷　　　兰	48555	52931	54129	14	沙特阿拉伯	54532	55926	57358
14	圣马力诺	47595	50904	51029	15	荷　　　兰	53933	56571	59105
15	奥　地　利	47347	51708	52474	16	冰　　　岛	52178	54753	56915
16	中国香港	46080	48231	50567	17	瑞　　　典	51185	52719	54474
17	芬　　　兰	45927	50068	50879	18	德　　　国	50804	52897	54984
18	加　拿　大	45095	46733	48601	19	中国台湾	50452	52960	55290
19	德　　　国	44769	48670	49692	20	澳 大 利 亚	50391	52363	54060
20	比　利　时	43488	46979	47532	21	丹　　　麦	50071	51841	53564
21	新　西　兰	41572	41616	42009	22	奥　地　利	50031	52224	54084
22	以　色　列	40273	41180	41559	24	加　拿　大	48390	49936	51546
23	法　　　国	39933	42931	43500	25	比　利　时	46621	48179	49704
24	英　　　国	39800	42261	42036	26	阿　　　曼	46011	46522	48394
25	日　　　本	38449	40106	41418	27	芬　　　兰	44492	46559	48221
26	阿　联　酋	37733	41476	42384	28	英　　　国	44292	45643	47042
28	意　大　利	31997	34349	34784	29	法　　　国	44081	45601	47113
30	韩　　　国	29938	32046	32766	30	日　　　本	42942	44550	46069
31	西　班　牙	28359	31060	31906	32	韩　　　国	39548	41416	43212
38	中国台湾	24292	25534	26518	36	意　大　利	38233	39472	40737
41	沙特阿拉伯	21096	23187	23491	54	俄　罗　斯	27893	29032	30198
59	阿　根　廷	14463	10667	9055	67	阿　根　廷	20918	20610	20482

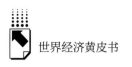

续表

市场汇率计人均GDP（美元）				购买力平价计人均GDP（国际元）				
2017年位次	国家和地区	2017年	2018年	2019年	2017年位次	国家和地区	2017年	2018年	2019年
66	俄罗斯	10956	10950	11461	69	墨西哥	19938	20645	21412
68	土耳其	10537	8716	7615	76	泰国	17894	19126	20268
71	巴西	9896	9127	9160	83	中国	16696	18120	19559
76	中国	8643	9633	10099	84	巴西	15637	16112	16727
91	南非	6180	6560	6609	93	南非	13573	13775	14042
131	菲律宾	2989	3099	3246	127	印度	7194	7796	8443
188	莫桑比克	426	481	501	191	布隆迪	737	733	730
191	布隆迪	312	307	310	192	中非	680	712	750

注：共有192个国家和地区的排名数据，本表只列出部分国家。各国购买力平价（PPP）数据参见 IMF *World Economic Outlook Database*，IMF 并不直接计算 PPP 数据，而是根据世界银行、OECD、Penn World Tables 等国际组织的原始资料进行计算。

资料来源：IMF，"World Economic Outlook：Challenges to Steady Growth," October 2018，https：//www.imf.org/en/Publications/WEO/Issues/2018/09/24/world–economic–outlook–october–2018。

（二）世界通货膨胀、失业形势回顾与展望

表 2 - 1 通货膨胀率*回顾与展望：部分国家和地区（2011~2019年）

单位：%

国家和地区	2011年	2012年	2013年	2014年	2015年	2016年	2017年	2018年	2019年
阿根廷	9.8	10.0	10.6	—	—	—	25.7	31.8	31.7
澳大利亚	3.3	1.7	2.5	2.5	1.5	1.3	2.0	2.2	2.3
加拿大	2.9	1.5	0.9	1.9	1.1	1.4	1.6	2.6	2.2
智利	3.3	3.0	1.9	4.4	4.4	3.8	2.2	2.4	3.0
中国	5.4	2.6	2.6	2.0	1.4	2.0	1.6	2.2	2.4
哥伦比亚	3.4	3.2	2.0	2.9	5.0	7.5	4.3	3.2	3.4
丹麦	2.8	2.4	0.8	0.6	0.5	0.3	1.1	1.4	1.7
埃及	11.1	8.7	6.9	10.1	11.0	10.2	23.5	20.9	14.0
芬兰	3.3	3.2	2.2	1.2	-0.2	0.4	0.8	1.2	1.7
法国	2.3	2.2	1.0	0.6	0.1	0.3	1.2	1.9	1.8
德国	2.5	2.1	1.6	0.8	0.1	0.4	1.7	1.8	1.8

续表

国家和地区	2011 年	2012 年	2013 年	2014 年	2015 年	2016 年	2017 年	2018 年	2019 年
希 腊	3.1	1.0	-0.9	-1.4	-1.1	0.0	1.1	0.7	1.2
中 国 香 港	5.3	4.1	4.3	4.4	3.0	2.4	1.5	2.3	2.1
印 度	9.5	10.0	9.4	5.8	4.9	4.5	3.6	4.7	4.9
印度尼西亚	5.3	4.0	6.4	6.4	6.4	3.5	3.8	3.4	3.8
伊 朗	21.5	30.6	34.7	15.6	11.9	9.1	9.6	29.6	34.1
意 大 利	2.9	3.3	1.2	0.2	0.1	-0.1	1.3	1.3	1.4
日 本	-0.3	-0.1	0.3	2.8	0.8	-0.1	0.5	1.2	1.3
韩 国	4.0	2.2	1.3	1.3	0.7	1.0	1.9	1.5	1.8
马 来 西 亚	3.2	1.7	2.1	3.1	2.1	2.1	3.8	1.0	2.3
墨 西 哥	3.4	4.1	3.8	4.0	2.7	2.8	6.0	4.8	3.6
新 西 兰	4.1	1.0	1.1	1.2	0.3	0.6	1.9	1.4	1.7
挪 威	1.3	0.7	2.1	2.0	2.2	3.6	1.9	1.9	2.0
巴 基 斯 坦	13.7	11.0	7.4	8.6	4.5	2.9	4.1	3.9	7.5
菲 律 宾	4.8	3.0	2.6	3.6	0.7	1.3	2.9	4.9	4.0
葡 萄 牙	3.6	2.8	0.4	-0.2	0.5	0.6	1.6	1.7	1.6
俄 罗 斯	8.4	5.1	6.8	7.8	15.5	7.1	3.7	2.8	5.1
新 加 坡	5.2	4.6	2.4	1.0	-0.5	-0.5	0.6	1.0	1.4
南 非	5.0	5.6	5.8	6.1	4.6	6.3	5.3	4.8	5.3
泰 国	3.8	3.0	2.2	1.9	-0.9	0.2	0.7	0.9	0.9
土 耳 其	6.5	8.9	7.5	8.9	7.7	7.8	11.1	15.0	16.7
英 国	4.5	2.8	2.6	1.5	0.0	0.7	2.7	2.5	2.2
美 国	3.1	2.1	1.5	1.6	0.1	1.3	2.1	2.4	2.1
越 南	18.7	9.1	6.6	4.1	0.6	2.7	3.5	3.8	4.0

注：＊以消费者物价指数衡量的通货膨胀率。

资料来源：IMF，"World Economic Outlook：Challenges to Steady Growth，" October 2018，https：// www.imf.org/en/Publications/WEO/Issues/2018/09/24/world-economic-outlook-october-2018。

表 2-2　失业率：部分国家和地区（2011～2018 年）

单位：%

国家和地区	2011 年	2012 年	2013 年	2014 年	2015 年	2016 年	2017 年	2018 年
阿 根 廷	7.2	7.2	7.1	7.3	—	8.5	8.4	8.9
澳 大 利 亚	5.1	5.2	5.7	6.1	6.0	5.7	5.6	5.3
比 利 时	7.1	7.6	8.5	8.5	8.5	7.9	7.1	6.4
巴 西	7.8	7.4	7.2	6.8	8.3	11.3	12.8	11.8
加 拿 大	7.5	7.3	7.1	6.9	6.9	7.0	6.3	6.1
智 利	7.1	6.4	5.9	6.4	6.2	6.5	6.7	6.9

续表

国家和地区	2011 年	2012 年	2013 年	2014 年	2015 年	2016 年	2017 年	2018 年
中　　国	4.1	4.1	4.1	4.1	4.1	4.0	3.9	4.0
丹　　麦	7.6	7.5	7.0	6.5	6.2	6.2	5.7	5.4
埃　　及	10.4	12.4	13.0	13.4	12.9	12.7	12.2	10.9
芬　　兰	7.8	7.7	8.2	8.7	9.4	8.8	8.5	7.7
法　　国	9.2	9.8	10.3	10.3	10.4	10.1	9.4	8.8
德　　国	5.9	5.4	5.2	5.0	4.6	4.2	3.8	3.5
希　　腊	17.9	24.4	27.5	26.5	24.9	23.6	21.5	19.9
冰　　岛	7.1	6.0	5.4	5.0	4.0	3.0	2.8	3.2
印度尼西亚	6.6	6.1	6.3	5.9	6.2	5.6	5.4	5.2
意　大　利	8.4	10.7	12.1	12.6	11.9	11.7	11.3	10.8
日　　本	4.6	4.3	4.0	3.6	3.4	3.1	2.9	2.9
韩　　国	3.4	3.2	3.1	3.5	3.6	3.7	3.7	3.7
马　来　西　亚	3.1	2.9	3.3	2.9	3.2	3.5	3.4	3.2
墨　西　哥	5.2	4.9	4.9	4.8	4.3	3.9	3.4	3.5
新　西　兰	6.0	6.4	5.8	5.4	5.4	5.1	4.7	4.5
菲　律　宾	7.0	7.0	7.1	6.8	6.3	5.5	5.7	5.5
俄　罗　斯	6.5	5.5	5.5	5.2	5.6	5.5	5.2	5.5
南　　非	24.8	24.9	24.7	25.1	25.4	26.7	27.5	27.9
土　耳　其	9.1	8.4	9.0	9.9	10.3	10.9	10.9	11.0
英　　国	8.1	8.0	7.6	6.2	5.4	4.9	4.4	4.1
美　　国	8.9	8.1	7.4	6.2	5.3	4.9	4.4	3.8
委　内　瑞　拉	8.2	7.8	7.5	6.7	7.4	20.6	27.1	34.3

资料来源：IMF，"World Economic Outlook：Challenges to Steady Growth，" October 2018，https：//www.imf.org/en/Publications/WEO/Issues/2018/09/24/world‐economic‐outlook‐october‐2018。

（三）世界财政形势回顾与展望

表 3-1　广义政府财政差额占 GDP 比例：发达经济体（2011～2019 年）

单位：%

国家和地区	2011 年	2012 年	2013 年	2014 年	2015 年	2016 年	2017 年	2018 年	2019 年
澳大利亚	-3.9	-2.8	-2.0	-2.0	-1.9	-1.6	-1.0	0.5	-0.2
奥　地　利	-0.4	0.0	0.2	-0.7	0.9	0.1	0.8	1.0	0.9
比　利　时	-0.9	-1.0	-0.2	-0.2	0.2	0.1	1.1	0.9	0.2

国家和地区	2011 年	2012 年	2013 年	2014 年	2015 年	2016 年	2017 年	2018 年	2019 年
加 拿 大	-2.7	-1.8	-1.0	0.5	0.5	-0.4	-0.8	-0.9	-0.6
塞 浦 路 斯	-4.1	-2.9	0.4	2.8	2.5	2.9	4.3	4.5	4.2
捷 克	-1.7	-2.8	-0.2	-0.8	0.3	1.5	2.2	2.2	1.7
丹 麦	-1.4	-3.0	-0.8	1.6	-0.7	0.1	1.3	-0.3	0.0
爱 沙 尼 亚	1.0	-0.4	-0.3	0.6	0.0	-0.4	-0.3	-0.5	-0.4
芬 兰	-1.0	-2.0	-2.5	-3.0	-2.6	-1.6	-0.3	-0.8	-0.5
法 国	-2.6	-2.5	-1.9	-1.9	-1.8	-1.8	-0.9	-0.9	-1.1
德 国	1.1	1.8	1.4	1.8	1.8	1.8	1.8	2.2	2.1
希 腊	-3.0	-1.5	0.4	0.0	0.7	3.9	4.2	3.5	3.5
中 国 香 港	1.9	1.3	-0.7	3.6	0.6	3.6	4.7	2.2	0.9
冰 岛	-2.8	-0.4	1.6	3.5	2.9	15.3	4.6	3.3	3.0
爱 尔 兰	-10.2	-4.8	-2.6	-0.3	0.5	1.6	1.6	1.4	1.5
以 色 列	0.6	-1.3	-0.9	-0.2	0.8	0.5	0.6	-0.4	-0.6
意 大 利	0.8	2.1	1.7	1.4	1.4	1.3	1.3	1.8	1.7
日 本	-8.3	-7.5	-7.0	-4.9	-3.2	-2.9	-3.8	-3.3	-2.6
韩 国	0.9	0.8	-0.2	-0.3	-0.3	0.8	1.2	1.3	0.4
拉 脱 维 亚	-1.8	1.7	0.9	-0.2	0.3	0.8	0.3	-0.2	-0.1
立 陶 宛	-7.2	-1.2	-0.9	1.0	1.3	1.6	1.7	1.5	1.5
卢 森 堡	0.3	0.1	0.8	1.1	1.2	1.4	1.4	1.0	0.7
马 耳 他	0.8	-0.5	0.4	1.0	1.3	3.1	5.8	3.6	2.9
荷 兰	-2.8	-2.5	-1.0	-0.9	-0.9	1.4	2.0	1.3	1.5
新 西 兰	-4.1	-1.3	-0.5	0.2	1.0	1.9	2.2	1.7	1.8
挪 威	11.3	12.0	8.8	6.4	3.5	1.5	1.9	3.1	3.1
葡 萄 牙	-3.6	-1.4	-0.6	-2.7	0.0	1.9	0.7	2.6	2.9
圣 马 力 诺	-3.6	-6.4	-7.1	1.0	-2.9	-0.7	-3.1	-2.6	0.4
斯 洛 伐 克	-2.9	-2.8	-1.1	-1.1	-1.3	-0.8	0.1	0.4	0.6
斯 洛 文 尼 亚	-4.2	-1.4	-11.5	-2.8	-0.6	1.0	1.5	2.0	1.6
西 班 牙	-7.7	-8.0	-4.0	-3.0	-2.6	-2.0	-0.8	-0.5	-0.2
瑞 典	0.1	-0.8	-1.2	-1.5	0.1	1.1	1.1	0.8	0.6
瑞 士	1.1	0.8	-0.2	0.0	0.9	0.6	0.6	0.8	0.6
英 国	-4.7	-5.3	-4.0	-3.6	-2.8	-1.4	0.0	-0.3	-0.2
美 国	-7.5	-5.9	-2.5	-2.1	-1.7	-2.3	-2.2	-2.9	-3.0

注：广义政府财政差额对应的英文统计口径为 General Government Primary Net Lending/Borrowing。

资料来源：IMF，"World Economic Outlook：Challenges to Steady Growth," October 2018，https：//www.imf.org/en/Publications/WEO/Issues/2018/09/24/world－economic－outlook－october－2018。

表3-2 广义政府财政差额占GDP比例：部分新兴市场和
发展中国家（2011～2019年）

单位：%

国家和地区	2011年	2012年	2013年	2014年	2015年	2016年	2017年	2018年	2019年
阿 根 廷	-1.6	-1.7	-2.6	-3.5	-4.4	-4.7	-4.2	-2.7	0.0
孟 加 拉 国	-1.9	-1.1	-1.4	-1.0	-1.9	-1.5	-1.6	-2.6	-2.7
玻 利 维 亚	2.1	2.8	1.6	-2.4	-5.9	-6.3	-6.7	-6.5	-5.1
巴 西	2.9	1.9	1.7	0.0	-2.0	-2.5	-1.7	-2.4	-1.8
智 利	1.5	0.8	-0.4	-1.3	-1.9	-2.4	-2.3	-1.2	-1.5
中 国	0.4	0.2	-0.3	-0.4	-2.2	-2.9	-3.0	-3.1	-3.3
埃 及	-4.8	-4.9	-5.9	-4.2	-4.1	-4.3	-2.5	-0.7	1.3
印 度	-4.0	-3.2	-2.4	-2.6	-2.7	-2.5	-2.3	-1.7	-1.6
印 度 尼 西 亚	0.5	-0.4	-1.0	-0.9	-1.3	-1.0	-0.8	-0.6	-0.2
伊 朗	0.7	-0.2	-0.8	-1.1	-1.7	-2.2	-1.7	-2.7	-1.9
伊 拉 克	5.5	4.5	-5.7	-5.4	-12.2	-13.6	-0.7	7.1	5.7
马 来 西 亚	-2.0	-2.0	-2.2	-0.8	-0.9	-0.8	-1.1	-0.8	-0.5
墨 西 哥	-0.4	-0.6	-0.7	-1.5	-1.0	0.6	3.0	1.3	1.1
蒙 古	-3.7	-8.3	-7.5	-8.8	-5.6	-13.0	2.1	-2.1	-4.0
缅 甸	-2.5	2.3	-0.1	0.3	-3.3	-1.2	-1.6	-1.4	-2.0
菲 律 宾	2.3	2.3	2.7	3.1	2.7	1.5	1.3	0.9	0.6
罗 马 尼 亚	-2.8	-0.7	-0.8	-0.2	-0.2	-1.1	-1.7	-2.3	-2.2
俄 罗 斯	1.7	0.7	-0.8	-0.7	-3.1	-3.2	-1.0	2.2	2.4
沙 特 阿 拉 伯	11.6	11.7	5.2	-4.2	-17.9	-20.2	-11.1	-5.6	-2.7
南 非	-1.5	-1.7	-1.4	-1.3	-1.6	-0.7	-1.0	-0.8	-0.4
泰 国	0.8	-0.1	1.3	-0.1	0.7	1.0	-0.4	0.0	0.0
土 耳 其	1.8	0.7	0.8	0.5	0.6	-1.0	-0.9	-2.1	-2.2
乌 克 兰	-0.8	-2.4	-2.3	-1.2	3.0	1.9	1.6	1.4	1.4
阿 联 酋	5.5	9.3	8.8	2.2	-3.2	-1.9	-1.5	0.8	1.6
乌 兹 别 克 斯 坦	7.5	8.1	2.7	3.0	0.3	0.5	-1.7	-1.5	-2.7
委 内 瑞 拉	-8.5	-11.3	-10.6	-12.6	-15.9	-16.8	-31.5	-29.8	-29.2
越 南	-0.1	-5.6	-5.9	-4.6	-3.5	-2.9	-2.6	-2.6	-2.8

注：广义政府财政差额对应的英文统计口径为 General Government Primary Net Lending/Borrowing。
资料来源：IMF，"World Economic Outlook：Challenges to Steady Growth," October 2018，https：//www.imf.org/en/Publications/WEO/Issues/2018/09/24/world - economic - outlook - october - 2018。

（四）世界金融形势回顾与展望

表 4 - 1　广义货币供应量年增长率：新兴市场和发展中国家（2011 ~ 2019 年）

单位：%

国家和地区	2011 年	2012 年	2013 年	2014 年	2015 年	2016 年	2017 年	2018 年	2019 年
新兴市场和发展中国家	16.2	14.4	14.1	12.3	12.9	11.4	11.1	18.4	17.5
独联体①	21.6	14.2	16.1	13.9	19.5	2.2	8.2	9.2	8.4
俄罗斯	19.6	13.1	16.0	14.8	19.7	-0.9	7.4	9.2	7.4
除俄罗斯	28.5	18.0	16.5	10.7	18.8	12.0	10.4	9.1	11.2
亚洲新兴市场和发展中国家	16.2	14.2	13.6	10.9	12.1	10.9	8.6	9.3	9.7
中国	17.3	14.4	13.6	11.0	13.3	11.3	8.2	9.0	9.0
印度	13.5	13.6	13.4	10.9	10.1	10.1	9.2	12.0	11.7
除中国和印度	15.0	13.9	13.8	10.6	9.0	9.9	10.1	8.5	10.9
欧洲新兴市场和发展中国家	11.8	6.3	13.3	9.3	12.3	13.2	10.6	13.6	10.9
拉丁美洲与加勒比地区	19.1	17.8	14.2	15.5	15.5	17.1	19.8	65.4	62.0
巴西	18.5	15.9	8.9	13.5	9.7	12.4	0.3	7.9	10.9
墨西哥	10.0	10.1	8.3	12.2	12.3	12.5	11.1	8.6	7.8
中东与北非	11.6	14.5	17.9	11.4	7.1	6.9	11.3	13.5	12.3
撒哈拉以南	12.5	15.1	7.5	14.5	10.9	17.2	10.8	13.8	13.2

注：①包括格鲁吉亚和蒙古。虽然二者不是独联体成员，但由于同独联体国家在地理和经济结构上类似，故在地区分组上将二者归入独联体。

资料来源：IMF，"World Economic Outlook：Challenges to Steady Growth，" October 2018，https：// www. imf. org/en/Publications/WEO/Issues/2018/09/24/world – economic – outlook – october – 2018。

表 4 - 2　汇率：部分国家和地区（2010 ~ 2018 年）

单位：本币/美元

币种	2010 年	2011 年	2012 年	2013 年	2014 年	2015 年	2016 年	2017 年	2018 年
欧元	0.76	0.72	0.78	0.75	0.75	0.90	0.90	0.89	0.83
日元	87.78	79.81	79.79	97.60	105.94	121.04	108.79	112.17	108.65
英镑	0.65	0.62	0.63	0.64	0.61	0.65	0.74	0.78	0.73
阿根廷比索	3.90	4.11	4.54	5.46	8.08	9.23	14.76	16.56	21.67

续表

币种	2010 年	2011 年	2012 年	2013 年	2014 年	2015 年	2016 年	2017 年	2018 年
澳大利亚元	1.09	0.97	0.97	1.04	1.11	1.33	1.35	1.30	1.30
巴西里尔	1.76	1.67	1.95	2.16	2.35	3.33	3.49	3.19	3.42
加拿大元	1.03	0.99	1.00	1.03	1.11	1.28	1.33	1.30	1.28
人民币	6.77	6.46	6.31	6.20	6.14	6.23	6.64	6.76	6.37
印度卢比	45.73	46.67	53.44	58.60	61.03	64.15	67.20	65.12	65.67
韩元	1156.06	1108.29	1126.47	1094.85	1052.96	1131.16	1160.43	1130.42	1076.59
墨西哥比索	12.64	12.42	13.17	12.77	13.29	15.85	18.66	18.93	19.08
俄罗斯卢布	30.37	29.38	30.84	31.84	38.38	60.94	67.06	58.34	59.33
南非兰特	7.32	7.26	8.21	9.66	10.85	12.76	14.71	13.33	12.30
土耳其里拉	1.50	1.67	1.80	1.90	2.19	2.72	3.02	3.65	4.09

注：2010～2017 年为年内均值，2018 年为 2 季度均值。

资料来源：IMF 国际金融统计，2018 年 10 月。

表 4-3　股票价格指数：全球主要证券交易所（2013～2018 年）

国家和地区	指标名称	2013 年	2014 年	2015 年	2016 年	2017 年	2018 年
美　　国	标准普尔 500 指数	1848	2059	2044	2239	2674	2913.98
英　　国	金融时报 100 指数	6749	6566	6242	7143	7688	7510
法　　国	CAC40 指数	4296	4273	4637	4862	5313	5493
德　　国	DAX 指数	9552	9806	10743	11481	12918	12247
瑞　　士	苏黎士市场指数	8203	8983	8818	8220	9382	9088
比　利　时	BFX 指数	2924	3285	3700	3606	3978	3707
荷　　兰	AEX 指数	402	424	442	483	545	550
挪　　威	OSEAX 指数	603	620	649	765	907	1069
意　大　利	ITLMS 指数	20204	20138	23236	20936	24192	22918
西　班　牙	SMSI 指数	1012	1042	965	944	1015	951
瑞　　典	OMXSPI 指数	424	474	505	535	569	613
俄　罗　斯	RTS 指数	1443	791	757	1152	1154	1192
以　色　列	TA-100 指数	1208	1289	1315	1282	1364	1485
日　　本	日经 225 指数	16291	17451	19034	19114	22765	24120
印　　度	孟买 Sensex30 指数	21171	27499	26118	26626	34057	36227
菲　律　宾	马尼拉综合指数	5890	7231	6952	6841	8558	7277
马　来　西　亚	吉隆坡指数	1867	1761	1693	1642	1797	1793
印　　尼	雅加达综合指数	4274	5227	4593	5297	6356	5977
韩　　国	KOSPI 指数	2011	1916	1961	2026	2467	2343
新　加　坡	海峡时报指数	3167	3365	2883	2881	3403	3257

国家和地区	指标名称	2013 年	2014 年	2015 年	2016 年	2017 年	2018 年
澳 大 利 亚	普通股指数	5353	5389	5345	5719	6167	6326
新 西 兰	股市 NZ50 指数	4737	5568	6324	6881	8398	9351
多 伦 多	股票交易所 300 指数	13622	14632	13010	15288	16209	16073
墨 西 哥	MXX 指数	42727	43146	42978	45643	49354	49504
巴 西	IBOVESPA 指数	51507	50007	43350	60227	76402	79342
阿 根 廷	MERV 指数	5391	8579	11675	16918	30066	33462
中 国	上证综合指数	2116	3235	3539	3104	3307	2821
中 国 香 港	恒生指数	23306	23605	21914	22001	29919	27789
中 国 台 湾	台湾加权指数	8612	9307	8338	9254	10643	11006

注：2013 ~ 2017 年为年底值，2018 年为 9 月底值。所有数值仅保留整数部分。
资料来源：Wind 数据库。

（五）国际收支形势回顾与展望

表 5 – 1 国际收支平衡表：部分国家和地区（2013 ~ 2017 年）

单位：亿美元

国家	2013 年	2014 年	2015 年	2016 年	2017 年
美国					
经常项目差额	− 3488.0	− 3651.9	− 4077.7	− 4328.7	− 4491.4
货物贸易差额	− 7005.4	− 7499.2	− 7618.7	− 7510.5	− 8074.9
服务贸易差额	2394.0	2603.4	2633.3	2490.5	2552.2
主要收入差额	2059.8	2184.0	2036.1	1930.2	2217.3
次要收入差额	− 936.4	− 940.1	− 1128.5	− 1238.9	− 1186.0
资本项目差额	− 4.1	− 0.5	− 0.4	− 0.6	247.5
金融项目差额	− 4002.4	− 2972.5	− 3259.6	− 3850.6	− 3318.7
直接投资—资产	3928.0	3875.3	3070.6	3129.8	3792.2
直接投资—负债	2881.3	2518.6	5090.9	4944.6	3548.3
证券投资—资产	4813.0	5826.8	1604.1	362.9	5866.9
证券投资—负债	5119.8	6976.0	2139.1	2313.5	7991.8
金融衍生品差额	22.2	− 543.3	− 270.4	78.3	230.7
其他投资—资产	− 2214.1	− 1001.0	− 2589.7	− 27.2	2185.2
其他投资—负债	2519.5	1599.8	− 2218.8	157.2	3836.7
储备资产变动	− 30.9	− 35.8	− 63.0	21.0	− 17.0
误差与遗漏	− 510.3	679.9	818.5	478.7	925.2

续表

国家	2013 年	2014 年	2015 年	2016 年	2017 年
中国					
经常项目差额	1482. 0	2360. 5	3041. 6	2022. 0	1648. 9
货物贸易差额	3589. 8	4350. 4	5761. 9	4888. 8	4761. 5
服务贸易差额	−1236. 0	−2137. 4	−2183. 2	−2331. 5	−2654. 2
主要收入差额	−784. 4	133. 0	−410. 6	−440. 1	−344. 4
次要收入差额	−87. 3	14. 5	−126. 5	−95. 2	−114. 0
资本项目差额	30. 5	−0. 3	3. 2	−3. 4	−0. 9
金融项目差额	883. 3	1691. 4	915. 2	−275. 5	−570. 9
直接投资—资产	729. 7	1231. 3	1743. 9	2164. 2	1019. 1
直接投资—负债	2909. 3	2681. 0	2424. 9	1747. 5	1682. 2
证券投资—资产	53. 5	108. 1	732. 1	1027. 7	1093. 9
证券投资—负债	582. 4	932. 4	67. 4	505. 0	1168. 2
金融衍生品差额	0. 0	0. 0	20. 9	53. 8	−4. 7
其他投资—资产	1419. 6	3289. 1	824. 7	3499. 1	769. 0
其他投资—负债	2141. 6	501. 5	−3515. 4	331. 7	1513. 0
储备资产变动	4313. 8	1177. 8	−3429. 4	−4436. 3	915. 3
误差与遗漏	−629. 2	−668. 7	−2129. 6	−2294. 1	−2218. 8
日本					
经常项目差额	463. 8	363. 5	1364. 7	1940. 0	1958. 0
货物贸易差额	−896. 5	−998. 2	−73. 3	511. 6	442. 3
服务贸易差额	−354. 8	−287. 8	−159. 4	−107. 2	−65. 1
主要收入差额	1816. 3	1839. 2	1760. 2	1732. 6	1769. 3
次要收入差额	−101. 2	−189. 6	−162. 7	−197. 1	−188. 5
资本项目差额	−76. 8	−19. 9	−22. 5	−65. 8	−25. 6
金融项目差额	−42. 4	587. 2	1809. 3	2617. 1	1574. 0
直接投资—资产	1556. 8	1379. 2	1384. 2	1739. 3	1685. 7
直接投资—负债	106. 5	197. 5	52. 5	393. 2	188. 4
证券投资—资产	−896. 2	1167. 0	3057. 7	3007. 8	1009. 5
证券投资—负债	1850. 3	1570. 4	1733. 3	327. 3	1530. 0
金融衍生品差额	582. 2	343. 4	179. 1	−152. 1	305. 9
其他投资—资产	1850. 8	1074. 1	−423. 0	1357. 3	44. 7
其他投资—负债	1567. 0	1693. 4	654. 0	2561. 3	−10. 8
储备资产变动	387. 8	84. 8	51. 3	−53. 3	235. 8
误差与遗漏	−429. 4	243. 6	467. 1	742. 9	−358. 4

续表

国家	2013 年	2014 年	2015 年	2016 年	2017 年
德国					
经常项目差额	2530.3	2891.6	3008.0	2973.2	2968.9
货物贸易差额	2824.3	3026.4	2895.6	2969.4	2995.6
服务贸易差额	−547.8	−326.4	−187.7	−222.0	−184.1
主要收入差额	833.9	740.0	745.6	664.7	766.1
次要收入差额	−580.0	−548.4	−445.4	−438.9	−608.7
资本项目差额	−8.2	40.0	6.2	38.0	−3.1
金融项目差额	2999.8	3178.1	2649.5	2843.3	3162.6
直接投资—资产	934.5	1150.7	1289.6	912.2	1250.4
直接投资—负债	674.1	197.8	541.2	580.6	779.8
证券投资—资产	1815.7	2014.5	1381.5	1093.7	1186.2
证券投资—负债	−279.8	237.9	−753.3	−1194.8	−1095.3
金融衍生品差额	318.0	433.1	289.6	357.7	102.9
其他投资—资产	−2268.1	606.2	111.8	2032.2	1458.9
其他投资—负债	−2582.3	557.8	610.9	2185.7	1136.3
储备资产变动	11.6	−33.0	−24.2	19.0	−14.8
误差与遗漏	477.7	246.4	−364.8	−167.9	196.9

资料来源：IMF 国际收支统计，2018 年 10 月。

表 5 - 2　经常项目差额占 GDP 比例：部分国家和地区（2011～2019 年）

单位：%

国家和地区	2011 年	2012 年	2013 年	2014 年	2015 年	2016 年	2017 年	2018 年	2019 年
阿　根　廷	−1.0	−0.4	−2.1	−1.6	−2.7	−2.7	−4.9	−3.7	−3.2
澳 大 利 亚	−3.1	−4.3	−3.4	−3.1	−4.6	−3.3	−2.6	−2.8	−3.1
巴　　　西	−2.9	−3.0	−3.0	−4.2	−3.3	−1.3	−0.5	−1.3	−1.6
加　拿　大	−2.8	−3.6	−3.2	−2.4	−3.6	−3.2	−2.9	−3.0	−2.5
中　　　国	1.8	2.5	1.5	2.2	2.7	1.8	1.4	0.7	0.7
法　　　国	−0.9	−1.0	−0.5	−1.0	−0.4	−0.8	−0.6	−0.9	−0.7
德　　　国	6.1	7.0	6.7	7.5	8.9	8.5	7.9	8.1	7.9
印　　　度	−4.3	−4.8	−1.7	−1.3	−1.1	−0.6	−1.9	−3.0	−2.5
印度尼西亚	0.2	−2.7	−3.2	−3.1	−2.0	−1.8	−1.7	−2.4	−2.4
意　大　利	−3.0	−0.3	1.0	1.9	1.5	2.6	2.8	2.0	1.6
日　　　本	2.1	1.0	0.9	0.8	3.1	3.9	4.0	3.6	3.8
韩　　　国	1.6	4.2	6.2	6.0	7.7	7.0	5.1	5.0	4.7

国家和地区	2011 年	2012 年	2013 年	2014 年	2015 年	2016 年	2017 年	2018 年	2019 年
墨 西 哥	-1.1	-1.5	-2.4	-1.8	-2.5	-2.2	-1.7	-1.3	-1.3
俄 罗 斯	4.7	3.2	1.5	2.8	4.9	1.9	2.2	6.2	5.2
沙特阿拉伯	23.6	22.4	18.1	9.8	-8.7	-3.7	2.2	8.4	8.8
南 非	-2.2	-5.1	-5.8	-5.1	-4.6	-2.8	-2.5	-3.2	-3.5
土 耳 其	-8.9	-5.5	-6.7	-4.7	-3.7	-3.8	-5.6	-5.7	-1.4
英 国	-2.0	-3.8	-5.1	-4.9	-4.9	-5.2	-3.8	-3.5	-3.2
美 国	-2.9	-2.6	-2.1	-2.1	-2.2	-2.3	-2.3	-2.5	-3.0

资料来源：IMF, "World Economic Outlook: Challenges to Steady Growth," October 2018, https://www.imf.org/en/Publications/WEO/Issues/2018/09/24/world-economic-outlook-october-2018。

（六）国际贸易形势回顾

表 6-1 货物贸易进出口：世界部分国家和地区（2014～2017 年）

单位：亿美元

2017 年位次	国家和地区	货物出口				2017 年位次	国家和地区	货物进口			
		2014 年	2015 年	2016 年	2017 年			2014 年	2015 年	2016 年	2017 年
	世界	189703	165247	160323	177067		世界	191362	167944	162986	180651
1	中 国	23423	22735	20976	22634	1	美 国	24126	23153	22502	24085
2	美 国	16205	15026	14510	15463	2	中 国	19592	16796	15879	18438
3	德 国	14942	13262	13344	14482	3	德 国	12072	10511	10553	11668
4	日 本	6902	6248	6449	6981	4	日 本	8122	6480	6076	6719
5	荷 兰	6724	5704	5709	6516	5	英 国	6898	6262	6366	6441
6	韩 国	5727	5268	4954	5737	6	法 国	6788	5731	5719	6240
7	中国香港	5241	5106	5167	5503	7	中国香港	6008	5594	5473	5899
8	法 国	5808	5061	5014	5350	8	荷 兰	5896	5121	5047	5749
9	意 大 利	5298	4570	4617	5063	9	韩 国	5255	4365	4062	4785
10	英 国	5046	4596	4090	4410	10	意 大 利	4744	4109	4068	4522
11	比 利 时	4722	3968	3982	4301	11	印 度	4629	3929	3612	4470
12	加 拿 大	4763	4100	3903	4211	12	加 拿 大	4744	4294	4132	4422
13	墨 西 哥	3969	3806	3739	4094	13	墨 西 哥	4116	4053	3975	4322
14	新 加 坡	4093	3466	3381	3732	14	比 利 时	4537	3755	3791	4064
15	俄 罗 斯	4968	3414	2817	3535	15	西 班 牙	3589	3119	3109	3522

续表

2017 年位次	国家和地区	货物出口				2017 年位次	国家和地区	货物进口			
		2014 年	2015 年	2016 年	2017 年			2014 年	2015 年	2016 年	2017 年
	世界	189703	165247	160323	177067		世界	191362	167944	162986	180651
16	西 班 牙	3245	2823	2900	3201	16	新 加 坡	3662	2967	2919	3277
17	中国台湾	3201	2853	2803	3172	17	阿 联 酋	2760	2634	2665	2737
18	阿 联 酋	3430	3004	2950	3135	18	瑞 士	2757	2531	2701	2698
19	瑞 士	3112	2898	3028	2996	19	中国台湾	2819	2372	2306	2593
20	印 度	3227	2674	2641	2992	20	俄 罗 斯	3079	1930	1915	2381
21	泰 国	2275	2143	2154	2366	21	土 耳 其	2422	2072	1986	2338
22	澳大利亚	2400	1877	1925	2311	22	波 兰	2236	1965	1995	2305
23	波 兰	2201	1991	2038	2309	23	澳大利亚	2370	2086	1962	2286
24	沙特阿拉伯	3424	2036	1836	2184	24	泰 国	2277	2027	1942	2215
25	马 来 西 亚	2339	1992	1897	2178	25	越 南	1478	1656	1748	2115
26	巴 西	2251	1911	1853	2178	26	马来西亚	2089	1760	1684	1951

资料来源：WTO Statistics Database Online，2018 年 10 月。

表 6 - 2　服务贸易进出口：世界部分国家和地区（2014～2017 年）

单位：亿美元

2016 年位次	国家和地区	服务出口				2016 年位次	国家和地区	服务进口			
		2014 年	2015 年	2016 年	2017 年			2014 年	2015 年	2016 年	2017 年
	世界	51219	48635	48933	52794		世界	50051	47345	47710	50745
1	美 国	7214	7320	7336	7617	1	美 国	4565	4701	4831	5160
2	英 国	3606	3450	3279	3473	2	中 国	4309	4330	4492	4641
3	德 国	2924	2679	2763	2998	3	德 国	3300	2920	3033	3217
4	法 国	2716	2393	2346	2482	4	法 国	2521	2302	2353	2405
5	中 国	2181	2176	2083	2264	5	爱 尔 兰	1478	1696	2059	1988
6	荷 兰	2106	1991	1873	2165	6	英 国	2154	2130	2023	2098
7	日 本	1593	1583	1688	1800	7	荷 兰	1977	2066	1840	2106
8	印 度	1566	1557	1612	1834	8	日 本	1905	1766	1824	1889
9	新 加 坡	1557	1550	1577	1644	9	新 加 坡	1682	1666	1623	1706
10	爱 尔 兰	1394	1396	1555	1861	10	印 度	1274	1227	1328	1534
11	西 班 牙	1324	1176	1263	1385	11	韩 国	1147	1113	1113	1203
12	瑞 士	1193	1112	1172	1190	12	比 利 时	1176	1065	1082	1166
13	比 利 时	1230	1109	1112	1167	13	意 大 利	1132	997	1017	1128
14	意 大 利	1131	974	998	1102	14	瑞 士	995	946	993	1012
15	中国香港	1068	1043	984	1036	15	加 拿 大	1098	1003	988	1052

续表

2016 年位次	国家和地区	服务出口				2016 年位次	国家和地区	服务进口			
		2014 年	2015 年	2016 年	2017 年			2014 年	2015 年	2016 年	2017 年
	世界	51219	48635	48933	52794		世界	50051	47345	47710	50745
16	卢 森 堡	1008	964	954	1018	16	阿 联 酋	836	807	827	843
17	韩 国	1110	967	940	865	17	中 国 香 港	738	739	743	771
18	加 拿 大	875	801	810	857	18	俄 罗 斯	1189	871	729	872
19	瑞 典	765	723	715	726	19	卢 森 堡	798	734	722	763
20	泰 国	552	614	674	754	20	西 班 牙	692	651	699	759
21	阿 联 酋	575	599	647	696	21	巴 西	859	689	615	663
22	奥 地 利	679	586	607	660	22	瑞 典	690	615	611	680
23	丹 麦	731	641	601	646	23	澳 大 利 亚	698	625	611	666
24	澳 大 利 亚	580	539	571	640	24	丹 麦	646	581	585	618
25	波 兰	487	451	498	592	25	中 国 台 湾	522	510	510	528
26	俄 罗 斯	648	509	497	569	26	沙 特 阿 拉 伯	627	557	501	535
27	中 国 台 湾	412	407	410	447	27	奥 地 利	551	476	489	547
28	以 色 列	358	368	400	443	28	挪 威	574	472	480	489
29	挪 威	493	416	373	370	29	泰 国	449	422	431	456
30	土 耳 其	511	462	372	434	30	马 来 西 亚	451	399	396	417

注：部分国家和地区 2017 年服务贸易数据暂时无法得到，本表按 2016 年数据排序。

资料来源：WTO Statistics Database Online，2018 年 10 月。

表 6－3　原油进出口量：世界部分国家和地区（2011 年与 2017 年）

单位：千桶/天，%

国家和地区	2011 年		2017 年		国家和地区	2011 年		2017 年	
	进口量	占世界比重	进口量	占世界比重		出口量	占世界比重	出口量	占世界比重
北美	9607	22.8	8719	18.8	北美	1731	4.2	4030	9.0
加拿大	672	1.6	807	1.7	加拿大	1684	4.1	2912	6.5
美国	8935	21.2	7912	17.0	美国	47	0.1	1118	2.5
拉丁美洲	1192	2.8	902	1.9	拉丁美洲	4600	11.1	5043	11.3
巴西	318	0.8	150	0.3	巴西	599	1.5	1127	2.5
智利	173	0.4	168	0.4	哥伦比亚	558	1.4	581	1.3
古巴	111	0.3	114	0.2	厄瓜多尔	334	0.8	385	0.9
东欧与欧亚大陆	1866	4.4	1804	3.9	东欧与欧亚大陆	6882	16.7	7166	16.0
白俄罗斯	409	1.0	365	0.8	阿塞拜疆	753	1.8	615	1.4
捷克共和国	140	0.3	158	0.3	哈萨克斯坦	1233	3.0	1371	3.1

续表

国家和地区	2011 年		2017 年		国家和地区	2011 年		2017 年	
	进口量	占世界比重	进口量	占世界比重		出口量	占世界比重	出口量	占世界比重
波兰	480	1.1	497	1.1	俄罗斯	4786	11.6	5062	11.3
西欧	10171	24.1	10722	23.1	西欧	2176	5.3	2187	4.9
比利时	605	1.4	688	1.5	挪威	1423	3.4	1362	3.0
法国	1294	3.1	1141	2.5	英国	563	1.4	693	1.5
德国	1827	4.3	1832	3.9	中东	17772	43.1	18746	41.9
希腊	331	0.8	478	1.0	伊朗	2537	6.1	2125	4.7
意大利	1453	3.4	1340	2.9	伊拉克	2166	5.2	3802	8.5
荷兰	987	2.3	1093	2.4	科威特	1816	4.4	2010	4.5
西班牙	1054	2.5	1330	2.9	阿曼	742	1.8	803	1.8
瑞典	380	0.9	401	0.9	卡塔尔	588	1.4	466	1.0
土耳其	365	0.9	520	1.1	沙特阿拉伯	7218	17.5	6968	15.6
英国	1009	2.4	894	1.9	阿联酋	2457	6.0	2379	5.3
中东	326	0.8	491	1.1	非洲	6827	16.5	6273	14.0
巴林	219	0.5	223	0.5	阿尔及利亚	843	2.0	633	1.4
非洲	766	1.8	619	1.3	安哥拉	1546	3.7	1577	3.5
阿尔及利亚	4	0.0	5	0.0	刚果民主共和国	264	0.6	261	0.6
摩洛哥	99	0.2	0	0.0	埃及	83	0.2	139	0.3
南非	443	1.1	437	0.9	赤道几内亚	191	0.5	128	0.3
亚太地区	18256	43.3	23189	49.9	加蓬	235	0.6	188	0.4
澳大利亚	488	1.2	334	0.7	利比亚	300	0.7	792	1.8
中国	5067	12.0	8426	18.1	尼日利亚	2377	5.8	1811	4.0
印度	3366	8.0	4342	9.3	苏丹	363	0.9	141	0.3
印度尼西亚	317	0.8	389	0.8	亚太地区	1292	3.1	1309	2.9
日本	3497	8.3	3235	7.0	澳大利亚	272	0.7	179	0.4
马来西亚	220	0.5	190	0.4	文莱	154	0.4	98	0.2
菲律宾	183	0.4	197	0.4	中国	50	0.1	98	0.2
新加坡	716	1.7	977	2.1	印度尼西亚	257	0.6	344	0.8
韩国	2521	6.0	3041	6.5	马来西亚	280	0.7	339	0.8
泰国	794	1.9	906	2.0	越南	165	0.4	129	0.3
世界	42184	100.0	46447	100.0	世界	41280	100.0	44753	100.0
OECD	27586.1	65.4	27354.2	58.9	OPEC	24161	58.6	24861	55.6

注：数据包括转口数据，每个地区只列出主要的而非全部国家和地区。

资料来源：OPEC，"Annual Statistical Bulletin 2018，" Interactive Version，www. opec. org。

（七）国际投资与资本流动回顾

表7-1　国际投资头寸表：部分国家和地区（2011～2017年）

单位：亿美元

国家	2011年	2012年	2013年	2014年	2015年	2016年	2017年
美国							
资产	222089	225622	241448	248829	234306	240606	277991
对外直接投资	52148	59695	71207	72421	70571	74219	89100
证券投资	68717	79840	92061	97042	95702	100114	125438
股本证券	45014	53219	64729	67706	67562	71463	91295
债务证券	23703	26621	27332	29336	28140	28650	34144
金融衍生品	47166	36198	30171	32523	24434	22205	16225
其他投资	48687	44166	43525	42500	39764	39997	42730
储备资产	5370	5724	4483	4343	3836	4072	4497
负债	266643	270802	295134	318283	308922	322422	355241
外来直接投资	41992	46624	58149	63789	67292	75961	89255
证券投资	126472	139789	155413	169218	166458	173600	194822
股本证券	38419	45454	58646	66425	62091	65702	79519
债务证券	88053	94335	96767	102793	104368	107898	115303
金融衍生品	46305	35620	29395	31668	23889	21623	15942
其他投资	51873	48769	52177	53608	51283	51238	55222
中国							
资产	47345	52131	59861	64383	61558	65070	69256
对外直接投资	4248	5319	6605	8826	10959	13574	14730
证券投资	2044	2406	2585	2625	2613	3670	4972
股本证券	864	1298	1530	1613	1620	2152	3075
债务证券	1180	1108	1055	1012	993	1518	1896
金融衍生品	0	0	0	0	36	52	60
其他投资	8495	10528	11867	13938	13889	16797	17136
储备资产	32558	33878	38804	38993	34061	30978	32359
负债	30461	33467	39901	48356	44830	45567	51115
外来直接投资	19069	20680	23312	25991	26963	27551	29014
证券投资	2485	3361	3865	7962	8170	8111	10439
股本证券	2114	2619	2977	6513	5971	5795	7166
债务证券	371	742	889	1449	2200	2316	3272

续表

国家	2011 年	2012 年	2013 年	2014 年	2015 年	2016 年	2017 年
金融衍生品	0	0	0	0	53	60	34
其他投资	8907	9426	12724	14402	9643	9844	11628
日本							
资产	75026	76133	75753	78117	78831	84441	89674
对外直接投资	9723	10541	11330	11772	12602	13603	15474
证券投资	33793	35598	34307	33980	35130	37793	41047
股本证券	6658	6872	11987	11901	12748	14059	16768
债务证券	27134	28726	22320	22079	22382	23734	24278
金融衍生品	539	534	779	4666	3741	3720	2997
其他投资	18038	16812	16657	15174	15031	17121	17544
储备资产	12934	12648	12680	12525	12328	12204	12613
负债	40834	41552	44820	47993	50681	55649	60584
外来直接投资	2422	2222	1857	1969	2056	2417	2529
证券投资	20263	20855	23932	23631	26601	27844	33453
股本证券	8472	9654	14466	14021	15512	15542	19472
债务证券	11791	11201	9467	9610	11089	12302	13981
金融衍生品	726	615	822	4937	3792	3893	3006
其他投资	17424	17859	18209	17457	18232	21495	21595
德国							
资产	88624	96335	95817	93031	85938	87097	100219
对外直接投资	16962	19288	20926	19959	19581	19696	23103
证券投资	23804	27601	30836	30757	29056	29768	35190
股本证券	6472	7474	9196	9398	9520	10090	12873
债务证券	17332	20127	21640	21360	19536	19677	22316
金融衍生品	11853	12598	8680	9608	7244	6450	5703
其他投资	33618	34359	33392	30779	28320	29330	34222
储备资产	2389	2489	1982	1928	1737	1853	2001
负债	80510	85948	82375	78537	70546	70205	78975
外来直接投资	12520	14480	15994	14693	13914	14000	16551
证券投资	30449	33594	33985	32103	28672	27520	30607
股本证券	5658	7016	8623	7613	7323	7218	8914
债务证券	24791	26578	25362	24490	21349	20302	21693
金融衍生品	12022	12510	8524	9885	7417	6762	5880
其他投资	25519	25365	23873	21856	20543	21922	25937

资料来源：IMF 国际收支统计，2018 年 10 月。

表 7 - 2 - 1   FDI 流量：部分经济体（2013 年、2015 年、2017 年）

单位：亿美元

国家（地区）	流入量			流出量		
	2013 年	2015 年	2017 年	2013 年	2015 年	2017 年
澳 大 利 亚	567.7	204.6	463.7	14.4	-200.6	48.8
巴 西	535.6	642.9	627.1	-11.8	30.9	-13.5
英属维尔京群岛	1095.8	256.8	383.6	1103.6	831.6	707.8
加 拿 大	693.9	456.0	242.4	573.8	678.2	769.9
开 曼 群 岛	510.5	524.3	374.3	118.7	619.9	303.7
中 国	1239.1	1356.1	1363.2	1078.4	1456.7	1246.3
中 国 香 港	742.9	1743.5	1043.3	807.7	718.2	828.4
埃 及	42.6	69.3	73.9	3.0	1.8	2.0
法 国	342.7	453.5	497.9	203.7	532.0	581.2
德 国	155.7	332.8	347.3	422.7	1081.8	823.4
印 度	282.0	440.6	399.2	16.8	75.7	113.0
印 度 尼 西 亚	188.2	166.4	230.6	66.5	59.4	29.1
爱 尔 兰	466.2	2157.9	289.7	293.7	1683.3	186.1
以 色 列	118.4	113.4	189.5	38.6	109.7	62.8
意 大 利	242.7	196.3	170.8	251.3	223.1	44.2
日 本	23.0	33.1	104.3	1357.5	1342.3	1604.5
韩 国	127.7	41.0	170.5	283.6	237.6	316.8
卢 森 堡	196.2	113.2	66.2	220.9	282.2	411.6
马 来 西 亚	121.2	100.8	95.4	141.1	105.5	57.9
墨 西 哥	484.9	348.6	297.0	147.3	106.7	50.8
荷 兰	511.1	695.7	579.6	697.0	1940.6	233.2
秘 鲁	98.0	82.7	67.7	1.4	1.3	2.6
菲 律 宾	22.8	44.5	95.2	21.9	43.5	16.1
俄 罗 斯	534.0	118.6	252.8	706.8	270.9	360.3
沙 特 阿 拉 伯	88.7	81.4	14.2	49.4	53.9	56.3
新 加 坡	574.5	627.5	620.1	444.4	311.2	246.8
南 非	83.0	17.3	13.2	66.5	57.4	73.6
英 国	516.8	327.2	150.9	404.9	-834.9	996.1
美 国	2013.9	4657.7	2753.8	3034.3	2625.7	3422.7
越 南	89.0	118.0	141.0	19.6	11.0	5.4

资料来源：联合国贸发会数据库，2018 年 10 月。

表 7 - 2 - 2 FDI 存量：部分经济体（2013 年、2015 年、2017 年）

单位：亿美元

国家（地区）	流入存量			流出存量		
	2013 年	2015 年	2017 年	2013 年	2015 年	2017 年
澳 大 利 亚	5698.3	5377.4	6623.0	4569.6	3889.6	4606.4
巴 西	7247.8	5682.3	7782.9	3007.9	3232.9	3589.2
英属维尔京群岛	5082.9	5798.6	6617.2	5966.0	7722.0	8797.2
加 拿 大	9825.3	7966.5	10844.1	11311.8	10970.5	14871.3
开 曼 群 岛	2244.4	2968.7	3741.7	1136.7	1893.7	2351.6
中 国	9567.9	12209.0	14909.3	6604.8	10978.6	14820.2
中 国 香 港	13520.2	15916.3	19686.4	12406.9	15314.4	18042.5
埃 及	828.9	943.1	1096.6	65.9	70.2	74.3
法 国	7613.7	6873.7	8745.2	13254.2	12681.9	14516.6
德 国	9676.9	7756.8	9312.9	15068.2	13498.5	16073.8
印 度	2265.5	2826.2	3776.8	1198.4	1390.4	1553.4
印 度 尼 西 亚	2308.0	2224.1	2485.1	193.5	293.5	658.7
爱 尔 兰	4087.8	8882.0	8801.6	5350.7	9096.4	8994.8
以 色 列	865.3	993.1	1288.2	777.5	847.0	1037.7
意 大 利	3649.6	3405.1	4132.5	5360.3	4683.5	5329.1
日 本	1707.1	1741.5	2074.9	11180.1	12287.7	15199.8
韩 国	1808.6	1795.4	2306.0	2388.1	2859.3	3557.6
卢 森 堡	1758.7	2114.7	1780.5	1524.9	1999.8	2414.2
马 来 西 亚	1360.3	1167.2	1395.4	1282.1	1360.2	1285.2
墨 西 哥	4896.9	5020.0	4891.3	1437.2	1468.2	1800.6
荷 兰	7790.6	7392.5	9747.1	11471.0	12297.8	16048.8
秘 鲁	719.0	846.2	982.4	36.6	28.2	54.5
菲 律 宾	472.8	585.2	787.9	290.1	410.2	478.2
俄 罗 斯	4714.7	2627.5	4466.0	3853.2	2826.9	3822.8
沙 特 阿 拉 伯	2079.0	2240.5	2322.3	393.0	631.2	796.0
新 加 坡	8970.4	10897.9	12849.3	6194.3	7117.3	8414.0
南 非	1521.2	1267.6	1499.6	1286.8	1546.8	2702.9
英 国	15125.5	14079.9	15638.7	17960.5	15574.3	15316.8
美 国	49484.2	57096.6	78070.3	62541.7	60077.7	77990.5
越 南	817.9	1027.9	1294.9	63.4	85.9	105.2

资料来源：联合国贸发会数据库，2018 年 10 月。

（八）全球竞争力和大公司排名

表 8 - 1   2018 年全球竞争力指数：部分国家和地区

国家/地区	2018 年竞争力指数		国家/地区	2018 年竞争力指数	
	位次	分数		位次	分数
美　　　国	1	85.6	意　大　利	31	70.8
新　加　坡	2	83.5	爱沙尼亚	32	70.8
德　　　国	3	82.8	智　　利	33	70.3
瑞　　　士	4	82.6	葡　萄　牙	34	70.2
日　　　本	5	82.5	斯洛文尼亚	35	69.6
荷　　　兰	6	82.4	马　耳　他	36	68.8
中　国　香　港	7	82.3	波　　兰	37	68.2
英　　　国	8	82	泰　　国	38	67.5
瑞　　　典	9	81.7	沙特阿拉伯	39	67.5
丹　　　麦	10	80.6	立　陶　宛	40	67.1
芬　　　兰	11	80.3	俄　罗　斯	43	65.6
加　拿　大	12	79.9	印度尼西亚	45	64.9
中　国　台　湾	13	79.3	墨　西　哥	46	64.6
澳　大　利　亚	14	78.9	保加利亚	51	63.6
韩　　　国	15	78.8	菲　律　宾	56	62.1
挪　　　威	16	78.2	希　　腊	57	62.1
法　　　国	17	78	印　　度	58	62
新　西　兰	18	77.5	哈萨克斯坦	59	61.8
卢　森　堡	19	76.6	黑　　山	71	59.6
以　色　列	20	76.6	摩　洛　哥	75	58.5
比　利　时	21	76.6	越　　南	77	58.1
奥　地　利	22	76.3	肯　尼　亚	93	53.7
爱　尔　兰	23	75.7	吉尔吉斯斯坦	97	53
冰　　　岛	24	74.5	蒙　　古	99	52.7
马　来　西　亚	25	74.4	纳米比亚	100	52.7
西　班　牙	26	74.2	孟加拉国	103	52.1
阿　联　酋	27	73.4	尼　泊　尔	109	50.8
中　　　国	28	72.6	柬　埔　寨	110	50.2
捷　　　克	29	71.2	老　　挝	112	49.3
卡　塔　尔	30	71	委内瑞拉	127	43.2

注：因篇幅所限本表未列出全部国家。

资料来源：世界经济论坛，www.weforum.org/gcr。

表 8 - 2 2018 年《财富》全球 50 强公司排名

2018 年排名	2017 年排名	公司名称	总部所在地	营业收入（亿美元）	利润（亿美元）
1	1	沃尔玛（WALMART）	美国	5003.4	98.6
2	2	国家电网公司（STATE GRID）	中国	3489.0	95.3
3	3	中国石油化工集团公司（SINOPEC GROUP）	中国	3269.5	15.4
4	4	中国石油天然气集团公司（CHINA NATIONAL PETROLEUM）	中国	3260.1	-6.9
5	7	荷兰皇家壳牌石油公司（ROYAL DUTCH SHELL）	荷兰	3118.7	129.8
6	5	丰田汽车公司（TOYOTA MOTOR）	日本	2651.7	225.1
7	6	大众公司（VOLKSWAGEN）	德国	2600.3	131.1
8	12	英国石油公司（BP）	英国	2445.8	33.9
9	10	埃克森美孚（EXXON MOBIL）	美国	2443.6	197.1
10	8	伯克希尔—哈撒韦公司（BERKSHIRE HATHAWAY）	美国	2421.4	449.4
11	9	苹果公司（APPLE）	美国	2292.3	483.5
12	15	三星电子（SAMSUNG ELECTRONICS）	韩国	2119.4	365.8
13	11	麦克森公司（MCKESSON）	美国	2083.6	0.7
14	16	嘉能可（GLENCORE）	瑞士	2054.8	57.8
15	13	联合健康集团（UNITEDHEALTH GROUP）	美国	2011.6	105.6
16	17	戴姆勒股份公司（DAIMLER）	德国	1852.4	118.6
17	14	CVS Health 公司（CVS HEALTH）	美国	1847.7	66.2
18	26	亚马逊（AMAZON. COM）	美国	1778.7	30.3
19	20	EXOR 集团（EXOR GROUP）	荷兰	1616.8	15.7
20	19	美国电话电报公司（AT&T）	美国	1605.5	294.5
21	18	通用汽车公司（GENERAL MOTORS）	美国	1573.1	-38.6
22	21	福特汽车公司（FORD MOTOR）	美国	1567.8	76.0
23	24	中国建筑工程总公司（CHINA STATE CONSTRUCTION ENGINEERING）	中国	1560.7	26.8
24	27	鸿海精密工业股份有限公司（HON HAI PRECISION INDUSTRY）	中国	1547.0	45.6
25	23	美源伯根公司（AMERISOURCEBERGEN）	美国	1531.4	3.6
26	22	中国工商银行（INDUSTRIAL & COMMER. BANK OF CHINA）	中国	1530.2	423.2
27	25	安盛（AXA）	法国	1494.6	70.0

续表

2018 年排名	2017 年排名	公司名称	总部所在地	营业收入(亿美元)	利润(亿美元)
28	30	道达尔公司(TOTAL)	法国	1491.0	86.3
29	39	中国平安保险(集团)股份有限公司(PING AN INSURANCE)	中国	1442.0	131.8
30	29	本田汽车(HONDA MOTOR)	日本	1386.5	95.6
31	28	中国建设银行(CHINA CONSTRUCTION BANK)	中国	1385.9	358.5
32	54	托克集团(TRAFIGURA GROUP)	新加坡	1364.2	8.5
33	45	雪佛龙(CHEVRON)	美国	1345.3	92.0
34	35	康德乐(CARDINAL HEALTH)	美国	1299.8	12.9
35	36	好市多(COSTCO WHOLESALE)	美国	1290.3	26.8
36	41	上海汽车集团股份有限公司(SAIC MOTOR)	中国	1288.2	50.9
37	32	威瑞森电信(VERIZON COMMUNICATIONS)	美国	1260.3	301.0
38	34	安联保险集团(ALLIANZ)	德国	1235.3	76.7
39	40	克罗格(KROGER)	美国	1226.6	19.1
40	38	中国农业银行(AGRICULTURAL BANK OF CHINA)	中国	1223.7	285.5
41	31	通用电气公司(GENERAL ELECTRIC)	美国	1222.7	-57.9
42	51	中国人寿保险(集团)公司(CHINA LIFE INSURANCE)	中国	1202.2	2.7
43	37	沃博联(WALGREENS BOOTS ALLIANCE)	美国	1182.1	40.8
44	43	法国巴黎银行(BNP PARIBAS)	法国	1173.7	87.5
45	33	日本邮政控股公司(JAPAN POST HOLDINGS)	日本	1166.2	41.6
46	42	中国银行(BANK OF CHINA)	中国	1154.2	255.1
47	48	摩根大通公司(JPMORGAN CHASE & CO.)	美国	1139.0	244.4
48	46	房利美(FANNIE MAE)	美国	1123.9	24.6
49	63	俄罗斯天然气工业股份公司(GAZPROM)	俄罗斯	1119.8	122.5
50	56	英国保诚集团(PRUDENTIAL)	英国	1114.6	30.8

资料来源：财富中文网，http://www.fortunechina.com。

Abstract

The world economic growth in 2018 kept the same rate as in 2017, but most countries' growth rates were slowdown. Global unemployment rates were in low level. Sufficient employment and rising commodities' prices caused slightly higher inflation. International trade and investment grew slowly. Global outstanding debt has been rising continuously and some turbulences occurred in international financial markets.

There are many challenges facing world economy, which include that the slowdown of US economic growth has large possibility, more turbulences will occur in international financial markets, the policy rooms of stimulus in many economies will be limited, trade war will exert negative influence on the world, the measures of anti-globalization will increase barriers of international trade and investment. Moreover, geopolitical risks, populism and nationalism may bring negative effects on the stability and development of world economy.

It is expected that the PPP-based GDP growth rate of the world economy is 3.5% and the market exchange rate-based GDP growth rate of the world economy will be 2.9% in 2019. These numbers are lower than the forecasts of IMF in October 2018, because of worry about the slowdown of US economic growth, turbulences in financial markets, limited policy rooms of stimulus, trade war and anti-globalization.

It is expected that crude oil price will be around 65 US $ per barrel in 2019.

Keywords: World Economy; International Trade; International Investment; International Finance; Macroeconomy

Contents

I Overview

Abstract: The world economic growth in 2018 kept the same rate as in 2017, but most countries' growth rates were slowdown. Global unemployment rates were in low level. Sufficient employment and rising commodities' prices caused slightly higher inflation. International trade and investment grew slowly. Global outstanding debt has been rising continuously and some turbulences occurred in international financial markets.

There are many challenges facing world economy, which include that the slowdown of US economic growth has large possibility, more turbulences will occur in international financial markets, the policy rooms of stimulus in many economies will be limited, trade war will exert negative influence on the world, the measures of anti-globalization will increase barriers of international trade and investment. Moreover, geopolitical risks, populism and nationalism may bring negative effects on the stability and development of world economy. It is expected that the PPP −based GDP growth rate of the world economy is 3.5% in 2019.

Keywords: World Economy; International Trade; International Investment; International Finance

II   Country/Region Study

Abstract: The U. S. economic growth its momentum in the first half of 2018 and fundamental indicators continuously improved. The Federal Reserve judged that, on balance, current and prospective economic conditions called for a further gradual removal of policy accommodation by raising the target range for the federal fund rate and reducing the Federal Reserve's securities holding. The process of policy normalization gradually present impact on financial market and corporate financing, and government debt burden reached recorded high. Uncertainty also comes from Trump administration while fiscal consolidation and tax reform may positive for future growth but negative in short term, especially fiscal deficit. The effect of protectionism is unobvious in short term but definite negative in long term. The U. S. economy may peaked in the near future and we expect that the U. S. economic growth may still optimum in 2018 but will slow down in 2019.

Keywords: The U. S. Economy; Macroeconomic Policy; Potential Growth Rate

Abstract: Largely due to the slowdown in private consumption growth, the European economy has shown a deceleration of recovery since the third quarter of 2017. In particular, since 2018, with increasing trade protectionism and other factors, Europe's foreign trade has experienced a relatively sharp contraction. The decline in external demand has been an important factor affecting the European economic performance. Government spending and investment provide important

support for the European growth. The rise in energy prices has had a certain impact on the price level. Looking ahead to 2019, the Europe will keep growth with uncertainty, mainly due to the slowdown in global trade, the market uncertainty due to Brexit, Italy's potential debt crisis and rising energy prices.

Keywords: European Economy; Economic Recovery; Protectionism

Y. 4 Japanese Economy: A Slow Recovery   *Feng Weijiang* / 061

Abstract: The Japan's economy grew at the lower pace in 2018 compared to the previous year, but it is still on the recovery track, and the real GDP growth is expected to be 1.2%. The Bank of Japan continued the policy of "Quantitative and Qualitative Monetary Easing (QQE) with a Negative Interest Rate" in 2018. The policy has had a significant boost to the stock market. The Tokyo Nikkei 225 index hit its highest level since the bubble collapsed in the early 1990s. Although the CPI year-on-year growth rate has increased, it is still far from the 2% inflation target. While strengthening fiscal consolidation, fiscal policy emphasizes economic revitalization. The FY2018 budget focused on current priority agenda including the Human Resource Development Revolution and the Productivity Revolution. Affected by risk factors such as trade protectionism from the United States, Japan's real GDP growth rate is expected to continue to fall around 1.0% in 2019.

Keywords: Japanese Economy; Negative Interest Rate; Fiscal Consolidation

Y. 5 Economies in the Asia-Pacific Region: Less Growth Momentum, More External Uncertainty   *Yang Panpan* / 080

Abstract: Economic growth of Asia-Pacific region in 2018 is projected to be 5.6%, the same as the growth rate of 2017. The upward adjustment in 2017 has sustained in the first half of 2018, but the growth rate has slowed down in the second half, showing that the Region has already crossed the cyclical peak. Regarding to the major economies of this region, India and Australia have seen a significant recovery, Indonesia are under consolidation, Korea and Canada are experiencing downward pressure. In 2019, the Asia Pacific Region is facing more severe downward pressure coming from policy uncertainties. This calls for further domestic reform and regional cooperation to further enhance the growth momentum.

Keywords: Asia-Pacific Region; Economic Growth; External Uncertainty; Regional Cooperation.

Y. 6　Russia Economy: Growth Continues

Zhang Lin, Gao Lingyun / 097

Abstract: As the international oil price rises and the global economy continues to improve, as well as domestic economic policy stability, Since 2017, the Russian private consumption and investment have increased, the financial situation has improved, the overall economic stability has been stabilizing well, and achieved moderate growth. However, a series of sanctions against Russia by Western countries have had a negative impact on Russia's economic vitality to a certain extent. At the same time, the impact of the U. S. trade war on Russia's economy will also slowly emerge. Overall, Russia is expected to achieve a 1. 7% growth rate in 2018, but 2019 could fall to 1. 6% .

Keywords: Russia; International Oil Price; "Looking East" Strategy

Y. 7　Latin American Economy: Fragile Recovery

Xiong Aizong / 112

Abstract: Based on the recovery in 2017, GDP growth in Latin American and the Caribbean is expected to continue in 2018, with an economic growth rate

 世界经济黄皮书

of 1.3%. From the internal perspective, investment activity continues to strengthen and domestic demand rebounds. From the external perspective, rising commodity prices will boost Latin American exports and improve its external demand. However, rising political uncertainty, continued turmoil in financial markets, and escalating trade protectionism have become major challenges affecting the Latin America economic recovery. The escalating trade frictions between China and the United States, the two important trading partner of the region, might promote the export of Latin America to these two countries in the short term, but shall have a negative impact on the Latin American economy by worsening the global economic environment and exacerbating commodity price volatility.

Keywords: Latin America; Economic Situation; Sino-US Trade Frictions; Future Prospect

Y. 8 West Asia and Africa Economy: Increased Uncertainty

Tian Feng / 126

Abstract: The economic growth of the West Asia and North Africa slowed down sharply in 2017, mainly due to poor economic conditions in oil exporters, and is expected to accelerate in 2018. The downward pressure mainly comes from geopolitical tensions and conflicts, increased oil price fluctuations, decreased public spending against fiscal consolidation, and the sluggish reforms. The economic growth of Sub-Saharan Africa doubled in 2017 than that of in 2016. Against the backdrop of slowing global growth, the economic growth of Sub-Saharan Africa is expected to slow down in 2018. The downward risks to the region's economic growth mainly come from the fact that global economic growth lower than expectation, the escalation of global trade tensions and the tightening of financial environment, the sluggish structural reforms and the poor quality of fiscal adjustment.

Keywords: West Asia and North Africa; Sub-Saharan Africa; Structure Reform; Commodity; Petroleum

Abstract: With the cyclical decline of China's economy, there are two doubts about data of industrial enterprises profits: Is it reliable? Behind the aggerate data, is there a structural divergency between SOEs and private enterprises? This paper provides findings as following: the industrial profit index is fairly stable, while there is remarkable divergency between the above two sectors, which is mainly due to financing cost variance. As a result, the structural divergency may consequently deteriorate the investment demand and restrain the industrial upgrading. We should seriously consider the policy framework beyond the coordination between monetary and fiscal policy. We need come back to the supply-side reforms, foster and activate the entrepreneurship, so as to strengthen the resilience of China's economy.

Keywords: China's Economy; Industrial Enterprises; Soes; Private Enterprises; Structural Divergency

III   Special Reports

Abstract: Combined with cyclical and structural factors, world trade rebounded strongly in 2017, with real and nominal growth rates of 4.7% and 11%, the highest growth rates in the last six years. The rise in commodity prices was an important reason for the nominal growth rebound. The real growth rate of world trade in the first half of 2018 was 3.98%, which was mainly driven by actual output growth. The world trade situation in the second half of 2018 will be possibly slightly worse than the first half. The actual growth rate of world trade is

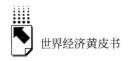

expected to be between 3% and 4% for the year 2018. World trade growth will decline further in 2019 compared with 2018. The trade war, launched by US President Donald Trump, has had a big negative impact on world trade, with rough estimates suggesting that continued trade wars could reduce real growth rate of world trade by even 3.01%.

Keywords: Trade Situation; Strong Rebound; Trade Elasticity; Trade Frictions

Y.11   International Financial Market in 2018: Retrospectives
and Prospects   *Gao Haihong, Yang Zirong* / 178

Abstract: The synchronization of global economic growth in 2017 −18 has weakened, and the process of normalization of monetary policy has also diverged. While the Fed continues to raise interest rates, the central banks of other major developed countries generally keep interest rate policies unchanged. On the international financial market, the appreciation of the US dollar is significant, the currencies of emerging economies have generally depreciated, and the global debt problem has further deteriorated. The uncertainty caused by the escalation of trade friction initiated by the United States has caused market risk aversion was raise and international financial risks rise to a higher level. At the same time, the yield of major government bonds showed a non-synchronous trend, and the trend of the global stock market has diverged significantly, the foreign exchange market has experienced great turbulence, some countries' exchange rate depreciated sharply, and there were signs of currency crisis. Going forward, the Fed will still raise interest rates, and the normalization of monetary policy in major countries will gradually advance, but it is expected that the spreads will appreciate the US dollar. Future trade friction trends, geopolitical changes and other factors will bring significant uncertainty to the financial market, which in turn will affect market trends and capital flows.

Keywords: International Financial Risk; National Debt Market; Global Stock Market; Foreign Exchange Market

Abstract: Global foreign direct investment (FDI) in 2017 decreased by 23%. The main dragger was developed economy, of which FDI declined by nearly 40% with the shrinking of the restructure operation to evade taxes. For national investment policies, the number of policy changes reached the highest over the past decade. And the majority was investment liberalization and promotion, of which the share climbed significantly. But for international investment policies, the number of effective treaty terminations outpaced the number of new conclusions of international investment agreements for the first time. With the recovery of world economy, the investment activity by multinational corporations (MNCs) is likely to boost. But the United States is increasingly becoming the main source of uncertainty for international direct investment.

Keywords: Foreign Direct Investment; Cross-border Merger and Acquisition; National Investment Policies; International Investment Policies;

Abstract: During the interval from July 2017 to September 2018, the global commodity market experienced a wave of ups and downs. During this period, the price index dropped rapidly after a sharp rise, and the overall price rose by 9.0%. From July 2017 to the end of May 2018, commodity prices rose by 20.1%, mainly due to the global economic recovery, reduced oil production, increased geopolitical risks, U. S. sanctions on Iranian crude oil and Russian aluminum exports, China's declined coal production capacity, and U. S.'s reduced grain cultivation. Between June and September 2018, commodity prices fell by 9.4%.

This is mainly due to the increase in commodity inventories, China's environmental protection and production restrictions, and the escalation of Sino − US trade frictions. Energy, grain and industrial metals are the main commodity categories that drive up the commodity price index. From mid-September to early October in 2018, commodity prices rapidly rebounded to the level of the end June 2018, driven by strong growth that gave impetus to prices of energy commodities. In 2017, the absolute value of 15 commodities imported by China was 397. 6 billion US dollars, increased by 40% from the previous year. Its share of global imports reached 19. 5% , rose by 2. 0% from the previous year. It is expected that commodity prices will be at the bottom of the consolidation in the fourth quarter of 2018 and may decline slightly in 2019, but remain generally stable. The average price of crude oil may be around US $ 65 per barrel in 2019.

Keywords: Commodity Market; Demand; Supply; Price

Y. 14   The Belt and Road: Toward a High-Quality Development

Xu Xiujun / 238

Abstract: In the past five years, the Belt and Road Initiative (BRI) has moved from concept to concrete practice, and has embarked on a path toward high-quality development. In the past year, in the face of the new situation, China has followed the principle of achieving shared benefits through extensive consultation and joint contribution, adhered to the laws of market economy and internationally accepted rules, and promoted the BRI with high quality and high standards to achieve many new progress and results. The cooperation in the field of five priorities and six economic corridors has gradually deepened and presented new highlights. In light of the new situation, new problems and phased features, the promotion of the BRI with high quality and high standards at this stage should focus on strengthening the institutionalization of cooperation, preventing the investment risks of key countries, playing the major role of enterprises, curbing the irrational foreign investment of enterprises and actively responding the impact of trade protectionism.

Keywords: the Belt and Road Initiative; Connectivity; Economic Corridor; High-Quality Development

Ⅳ   Hot Topics

Abstract: The Cuts and Job Act (TCJA) is the largest commercial tax reform in the United States during the past 30 years. The new tax law implements the US priority principle and aims to enhance the global competitiveness of the US commercial tax system. To achieve this goal, the new tax law has significantly lowered the corporate income tax rate, lowered the personal income tax marginal rate, and designed foreign-related tax rules that are conducive to profit return and capital inflows. The tax reform will have a short-term promotion effect on the US economy, but whether it will promote the economic growth in the long run remains unclear especially considering the increasing burden of government's fiscal deficit, and the significant rise of expected debt-to-GDP ratio. The implementation of the new tax law has intensified the pressure of capital outflows of emerging market countries including China. China should respond positively to the potential impact of US tax reform that imposed on the Chinese economy. The measures include applying multilateral rules to protect the interests of import and export enterprises, participating in the negotiation and formulation of new rules, (Overseas investment is also not taxed); as well as continuing to reform and improve the domestic tax system to establish a more scientific, concise and fair tax system.

Keywords: Corporate Income Tax; Pass-Through Business; Tax Exemption; Foreign-Related Tax Rules

Y. 16   American Style "Fair and Reciprocal Free Trade"

—*Some Comments on Trump Administration's Trade Policy*

Song Hong / 283

Abstract: The Trump administration abandoned America's long-standing multilateral trade policy stance and turned to bilateralism, even unilateralism. Under the banner of free trade, the new U. S. government accuses the trade surplus partners of the United States of being unfair and/or un-reciprocal, and applies bilateral and unilateral means to force other countries to make concessions and changes in order to obtain the greatest benefits. In essence, this is a naked trade hegemonism. The new trade policy of the United States is absolutely away from free trade, but serving the interests of the United States. Sino-US economic and trade relations have plunged into an unprecedented difficult period during the Trump administration.

Keywords: Trade Policy; Multilateralism; Bilateralism; Unilateralism

Y. 17   The Real Impacts & Potential Influences of US Interest

Rate Hikes on Global Economy   *Zhang Ming, Liu Yao* / 298

Abstract: After the 2008 global financial crisis, US Economy experienced years of hard recovery. The economic fundamentals are gradually improved and monetary policy started to normalization, which directly leads to continuous US short-term interest rates rise. The real impacts of higher US short-term interest rates mainly include the increasing capital outflows from several emerging economies, US dollar index goes up, bilateral exchange rates keep volatility in developing countries and domestic asset price adjusts seriously. The higher US long-term interest rates would be the trend and the shocks on emerging economies might be significantly negative. Several EMEs should be alert to the risk of a new round of financial crisis from higher US long-term interest rates and implement structural reform in response to adverse shocks.

Keywords: US Interest Rates; Monetary Policy Normalization; US Dollar Index; Real Impact; Potential Impact

Y. 18　The Next Step for China's Opening up Policies: What Can Be Learned From International Experience

Zhang Bin, Qiu Jingxian / 317

Abstract: As China's role in the world economy changes significantly, China need to adjust its foreign trade, foreign investment, exchange rate regimes and capital account policies to fit in the new environment. In this paper, we compared the opening up policies in advanced economies, successful catch-up economies, failed catch-up economies; and discussed how opening up policies facilitate economic catch up; and therefore draw experiences and lessons for China's opening up policies in the next stage.

Keywords: Foreign Trade; Foreign Investment; Exchange Rate System; Capital Project Opening

Y. 19　Global Think-Tanks' View on Major Economic Issues over the U. S. and China

Li Yuanfang / 338

Abstract: A word frequency analysis and semantic network analysis has been conducted over the Semi-Monthly Review of Global Think-Tanks (with issues ranging from then end of 2017 to the end of Sep. 2018) compiled by the Institute of World Economics and Politics, Chinese Academy of Social Sciences. Results show that "the US" and "China" occupied the most and the second most important nodes in semantic network analysis. Other important topic words include trade, policy, tariff, US dollar, growth, finance, banks and etc. Upon this

analysis, the paper reviews key issues of the US and China that have been paid most attention to. Two issues concerning the US are the trade policy and the economic whereabouts, while two issues concerning China are the macroeconomic challenges and the Belt and Road Initiative. These issues highlight the global impact of domestic issues in both the US and China, as well as the more frequent competitions between their respective policies.

Keywords: Think-Tanks; Economic Issues; Word Frequency; Semantic Network Analysis

V   Statistics of the World Economy

❖ 皮书起源 ❖

"皮书"起源于十七、十八世纪的英国,主要指官方或社会组织正式发表的重要文件或报告,多以"白皮书"命名。在中国,"皮书"这一概念被社会广泛接受,并被成功运作、发展成为一种全新的出版形态,则源于中国社会科学院社会科学文献出版社。

❖ 皮书定义 ❖

皮书是对中国与世界发展状况和热点问题进行年度监测,以专业的角度、专家的视野和实证研究方法,针对某一领域或区域现状与发展态势展开分析和预测,具备原创性、实证性、专业性、连续性、前沿性、时效性等特点的公开出版物,由一系列权威研究报告组成。

❖ 皮书作者 ❖

皮书系列的作者以中国社会科学院、著名高校、地方社会科学院的研究人员为主,多为国内一流研究机构的权威专家学者,他们的看法和观点代表了学界对中国与世界的现实和未来最高水平的解读与分析。

❖ 皮书荣誉 ❖

皮书系列已成为社会科学文献出版社的著名图书品牌和中国社会科学院的知名学术品牌。2016年,皮书系列正式列入"十三五"国家重点出版规划项目;2013~2019年,重点皮书列入中国社会科学院承担的国家哲学社会科学创新工程项目;2019年,64种院外皮书使用"中国社会科学院创新工程学术出版项目"标识。

中国皮书网

（网址：www.pishu.cn）

发布皮书研创资讯，传播皮书精彩内容
引领皮书出版潮流，打造皮书服务平台

栏目设置

关于皮书：何谓皮书、皮书分类、皮书大事记、皮书荣誉、

皮书出版第一人、皮书编辑部

最新资讯：通知公告、新闻动态、媒体聚焦、网站专题、视频直播、下载专区

皮书研创：皮书规范、皮书选题、皮书出版、皮书研究、研创团队

皮书评奖评价：指标体系、皮书评价、皮书评奖

互动专区：皮书说、社科数托邦、皮书微博、留言板

所获荣誉

2008 年、2011 年，中国皮书网均在全
国新闻出版业网站荣誉评选中获得"最具
商业价值网站"称号；

2012 年，获得"出版业网站百强"称号。

网库合一

2014 年，中国皮书网与皮书数据库端
口合一，实现资源共享。

权威报告·一手数据·特色资源

皮书数据库
ANNUAL REPORT(YEARBOOK)
DATABASE

当代中国经济与社会发展高端智库平台

所获荣誉

- 2016年，入选"'十三五'国家重点电子出版物出版规划骨干工程"
- 2015年，荣获"搜索中国正能量 点赞2015""创新中国科技创新奖"
- 2013年，荣获"中国出版政府奖·网络出版物奖"提名奖
- 连续多年荣获中国数字出版博览会"数字出版·优秀品牌"奖

成为会员

通过网址www.pishu.com.cn访问皮书数据库网站或下载皮书数据库APP，进行手机号码验证或邮箱验证即可成为皮书数据库会员。

会员福利

- 已注册用户购书后可免费获赠100元皮书数据库充值卡。刮开充值卡涂层获取充值密码，登录并进入"会员中心"—"在线充值"—"充值卡充值"，充值成功即可购买和查看数据库内容。
- 会员福利最终解释权归社会科学文献出版社所有。

数据库服务热线：400-008-6695
数据库服务QQ：2475522410
数据库服务邮箱：database@ssap.cn
图书销售热线：010-59367070/7028
图书服务QQ：1265056568
图书服务邮箱：duzhe@ssap.cn

社会科学文献出版社 皮书系列
SOCIAL SCIENCES ACADEMIC PRESS (CHINA)
卡号：491954715548
密码：

基本子库
SUB DATABASE

中国社会发展数据库（下设 12 个子库）

全面整合国内外中国社会发展研究成果，汇聚独家统计数据、深度分析报告，涉及社会、人口、政治、教育、法律等 12 个领域，为了解中国社会发展动态、跟踪社会核心热点、分析社会发展趋势提供一站式资源搜索和数据分析与挖掘服务。

中国经济发展数据库（下设 12 个子库）

基于"皮书系列"中涉及中国经济发展的研究资料构建，内容涵盖宏观经济、农业经济、工业经济、产业经济等 12 个重点经济领域，为实时掌控经济运行态势、把握经济发展规律、洞察经济形势、进行经济决策提供参考和依据。

中国行业发展数据库（下设 17 个子库）

以中国国民经济行业分类为依据，覆盖金融业、旅游、医疗卫生、交通运输、能源矿产等 100 多个行业，跟踪分析国民经济相关行业市场运行状况和政策导向，汇集行业发展前沿资讯，为投资、从业及各种经济决策提供理论基础和实践指导。

中国区域发展数据库（下设 6 个子库）

对中国特定区域内的经济、社会、文化等领域现状与发展情况进行深度分析和预测，研究层级至县及县以下行政区，涉及地区、区域经济体、城市、农村等不同维度。为地方经济社会宏观态势研究、发展经验研究、案例分析提供数据服务。

中国文化传媒数据库（下设 18 个子库）

汇聚文化传媒领域专家观点、热点资讯，梳理国内外中国文化发展相关学术研究成果、一手统计数据，涵盖文化产业、新闻传播、电影娱乐、文学艺术、群众文化等 18 个重点研究领域。为文化传媒研究提供相关数据、研究报告和综合分析服务。

世界经济与国际关系数据库（下设 6 个子库）

立足"皮书系列"世界经济、国际关系相关学术资源，整合世界经济、国际政治、世界文化与科技、全球性问题、国际组织与国际法、区域研究 6 大领域研究成果，为世界经济与国际关系研究提供全方位数据分析，为决策和形势研判提供参考。

法律声明

　　"皮书系列"（含蓝皮书、绿皮书、黄皮书）之品牌由社会科学文献出版社最早使用并持续至今，现已被中国图书市场所熟知。"皮书系列"的相关商标已在中华人民共和国国家工商行政管理总局商标局注册，如LOGO（ ）、皮书、Pishu、经济蓝皮书、社会蓝皮书等。"皮书系列"图书的注册商标专用权及封面设计、版式设计的著作权均为社会科学文献出版社所有。未经社会科学文献出版社书面授权许可，任何使用与"皮书系列"图书注册商标、封面设计、版式设计相同或者近似的文字、图形或其组合的行为均系侵权行为。

　　经作者授权，本书的专有出版权及信息网络传播权等为社会科学文献出版社享有。未经社会科学文献出版社书面授权许可，任何就本书内容的复制、发行或以数字形式进行网络传播的行为均系侵权行为。

　　社会科学文献出版社将通过法律途径追究上述侵权行为的法律责任，维护自身合法权益。

　　欢迎社会各界人士对侵犯社会科学文献出版社上述权利的侵权行为进行举报。电话：010-59367121，电子邮箱：fawubu@ssap.cn。

社会科学文献出版社